南長街54號梁氏檔案

上册

中華書局編輯部
北京匡時國際拍賣有限公司　編

中華書局

圖書在版編目(CIP)數據

南長街54號梁氏檔案 / 中華書局編輯部, 北京匡時國際拍賣有限公司編. — 北京：中華書局,2012.10

ISBN 978-7-101-08947-9

Ⅰ. 南…　Ⅱ. ①中… ②北…　Ⅲ. 梁啟超（1873~1929）—家族—史料　Ⅳ. K820.9

中國版本圖書館CIP數據核字（2012）第233451號

責任編輯：李天飛　郁震宏　郭惠靈

南長街54號梁氏檔案

（全二册）

中華書局編輯部
北京匡時國際拍賣有限公司 編

*

中華書局出版發行

（北京市豐臺區太平橋西里38號 100073）

http://www.zhbc.com.cn

E-mail:zhbc@zhbc.com.cn

北京瑞古冠中印刷廠印刷

*

880×1230毫米・1/16・57¼印張

2012年10月第1版　2012年10月北京第1次印刷

印數：1-4000册　定價：2800.00元

ISBN 978-7-101-08947-9

南長街54號梁氏檔案

編委會名單

梁啟超先生（1928 年）

1919年梁啟超（一排中）、蔣百里（一排左二）、丁文江（二排左二）等在法國參加巴黎和會時留影（蔣英提供）

梁啟勳先生

梁啟勳先生

南長街54號院平面圖

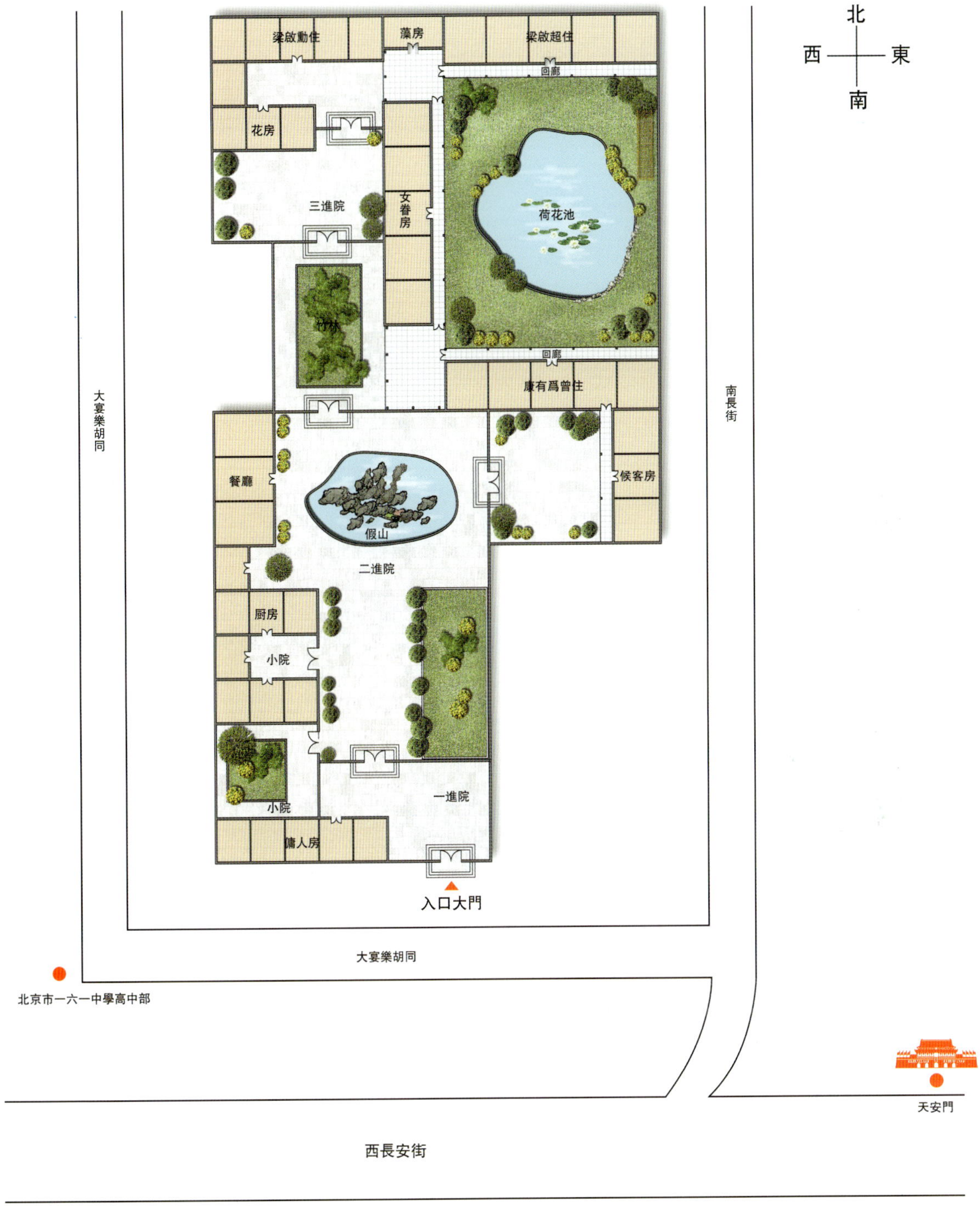

說明：1、南長街54號院現已改爲大宴樂胡同26號；

2、此圖爲依照梁啟勳後人口述還原的南長街54號院平面圖。

南長街 54 號院復原立體效果圖

（據梁啟超信札與梁啟勳後人回憶）

如今的南長街 54 號院大門

如今的南長街 54 號院内景

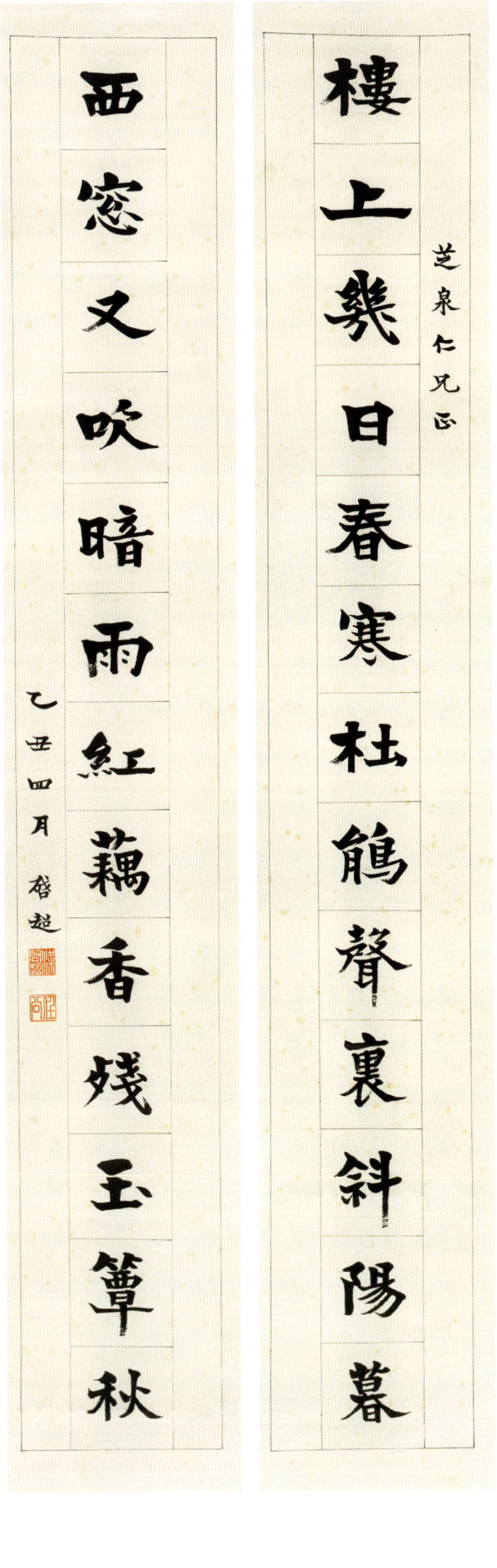
芝泉仁兄正
樓上幾日春寒杜鵑聲裏斜陽暮
西窗又吹暗雨紅藕香殘玉簟秋
乙丑四月 啟超

梁啟超所書對聯

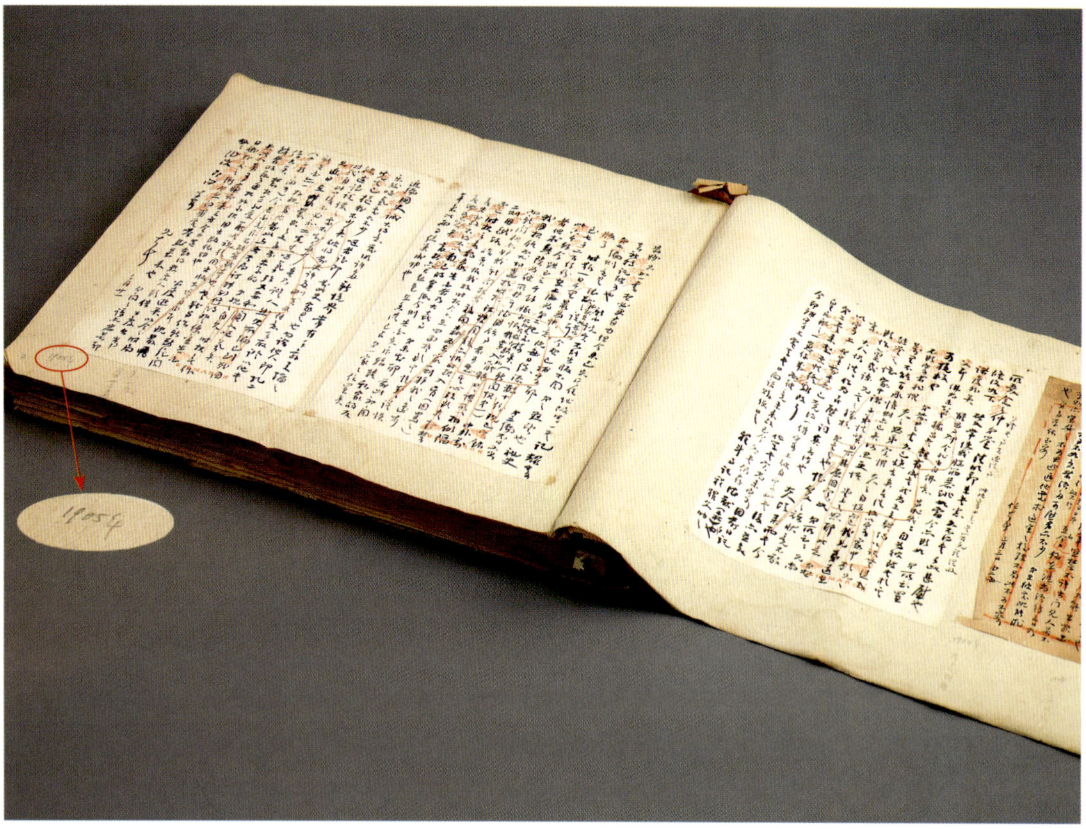

信札保存狀況

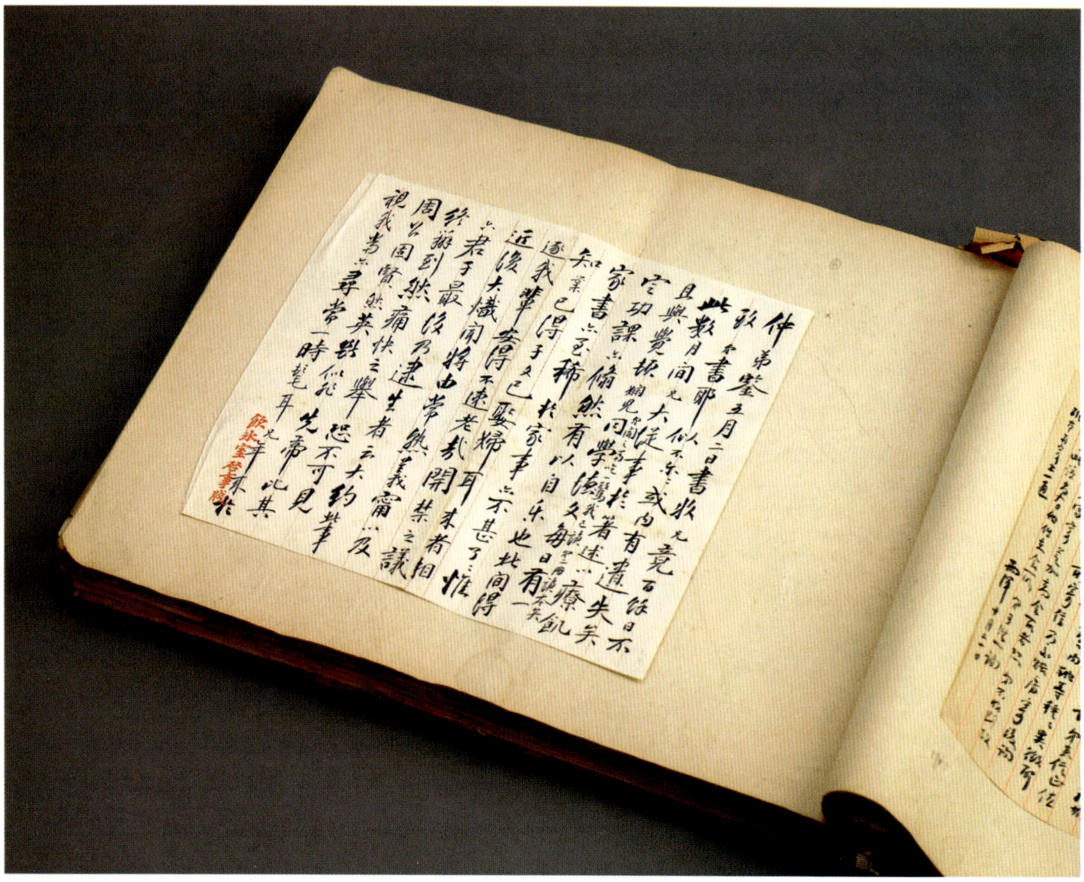

序

湯志鈞

梁啟超（一八七三—一九二九）是近代著名的學者，他雖然英年早逝，却是著作等身，影響深遠。

梁啟超的著作，在他生前，就有自己訂定或別人搜集的「文集」多種。逝世不久，又有《飲冰室合集》包括「文集」、「專集」的出版，但散佚的還有不少。一些札記、眉批也未曾露布。

近年來，梁啟超的《給孩子們的信》和《手批稼軒詞》等陸續問世，《南長街54號梁氏檔案》（下簡稱《檔案》）也將影行出版了。《檔案》搜録了大量手札，其中很多是寫給他的弟弟梁啟勳的。梁啟勳追隨兄長歷時甚久，從書信中不但可以考察梁氏行踪、交誼，還可看到他在晚清、民初「家事、黨事、國事無不令人氣盡」的感受。湯覺頓寫給梁啟勳的信也有十八通之多。

《檔案》中有很多梁啟超的讀書批注，也有他爲寫專著作準備的提綱，如「清代學術開創之祖」、「清代理學」、「清代經學」、「清代史學」、「地理學」、「天算學」、「目録及校勘學」、「金石學」、「清代文學家」等，就是爲撰寫《清代學術概論》作準備的。

梁啟超的讀書批注，近年曾有印行，如《梁啟超手批稼軒詞》，《檔案》中收録的是另外一部手批本，并增加了梁啟勳的批語：

> 歷代詩餘所選稼軒詞，凡二百九十一首，其中異於淳熙四卷本及信州十二卷本者共二百十餘字，且多獨勝處。惜未知彼所據者爲何本也。以下凡墨筆校勘者，即歷代詩餘之字。十八年十二月廿一，啟勳。

凡此種種，《檔案》的史料價值，可見一斑。《檔案》按原件影印，對梁氏昆仲的手迹，也是值得欣賞的。

二〇一二年九月

編纂説明

南長街位於北京紫禁城西，西華門外。南長街54號，曾由梁啟超、梁啟勳兄弟共同生活居住。在這裏，保存下了一批有關梁氏兄弟及康有爲、湯覺頓等人的珍貴文獻資料，內容豐富，意義重大。今得梁啟勳後人授權，委托中華書局與北京匡時國際拍賣有限公司共同編纂，彙爲《南長街54號梁氏檔案》（以下簡稱《檔案》），以饗學界。

梁啟勳（一八七九—一九六五），字仲策，梁啟超仲弟。一八九三年入廣州萬木草堂，師從康有爲；後赴美留學，入哥倫比亞大學經濟系。一九一二年畢業回國，曾任交通大學、青島大學教授，北平鐵道管理學院訓育主任，中國銀行駐京監理官等職。一九五一年被聘爲中央文史研究館館員。著有《詞學》、《詞學銓衡》、《中國韻文概論》、《稼軒詞疏證》、《曼殊室隨筆》、《海波詞》等。梁啟超、梁啟勳兄弟關係最爲默契，梁啟勳曾代其兄負責家庭事務，成爲梁啟超的左右手。

茲將南長街54號與梁氏兄弟之淵源、梁啟超與中華書局之關係及此次《檔案》之整理情況，簡述如下。

一

梁啟超在北京的故居，具名的僅今東直門内南小街北溝沿胡同23號一處。但是在梁啟超的筆下以及相關資料中，「南長街」是經常提到的。一九一二年年底，梁啟超自日本回國，築宅於天津（即飲冰室）；次年初，出任司法總長，即將工作重心移至北京。在給孩子們的信中，梁啟超寫到：「吾意，俟全眷歸時，必在都中賃一大宅，津中之宅則留以防亂耳。」又説：「入都五日，門簿所載客已三百二十人，接見者三之一，其勞可想。看此情形，在都非僦屋不可。」大概就在這時，梁啟超與仲弟梁啟勳一起出資，并以梁啟勳的名義在南長街置地建屋，這就是南長街54號院。

我們在梁啟超給孩子們的信裏，找到不少有關南長街的事，如「今日是舊曆十二月廿七了，過兩天我們就回南長街過新年，達達、司馬懿都早已放假回京了」（一九二六年二月九日），「現在細婆、七嬸都住南長街，相處甚好」（一九二七年一月二日）等。在《檔案》中，梁啟超與仲弟的信裏也提到，如第一七四通：「今教部函可不致，但致董會屬其每月匯交南長街我名收可矣。」（一九二七年七月十四日）第二〇七通：「燦來時屬帶各物如下：一、越園所贈大畫一軸，裱碑帖若干件，在南長街吾卧房中；一、佛學、日文書籍若干種，在清華。」

（約一九二七年）

據梁啟勳的後人回憶，當年梁啟超來京辦事，以及後來到清華國學院講學之周末，都住在南長街，當時稱之爲「行營」——是梁啟超讀書、著述、會客、休息的地方，所以梁啟超自己的很多物品，包括藏書、字畫、手稿、信札、照片等也都放在這裏（參見「南長街54號院平面復原圖」）。一九二九年，梁啟超逝世；之後，這裏的物品基本由梁啟勳負責保存。一九六五年，梁啟勳逝世。次年，文化大革命爆發，南長街54號未能逃過抄家的厄運，很多資料被抄没；如今《檔案》所收的資料，大都是梁啟勳後人千方百計保存下來的。

一九八二年，梁家人搬離了南長街54號（現更名爲南長街大宴樂胡同26號）。三十年後的今天，南長街54號正在陸續拆除中；至二〇一二年九月，只剩下了一片廢墟（見插頁），南長街54號正在離開人們的視野，淡出歷史的舞臺。

二

《檔案》分四部分：信札、手稿、書籍、器物。

「信札」是這批檔案中最爲重要的組成部分，共有梁啟超信札二百四十一通，其中致梁啟勳二百二十六通，致父親四通，致孩子二通，致袁世凱、岑春煊、馮國璋、湯覺頓、汪大燮、林長民、孫傳芳、梁思永、羅文幹、外國某人各一通；又康有爲致梁啟勳信札二十一通，湯覺頓致梁啟勳信札十一通。信札涉及的内容非常豐富，不僅包括當時的重要人物，涉及清朝皇帝、高層官員、民國軍閥、實業家、報人、學者、文人及外國人等，如光緒皇帝、載灃、袁世凱、岑春煊、周馥、熊希齡、段琪瑞、蔡鍔、趙秉均、張謇、馮國璋、羅癭公、張鳴岐、陳叔通、藍公武、蔣百里、林長民、汪大燮、陸榮廷、李經羲、周建人、梁鴻志、黄濬、陸宗輿、徐志摩、凌叔華、鄭文焯、朱孝臧、福開森等；重要的歷史事件，如保皇大會、芝加哥瓊彩樓案、廣西振華案、珠海慘案、立憲運動、護國運動、五四運動等；還包括如梁思成林徽因文定禮細節、購買碑帖書籍、研究詞學、集宋詞聯、清華國學院教務諸事。

「手稿」部分存量不多，但非常精彩，如《講學社簡章》、《梁啟超脱黨通告》、《袁世凱之解剖》、《清代學術講稿》、《〈實踐論〉釋》等俱可稱珍貴。《清代學術講稿》是梁啟超一九一八年居天津時，爲孩子們講授學術流派之備忘録，據致梁啟勳信札第六四通：「一月來爲兒曹講『學術流別』，思順所記講義已裒然成巨帙，惜能領解者少耳。」（一九一八年）本篇《講稿》之主旨，實爲後來撰著《清代學術概論》之胚胎。《〈實踐論〉釋》約作於二十世紀五六十年代，梁啟勳《弁言》曰：「毛主席的《實踐論》，含義豐富，深奥，説理精詳，讀之有如剥笋，層層深入，核心驟不易見。今試用唯識論及陽明學説釋之，其或將有小助於深入的探討歟。殊愧未能。」以「唯識論及陽明學説」來詮釋領袖著作，在那個年代，是極需要勇氣的。

「書籍」中的珍貴版本不多，然如《白氏長慶集》（清康熙一隅草堂刻本）、李兆洛《駢體文鈔》（清光緒刻本）、王鵬運輯《四印齋所刻詞》（清光緒十四年刻本）等，都曾經梁啟超批點。如跋《駢體文鈔》曰：「近代文選諸書，姚氏《古文辭類纂》與兹編稱雙絶矣。然姚本門户太嚴，專宗八家，取塗病隘，學者欲不懈而及於古，毋寧先讀兹編。」又如《四印齋所刻詞》之《稼軒詞》，梁啟超原批本現藏中國書店，《檔案》所收者，爲梁啟勳摹録的梁啟超批校、題跋文字，底本同爲四印齋本；之外還有許多梁啟勳的批校。在此基礎之上，後來梁啟勳整理出版了《稼軒詞疏證》，一九三一年梁氏曼殊室刻本，版權頁署爲：「足本精刻編年詳注斷句稼軒詞疏證」。又附介紹曰：「《稼軒詞疏證》乃梁啟勳先生完成飲冰室最後未竟之著述。玲瓏精刻，上等粉連紙印，分裝六本，定價六元。」可見此書是梁啟超、梁啟勳兄弟兩人的精誠合作之作。另外，本書的木刻原板一百四十七枚，也都完整地保存了下來。

「器物」如梁啟超手書康有爲訃告銅板原件以及梁啟超生前所用寫字臺、書桌、紅木框平面鏡、脚踏、粉彩花蟲紋花盆、手杖等，爲研究梁啟超在南長街54號院的生活提供了重要的實物見證。

三

梁啟超與中華書局之淵源更爲深遠。中華書局創辦於一九一二年元旦，建局之初，奉行「開啓民智」之宗旨，編輯出版新式教科書和文化普及讀物，積極創刊雜誌。在近代中國，報刊成爲進步知識分子宣傳政治主張的輿論陣地，成爲傳播科學文化知識的重要媒介，而「我國雜誌之出版，肇始於《時務報》，梁任公實主持之」（陸費逵《大中華宣言書》）。

一九一四年，梁啟超應聘中華書局編輯所，主編「時局小叢書」。第二年，也就是一九一五年，是中國近代史上極爲重要的一年，以袁世凱復辟帝制和護國運動興起而爲國内外所關注。而就在這一年，梁啟超出任中華書局《大中華》月刊總撰述。第八期即刊布梁啟超《異哉所謂國體問題者》一文，此文反對尊孔復古逆流，引起社會震動，成爲護國運動興起之輿論先導，《大中華》雜誌因而也成爲反對復辟帝制的理論陣地。

一九一六年六月八日，中華書局第五届股東會議，選出董事十一人，梁啟超便是這十一人中之一人。在中華書局建局的最初幾年，梁啟超即以主編、主筆身份參與其中，成爲中華書局董事，他的政治主張，也代表着中華書局的立場，以雜誌爲依托，以文章爲利劍，引領時代之風尚，推動社會之進步，使中華書局的聲名迅速崛起，集天下輿論目光之所聚，爲中華書局的發展起到了重要的作用！而中華書局也不辜負梁啟超的支持與信任，梁啟超著作的整理出版一直未曾間斷，直到今天仍然是中華書局工作的重中之重，包括這次《檔案》的面世。

早在一九一六年，中華書局出版了「梁任公手定」的《飲冰室全集》，四十册。

一九二六年，中華書局又出版了乙丑重編本《飲冰室文集》，聚珍仿宋版印製，綫裝八十册，内容涵蓋梁啟超一九二五年之前全部著作。

一九二九年一月十九日，梁啟超逝世。當時梁啟超的親屬故舊商議兩事：一，編輯《飲冰室合集》，由林志鈞負責；二，編梁啟超年譜，由丁文江負責。一九三六年，中華書局出版《飲冰室合集》，凡四十册，此爲梁啟超生平著述之最全版本，成爲學術界研究近現代社會政治、經濟、文化等之重要參考資料，影響深遠。一九八九年，中華書局將舊版《飲冰室合集》重新影印行世，迄二〇一一年已印至第六次。在中華書局的檔案中，還保存有陳叔通、梁思成、梁令嫻、林志鈞、丁文江等致中華書局的數十封信函，主要是關於《飲冰室合集》、《梁任公先生年譜長編（初稿）》的出版事宜的。

一九六一年十一月，中華書局與胡繩武、金沖及聯繫，商量《梁任公先生年譜長編（初稿）》的整理事，落實由復旦大學陳匡時負責。此項工作進行兩年半，後來由於政治形勢發生變化，未能出版。

一九六二年八月一日，中華書局成立領導「《梁啟超集》編輯小組」，由吴晗出面邀集梁思成等八位同志座談討論，又從梁啟超後人處借得一批梁啟超的未刊書信，爲編輯《梁啟超全集》之用。這項工作做了兩年多，所收集資料遠較《飲冰室合集》爲多，增補的資料包括文章二百三十多篇，電稿六百三十多件，各類書信四百餘通。可惜後來也是由於政治形勢發生變化，工作停頓。一九六九年九月二十六日，中華書局全體員工赴湖北省咸寧「文化部五七幹校」，爲了保證《梁啟超集》全部資料的安全，遂將之作爲戰備轉移物資同時遷往咸寧，重點保管，直至一九七四年年底遷回。

一九八一年十二月十日，古籍整理出版規劃小組正式恢復。次年八月二十三日，中華書局即邀請湯志鈞、金沖及、龔書鐸、梁從誡等，就重啟《梁啟超集》的編輯整理工作進行座談，決定由湯志鈞任主編。

一九九五年，中華書局出版了《梁啟超未刊書信手迹》。這批書信是當年梁令嫻爲整理《梁啟超集》送來的，包括梁啟超的各類函札共三百九十四通，絶大部分是寫給孩子們的家書。

最近這二十年，中華書局將梁啟超當年主編的《時務報》、《强學報》、《實學報》、《新民叢報》、《清議報》、《庸言》等先後納入「中國近代期刊彙刊」影印出版。二〇一〇年五月，中華書局出版了《梁任公先生年譜長編（初稿）》，列入「清華大學國學研究院四大導師年譜長編」系列。

四

此次《檔案》的整理工作，按上述分信札、手稿、書籍、器物四類，其中以「信札」部分的整理最爲困難。信札原件由梁啟勳粘貼在兩個大本之中（見插頁），由於信末基本没有落年份，有的甚至没有月份，所幸梁啟勳當年粘貼時，在有些信件旁邊注明紀年，有的亦説明具體事件，順序也大體按時間編排。我們通過梁啟勳的旁注以及信中説到的相關内容，暫將梁啟超致梁啟勳的信札按年編排，並作了編號。由於很多信札寫於民國之前，而梁啟超的部分信札、康有爲的全部信札又都自海外寫來，其所署時間是按公元還是陰曆，一時也很難確定。所以我們現在所署的時間未必準確，使用時還需要注意。爲了方便閲讀，我們盡力將「信札」部分作了釋文，其中康有爲部分由於字迹潦草，且又褪色，釋文的内容可能還有很多錯誤，敬祈讀者批評指正。

「手稿」中梁啟超所書《李義山詩》册頁、梁啟勳《曼殊室隨筆》三集、四集稿本，限於篇幅，只選録了一部分，没有全部收入。

「書籍」部分，按傳統經史子集四部分類編排，每種選登書影一二幅，有些重要的則略多選幾幅。

「器物」部分，按實用角度拍攝圖片，并標注了尺寸。

「信札」部分除梁啟超的少量幾通當年曾節選鈔入《梁任公先生年譜長編（初稿）》，餘者皆未曾公布，具有重要的史料價值；梁啟超、梁啟勳、麥孟華手稿，梁啟勳自刻《稼軒詞疏證》原版，以及梁啟超生前使用過的器物等，具有重要的文物價值；「書籍」中保存了梁啟超、梁啟勳兄弟兩人的批校，對於研究梁氏兄弟的文學思想，具有重要的文獻價值；許多書信均用精美的信箋書寫，書法俊逸清秀，具有重要的藝術價值。

總之，這批檔案所透露出的内容和信息，不僅對研究梁啟超、梁啟勳、康有爲、湯覺頓等重要歷史人物的活動與思想，而且對研究近現代政治史、經濟史、社會史、文化史、學術史等，都具有重要的參考意義。

中華書局編輯部
北京匡時國際拍賣有限公司
二〇一二年九月

目録

梁啟超信札

致梁啟勳書

康有爲信札

湯覺頓信札

致梁啟勳書

信札釋文

梁啟超信札

手稿

書籍

器物

梁啟超信札

一、一九〇四年三月三日

仲弟鑒：賚來書悉。兄於正月廿三起程返港（又在船上過生日），到港住
二十日，返澳門，今日門皆兄在澳六十日，日與 大人敘之，甚樂也。三姊
伯姊皆來，並達諸兄在和亦到（族人到兄者尚十數），為 大人稱祝壽辰，極
天倫之樂。貴和極聰明婉娩，嬰返於嬸，兄甚愛之。最難者家中小
孩多云不記我面目，惟思順、貴和則云認得，殊可笑也。兄日挽彼之
坐西洋車買玩物食物，兄此時天必要隨我同來，大鬧了一場，兄又
與合家人影相，又携和犯同影一幅，現尚未晒好，返日本寄呈也。
大人跡了我回家時甚可驚也。吾初要託我此事不久便做要出了
為此事，合家人皆回鄉，兄趁此後即決且返此間也。吾初姻華後
亦即來東遊學，現諸費不足，仍若此等「擱」之義，想兄不得不為籌用

子弟也。業頗爲艱苦，兄歸家數日，大約亦以罵彼占强半日，千真萬確也。
大人論偽別更不須了矣。彼竟偷我銀二百餘金（我初到之日），此乃大人不知。伯嬸見乎
形狀詭異，且罵人，餘皆爲彼所偷也。然待查出時，彼已遁回家，故亦
無從追之，且恐張揚，傳　大人心煩亂亂而已。此子如此，真是家孽子耳
辭也。現兄並世法實罵之，但恐諸之於罵西哥而已，此子殊能燥之矣
攔尤爲可耻之事也。　廷璋亦來者，祝念此子爲贈如此，真可慮。兄此行
弟碩森堅文生來素甚收拾，傳工月尤難收斂耳。　文則甚病也（以上文家母兄）
文臨節極鈍，極不堪，以故付醫後或有些好耳。
兄兄長者數日。長者以二月六日先從南洋往巴濮洲，卯來，即由梁
而歐由歐而美，此亦乃可如何也。用者絕識也。長者以念四郎再
中亦甚了然，成爲殊難料耳。　清局現由　君右季兩君翔同主持，係

理財政之　前股現收得者尚不及三十萬，廣智近由鄭手一主持
條理秩然，以後可無貴慮。惟前此借款太巨，今張弼遂于存于銀行信
原價也，美洋價約廿餘萬元
十萬，其實可收此款焉。先實當此款，慈蔭兩人辭官皆不能。蔭之辭官則
在頭須代辦也，辭五千餘。然蔭數日翻復甚極，信于所損害，則須一年
尚須辭卒，此必至之事矣。彼每月所費須二三百，不敢於局中用
故則更其辭官者，實不少。彼不過予表面者耳。但有了
印亦不為，況同此後則用三樣銀之信，故寄一隊，現有港基西人銀
先生所存
本局核數，此後必精矣。現在只責成廣智局，自然已三兩月
每月亦結算三千餘元，每月三兩餘亦七百元也，更以數種信中必快讀
矣。可未詳，僅蒙其不佳。然未告　大人　兄現在已於廣三樓居
但每分亦可若幕子數也。　服膺家現已改作廣東書當亦可以稽

次函發從伊者

錫岑兄之入牍甚善，兄已寫與岑幕中人若木兄、張鳴岐，且以兩陛之命來詢，彼與方將與廢石孔須以補救，實無可言也。

孝怀在幕極有益，彼等皆來談了兩日夜也。兄所見則無用之極，時勢如況今入岑光勢力範圍，可以爲伊叔助，南皆所望踏者，惟新會人若來粵內甚可喜，然家務於此已館之子，作麼過中國，於之亦可也。

孝先研說二人主持之。孝亦已擬赴澳，於今四月乃能出於上甚佳也。兄到滬已十日，被難手一揆，但華皆禁不許出門見人，若不可以此避的人久無船信（因潮日日本船不行），未今日始在滬為須待之日也。

終了也。多子不如意者，須毋可慰者亦不少。守在彼宜詳說，學則亦宜安之，不可因此避他處求適宜之校，然不易也，不可不察也。宜每學所至要。

任公手　三月三日　由上海

二、一九〇五年三月二十一日

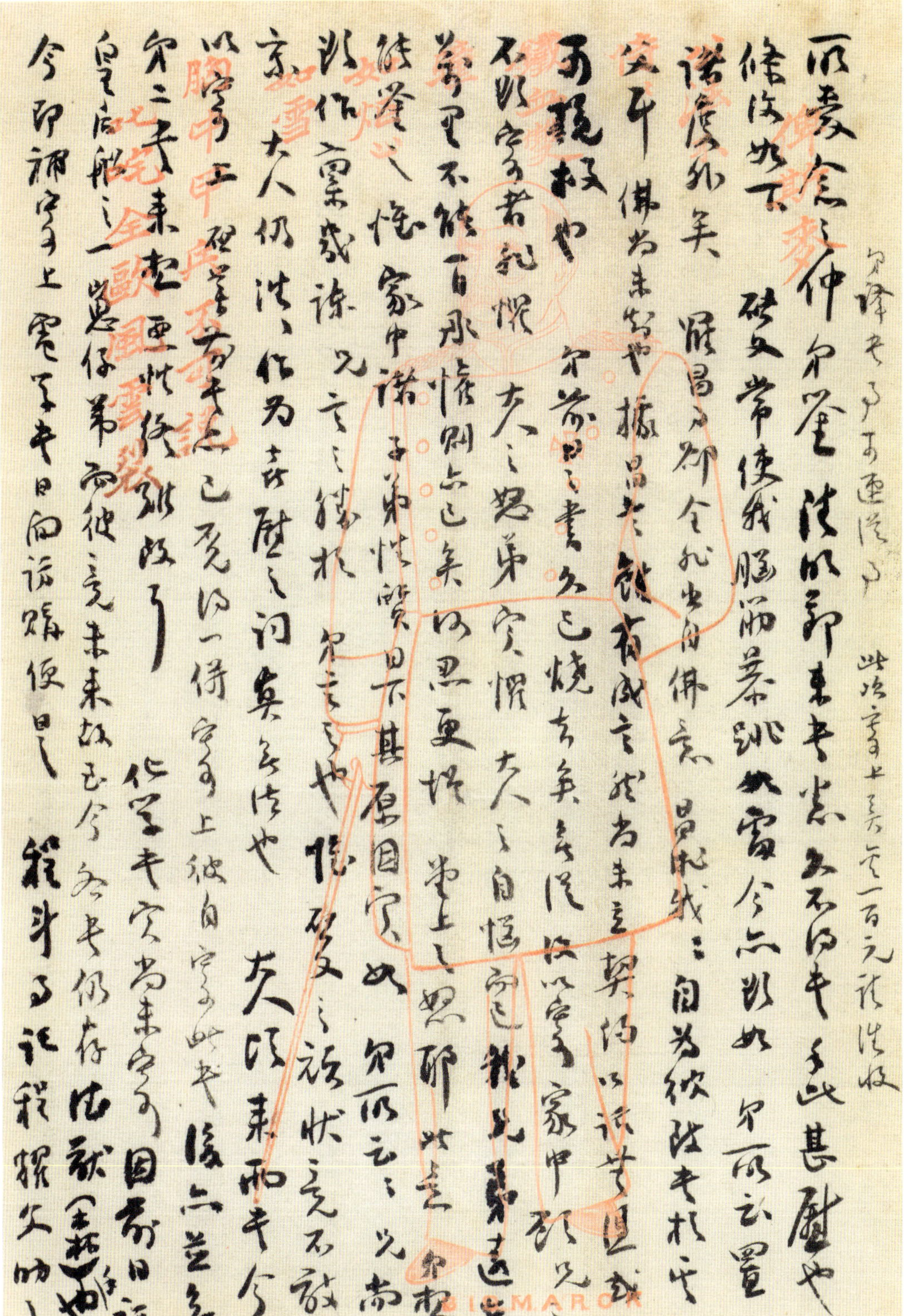

最妙又加一書，想必更有力，但今東已先往彼地，故寫一書記輝寄之，吾欲特託彼可也。新中設定不能出版，不同寄之，難說也。秘史第二編則已見佳跋（此跋是此書所甚有力），今想已補寄來耶。第三編不日又出版了。時報一日千里，最爲快意，現每日添數十份，現已大銷已七千二百餘份，在上海爲第二把交椅矣（新聞報第一），中外報（從前外代報，印報中如也）當六千餘，今漸至三千餘份，所恨我輩入骨也，張日日謀所以相傾陷者，但我輩隱爲彼所持，可憐團結，户最可畏，予心殊恐其打擊我國報館所不大切望報館以狄楚青頗之帳，故狄入骨（因罵之），而新聞報亦嫉我新聞報者，福開森爲其家，一則非我之敵也，二則因紙張。檔案恨我故，時報今亦在四面楚歌中，惶惑從慎。而財政亦甚窘，各省者乃大甚之。弟來此即爲此前開矣。告亦故不得不然。前已略寄紙，今則告各友亦折轉私家的反之地可容矣。商報亦大熱鬧，在集港已與弟一家之信罵矣。年來此兩函，從莫成功也。

俾斯麥

BISMARCK

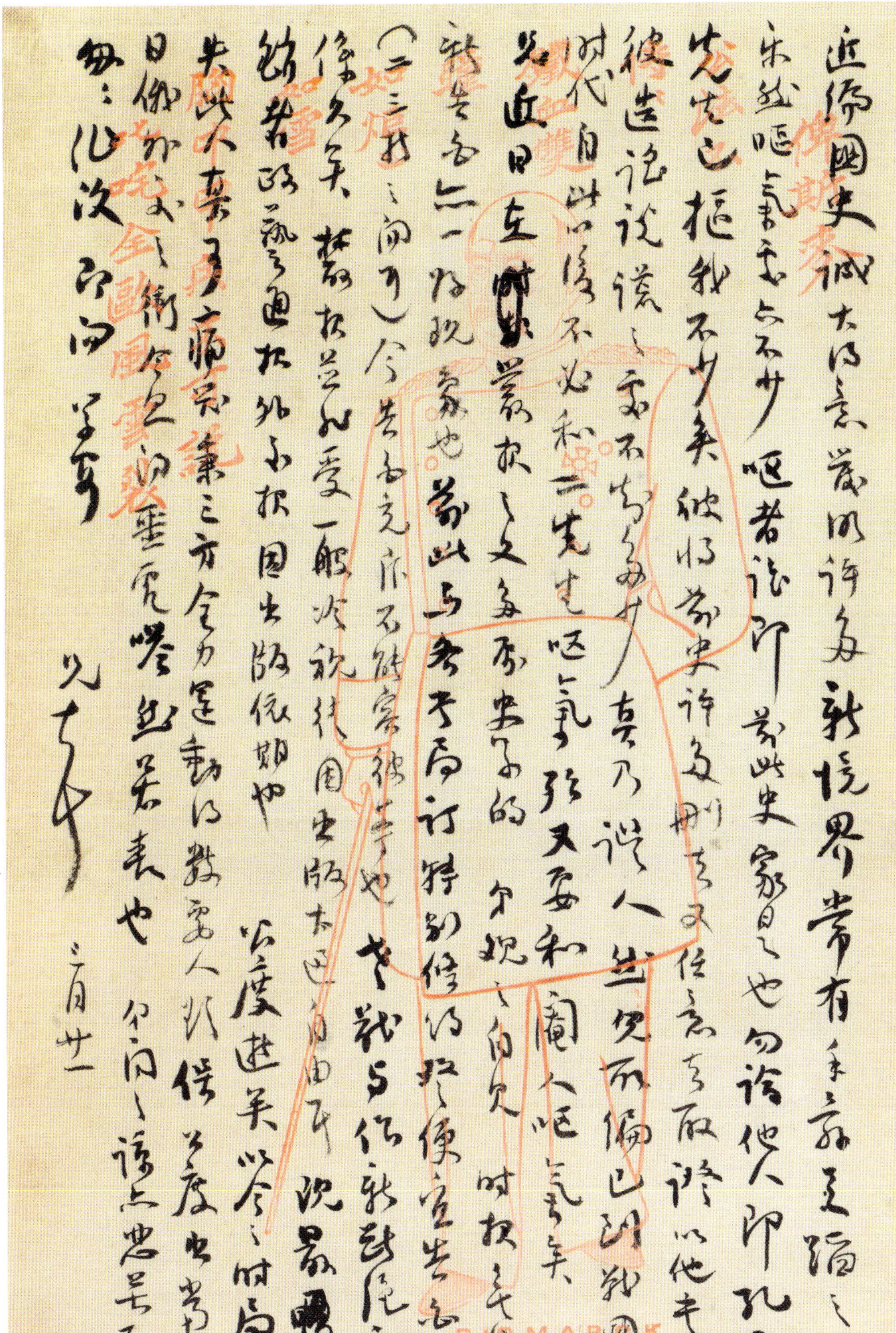
近修國史識大得意處，發明許多新境界，常有手舞足蹈之
樂，然嘔氣亦不少。嘔者誰耶？前此史家自己也，勿論他人，即孔二
先生已嘔我不少矣。彼作春秋史，許多刪去，又任意去取，務以他[illegible]
彼造謠說謊之處不知多少也，真乃誤人無[illegible]，而偏以[illegible]我國
時代自此以後，不必和二先生也嘔氣，[illegible]又要和[illegible]人嘔氣矣。
若近日在[illegible][illegible]叢叔之文多[illegible]史學的，[illegible]觀之自[illegible]，時叔之作
新著[illegible]一[illegible]觀察也。前此與吾考訂特別修的，殊便宜出名
（二三[illegible]之前耳）今告吾兄所不能容，彼[illegible]也。甚哉與[illegible]新[illegible]閣
條多矣。林[illegible]叔於是[illegible]受一般欲就往國史版太過自由耳。況最[illegible]
[illegible]若路[illegible]過於外，不於國史版依期也。[illegible]度甚矣，以今之時局
失此大業，[illegible][illegible]實兼之，方全力運動以[illegible]人[illegible]信，[illegible]度也當
日[illegible][illegible]之衛[illegible][illegible][illegible]實[illegible]嗟無[illegible]表也。[illegible]向之讀之，思其[illegible]
勉之勉之，[illegible]即問[illegible] 兄啓超 二月廿一

仲策愛弟：久不寄書，兄甚懸念甚矣。今接來告：

一、譯稿已收，即日發印。此稿大好，兄又寫亦長述矣。今擬改名《血史》（譯述一切云云皇不世界著名暗殺案），兄謂好否？

一、今寄上美國紙二百元，乞匯單即寄。兄名註。兄照每千四元計算，其應給彼為多少，由兄給之便是。兄給寄兄歸之五十元，日間當可寄去。兄要現為存寄費錢可即寄若干，望告，俾得便一匯去。

一、兄及汝嫂兒。兄續譯法雪文，今許太郎來，甚而不寐，先告之。

大人爲之一笑哉也

一現至東京開一支店，名曰中國書林，其主人大同學校有

學生八九人矣。亦森哥在該店司事，森近極長進，任

事有條理，有耐力，同人多不楚翹之。彼在橫濱一年，極稱

職。彼濱時僅本一百元，又人代彼出一百元，即作爲入中國書

林之股，其股本二千元。彼在店中每月薪水十五元，弟有花紅，大約

每年可獲數百元。二伯母聞之，喜可知矣。大人聞之，亦必欣勸

讀有用之資歷，亦出意外也

酉月廿八晚

伯姊現在時常腦脹異常，據醫者言，乃彌欲脹也，以此之故，甚苦辛，寸步不能移。姊日夜憂泣，慨欲死。然醫者云必無特但欲脹之說，不敢告彼，恐其焦急，只得敷衍之。彼自覺已異常，故更憂也。

一澳門前月大地震，連震十三日，其最甚者自午後九點鐘震至明晨六點鐘，真是前此所未聞，屋倒塌了（廣東各地皆震，但不如澳之甚耳）。甚，無家大驚慌，四御（令家）居住。大人御居一月餘，補匯禁睹風雨雷電觀御帖然云是城械子悉又試

大人爲經理賑恤萬緒欣洽
一思順今年功課頗進但不能升班則明年須入東京英語學校乃思成在幼稚園儀然有學長之資格思永已天天學詩今將三人合照一小相寄上
一伯娣每見兒代撫問兒何時可卒業歸國大人亦因此情懷宜常以書慰之
此次所寄正票其副票下次寄上
兒名心叩 九月十六日

四、一九〇五年九月二十二日

仲弟鑒：今日得汝八月二十日來信，嗚呼仲弟，汝猶問伯姊耶？痛哉痛哉！我等親愛之伯姊竟於一昨夕棄我等隨母大人於地下矣。初姊有身，醫者及產婆屢診視，皆決其必為雙胎，我等聞之皆抱憂慮，然不敢以語姊。姊臨產一兩月間，姊自覺甚苦痛，常懼死，每日夕與諸弟相對，輒作不祥語，然屢問醫者，皆曰無傷，亦稍安心。惟姊語言氣之

問者甚佳異，近十日來無論向何人皆若作遺囑
語者。前日（九月二十九日）早晨我尚未起，娘與思順、思忠抱之大哭
而啼，其常勸我勿太用心善保身體云云，由今思之，若
其（至）識已動矣。是晚（九點作動）十二點半產一八[illegible][illegible]男子甚急
同人皆知其情之相戚，若非仍男則皆祕勿語之，乃
彼情急必自取視之，女也。既失望，再閱二十分鐘
復產其一，仍女也。時彼已甚苦痛，再索觀，不與之，
彼強索觀之矣。自作動至雙產不過一點三點鐘之久

兩服俱下，闔家皆以手加額矣，不意經半點之久，服衣未下，而遍身出冷汗，汝嫂大驚，急召醫生，醫至之，脈甚微而亂，極危險，遂施醫治，而經兩點鐘之久，服衣仍不下，至兩點半鐘，乃不以為長了矣，而陣痛之發甚劇，醫者堅囑勿喧叫，恐失血更甚，同人善勸其暫忍，乃不過再歷半點鐘之久，聲息俱絶，一瞑而逝矣。嗚呼痛哉！痛哉！昨日下午四點鐘，含斂出殯

衣衿棺槨尚不十分草草，除四嬰外有男三人抱三人
此誠在東京不及侍病榻，明晨以電話促彼出來送殯耳
送殯朋友送者亦數十人，料此號陇從不可免為亂來
此則姊夫既不在側，我等更無侍疾之理，此猶然
未亦善緣哉，在家乎，嗚呼痛哉！親料姊之來乃
與我等了此一段因緣耶，既在彌留時兩娛
覺覺矣，依兩幼女悵悵待哺，真是慘極，嬰深覺亂
姊嫁之命為未得力也　姊姊辛苦一生未嘗得一日安
閑，自來濱後，彼常與汝嫂言自己命苦，不能享福
翠華隙未趕來

今此數月較之前此有天堂地獄之别竊照我稿只
衣祿遂完矣兄常笑嘆之不意其果應此七七也
即欲到此後因依姓之故未嘗一度出游又路西者二
有胃病不許多亂吃東西窦亦未嘗滿一日三字用
也　妳家兄甚至前日兄弟譯稿皆弟能讀西文
譯尔許大書顧衣食暈懷日望弟歸甚切耳
嗚呼詎料妳竟不汝欲見弟一面而遂隱耶
計此

次病源本緣前此誤服產後失調藥血氣已虧又
經數年之久瘧身子實已虛弱重以此數月終日未嘗離（瘤於到此乃對）
藥爐而此次復係服叔服常下兩服時氣力已竭成弱勢
之末以服衣久不下故良血下泄癥血上升日已入及此醫
若能不畏力並藥治亦能失時人力已盡盡竟不能救嗟夫
而已之極守信付運遂強自歸讀信中問何如一
讀後不禁一號慟也　姊處之我信信與守惟痛
痛痛打不起精神常常產後如信書而今已矣

汝在萬里外聞此必當大哀痛欲絕 兄欲告不忍
不告又不忍 今晨揮淚寫此 嗚呼哉 汝當知汝娘
身遠家 又兄念汝甚 已許汝得奔一慟 以表愛
情 聊切卻久感感 以將汝兄一重憂思也也
表於此 他乃續陳

兄功碩題

九月二十二日

嵩宗匯來之一張其已二百元今汝收副寄宅之手上

今日方發一信，晚間接到汝來示，知獄事甚順，同
振之信實深駭異，料其州或有他種誤會，汝又或於
夢間有所幽微，是以驚皇若此，而以久不通信致汝想
念之過也。計一月前寄思順姊妹三人相片，諒汝當收此
信後一二日必到，又前致伯嫻出耗之信亦當已達，汝
之牋當可以轉矣。總之信或有失，故今晚即發一電，
令日始得安心。發此電時令我又解幾倍，呼此兩字之

人今棄我逾一月矣，因汝來函一紙，約如此勉者，此以
慰汝也。汝前此一張，令我透念至，汝何為憂我
中國待我之乎甚多，我自致死也。汝一味安心，務期
成學可耳。以君之感宗家事異計，汝來信已悉。
此前亦表乃財料，汝必有心驚肉跳等種種異徵，所
不然何為如是。今日所寄信乃示張二房寄後詢
彼等當乎乃得寄款，加高令所者以，汝不收則故
補寄。此請為大伯住立会一紙，汝可照一讀
聊奉再寄手一通

兩澤 十月二十日

仲弟鑒：五月二日書收。兄竟百餘日不
致尔書耶？似不尔尔，或內有遺失矣。
此數月間，兄大從事於著述，以療飢，
且與嫻兒同學德文（尔聞之當亦吃一驚，我已讀完二冊讀本矣），每日有一
定功課，亦翛然有以自樂也。此間得
家書亦至稀，於家事亦不甚了了，惟
知業已得子，又已娶婦耳。來者相

遂我輩安得不速老哉開禁之議
近復大熾聞將由常熟義甯以及
六君子最後乃逮生者云大約此事
終難到然痛快之舉恐不可見
周召固賢然英斷似非先帝比其
視我當亦尋常一時髦耳兄年來不作

飲冰室啓事牋

政治問題研究愈多益信中國前途非
我歸而執政莫能振救然使更遲五年
則雖舉國聽我亦無能為矣何也中國
將亡於半桶水之立憲黨也顧此事自關
四萬萬人之福命焉可強耶我亦求
其在我者而已苟非有聘莘顧隆
之誠決高臥不復起也近為財政學

一書可得百家言洵療國之秘方恐
未必見用耳以作稻粱謀或可以療
饑於一時耶弟曷為非宣統五年後
不能歸舍學問以外尚有它技否抑
何事不堪語兄也兄誠不期弟以速成
但頗思一合并尔若僅為學問計
則不如以此數年之功專游德國德之

飲冰室啓事牋

學遠優於美，而費亦省於美。可有意否耶？近尚有填詞否？前寄示數闋，意態雄傑，遠過初次所寄，惟琢句尚有疵纇，宜稍治夢窗以藥之。兄廢此半年，近兩旬頗復有所棖觸，拉雜成數章（詩多，詞僅二耳），輒錄以相娛悅。黨事誠

不能問風波稍靜，亦足慰耳。雲公不能復居港，行將與爾相見也。率復即請
學安

啓超 頓首 五月廿五日

紹三書似尚未作復，蔡唐之函實則此種拂意事不欲語，一執筆則頭涔涔然也。乞以此書並眎，且爲我致意，更言我與覺頓在此忍饑相對，滋味正復雋永也。

飲冰室啓事牋

七、一九〇九年七月二十四日

仲弟[illegible]秋後三日一[illegible]並[illegible]連環詞，其收詞中
下半闋第三句亂鴉叢限，鴉字失律，此處必當用（第四句之[illegible]言遊處堪傷遊子，雖可勉強用平，然仍以仄為是）
仄聲也。弟詞已精進，前次所寄數闋，並有可
誦者，但總不免劉過之病，向來[illegible][illegible]亦未能
刻入，此乃[illegible]難久，雖[illegible]之而不免自犯此病，大約
此事秋[illegible][illegible]之[illegible]矣。弟若嗜此，當於下一[illegible]
刻苦三年，小可[illegible][illegible][illegible]味，今宜以上[illegible][illegible]全

集一部以資模倣，本年來頗學爲詩而詞反不敢向。律前月寄呈之二律，海内二三名家頗傳誦以爲佳。兄詩近專學動盪俊逸一派，想弟或不以爲然耶？來信有孟哥代筆者一讀，可謂奇極。孟哥並不在日本，何從爲兄代筆？且兄設代筆，且兄設弟之書亦何至倩人耶？兄三月以來頗效曾文正，每日必學書二紙，宜

飲冰室啓事牋

兒之所以能迅速還讀也，雪廣想已入英人學校
當已畢業，兒告由地方官詳覆，可以報後安寧，
去歲所謂能出山，想是聊徇師友之意，亦
已當寧矣。
大人手諭想已達。
大人念兒殊切，兒思常中卽之一長以兩縈繞，
故人之所不可常置懷抱，須告然瞻之情亦

笑罵一殺也　王荊公已收到否　宋芝兄近況如何　國文學舊籍，年來家常當知寄　新涼中人，惟時自愛，不一一，專承

大安

碩叔頓首　十月廿四

飲冰室啓事牋

仲弟鑒：八月五日書，內附家書一、又勉書一，並收。前所
屬識參加學校課程，寫上爲國當費之用，何久
未見到耶？弟現在所學者共幾門，兄亦欲知之也。
弟果留思於國文否？而能者，而能精之，兄告兄尚於
以法國文爲書，擇寫之。（姪女名，弟已告之否？）每日與此兄論文，亦致有興味
也。昨日成一詩，唱和莊寫上，以發一噱。家承
興否？

兄啟超　重陽前一日

弟未有月前有一信來云：請法代爲弟寄書之至云云，此亦可從慶嘆。我寄弟一書，乃
記錄後寄往上海，此直寄將再寫來付郵耶？弟近日每日必作書寫二百字，之
也。望示覆。蒙者。弟見我近函，又須令人代爲弟耶。

庚每令二詞乃大佳，三次所寄之一次佳，此一次不能不令
也。吾吾生畏矣。娟娟所見詩甚多，殊佳，而吾吾奇之人
集中，更見吾吾美，然更超吾吾靈吾刻入（靈境如吾吾靈吾語句味刻入）然可微者
名家也。娟以秋霜染面，至於發慄之甚之一，乃日如之
此兒也。子語人四人，豈不令人生嘲笑耶。娟兒既詰我以
阿叔何故作此詩，我只得以詠之之，因擬詞美人集，美人與之
之空之花深遠遠乎？娟兒若求索解，吾吾吾奈之，只六
所又如時乃一一附會乃當太今，亦為錦瑟華年，此

鄭
箋老大哥鑒：長也一覽，兄近日須乃徹覺耶
道之已更，齋之承先所居，然以境之曠怡乃過於前
亦先生學道益邃耶？抑疲於憂患而亦復覺耶
憂患也。弟月來因節家費，乃已任文教，習之亦節
亦傳最高之情，並方益力以著射利（中學國文教科也）之書，表之二三
中及使媧兒獲大益，彼固甚願乃為之長公須之書
垂近算覺詞之趣味，又承安詩　家二形二三學生否
耶　撥雜奉復，以常之面
啟超　九月廿三

一〇、一九〇九年

留學美國西北大學第二年級學生ムムム謹稟
為學費不繼援例懇請咨給津貼事竊生以菲材弱質幼習
國學後膠故見安稍合當此交通大開之世非求新識於寰瀛不
足以效涓埃於祖國乃以光緒二十九年自備資斧負笈美洲經
東濟仁市立中學校畢業後以光緒三十二年考入美國伊里奈省
之芝加高大學為豫科生三十四年升為正科生實習政治經濟科
宣統元年轉入同省之西北大學為第二年級正科生惟是生家
本寒素自留學迄今六年所費太鉅家中借貸俱窮勢不能繼
續勢將中止學屠龍於三年敢云致用虧為山於一簣良用自傷
伏查

學部新章，凡自費生考入外國著名大學而費不足者，得以稟請量給津貼。留學生考入官立大學者，且例得補官費。今生所入西北大學為伊里奈省公立，程度頗高，按諸部章似尚符合。為此瀝陳下情，具稟。

憲鑒，伏乞咨照學部，循例給以津貼，俾得安心就學，免廢半途，實為德便。為此黏附履歷謹稟

欽憲大人台鑒施行。

除就近稟美國駐使察核外，謹黏附履歷稟部

大人台鑒施行

宣統元年　月　日稟

平任學伍盤乃副稿，副本呈學部，附前路也。　亦祈同時照覆

文經令

梁次蘇　廣東省新會縣人　年三十一歲　光緒三十四年即西歷一千九百零八年考入美國伊里奈省芝加高大學政治經濟科正科生宣統元年即西歷一千九百零九年轉入同省西北大學同科第二年級正科生

新民建言

一一、一九一〇年四月二十日

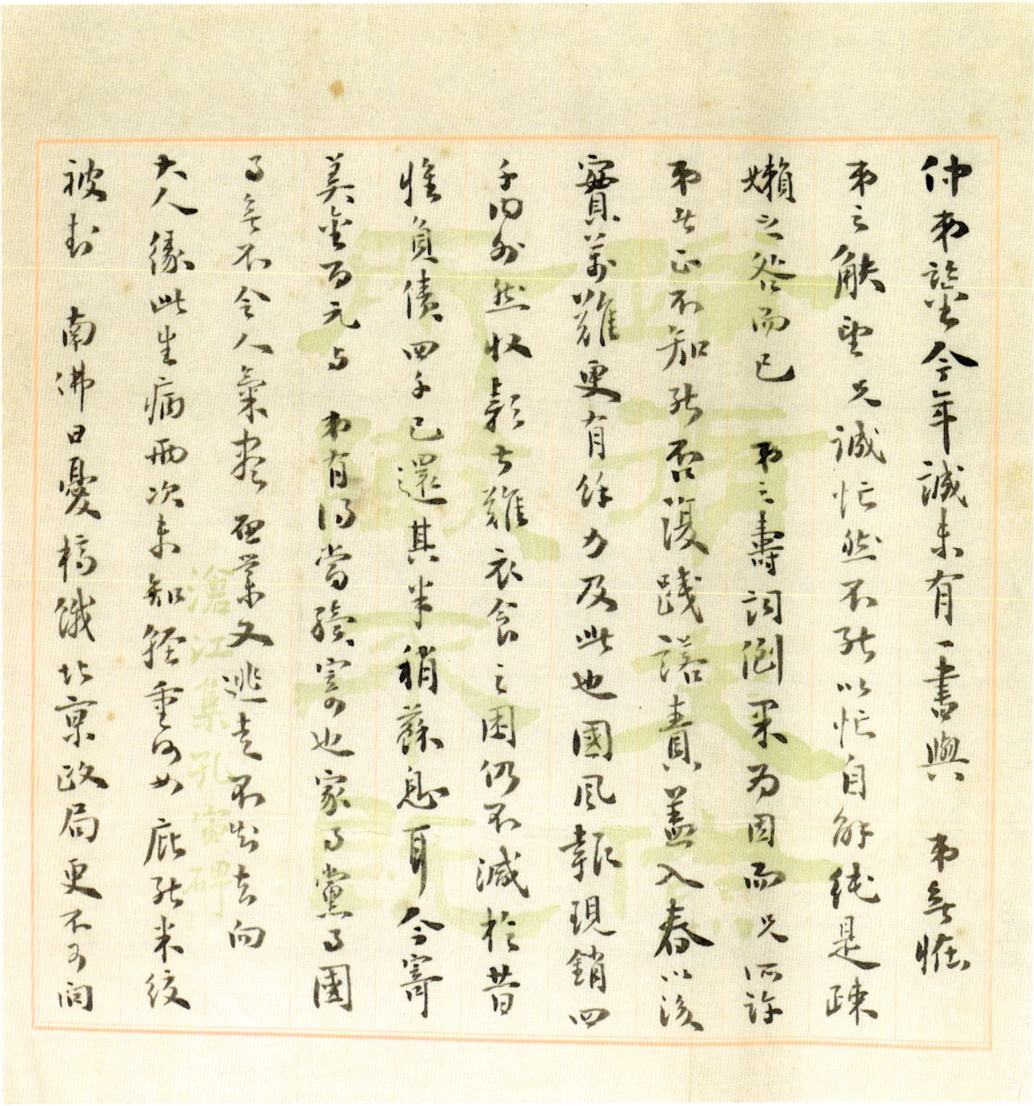

仲弟鑒：今年殊未有一書與 弟，弟無怪 弟之觖望，又殊忙，然不能以忙自解，純是疏懶之咎而已。弟之壽詞閱果爲圓而又許，弟其亦不知能否複踐諾責，蓋入春以後實萬難，更有餘力及此也。國風報現銷四千冊外，然收款亦難，衣食之困仍不減於昔，惟負債四千已還其半，稍蘇息耳。今寄美金百元與 弟，有何當饋家之也，家乃園了，無不令人氣索。理業又逃者，不能去向，大人緣此生病，兩次來緘，語重心長，底能來綫被封。南佛日憂橋識，北京政局更不可問

一一嚴之比視北廷之腐敗更甚數倍而已
大約此數月內蕭牆之變必作而各省一切物
價騰踊如沸舉國人民無所得食殆皆
餓死大亂之起決不能出兩年以外恐四方之
人死去一半然後新機局乃開耳將來
收拾殘山賸水責任終在我輩此時決
幾欲之強學待用亦未始非福也戒
不亦勿餒而已即請
學安

父超叔話之　四月二十日

錦榮有信來祝吾壽殊不敢當可為我謝之
仙洲當在津否極欲知其消息汝有以告我

一二、一九一〇年七月十三日

兩月不得吾　弟書矣前寄金兩次距今已七十
五日不審達否自聞絕糧自傷痛係心痛如割思順
念　妹尤甚語輒涕零豈　弟有意報復我半年無
書之罪耶願勿復爾心劇矣數夕以來相思輒感
噩夢願　弟必以一紙相慰也因屬從居恐其不
達故託銘之轉一月以後或只自然來與　弟
握手亦未可知　弟事太渺茫姑以此幻想耳
仲弟省覽　兄啟超　七月十三日

一三、一九一二年

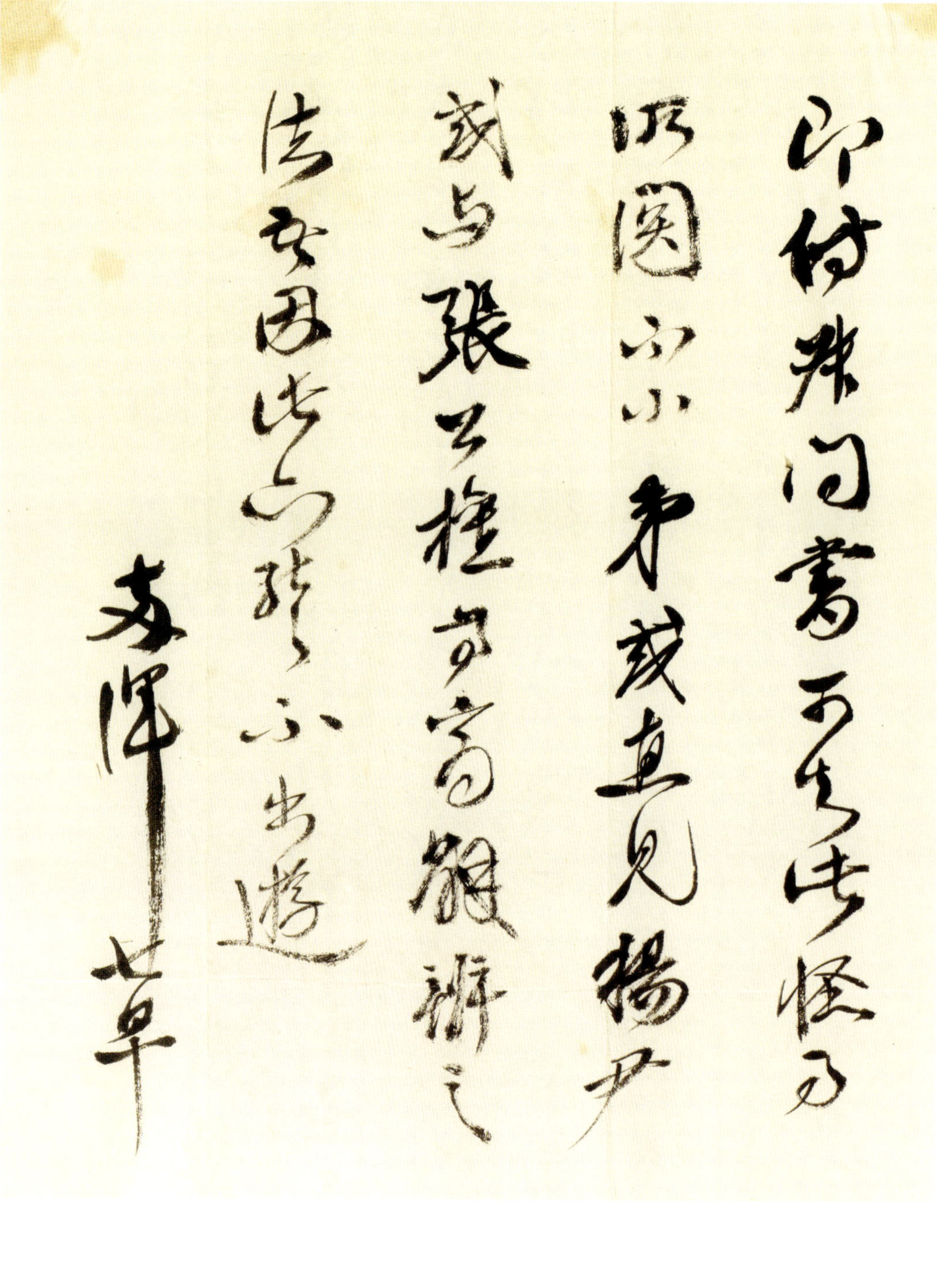

即付張同書可怪也乃
收閱示小弟裁直見楊尹
哉與張君權可宜細辨之
法安因此心殊殊不出遊

友渾
七草

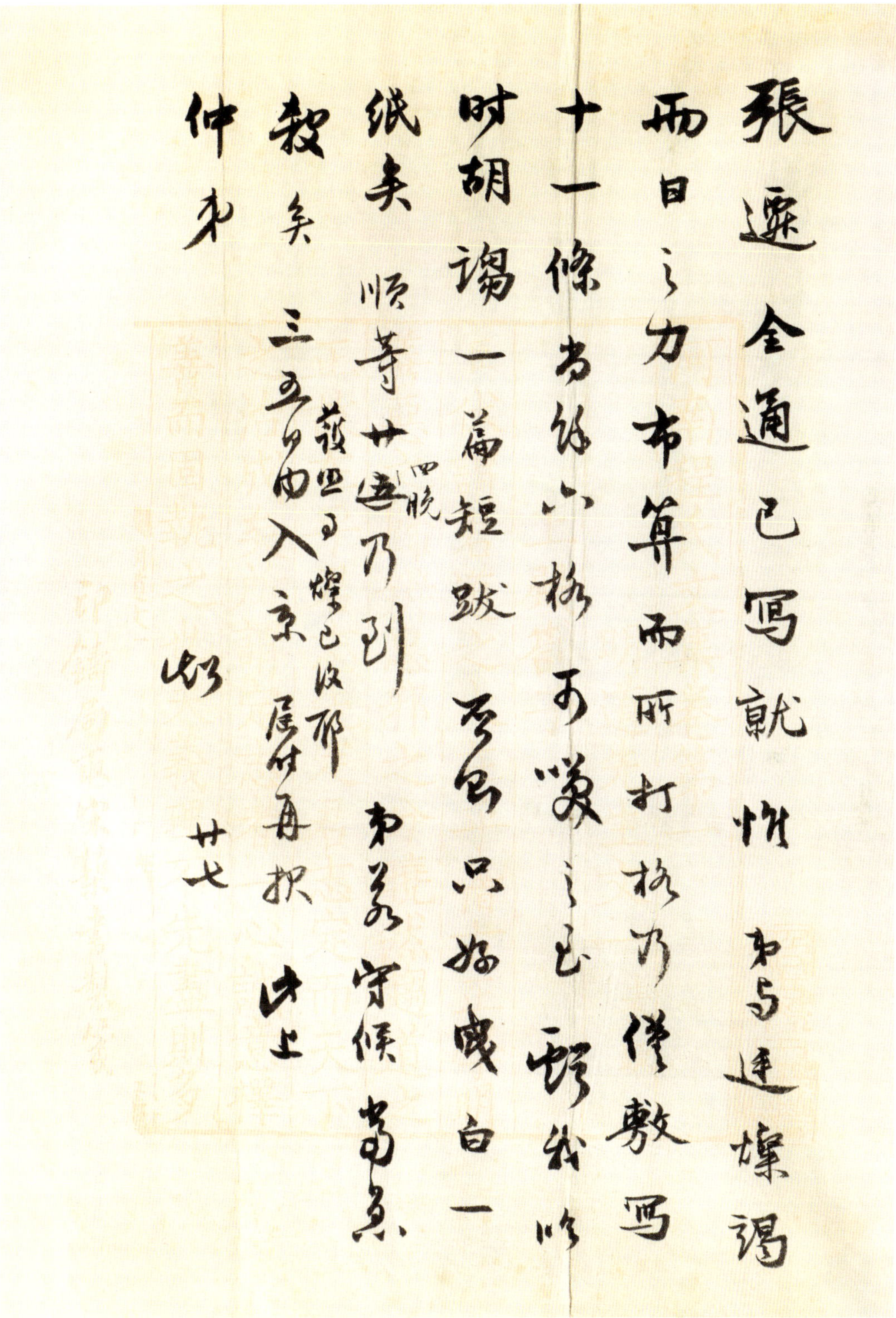

張遜全通已寫就，惟東島連爆竭兩日日力，布算兩所，打格乃僅敷寫十一條，尚餘六格，可嘆之至，頗我修時胡謅一篇短跋，可笑只好留白一紙矣。順等廿四晚乃到，東蒙守候幾矣。三五日內入京，蔡四日煌已後那，屆時再報。此上

仲弟

如 廿七

前書言順兒婣事者，亦已收閱，前如是
吾有兩妙諺於此，曰：戴君之只求木偶，擇女婿不要英雄，蓋謂然否
是亦既矣。兒與汝嫂意已決，亦曾禀命
若如我輩者，世若不有，若有此子妻婿，不可有此大也 而又謂
堂上，從權之，夫婦此子於數月
何如
前頒南洋省親，若今方前入中原需
後聽榮已覓得之，不及悔已，便跳行文
宜談也，知念之者如
彼極好學，甚愛我，我教正之，我必一我一日離我側，則我不要
別函告君，勉我令布多擇亦可
吾於眾兒中偏愛順兒，獨已十年，前已發，今乃益覺甚
此子宜甚未甚，豈焉探然，度之可令順兒終身無苦也 不須何如

君其爽聽熹

歐永集張遷碑字
寫陶句自制箋

一六、一九一五年三月四日

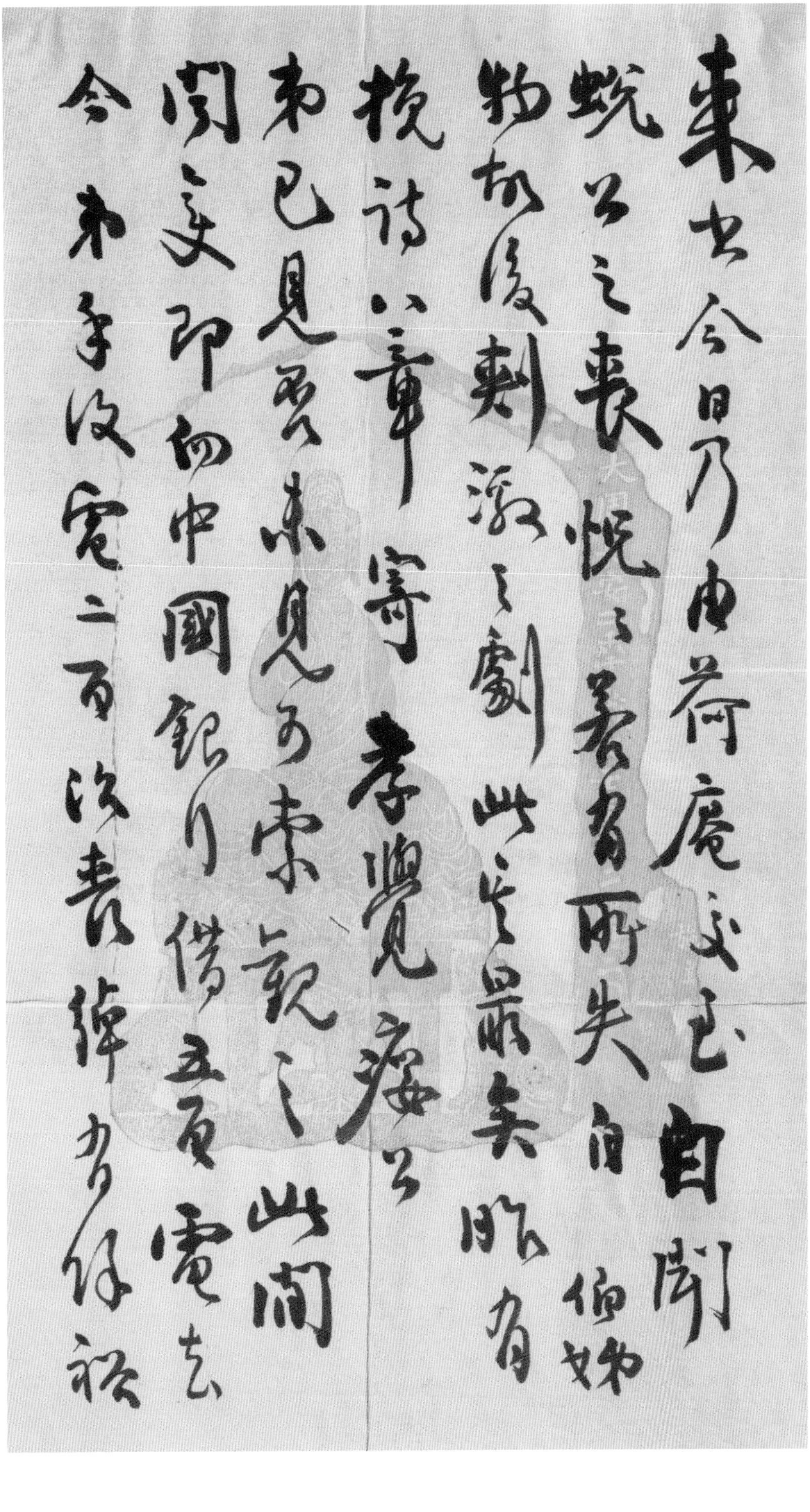
來書今日乃由荷庵交到自聞
蛻公之喪悵悵若有所失自伯姊
物故後刺激之劇此其最矣能有
挽詩一章寄孝覺[illegible]公
弟已見否未見可索觀之此間
開支即向中國銀行借五百電去
今未得汝電二百汝責總辦經核

奚思順來書云電去一百五十即

未去所摺交柳又劉電那之款集

一二千金陰汝去外更拱丈孤臺三

函東之送二万元已屆不南校之後即

存之可也仰廉杉坡皆當有餉渡

己先後共三出來如弟禍而家

姊家已生前差閣此政也

仲和

起　四日

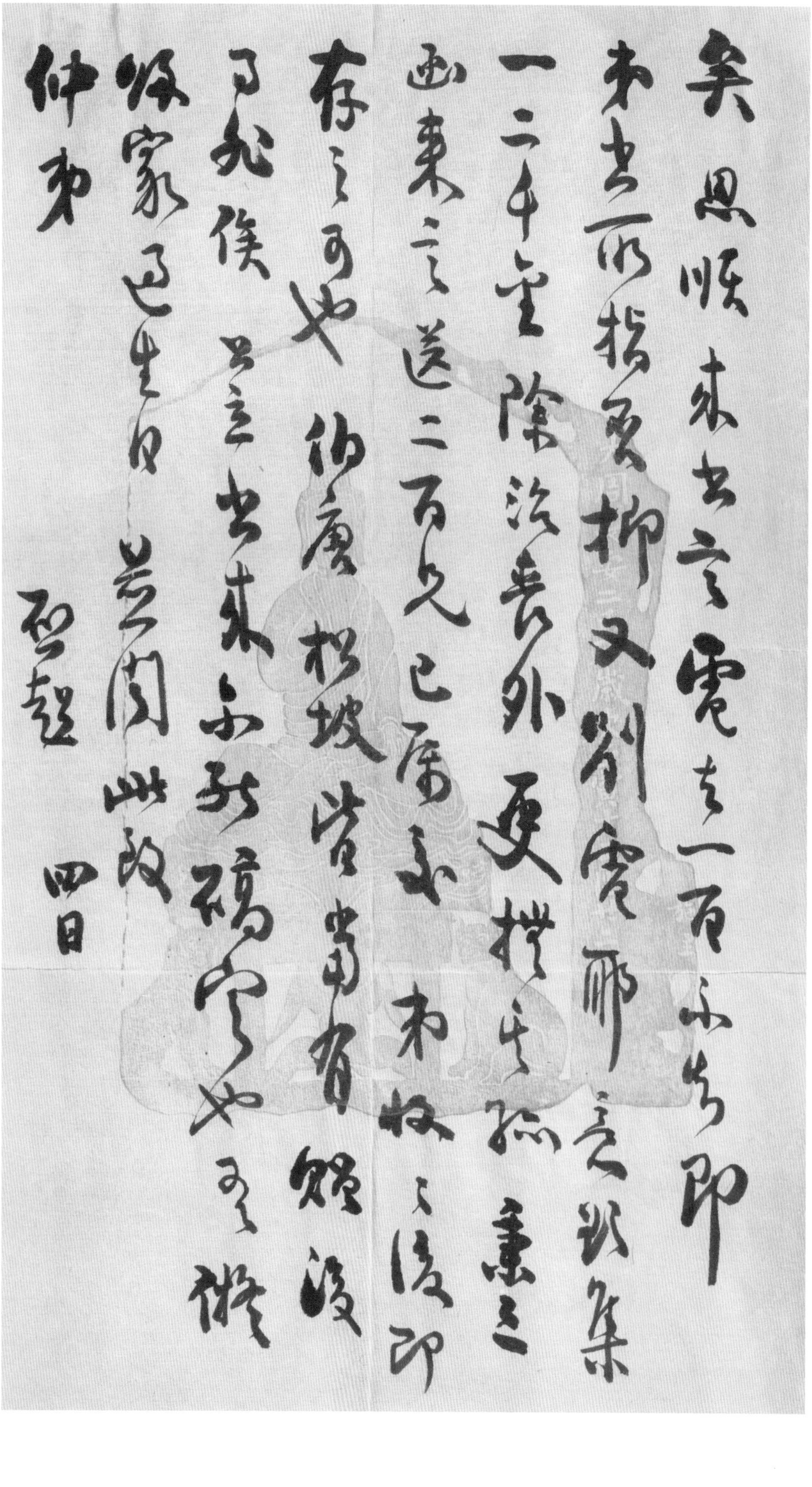

一七、約一九一五年

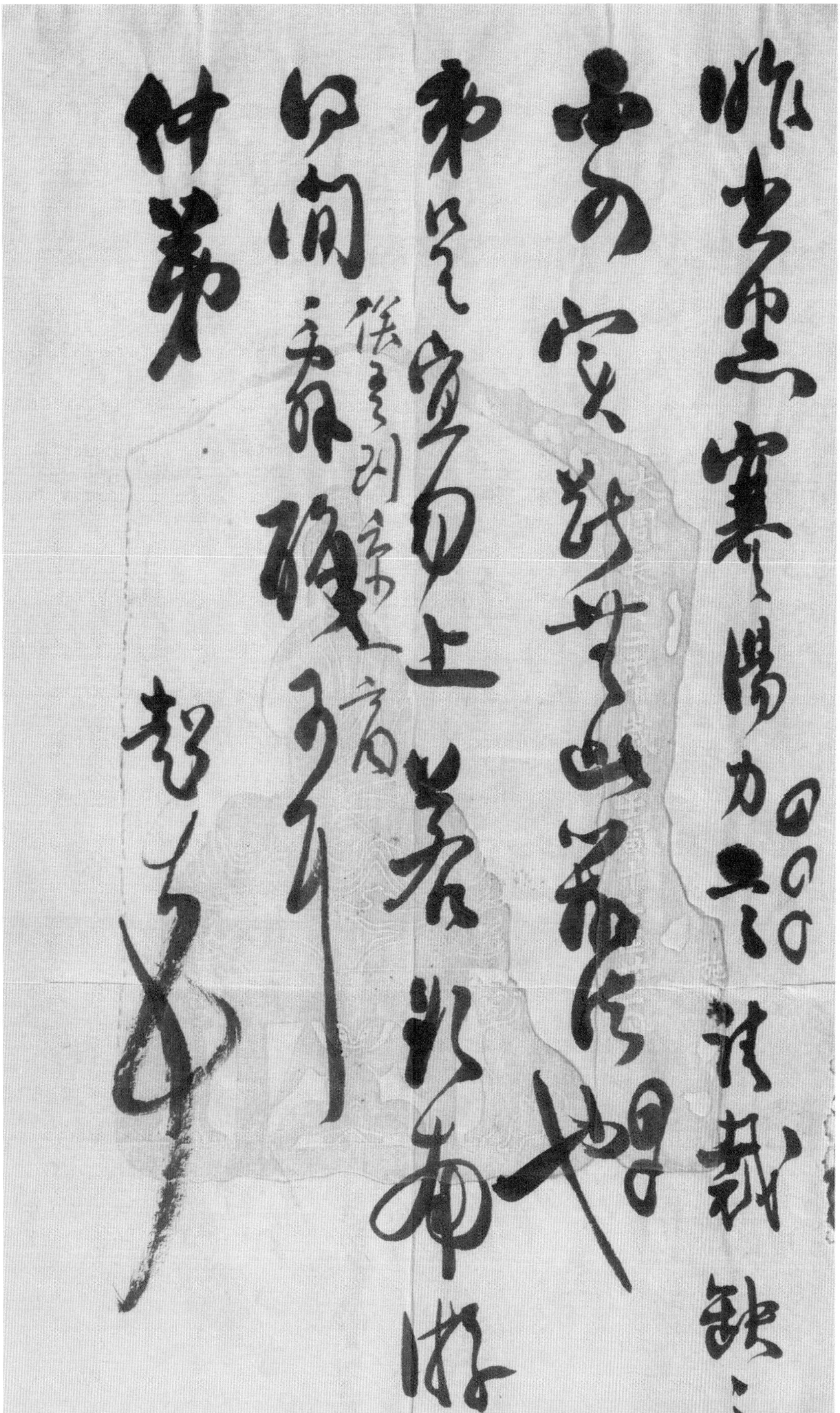

一八、約一九一五年

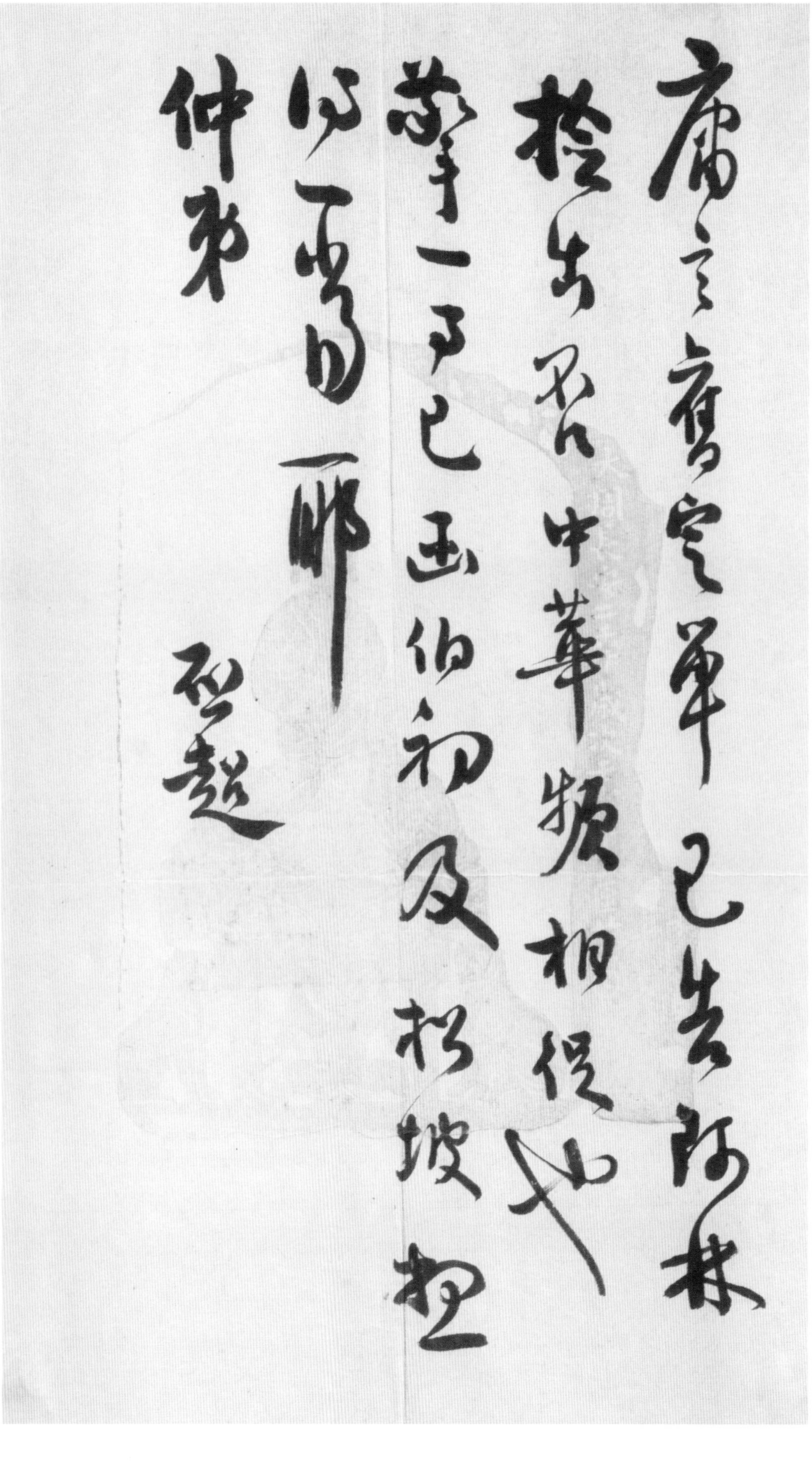
廣之賣宅單已告詩琴
檢出否中華類相促也
蔡之一千已函伯初及叔坡理之
以下星期一聊
仲弟
啟超

一九、約一九一五年

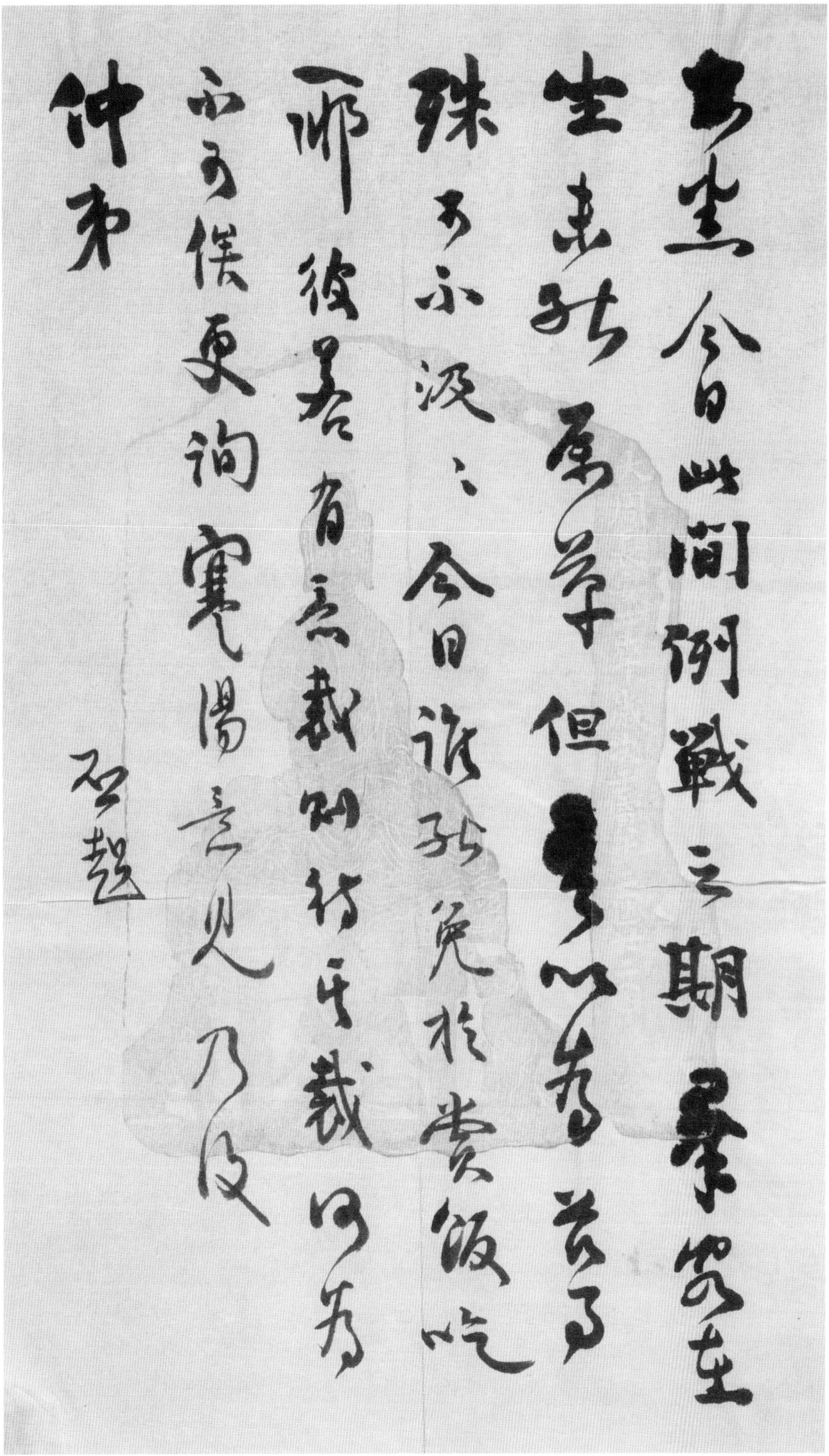

方生今日此間例戰之期羅孚先
生未到孫原等但[illegible]以為甚了
殊方示及之今日訪孫免於貴股吃
那彼若有意裁汝行于裁何為
而可候更詢寒湯之見乃復
仲策
啟超

二〇、約一九一五年

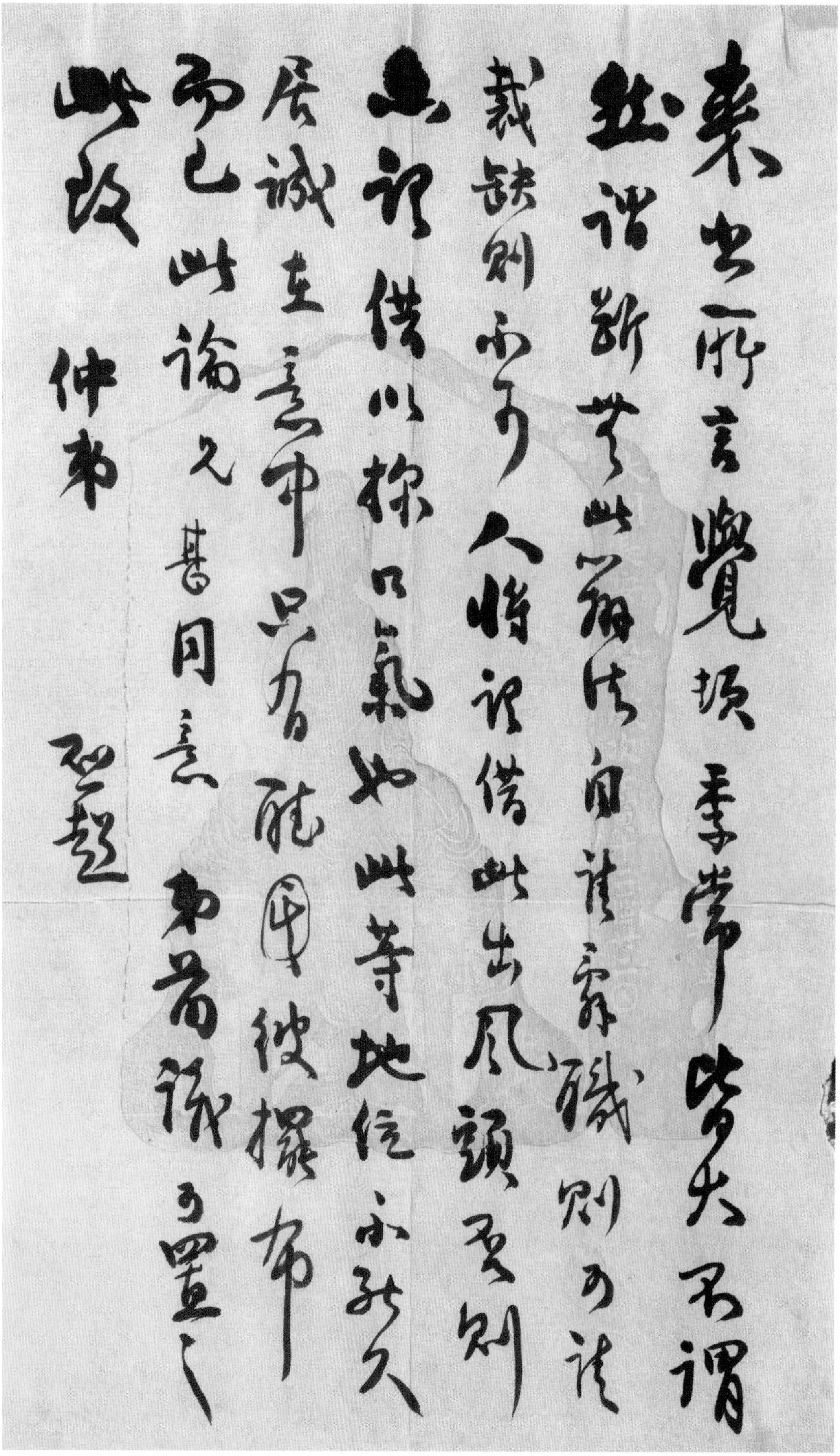
來書所言覺頓、季常皆失，君謂
然，諸新黨此輩儘自請辭職，則可請
裁缺，則可有人將請借此出風頭，要則
亦請借以操口氣，如此等地位亦非大
居識者意中只有隨[illegible]彼擺布
而已。此論久甚同意，東省議可置之
此復
仲弟
啟超

二一、約一九一五年

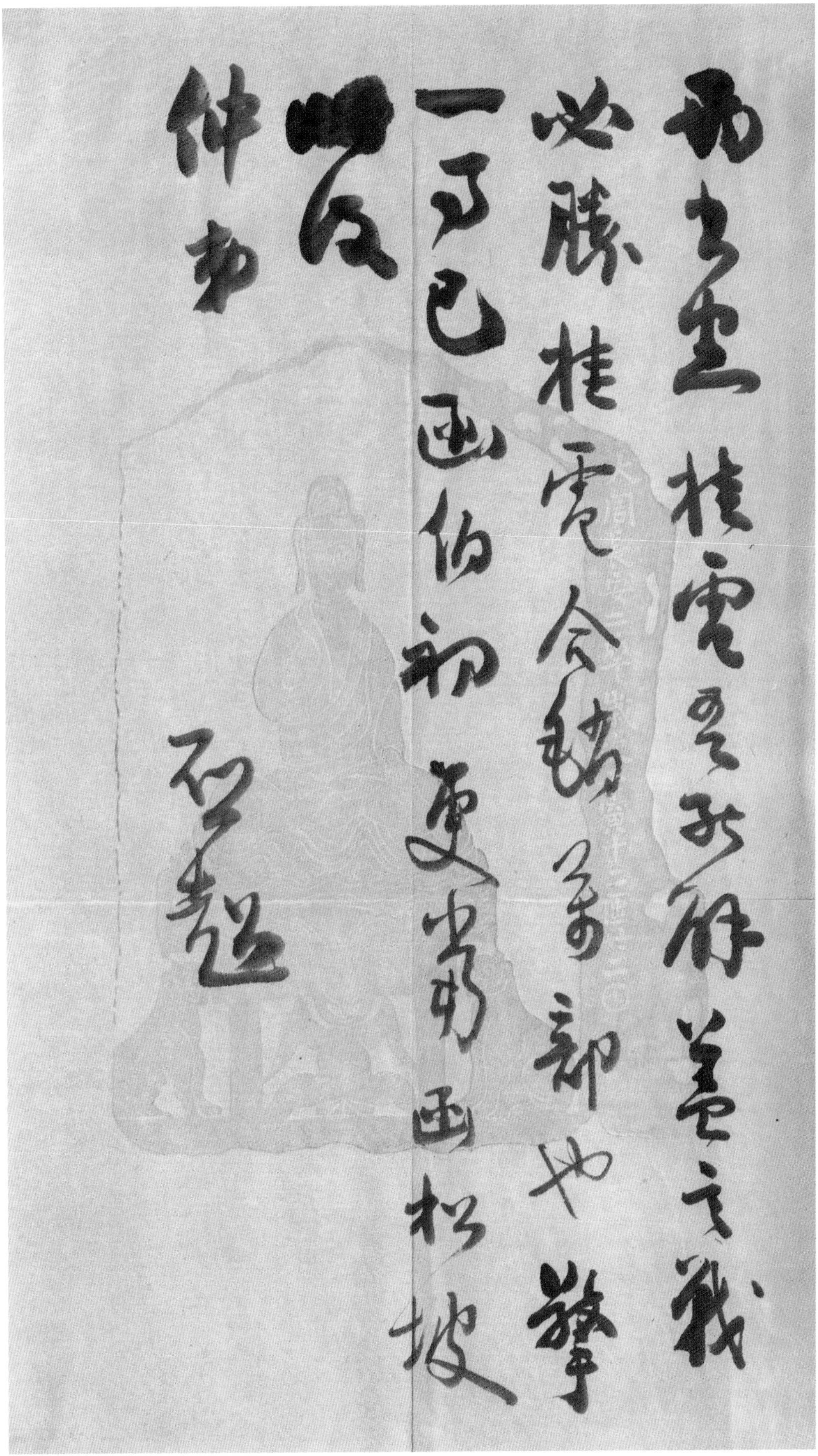

二二、約一九一五年

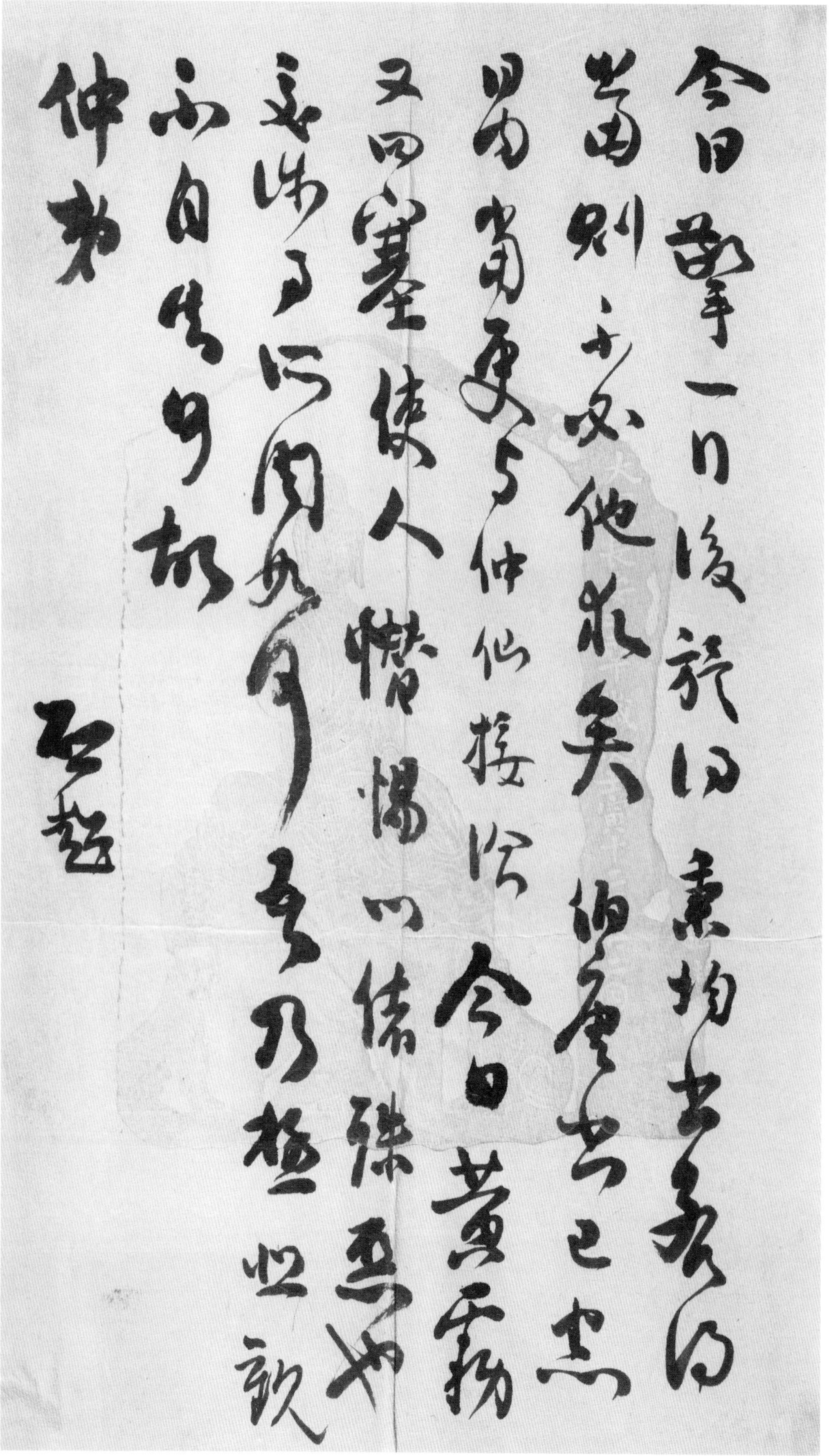

二三、約一九一五年

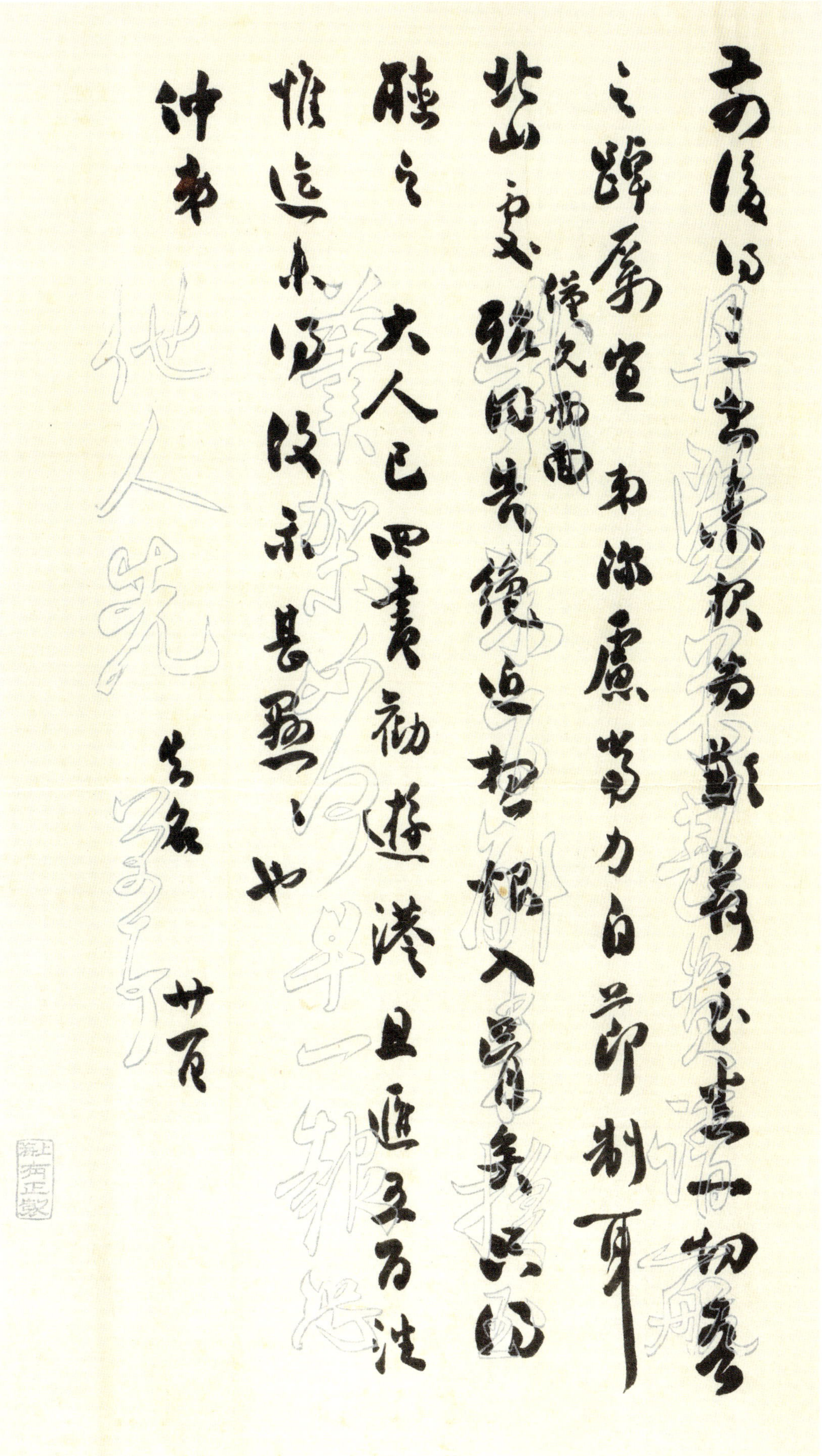

前後得三書，悉[illegible]為[illegible][illegible][illegible]一切委
之蹲厥宜更深慮，當力自節制耳。
北山亦文（俟久加函）碑閱其後返想[illegible]入[illegible]矣[illegible]函
睦之
大人已四書勸勉，遷港且遲至乃佳。
惟近來時段亦甚暑也。
仲弟
兄名 廿夜

二四、約一九一六年四月二十九日

典虞廿九日開喪宜送一幛一聯幛
出吾兩人名聯則專出吾名託秀
龕代撰此書請即屬秉三亦
要我必送禮當並列
弟名耳
仲弟左右 冰

二五、一九一六年五月八日

廣東都督府用箋

仲弟鑒：兄以粵局關係重要，袁逆方以全力相圖，不宜更生內訌，且回鄉秩序亦須速謀規復，故孑身來城小住數日，明晨即返肇慶，數日後更經港往滬。初時本擬極秘密，但外間既已周知，恐大人不免更憂慮，特此馳告。餘可詢棠都便悉。

兄超 五月八日

中華民國　年　月　日　第　頁

二六、一九一六年五月十六日

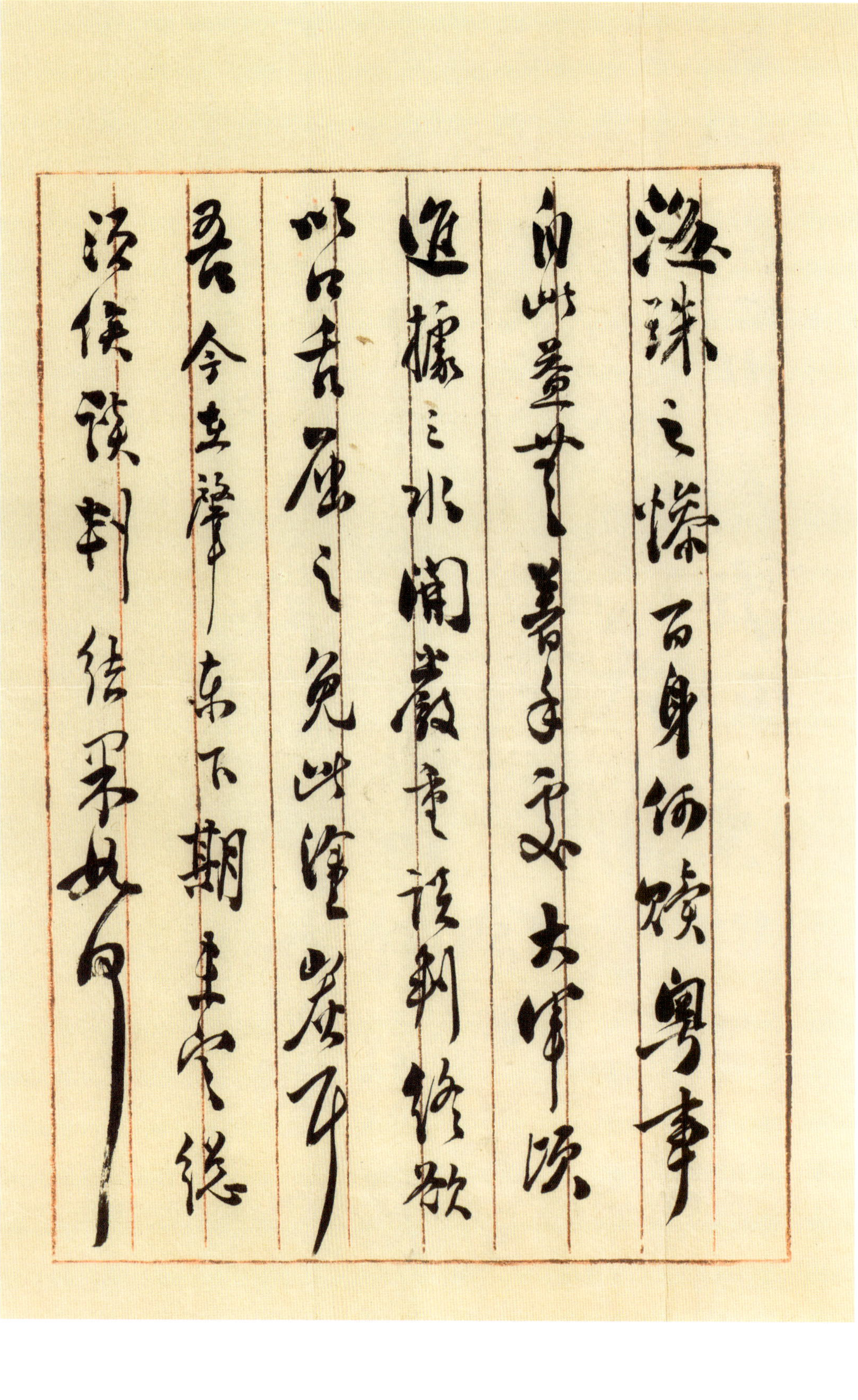

海珠之慘，百身何贖。粵事自此益難著手，更大軍須進據三水，開嚴重談判，終欲以口舌屈之，免此塗炭乎。吾今在肇，東下期未定，總須俟談判結果如何。

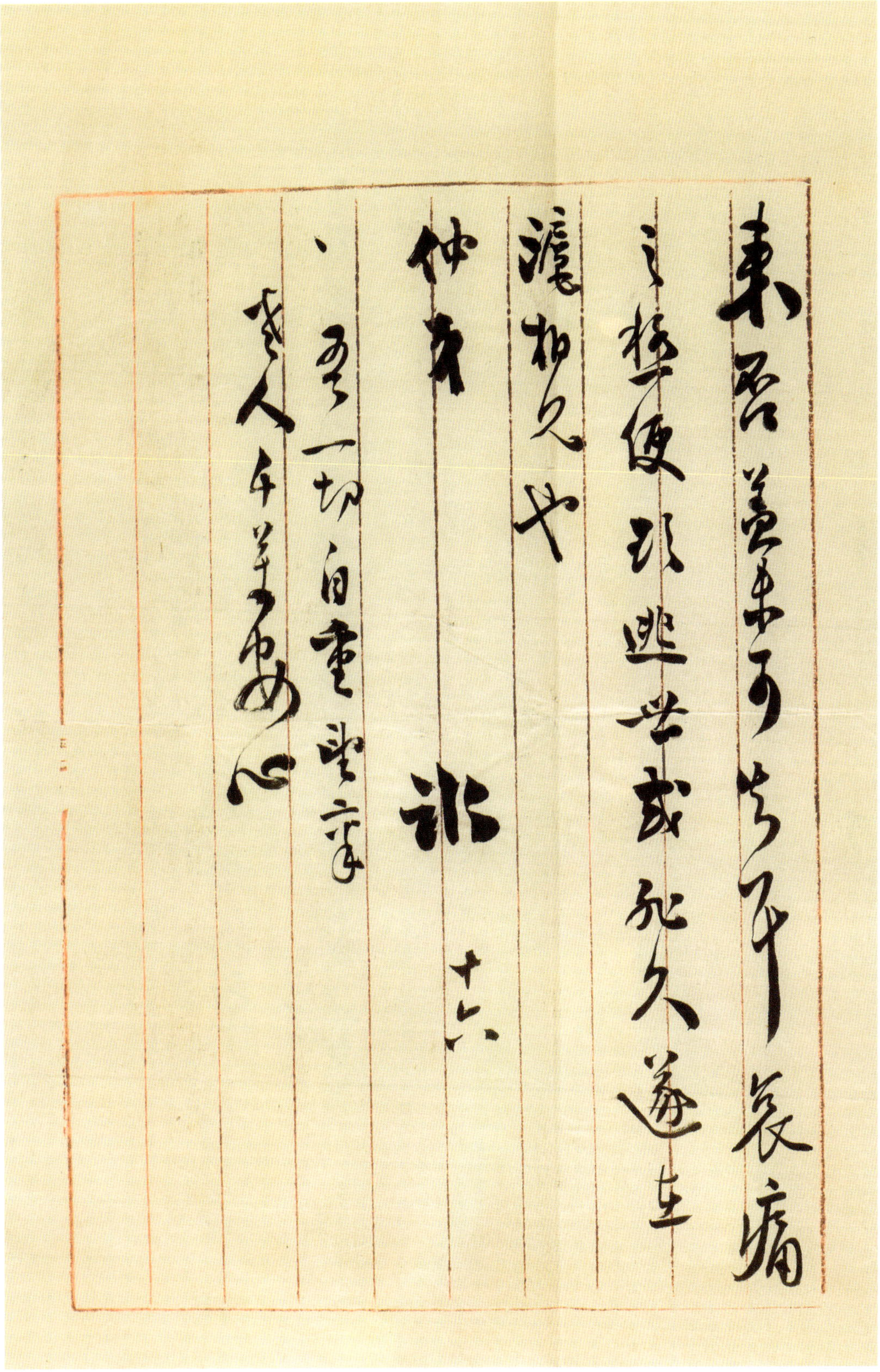
來書並悉，苦乎哀痛

之極，便欲逃世，或非久遂去

滬相見也。

仲策　　　　　啟　　十六

、亟一切自重望幸

吾人年華有如心

二七、一九一六年五月

兩廣都司令部用箋

十六日（但日期務請核改）

晉田內印湛滬兆覓舊尉子長

吳帶港，又並帶廷燦去，可

即令立將預備，相候。

仲弟 兆

二八、約一九一六年

嫻兒十六晚車由滬動身，計十八下午或三點或六點必到京（辰達），宜以其日早車來，或並約觀察作陪尤佳，並告蓉芸。此上

仲弟

超　十六

仿唐人行卷式

昨晨抵港即日叩謁
殯宮去春
音容若夢寐如見今惟悽
愴永慟與、蒼天曷其有極
前用廣東漆極粗劣今擬剷 明日動工
[illegible]

南長街54號梁氏檔案

二九、一九一六年十月二十日

間所乃能[illegible]

次乃行，惜山莊太遠，祇能向

日一語可達。獻兄已來，細婆

明後日亦當至。家人之意，咸以

合葬舊塋。卜地既甚難，且堪

輿術又凡所習者，吾意欲在小東

門外良鄉亭附近購一塊塏之小丘就

仿唐人行卷式

造墳圖照仿西式以塞門汀土
建塚
祖父現尚權厝東永慶安即
移葬一園中使
魂魄永相依戀亦
先人遺志亦所冒少之壯歲亦

本屆贊成張已許諸此年矣

日內苟不免洩省了（擬俟滇民友上議加第一次漆時倫定上省數日）但宋陸

異同日益劇烈王寵惠視此爲畏

途也來僅二日哭已皆已大率

什九治外事者天生王舉似以

替人謀飯碗爲唯一之義務究〻哉〻

非義大事在躬此地殆不能一日居

也法獄事已了廿甚問題而

仿唐人行卷式

彼有餘款存公處者又生波折人
情譸張真可畏也於中國憲
之外尤不能不究外國官場明白須
惟存港澳又須指明領下厭之
亦未陵又安來訴寬甚責成
詞停裁判直是毫無法紀
有民事[illegible]

仲弟

兒曹同讀

飲冰

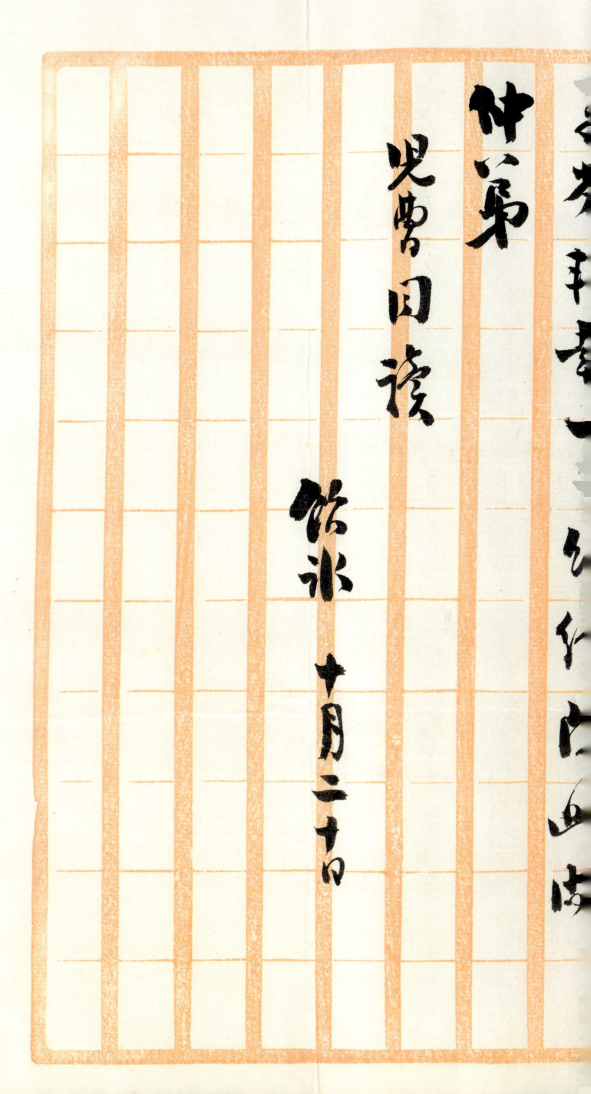

十月二十日

三〇、一九一六年

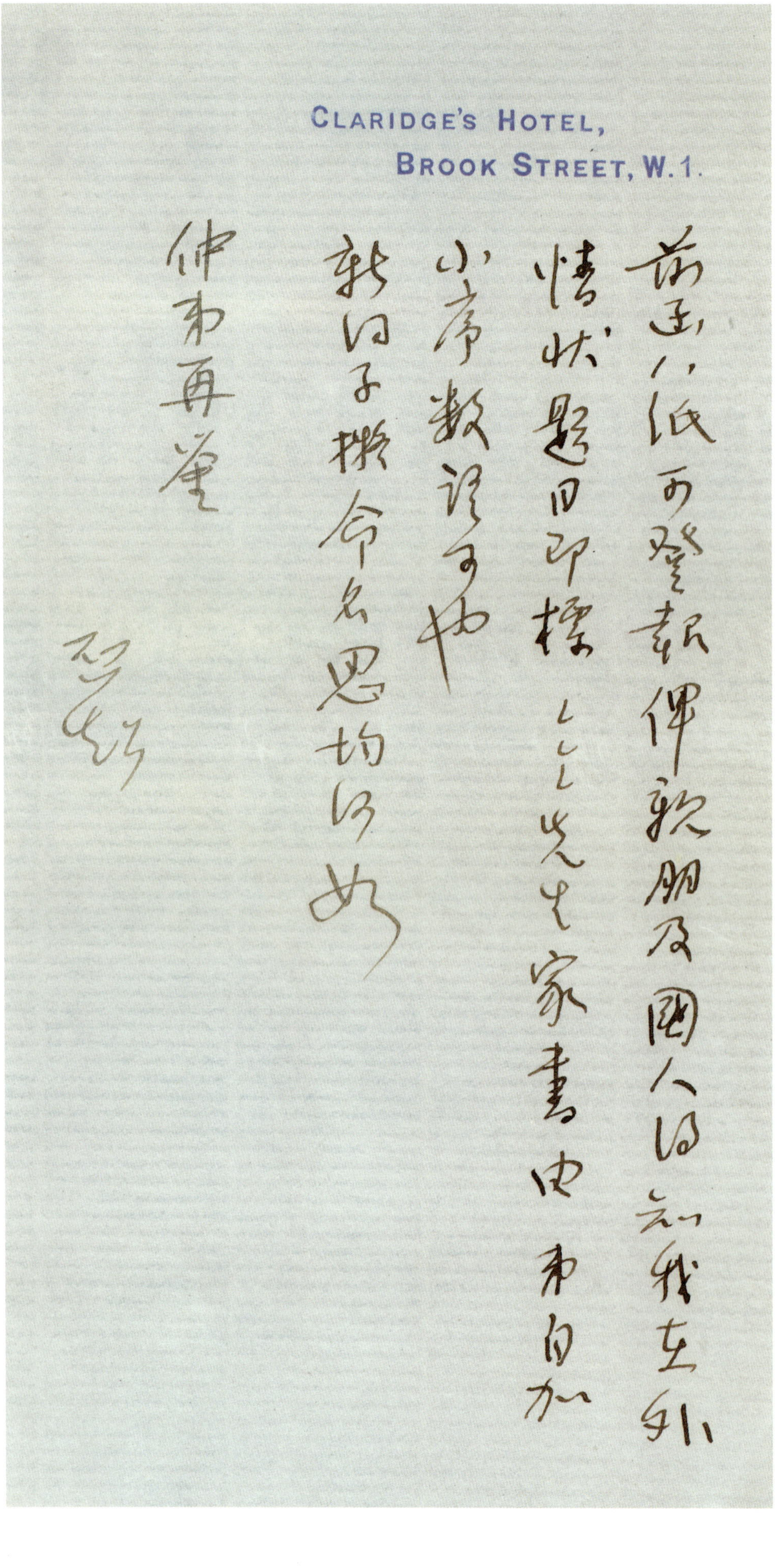

CLARIDGE'S HOTEL,
BROOK STREET, W.1.

前函八紙可登報俾我朋友國人得知我在外
情狀題目即標某某先生家書由弟自加
小序數語可也
新得子擬命名思均何如
仲弟再覽
超

三一、一九一六年

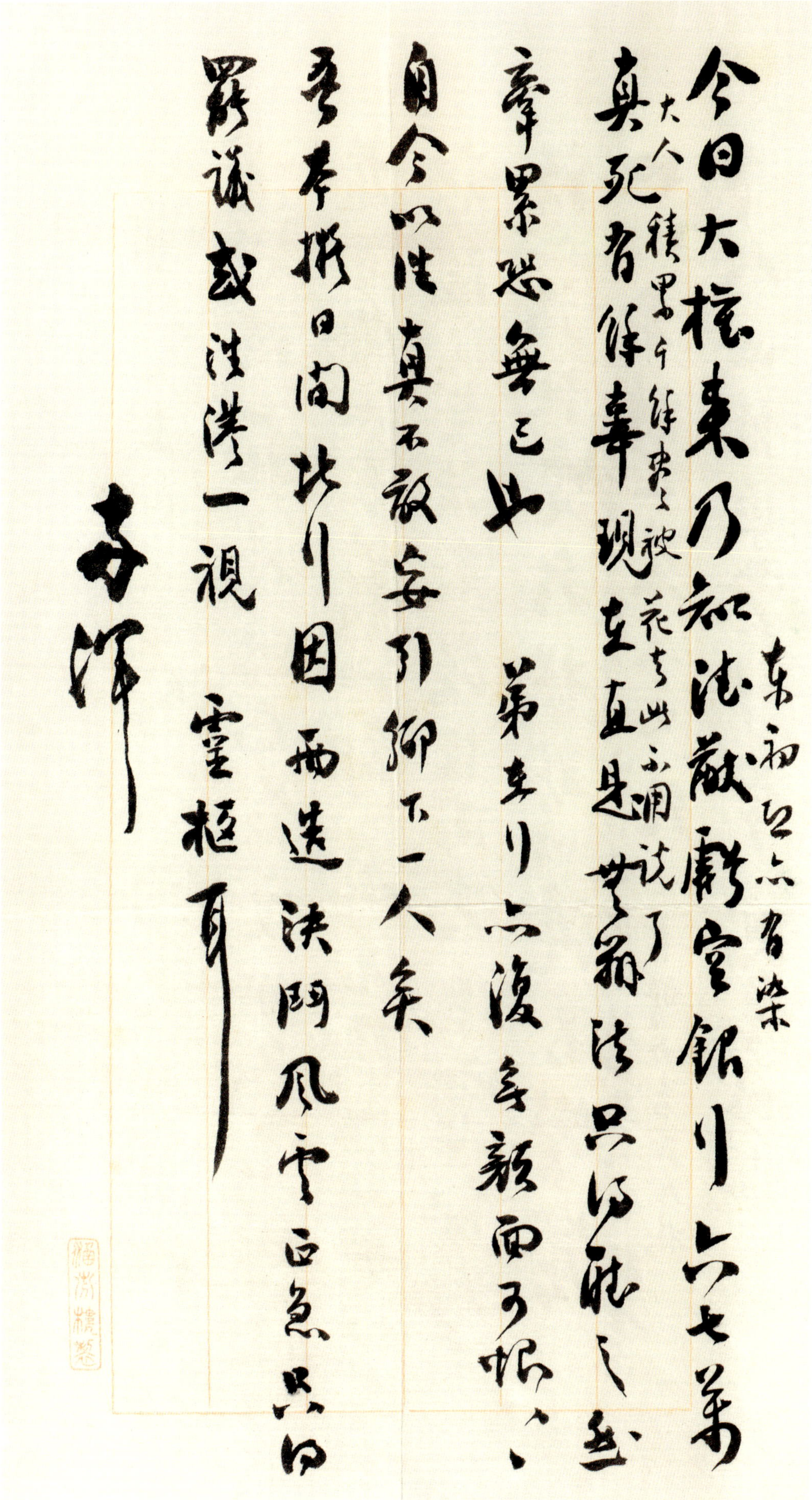

三二、一九一六年

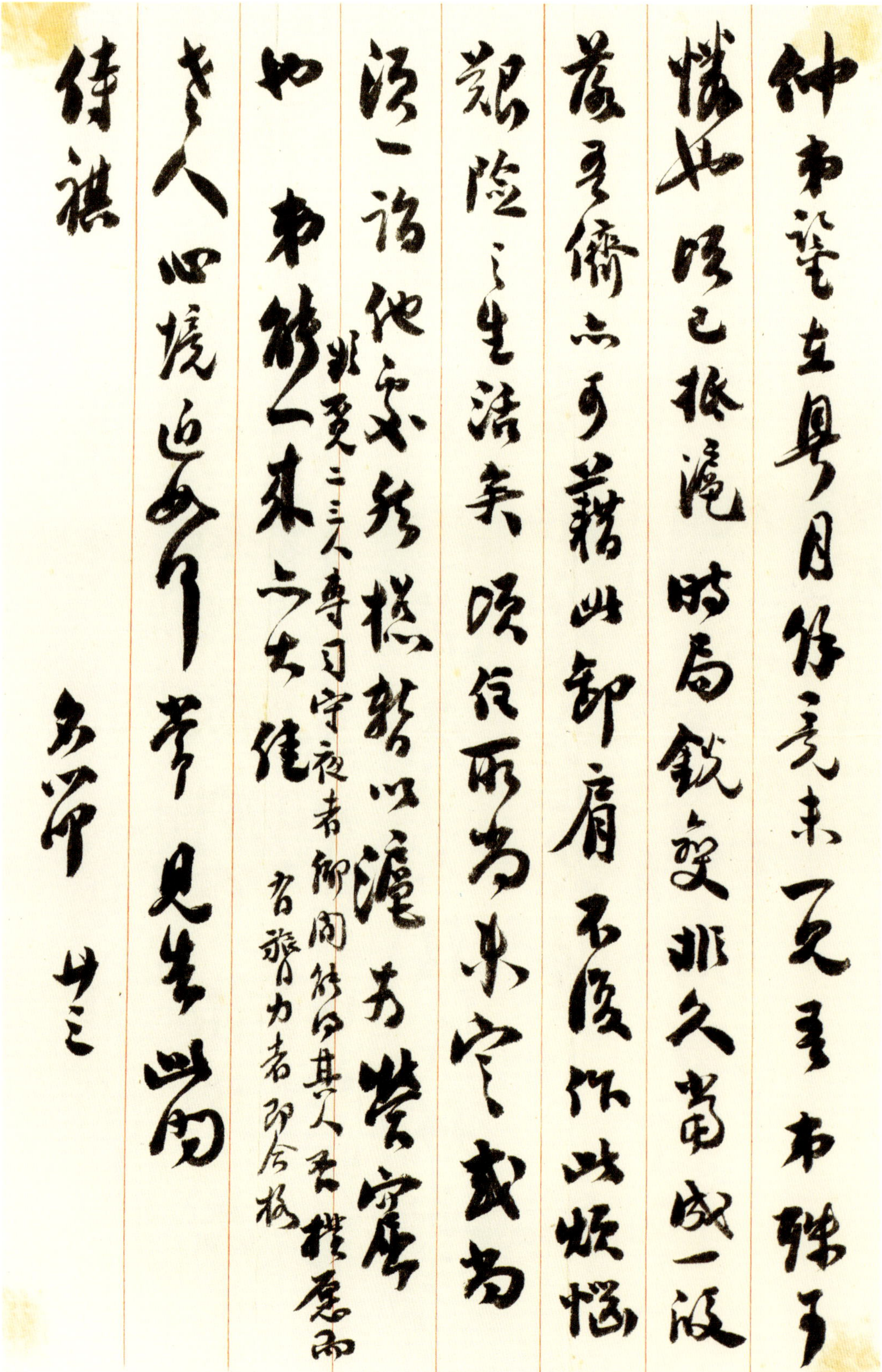
仲策至粵月餘竟未見吾弟殊可
憐也吾已抵滬時局鉅變非久當成一段
落吾儕亦可藉此卸肩不復作此煩惱
艱險之生活矣吾頃所為未完或為
須一詣他處然後以滬為營窟
也弟能一來亦大佳 此覓二三人專司守夜者卿聞能得其人否稍謹愿而有膂力者即令招
夫人心境近如何常見先生此問
侍祺 兄啟 廿三

去冬百里曾以函　松坡　若果賢慧，可錫識為求精思必成，如達詮所言亦何能詳述一二否？唐家姻事，足頌康意。若見　孝覺，可再細問一切，取進止。

西澤　十六日

三四、一九一七年

書悉。弟前索來之紙，均辦三副，
皆無款識，只來此閣帖印已用
考究竟，誤以之紙，希即查告弟
別補可。此外尚有宣紙來寫者耶？
並查代文彭行帖裝成再算還。
此寶閣帖如有何用。弟祝此[illegible]何如。
仲弟左右　　啟超

三五、一九一七年

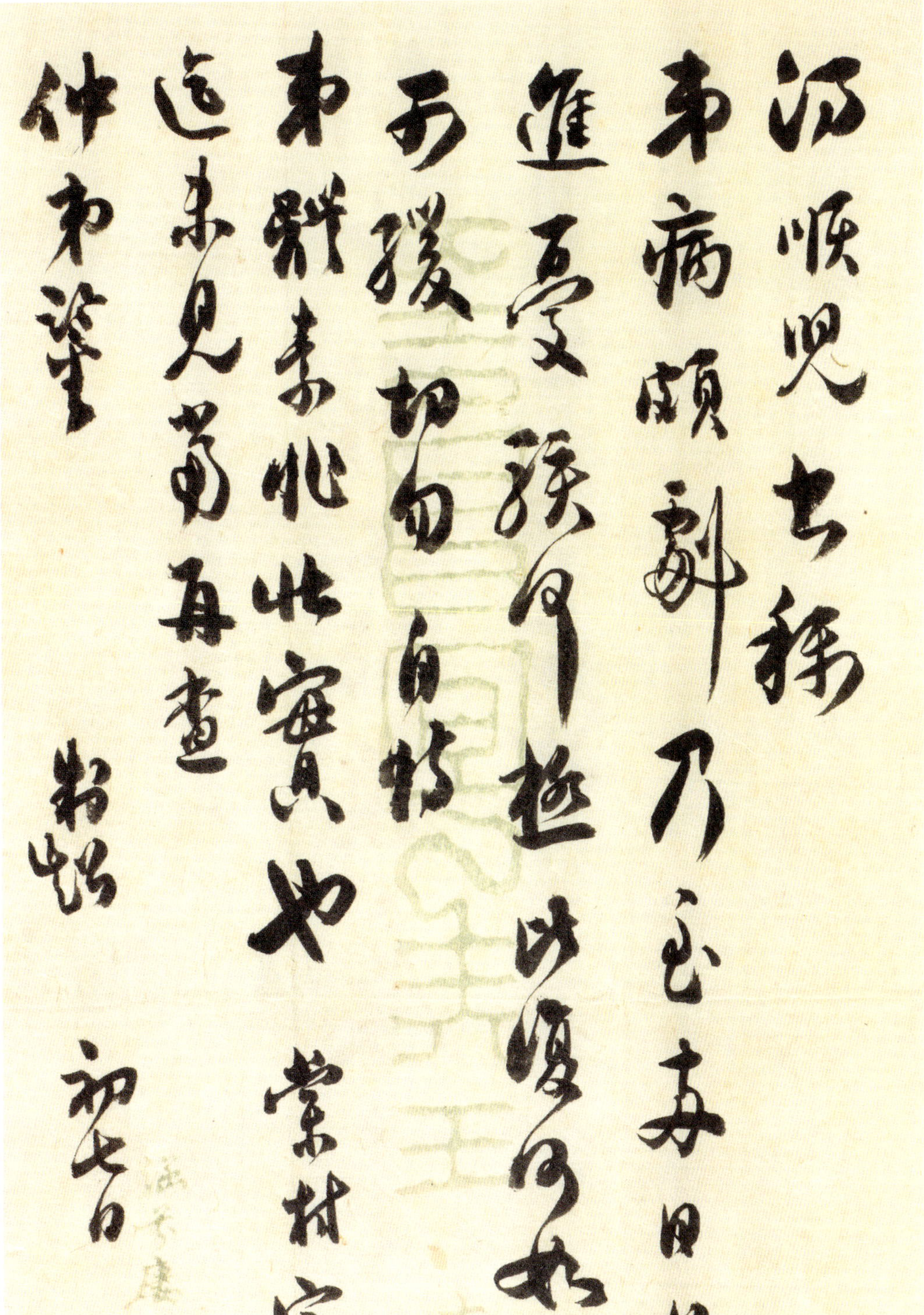
沥順兒去後，來病頗劇，乃至每日非米不進，憂灼何極！比復何如？髯亦可援，切勿自恃。來戰素悲此實也。棠村寫來張，速來見面再晝。

仲和從望

啟超 初七日

三六、一九一七年

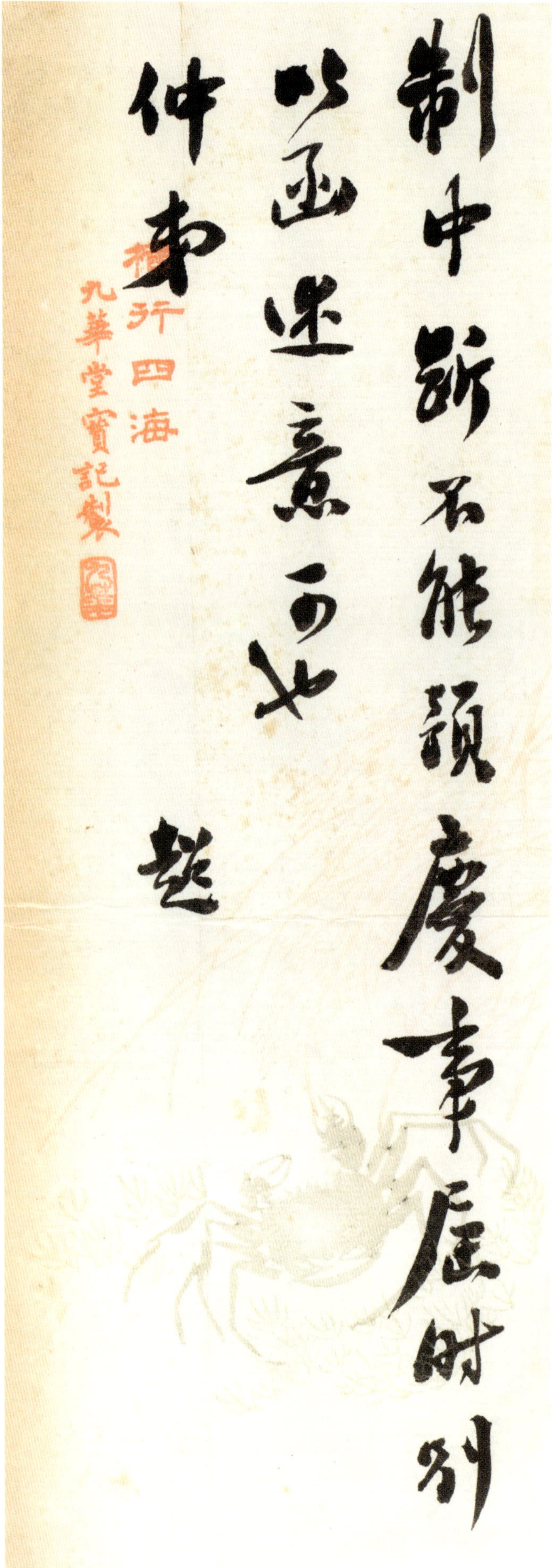
制中號不能顧慶事屆時別
以函述意可也
仲本
趙

三七、一九一七年

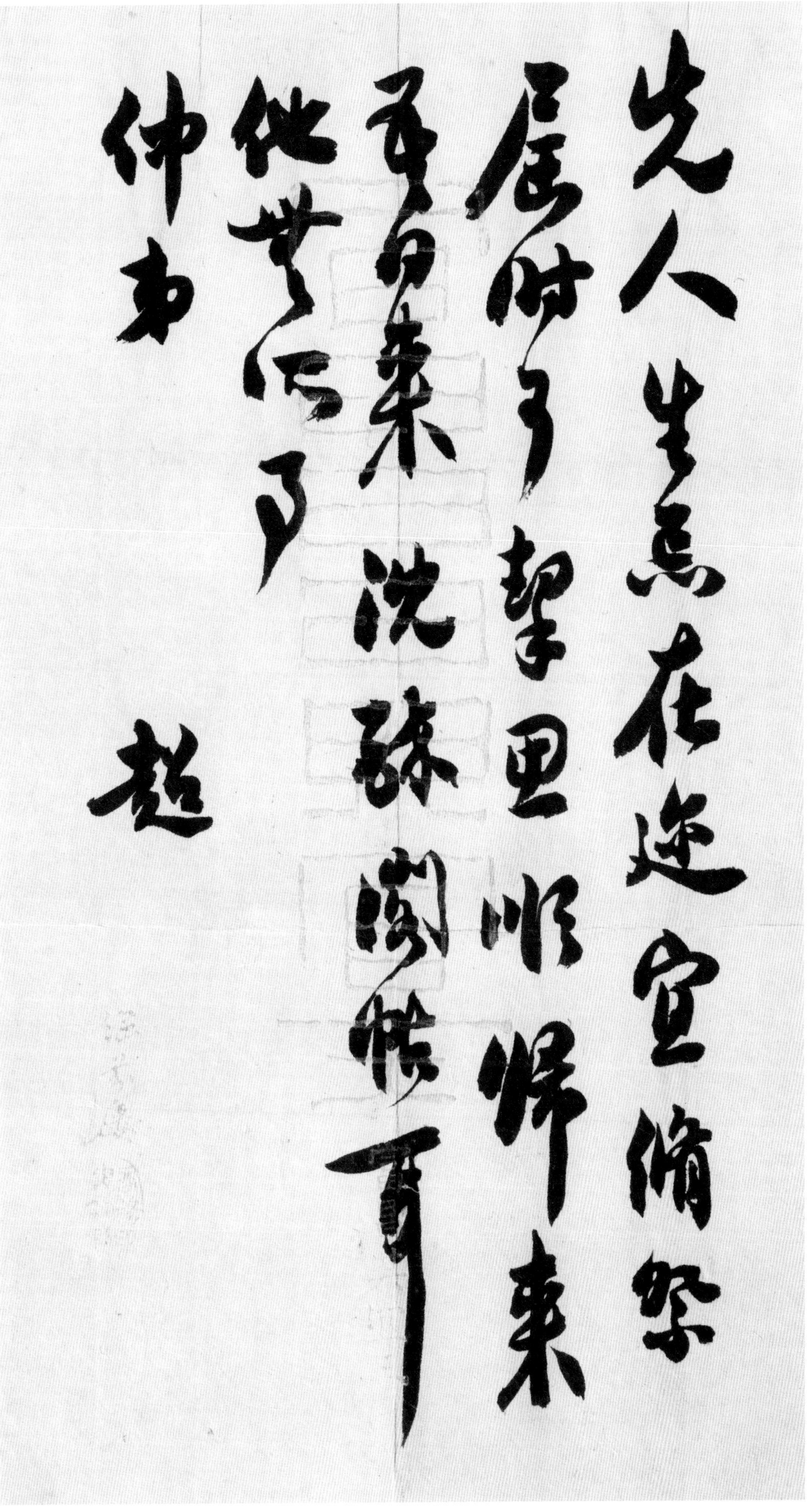
先人生忌在近，宜備祭
屆時可挈思順歸來
至日來洗滌閣帳頁
俟世伯了
仲弟
超

三八、一九一七年

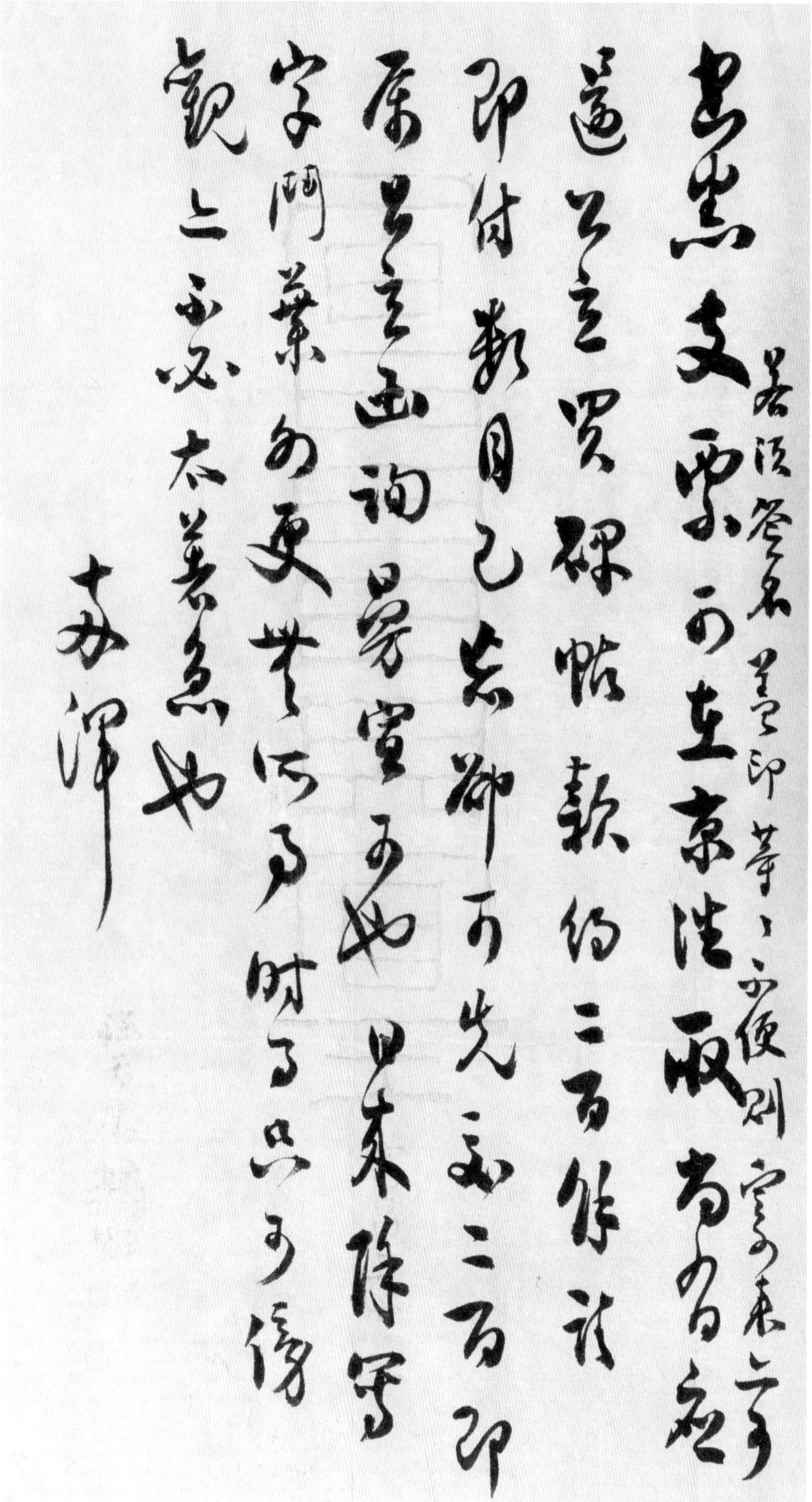

三九、一九一七年

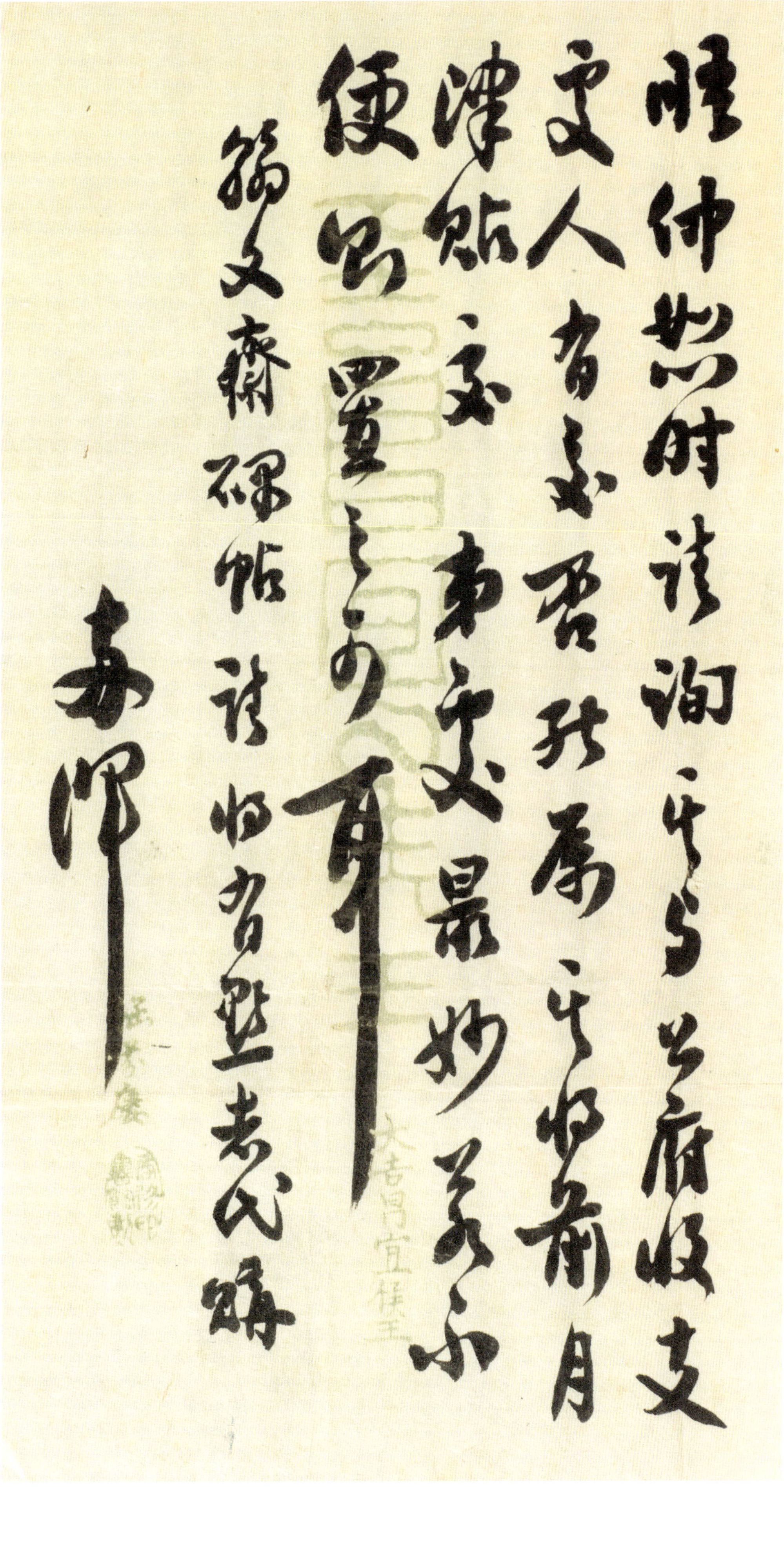

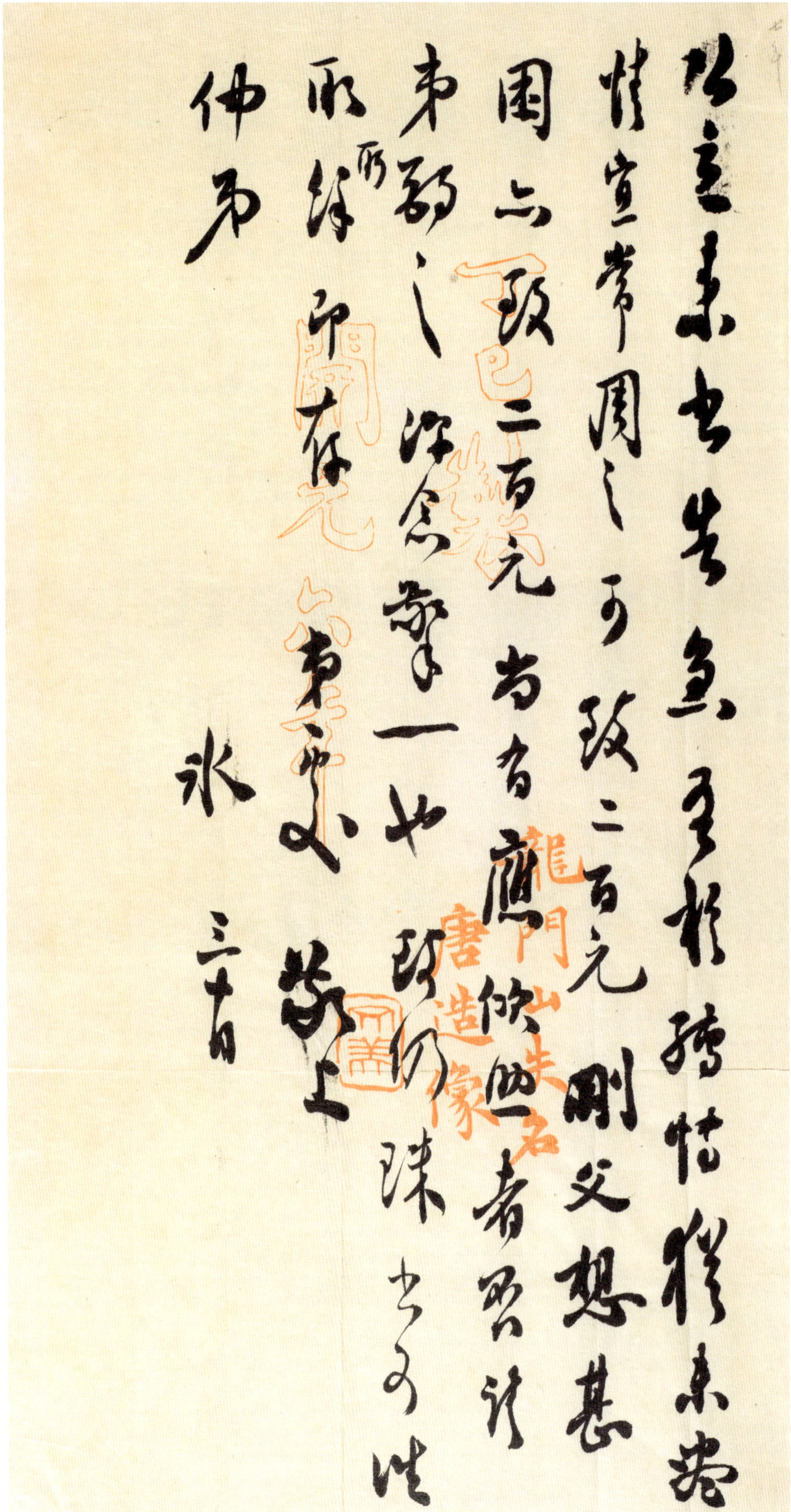
仲弟
冰
三十日

松壽可飭司查復而

言如是可屬亭子具呈

此啟

仲和

　　　　　兒

四二、約一九一七年

支票二紙奉呈，望
告少垣即匯津。又公府收支處
前月津貼並曾送
東家，乞收。
仲弟鑒　　冰　首
中銀股份收條望向公權索取

四三、一九一八年七八月間

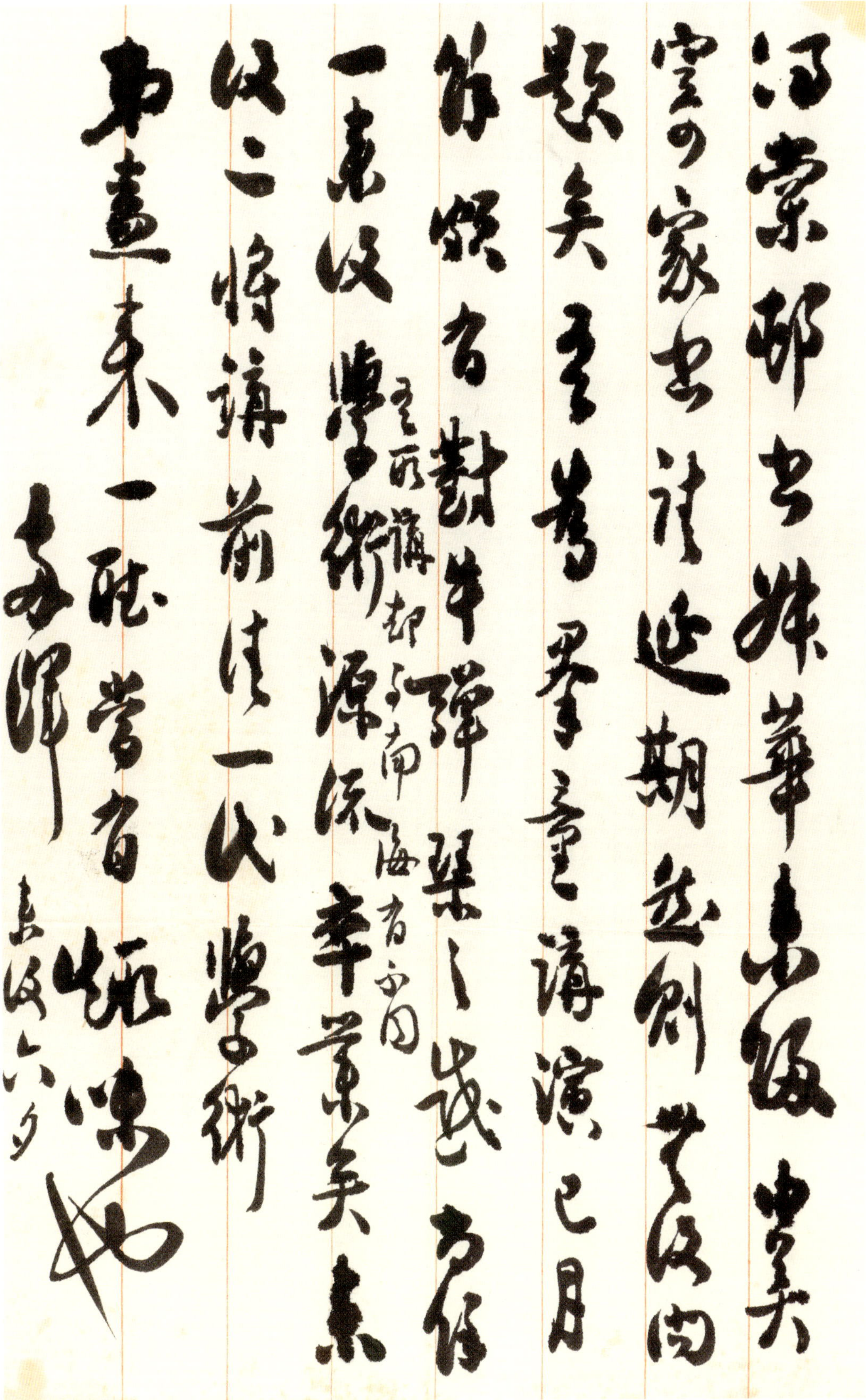

四四、約一九一八年八月十二日

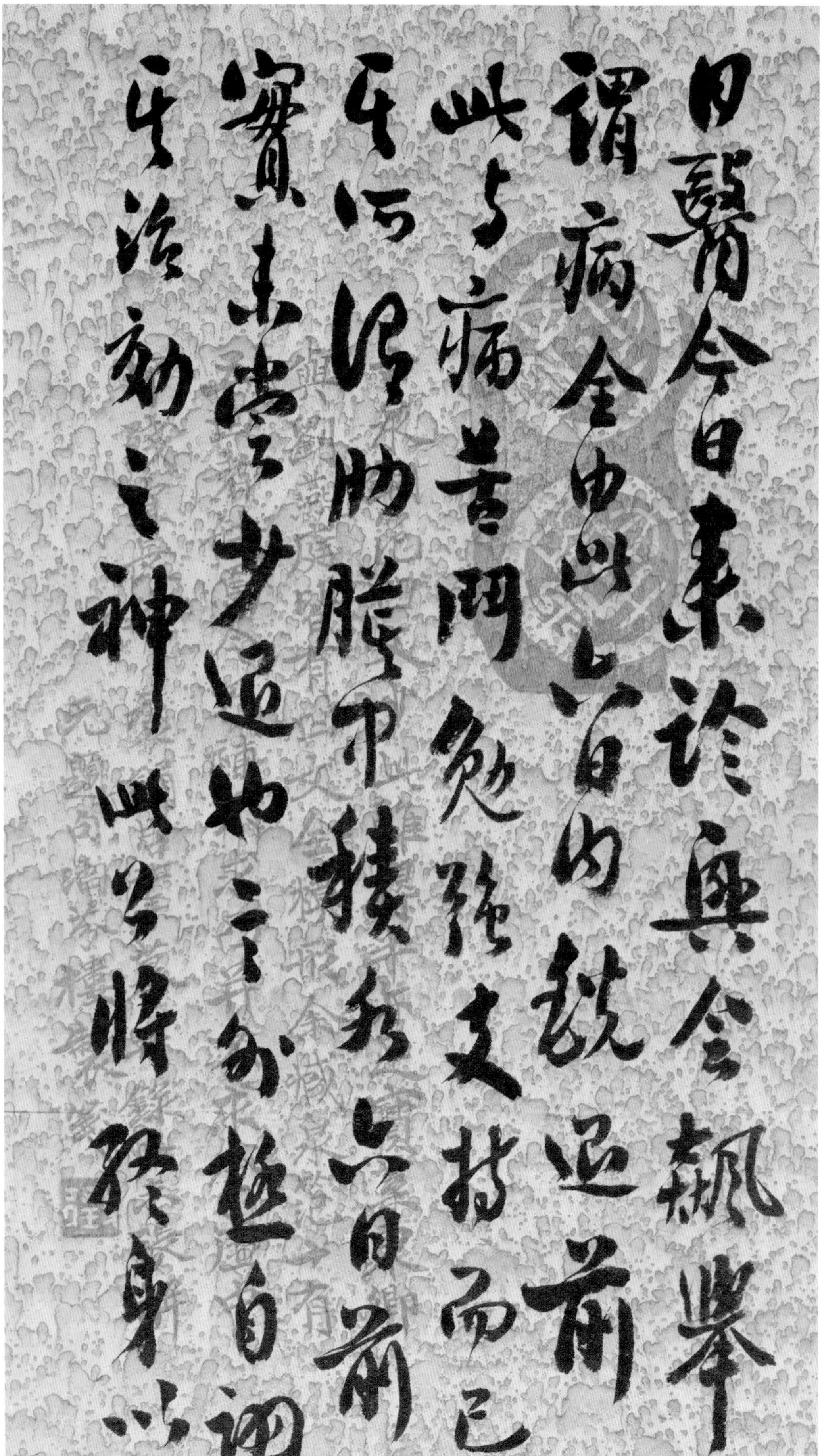
日醫今日來診，與令飄舉
謂病全由此六日内鼓逼前
此與病甚關，勉強支持而已
乏何得助腸中積氣六日前
實未嘗少運動云云，余極自調
乏活動之神，此只將强身以

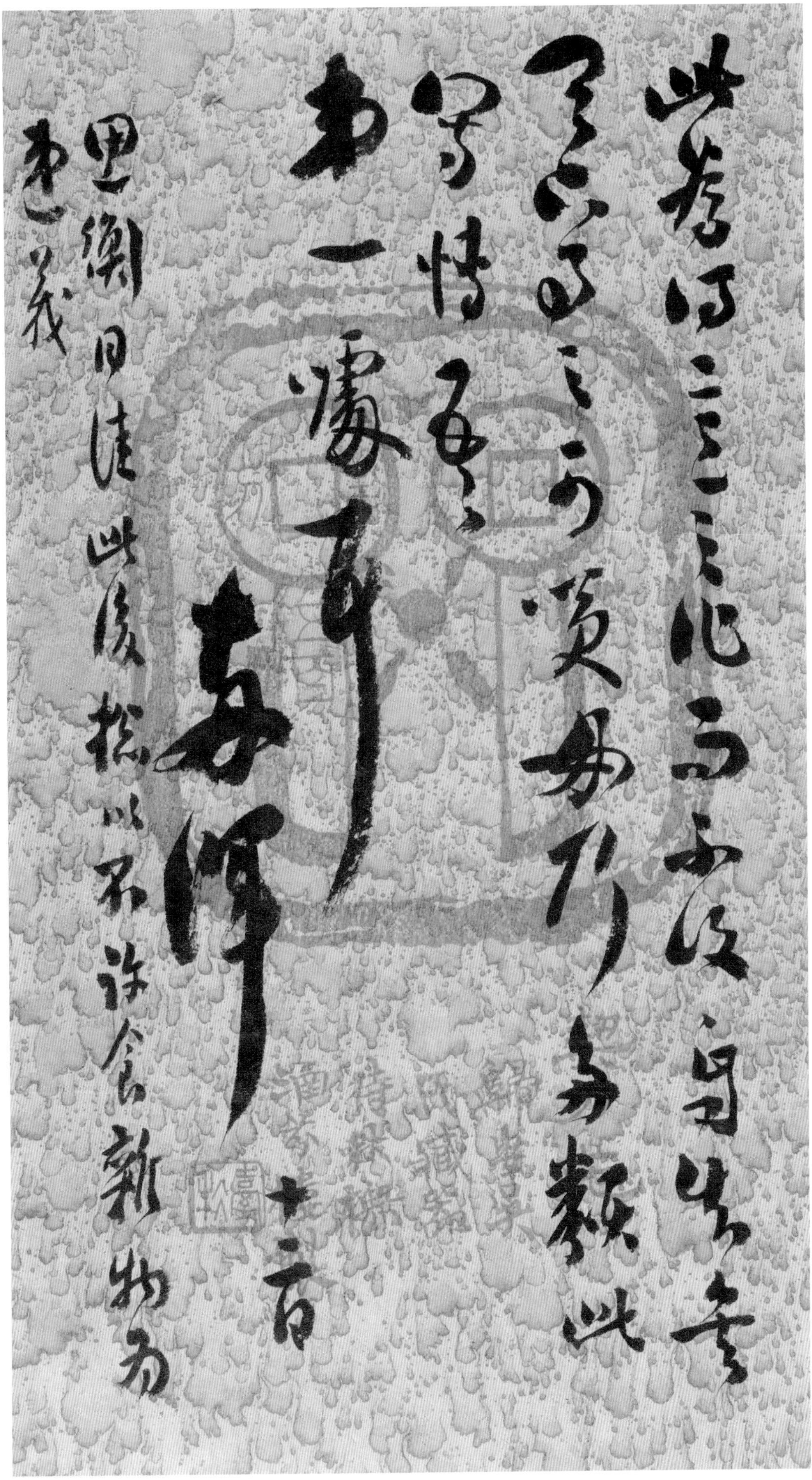

四五、約一九一八年八月二十六日

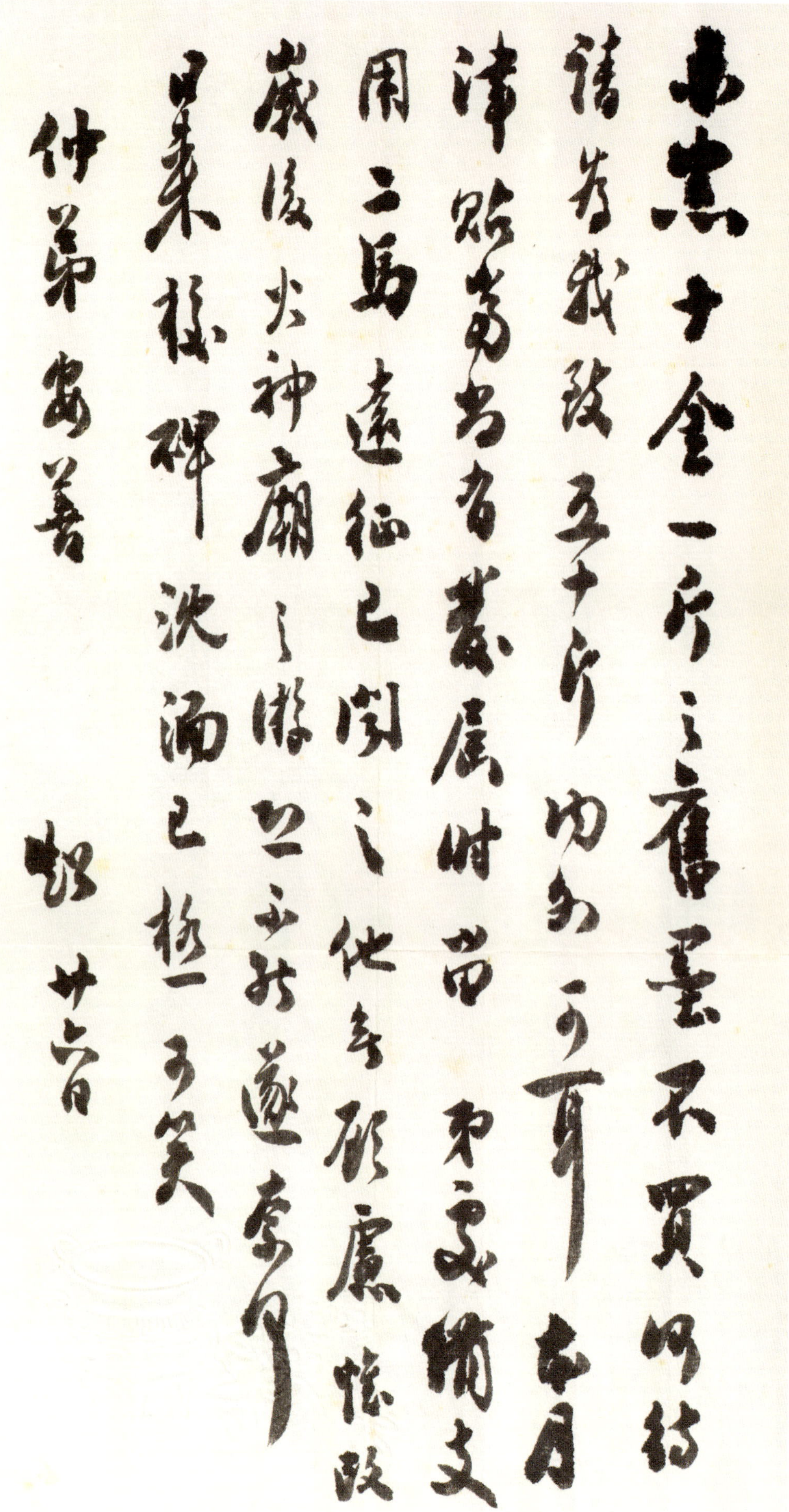
尚志十金一斤之舊墨不買何待
請爲我致五十斤如多可再本月
津賬當出者甚屬時留東兩備文
閏二馬遠徑已閱之他年顧慮懷致
歲後火神廟之游以正月於遊廠甸
日來校碑況涌已極一笑
仲弟安善 超 廿六日

四六、約一九一八年九月三日

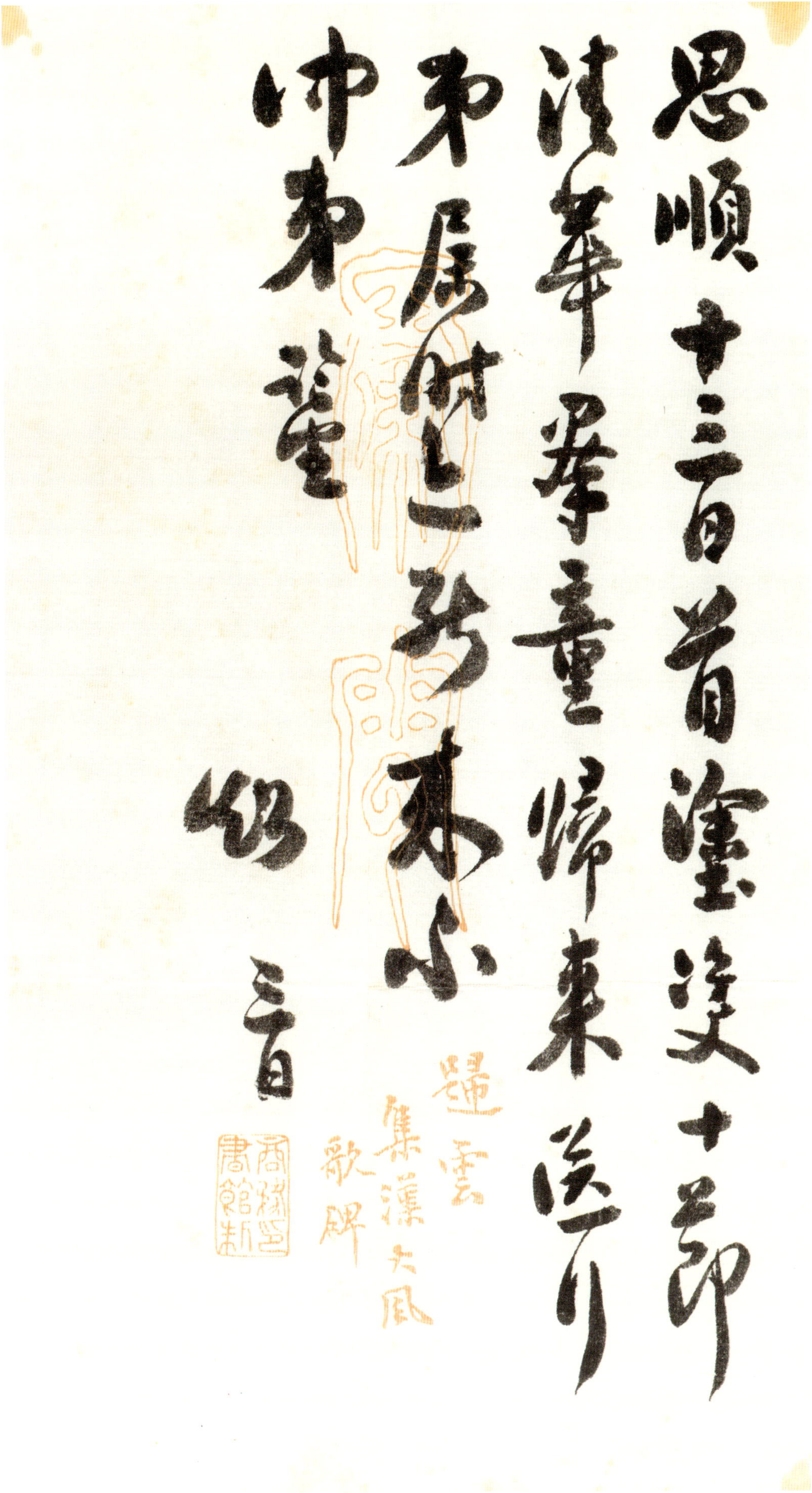
思順
十三日首塗，逵丈十五即
清華學堂歸來後行
弟屆時已一勞來否
仲弟
均鑒
超
三日

四七、約一九一八年九月十五日

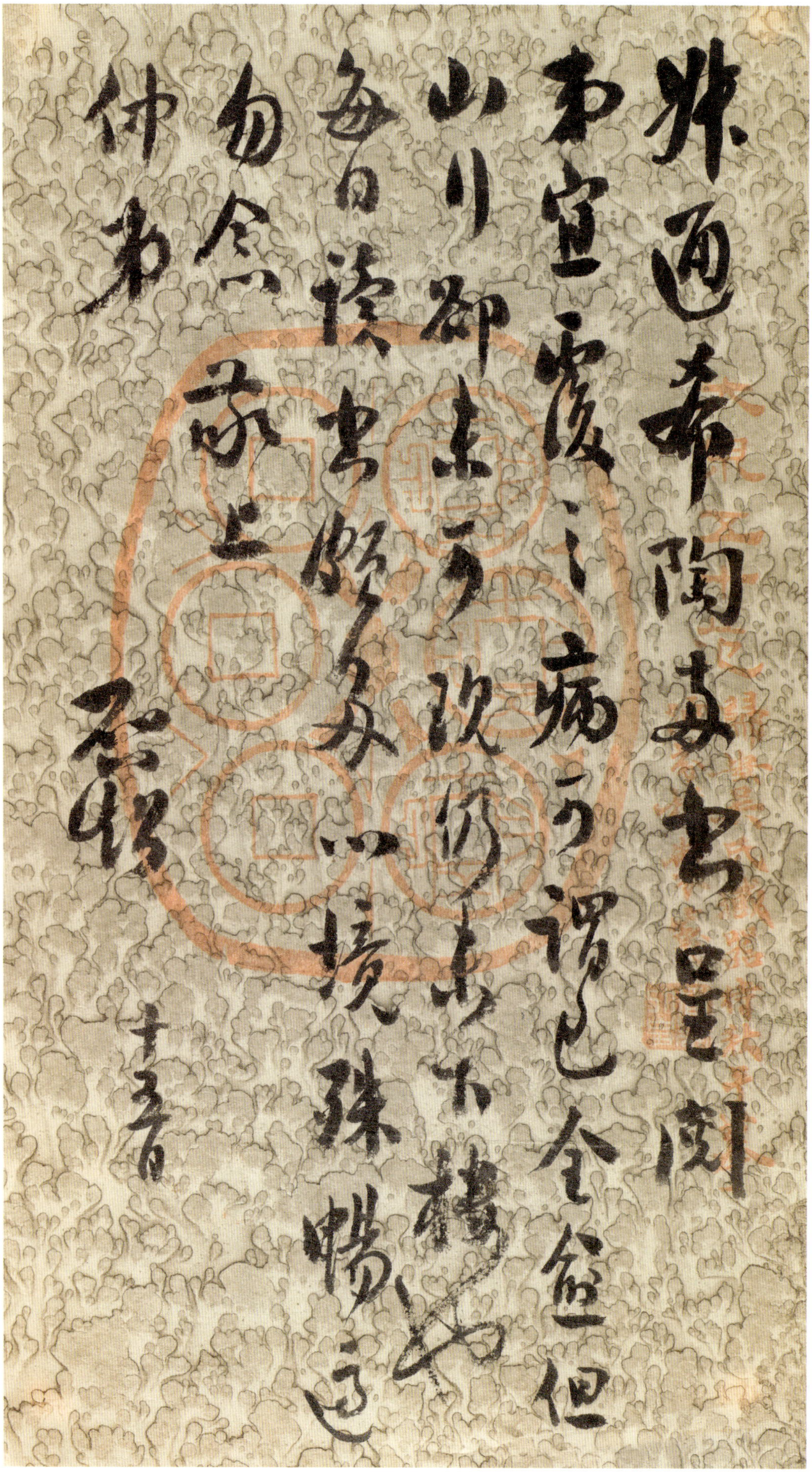
昨過希陶書呈閱
弟宜處之病之謂已全愈但
山川御東之說仍未下轉如
每日讀書假以境殊勝也
勿念承上
仲弟
啟超
十五日

四八、約一九一八年九月二十三日

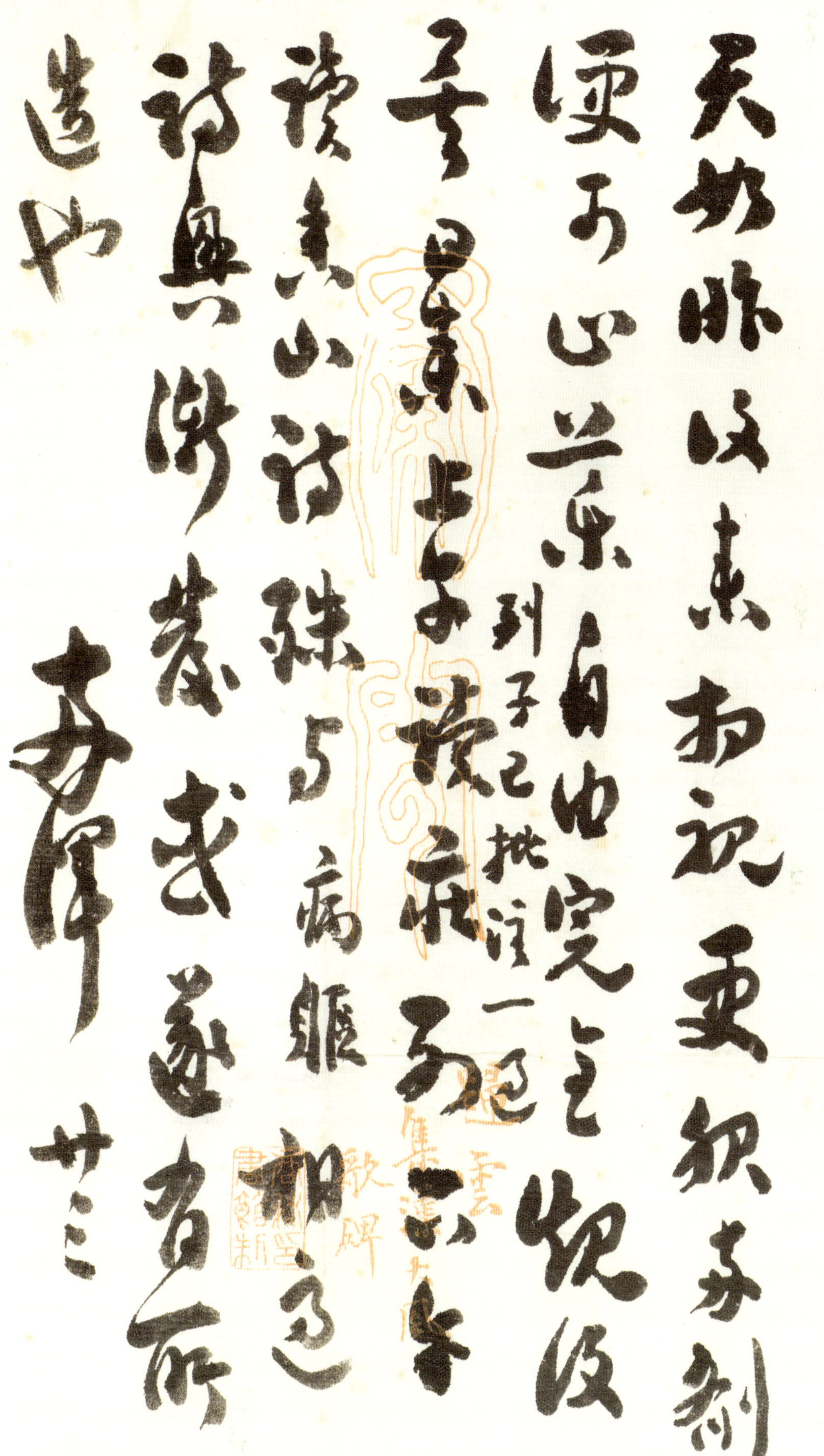

四九、約一九一八年九月二十四日

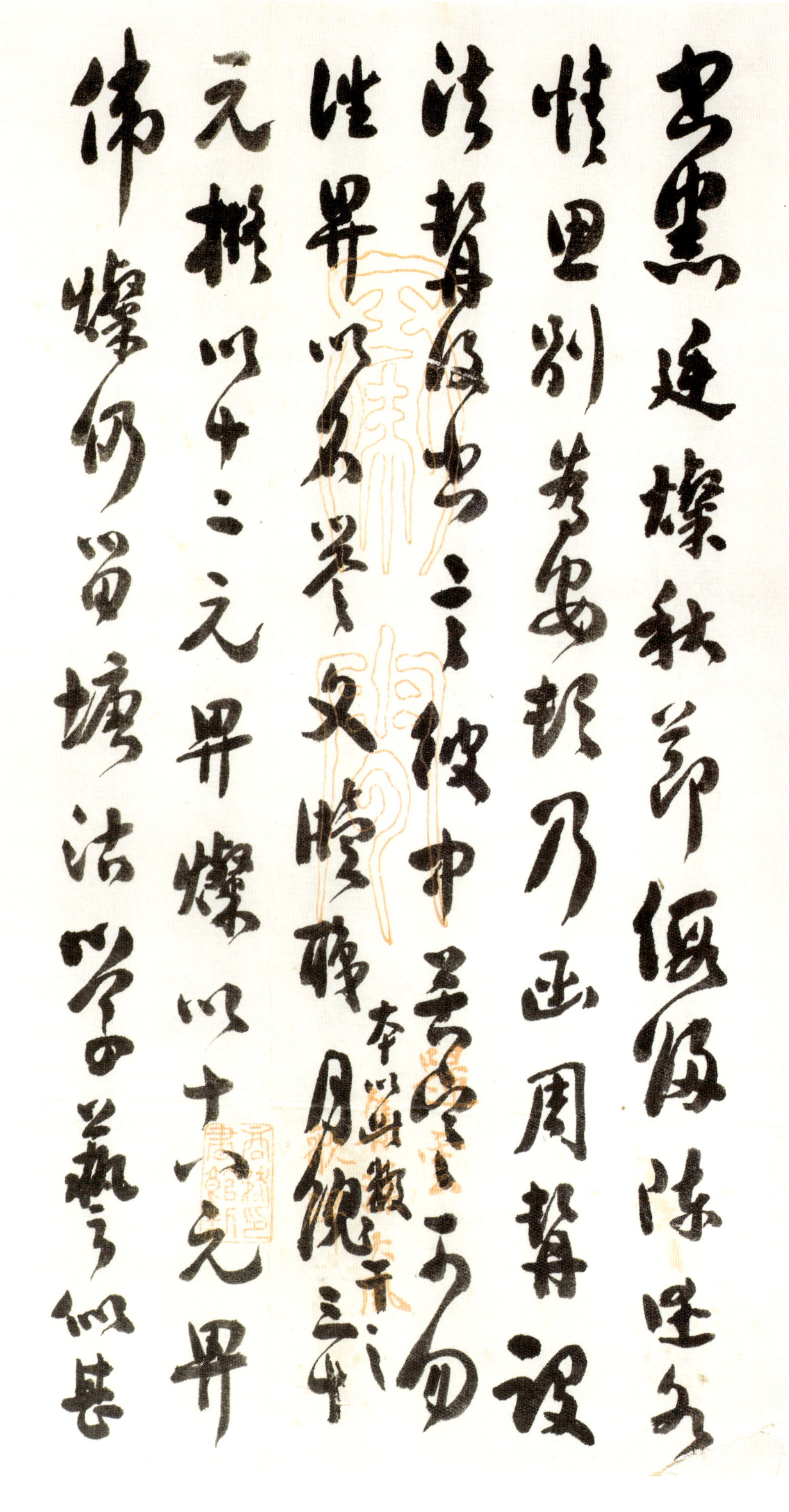

安敘珂倉儀陂而新御下周
三妹名義存入銀行（在一年半定期）天如前
日後來診視今日便出並除著
去飲湯藥乃可一切皆停我自
由今開始出門與家常同飯也
敬復
仲弟
超
廿四日

五〇、約一九一八年九月二十五日

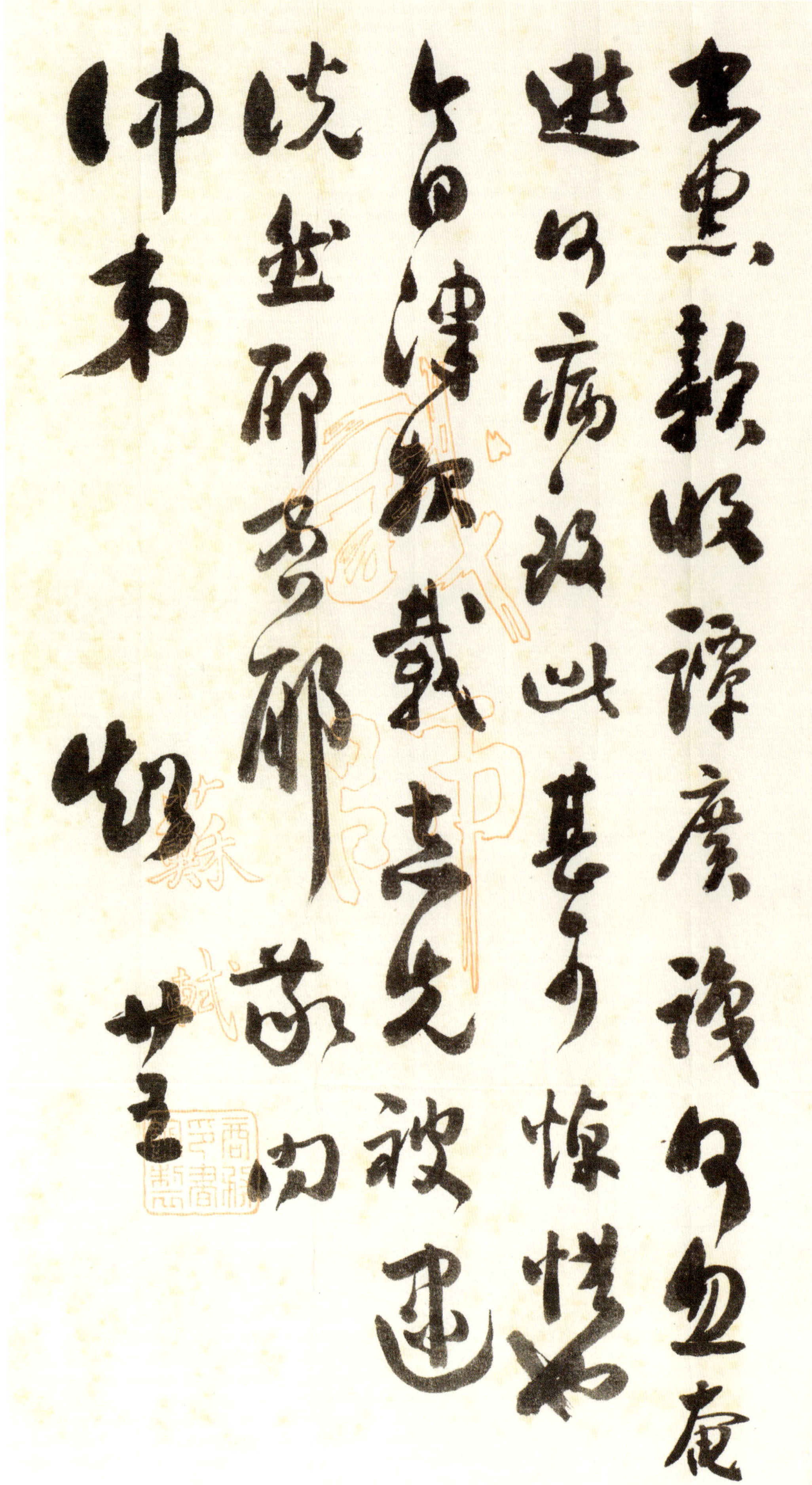

書患小樓居已三旬似已甚
未竟東耶吾決意仍暫輟
著述一月後乃圖賡續每日
常課晨七時起負曝於思順
書房中即以其時誦楞嚴圓
覺兩經冀使成誦九時寫經圓覺十
一時讀孟子加眉批一時半午睡三

時讀唯識論述記，五時靜坐，六時讀
蘇詩，晚游竹林，游記靜坐中間常
散步庭中習深呼吸，所謂歎樓者即
此耳。下樓以前當批列子一部，圈
點白香山詩一部，此外仍常有筆記，
似此學業亦不爲勤矣。
弟何時能一來耶？ 安澤
三十日

五二、約一九一八年十月八日

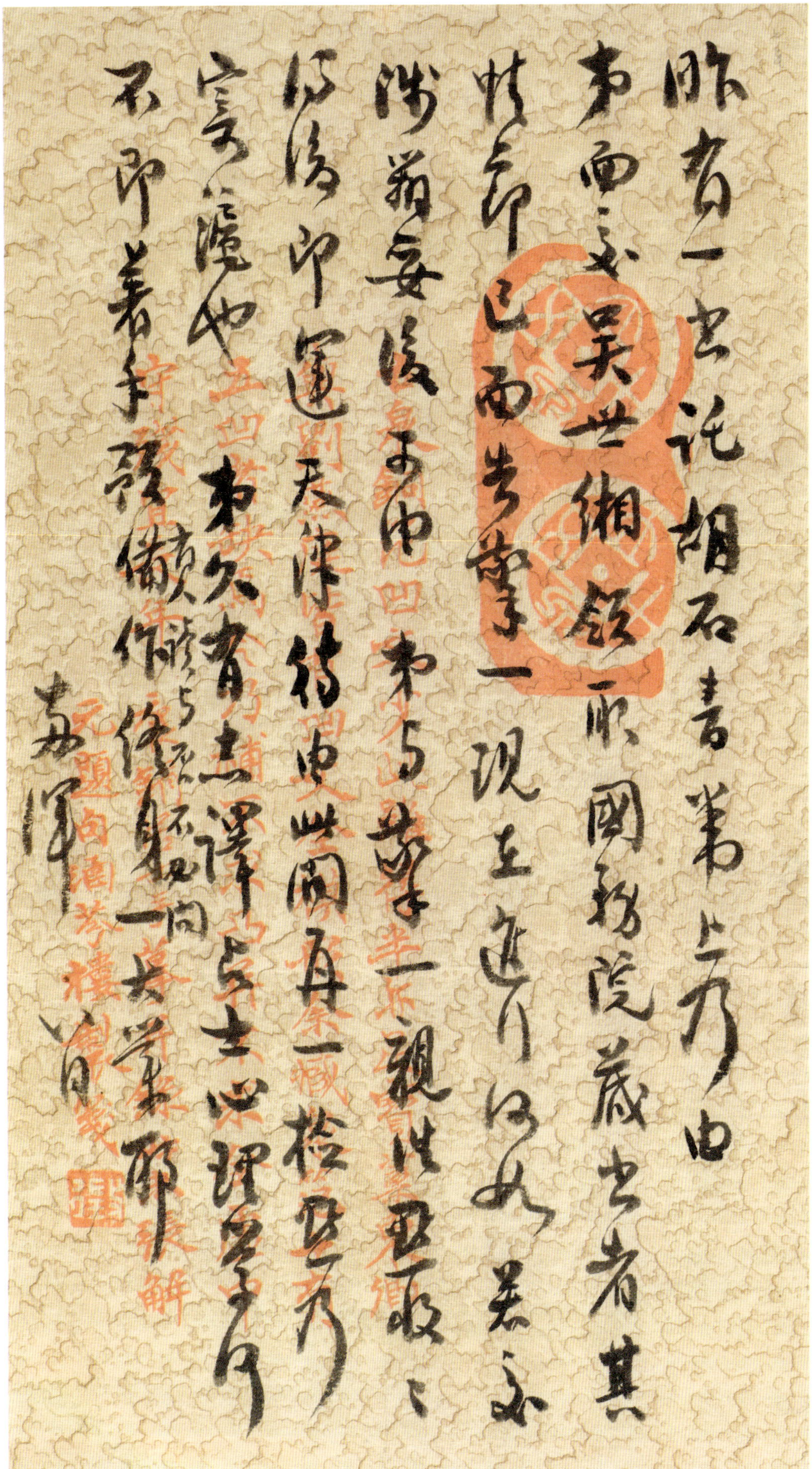

五三、約一九一八年十月十三日

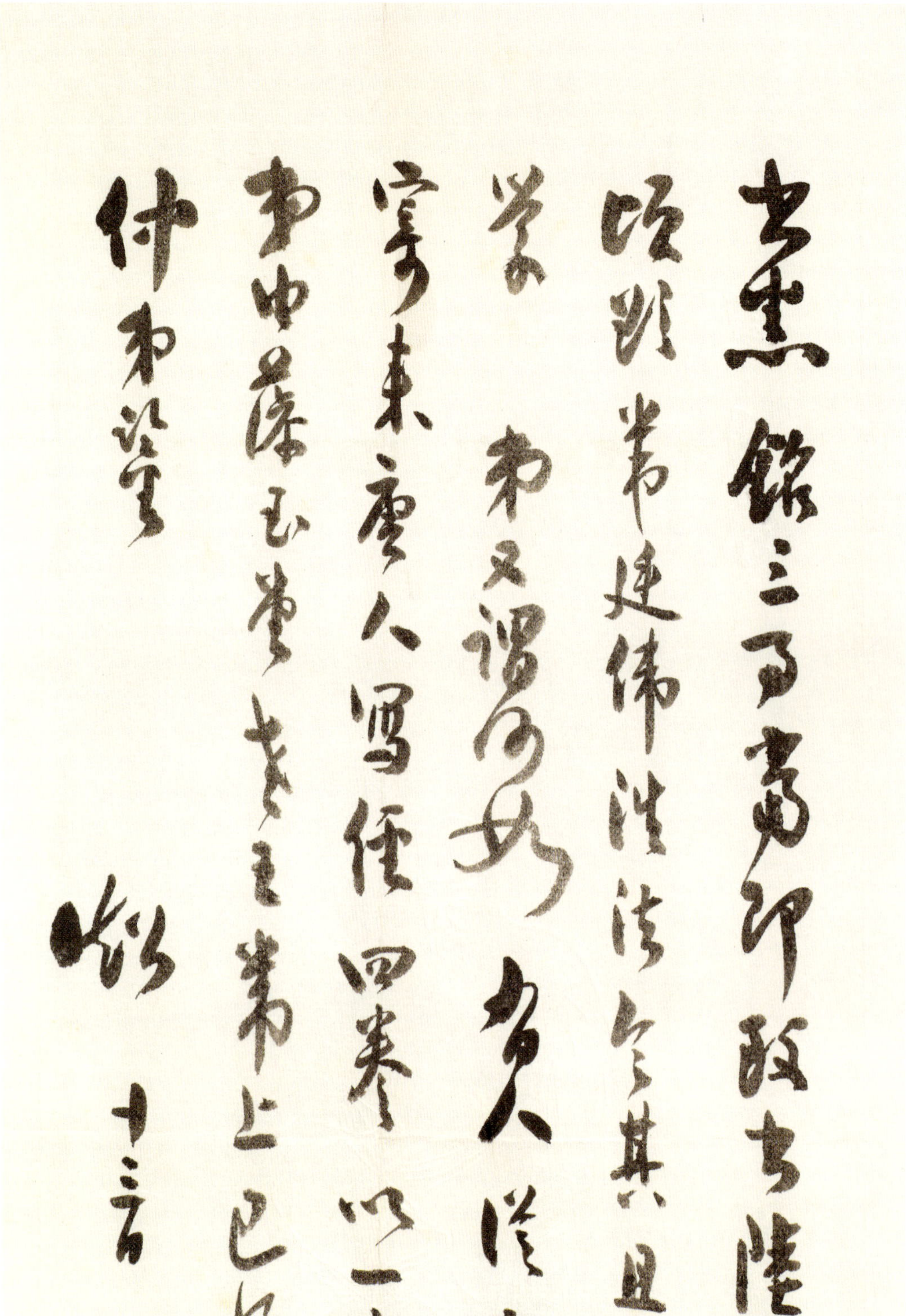

思静居然復生，是大哥事。昨午（其病全由日醫耽閣，大前晚來診云無傷，昨晨仍云無傷，午後自察其甚重，再急召診，則云甚重，只能救）已為備一切後事矣。醫法乃割斷其氣管（割氣管時已失知覺，且未用麻藥，亦不感苦痛），以機械接氣而灑其肺胃，殊足咋舌，如頃大致可無礙，惟元氣當益傷矣。家人除去夫外（思雄、達、佛、王姨、六舅等皆然），無一不傳染，樓上病人無數，賬也。幸道力堅定，決不為羣魔

所據惟冀求耳根清淨，俾以適
地為宜。一來復後擬即行，但所
遺者東宮耳。圓覺已寫成，明
日託溥泉帶津裝潢。列子批本
亦速向君勱索還。報已收。敬
復
仲弟
啟超　十八日

五五、約一九一八年十月二十三日

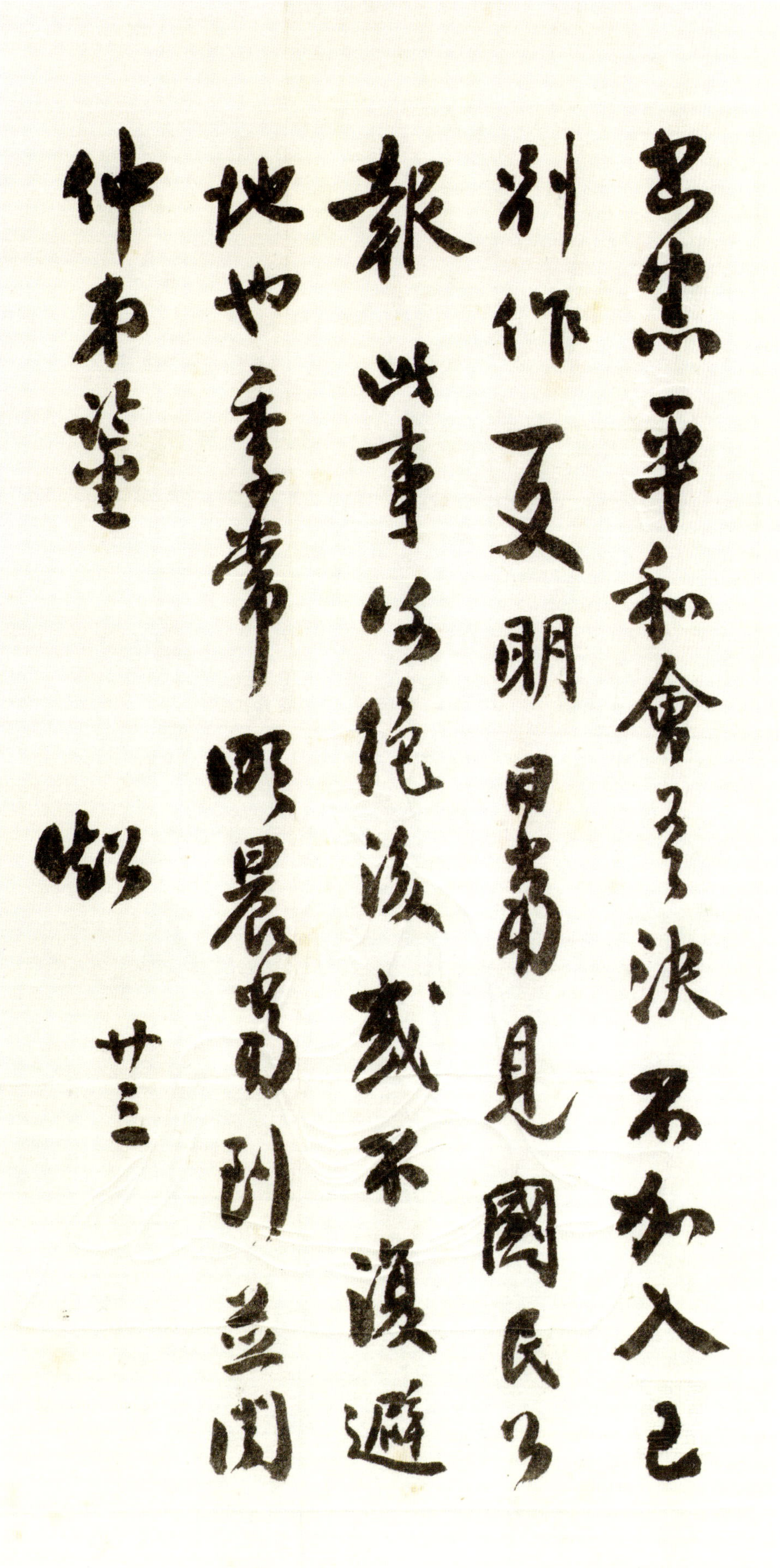

出席平和會議決不加入已
別作文明日當見國民公
報此事以絕後截不復避
地也季常明晨當到並聞
仲策鑒
超
廿三

五六、約一九一八年十二月十二日

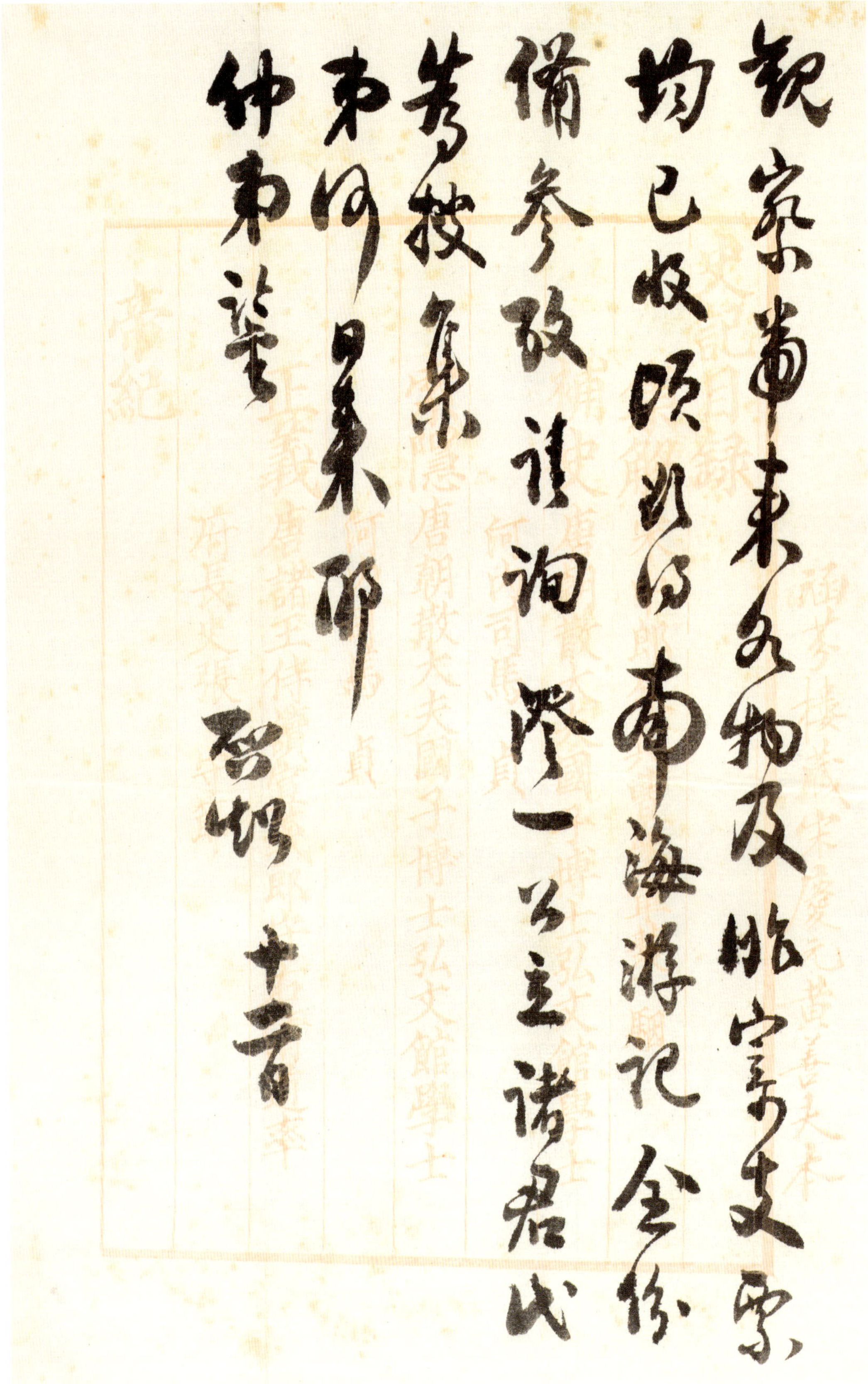
欽家嚮來文物及睢寧文字
均已收頌，并印南海游記全稿
備參攷，謹詢際一以主諸君代
為校集。
東川日來耶？
仲策諸
啟超　十二日

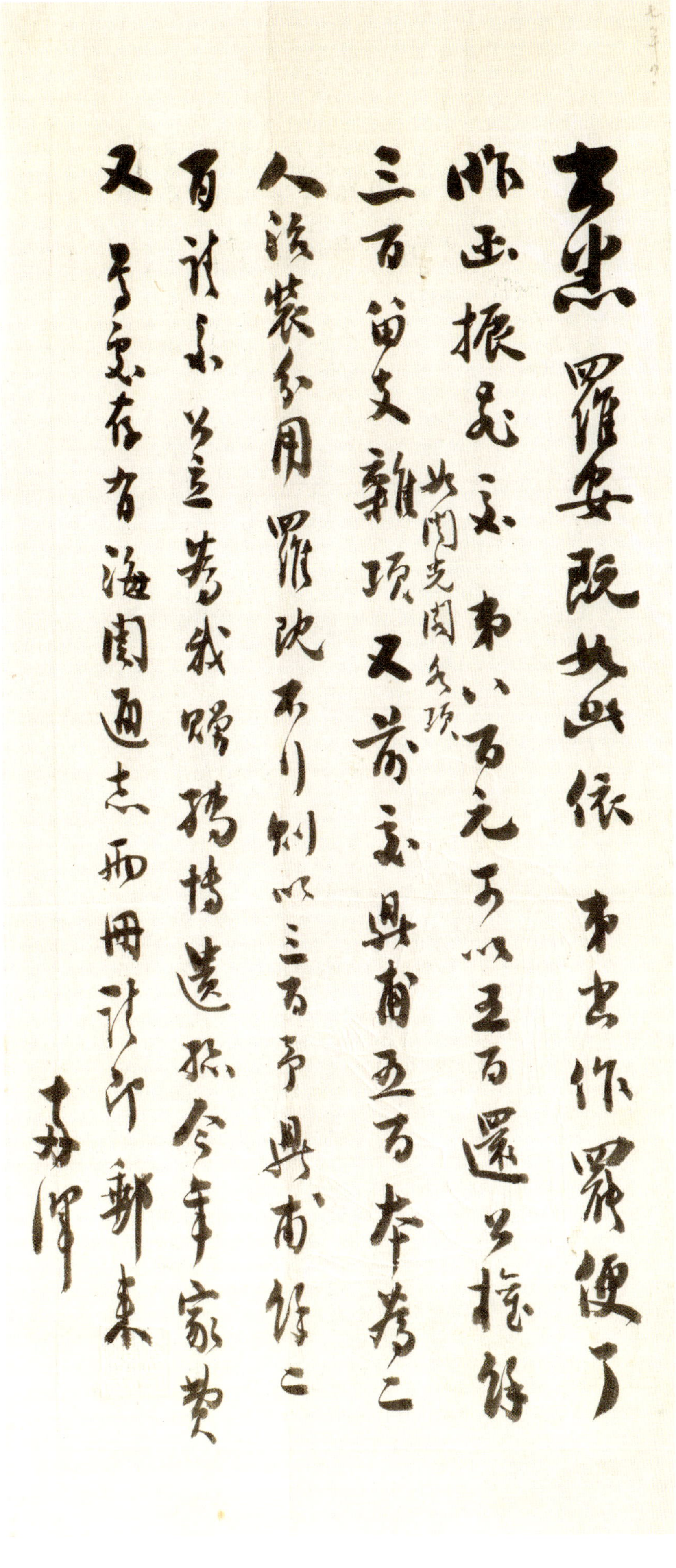
來患羅安既如此依　弟意作罷便了
昨函振飛示　弟八萬元可以五百還只撥餘
三百留支雜項（此間先開各項）又前交與甫五百奉為之
人該裝訂用羅決不付則以三百予與甫餘之
百請示並為我贈鶴橋遺孫今年家費
又予更存有海關通志兩冊請仍郵來
大姊澤

南皋來知，所苦已大損，想遂復元耶？剛父貧甚，聞幾不能舉火，可一取百元，並出送去。

敬上

仲策

超

廿八

山銘三紙楊千里刻石印潤筆四十六元請代交去又印昆代買金石拓本一百六十二元請並交之

仲策弟鑒　　飲冰

胡信寫去　又書鄧慕魯來取件書乞並交之　　須示某

非得銀硃數方請屬溥泉覓
購佳者如有色墨亦不妨
更購一份又請定製五紫五羊
三紫七羊筆數支 教
仲弟鑒
啟超
三十日

六一、一九一八年

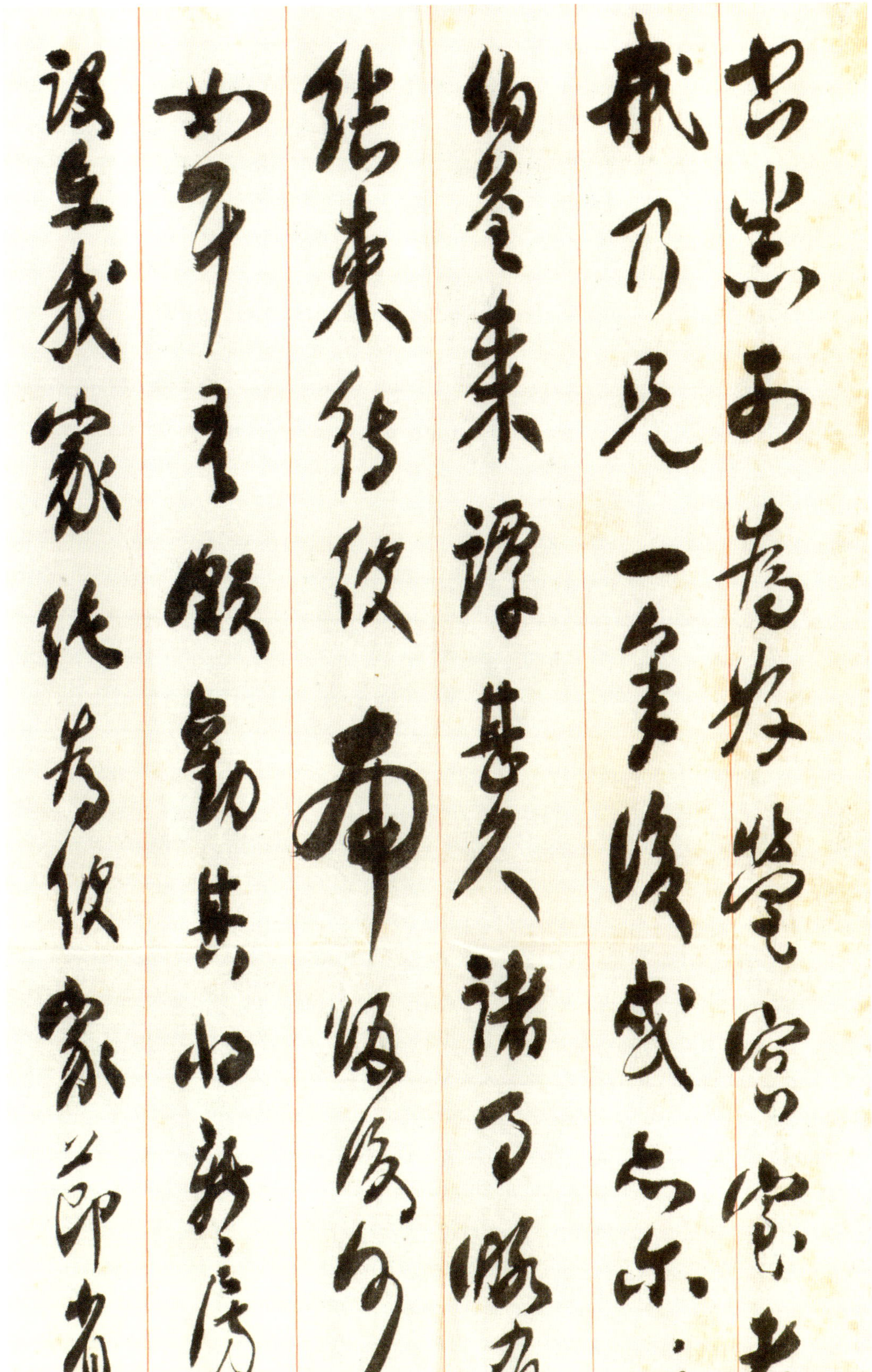

快見彼後細思此或乞彼
案所郎　弟与之討丙勿堅持
此說寧别居對案家寫中寫之數如吳目
辛年字寫條者别院
租一院居何費不有限請置家
其亦小過百數十元耳再
北京候有趣函獻
入都實則佚之　弟之夫履

且家人今來，甚隘，而亦大不便，若將新房（新人入京時須別住，寓亦不便）何爲辭了房也。弟兄總付可匯，以此意告之，免記念繫。餘不贅也。

仲弟

潛夫頓首

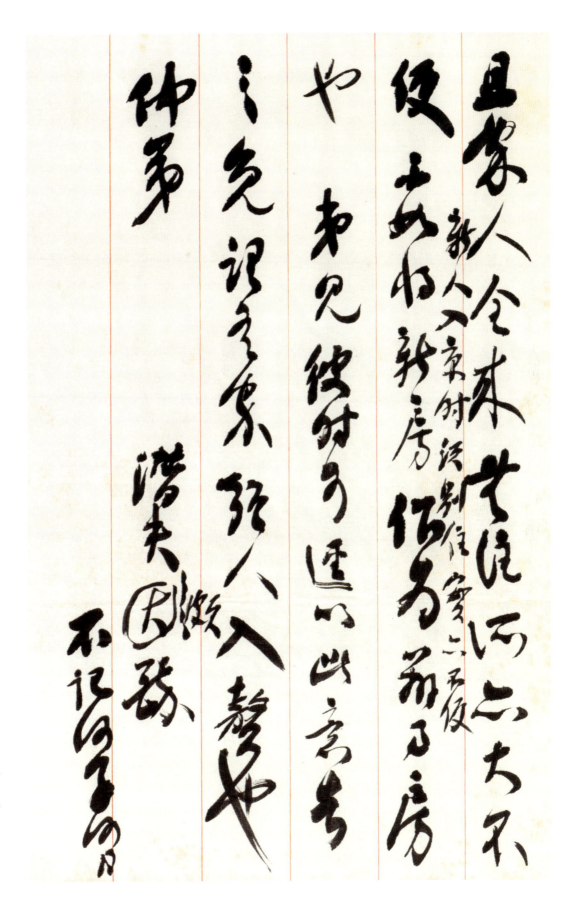

不記何日 四月

六二、一九一八年

東蓀：夕夕言甚、有味如何、感也、
所有昨已擇我所令順見相閱
想已達，今日復屬稿十一篇 同書之極忙弟
東子先生其奉送矣，請界諸 不即讀
極細審數過，仙兒處且房
見點次次修正不悉，內內種已
有者且報請本為復，不復當

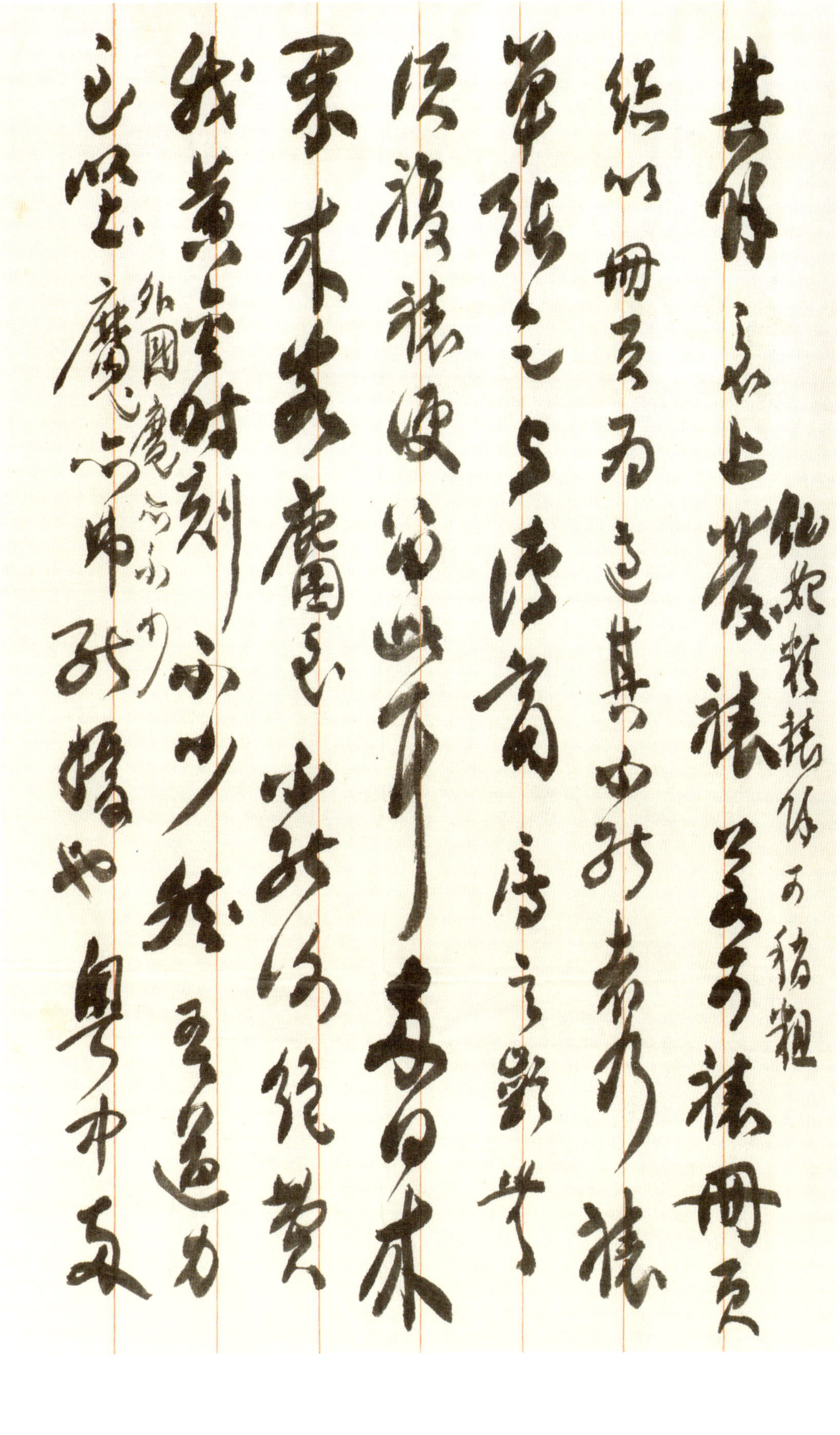

書來述 李君之於足下隆情嘉惠乃至攜此歷遠安達美寧小能餘亦決在港 此間現時局面自小寧也。惟果亦行 弟決送親耳。稀代請任公來函云罷需之甚急。硯翁又來一閱如何為書題之。

仲弟覽

潛夫 廿八

六三、一九一八年

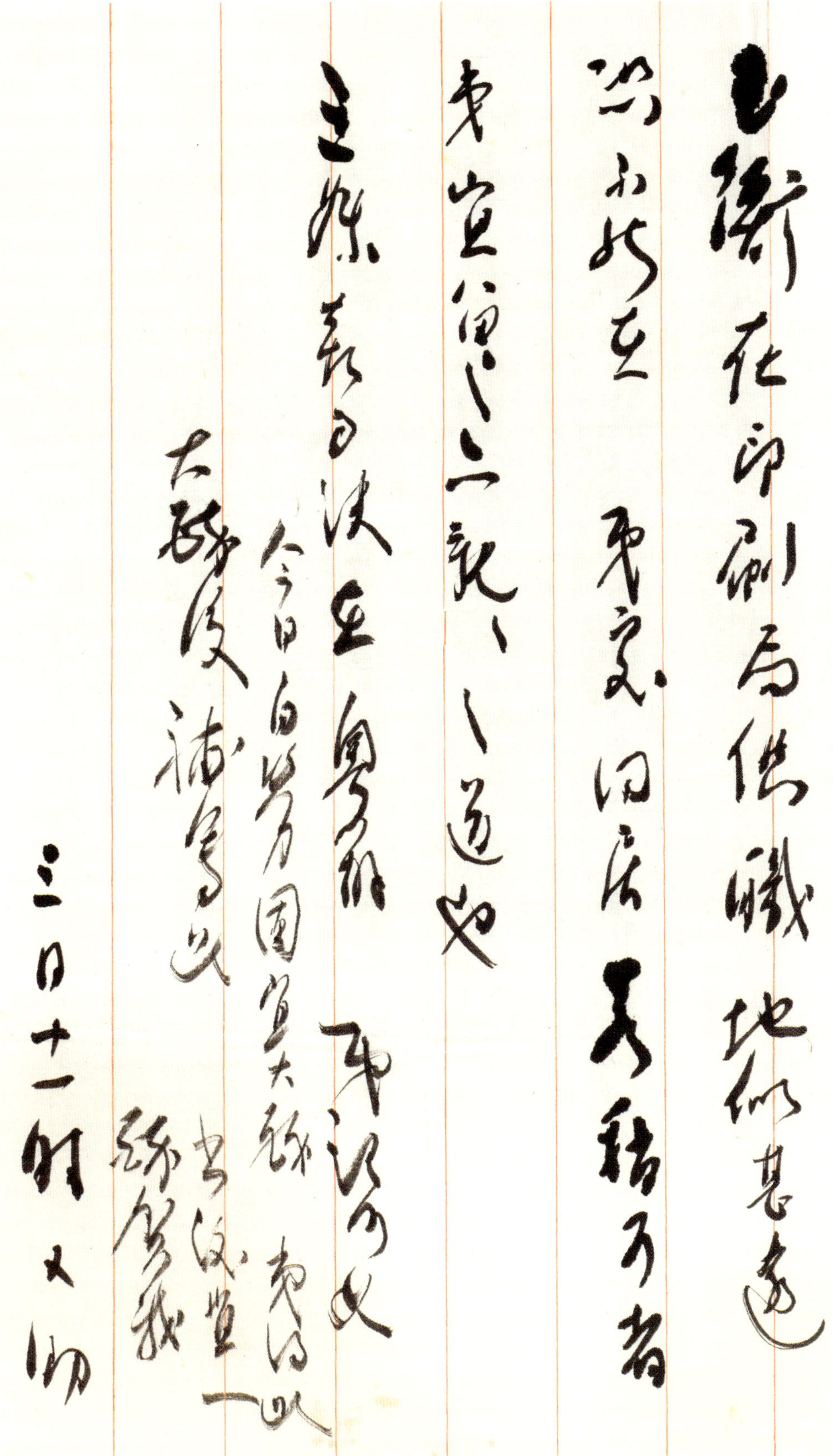

六四、一九一八年

棠郵仲麟吾宗足下：廿一日本擬來，因含沙射影且有妨，只得在家設心祭而已。一月來為兒曹講學術源別，思順兩記講義已褒然成巨帙，惜能領解者少

史稿僅讀成八十餘葉耳

耳。病已痊可，念

啟超 十一日

焉。前日因自勞而過疲，翌日乃病酒，自此且思節飲矣。兩日來束原稿，緣搜集資料而整齊之，非數日之功不可，大抵每卷皆如是也。而戰國尤艱，國策之顛倒紛繆，不可究詰（秦以宋（閒書代）蘇秦張儀，而以篇兩下下皆儀秦），以後事他可推。史記之年表漏脫百出，每讀使

人疾首。恐此卷非旬日所能就，如積在

都鈔，殊不便。因隨時校改者甚多，

且須觸處即改，積纖遂多，今仍令第一卷應改者甚多，故須全篇別構也

思順、廷偉任此，或鈔成一通後，更

寄京錄副耳。麾已不復由更

合否？府款不足，聽之。至一月來通人者

明早掛號。

雨澤 六日

亦非矯毒出而蓋出諸口其出維
何日策學備纂樂府統宗如張兔
園之冊然者日力多矣
本試爲我張之聰政不易得耳

六六、一九一八年

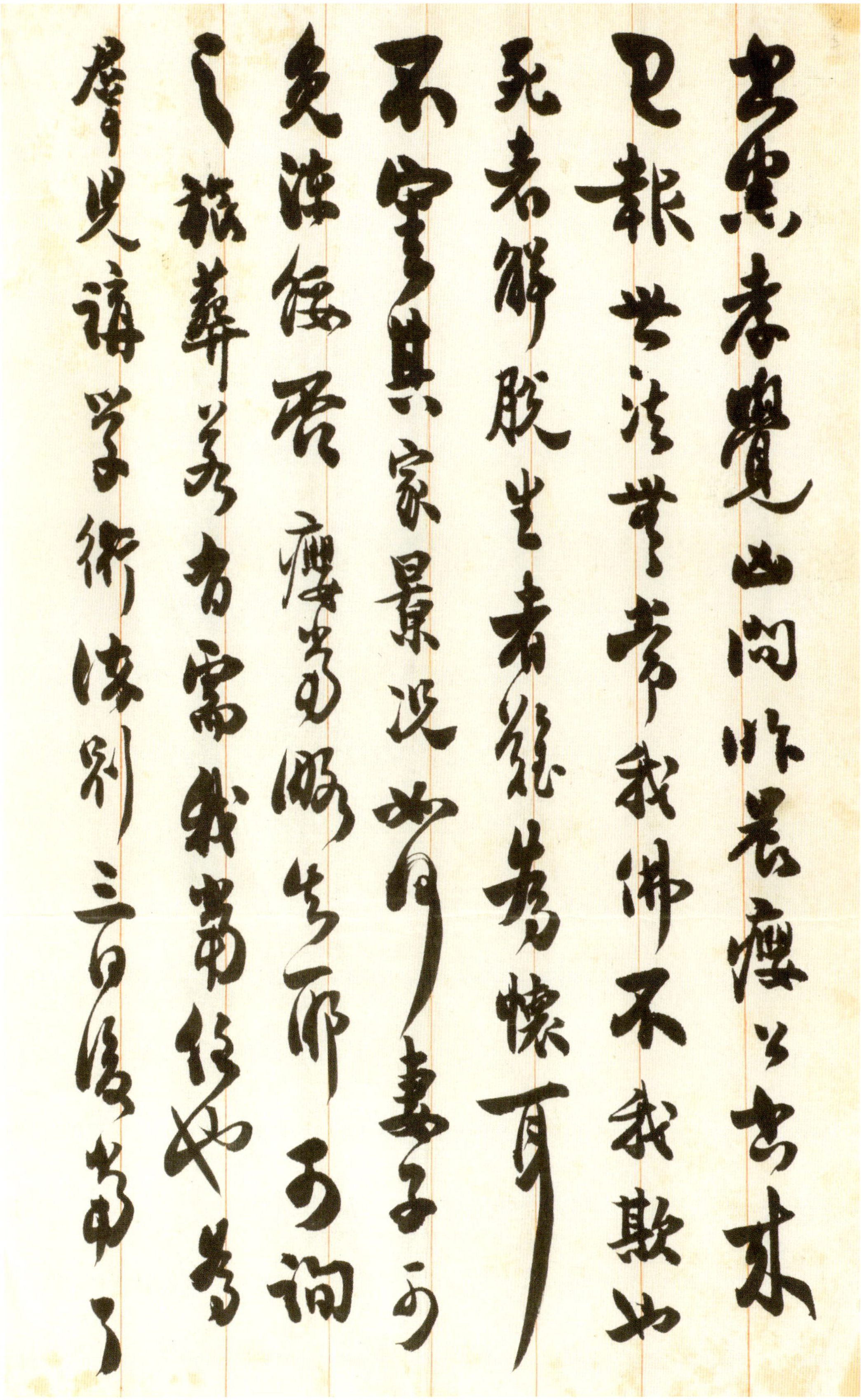

患春覺出問昨甚麼以來已報世法無常我佛不我欺也死者解脫生者難為懷耳不審其家景況如何妻子可免凍餒否應若有所告耶乞詢之殯葬若有需我幫他處為屬吳譜學術法則三日後當申了

吏樓為講孟子（此總文解釋講義明日畢業也）彼等如何能啟發，不過予以一模糊之印象，數年以後或緣心理再顯之作用，稍有會耳。至每日課外一半之時，乃彼等之一段可惜，亦能來聽極善，但講孟子亦煞須兩日乃了。亦要孰久佳耶。

安澤　百

炎宣有書卷等託寄覺弟，未若滬上有人來，就了此亦佳耳。

啟超

六七、一九一八年

謂有為人彭來壽我皇恩無
似方在憂中萬萬不能謝客
且昨今忽病已素食兩日矣
憊殊甚因連夜失眠宿食積胃覓消化藥服之轉似更劇小飲咳即
望普告諸君切勿
彭唯作此書來時又以唯之二次
枉過若又來者乞惟有入醫
院相避耳　頃已命閽者並

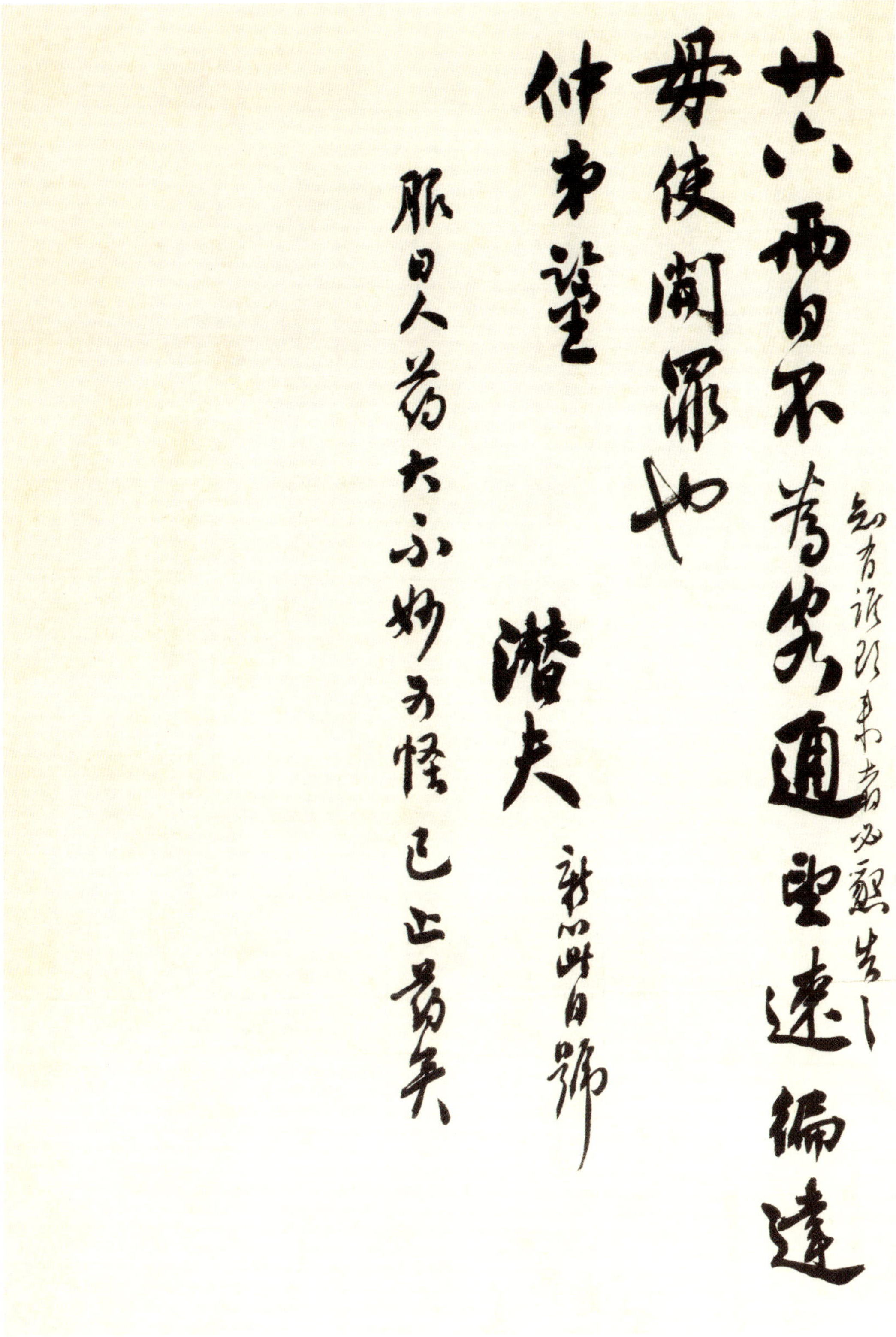
廿六晨不為寬通，望速編遣，毋使鬧亂也。知有誤以來書為兩題者
仲策
潛夫 新正卅日歸
服日人葯大不妙，殊怪，已止葯矣。

六八、一九一八年

溥泉兩次所購之碑今分別
付裱（内返還三種皆已裱者）所謂冊裱者即
前與溥泉面言之式樣也所謂
襯紙摺裱者整張襯一層折
摺疊疊成後加一簽備標
題也挂軸裱者備懸挂也別
有舊藏請品一併付裱其式

特別議決者皆批所，未批者則請撰冊議也。若內有不便冊議者，改撰議便是。否若譯泉將紙數細點一遍，乃交議匠，免失落也。此致

仲策

潛夫

廿八日

六九、一九一八年

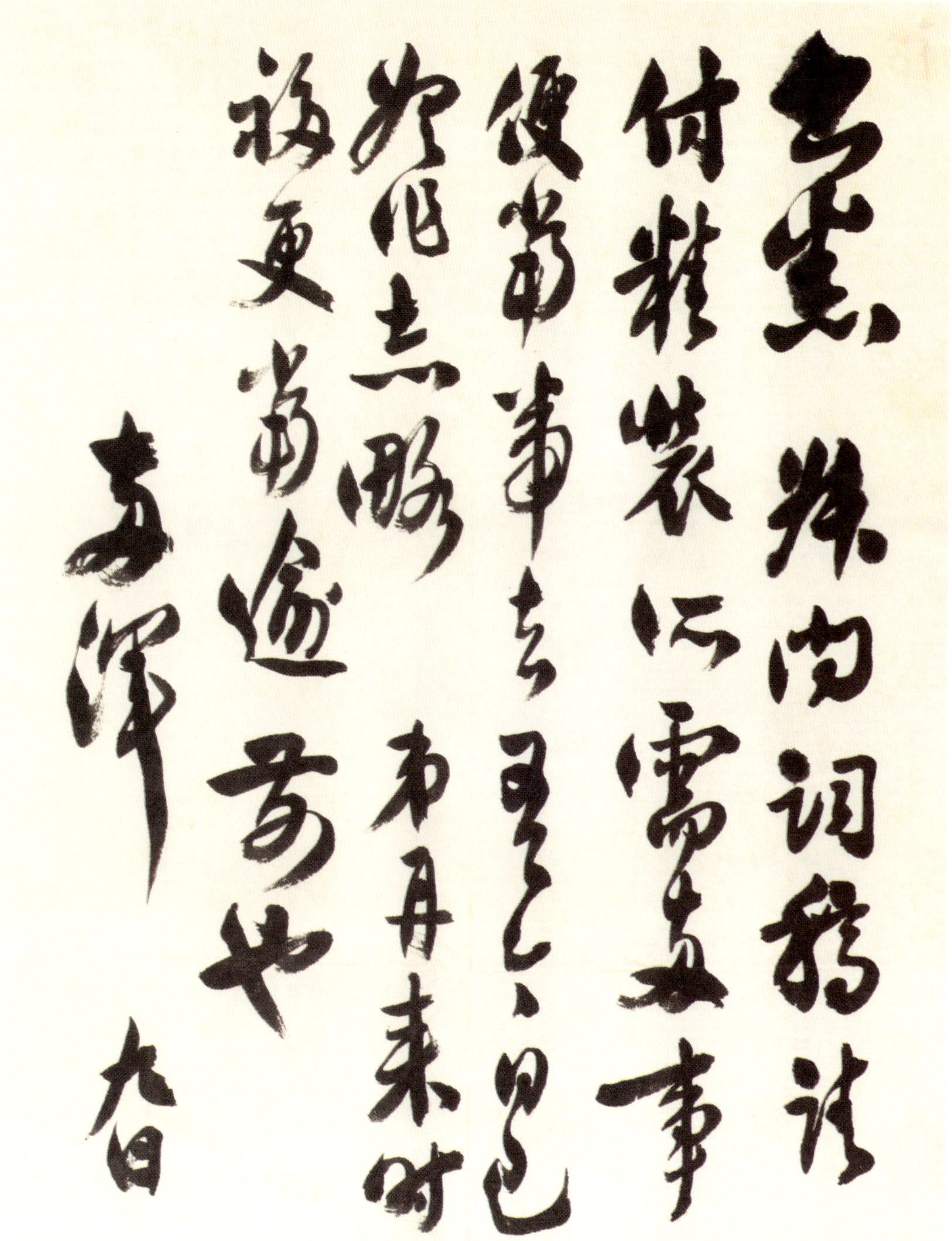

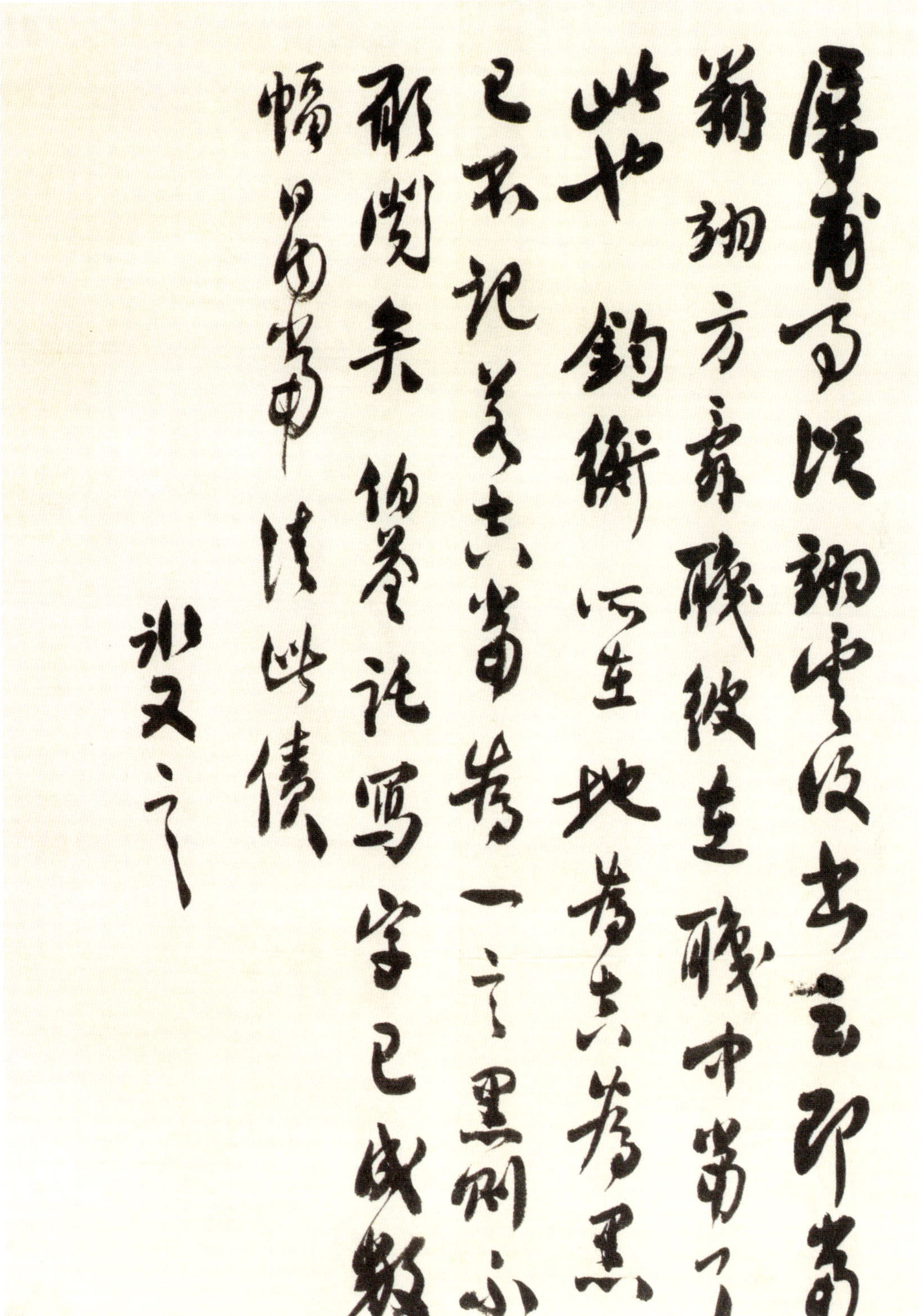

屢有函詢雲從出京即當
踵謁方家殘役臘殘中當了
此也鈞衡所在地為共為黑
已不記矣共當為一一黑則亦
郵閱矣伯謨託寫字已成數
幅因病擱中請收此債
冰又

南樂為書別體一聯託帶上

完全措刀可也

仲本

冰

吳氏已有名曰思聰仲麟兄所命也

小男〻擬命名曰思賢

七一、一九一八年

得書歡躍當告
先靈尊嫂相賀
此上
仲弟

啟
即刻

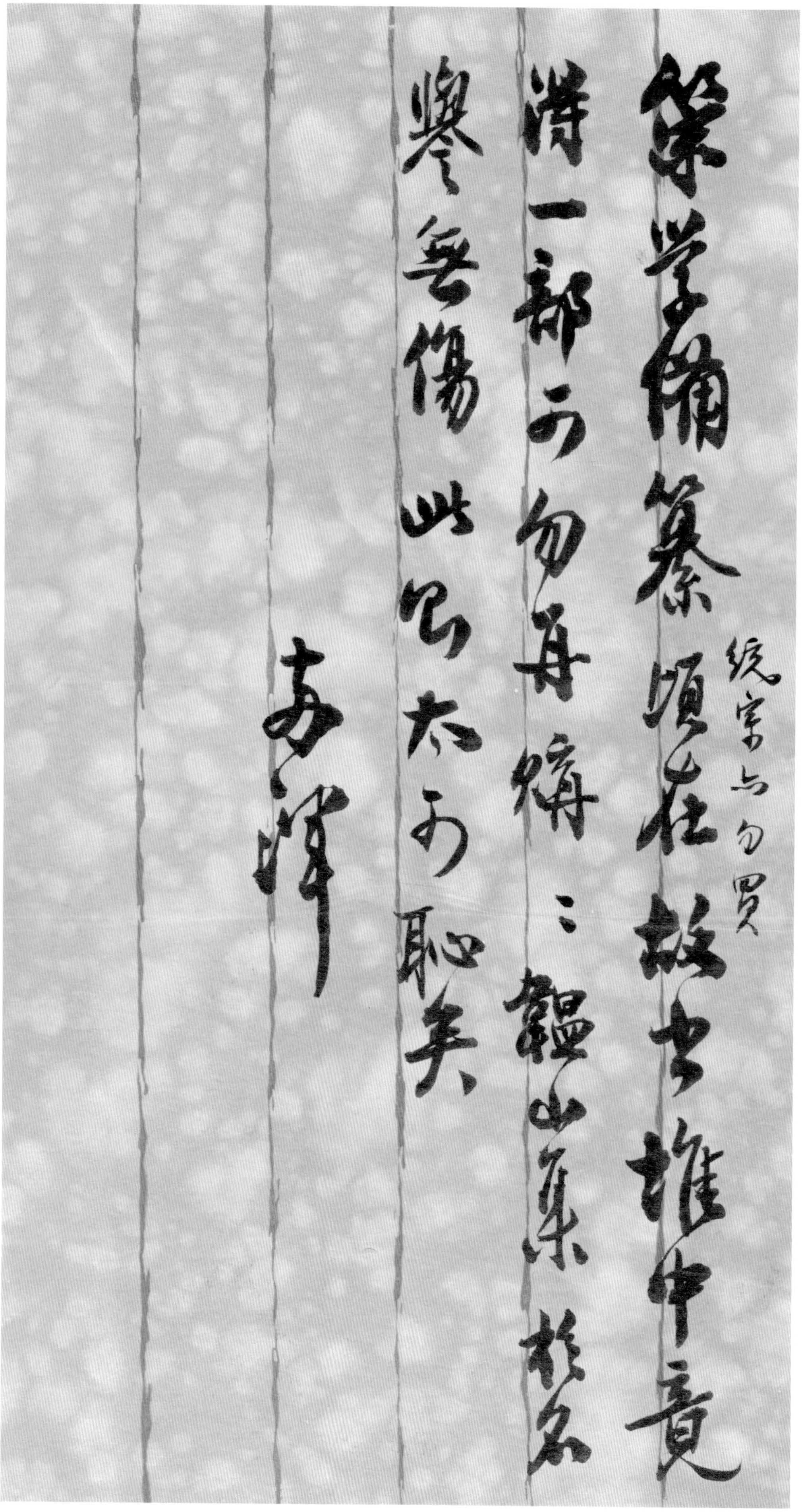

然學備纂須在故書堆中覓（綫裝亦可買）得一部方可每編編出集於名譽無傷此亦太可恥矣

壽祥

七三、一九一八年

寄松華齋來，可付以百元。五月六日母親忌日，南來歸後所成已廿少，入京數日，心遂放下，畏也。今因季常在此。頃已飯矣，前後

仲弟

超

伯蒼先生有從後書覆

七四、一九一八年

李祿帶返各件照收，亦託濤泉代購墨及拓本，皆可留。雙鈎三冊宜用精裱，且裝綢套。乞告濤。

安洋

廿日

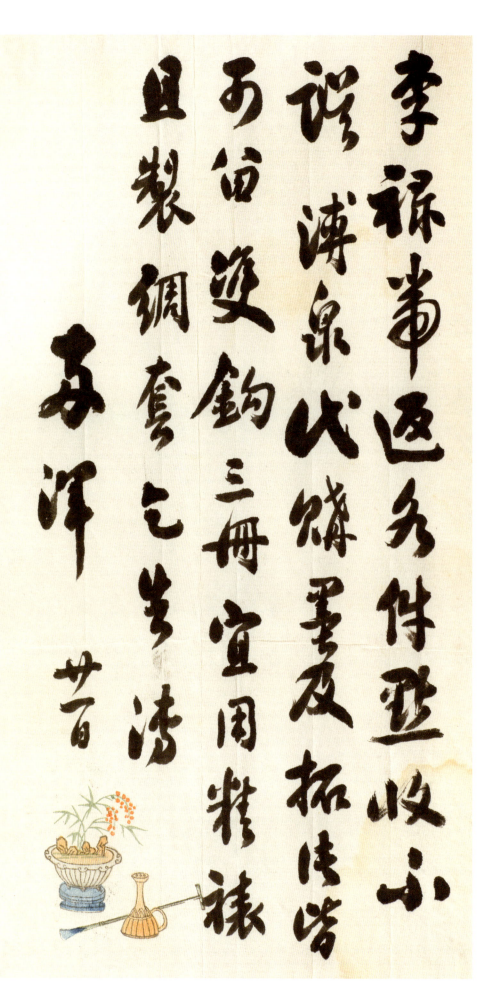

七五、一九一八年

玉衡來否？在
君處請伊再行遣理
仲策覽
滄

七六、一九一八年

濤象必要氣以依其值否

則予甚疑處也調印泥之

箋託代致本月以府津館

收到後轉館由處交應為

款此現支之

左侍想已聞奏否

潛夫

脆[?]画广溥泉诸碑者皆误另

色亦还须八种实七种耳内房

亦谓一种耆邦四刻次溥所代赌金

返理但加两夹板乃干又已

另此间芰须重禄者除二房多

黑分奇名张还也诸碑礼

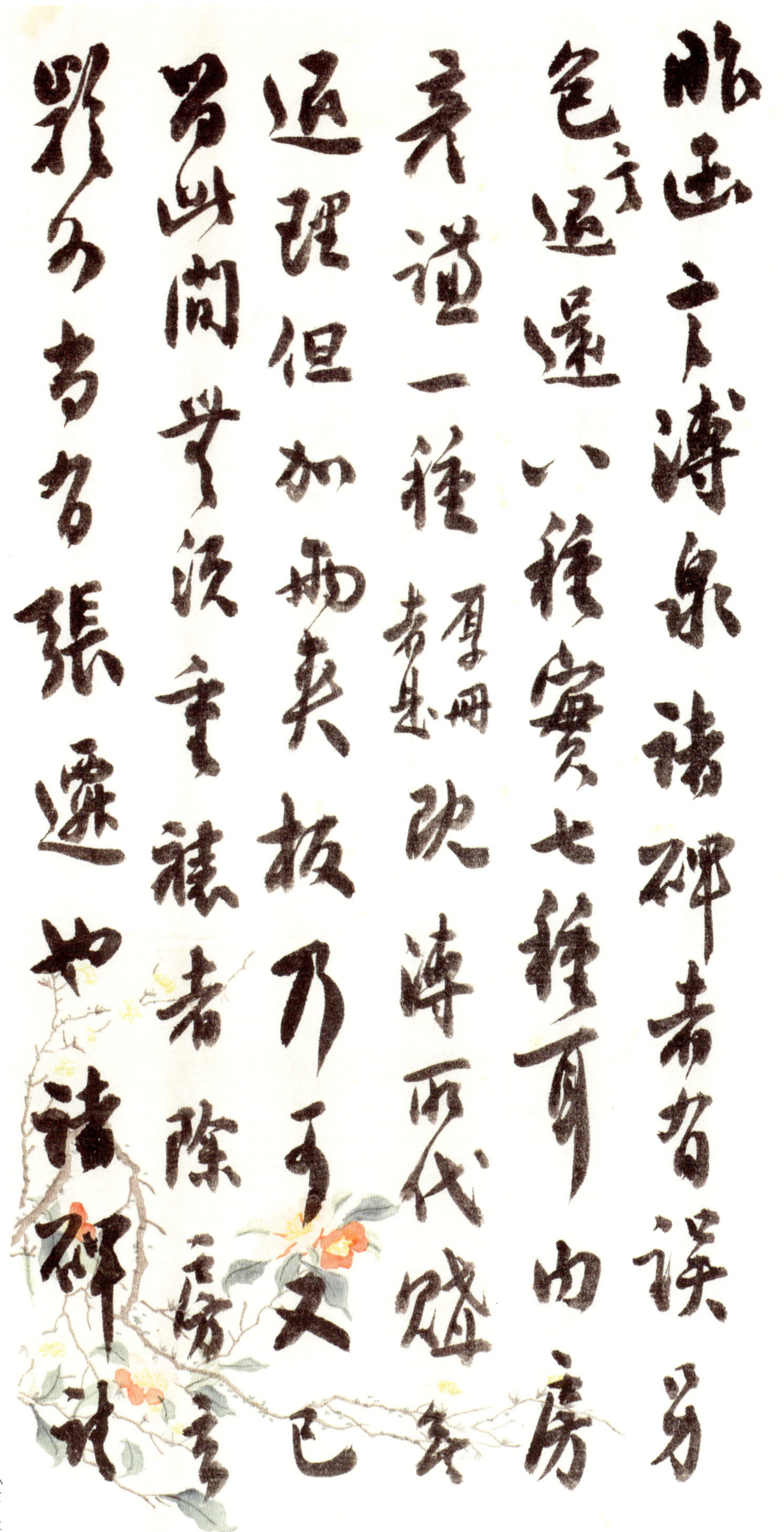

〔上缺〕

兩書寄因姚一節，憑悉以備命。忍痛四字相贈，忽有此豪舉，今已復尔矣。晨來仍每晨六時必起，前五日我日成三千條上下，近因所著之公篇秋唐頭緒太複雜，昨今所成殊少。如五色墨光迷離，頗需此也。

安得 十吉

瘦東出之之文姝內手寫詞冊示之

弟索題

即以鑑古齋絕精之箋滿瘦并

觀紙數葉備題跋

來換艷而來上匪我思存也

公擇

八日

我國紀政之新會當另畢眾　弟又常浮白如

七九、一九一八年

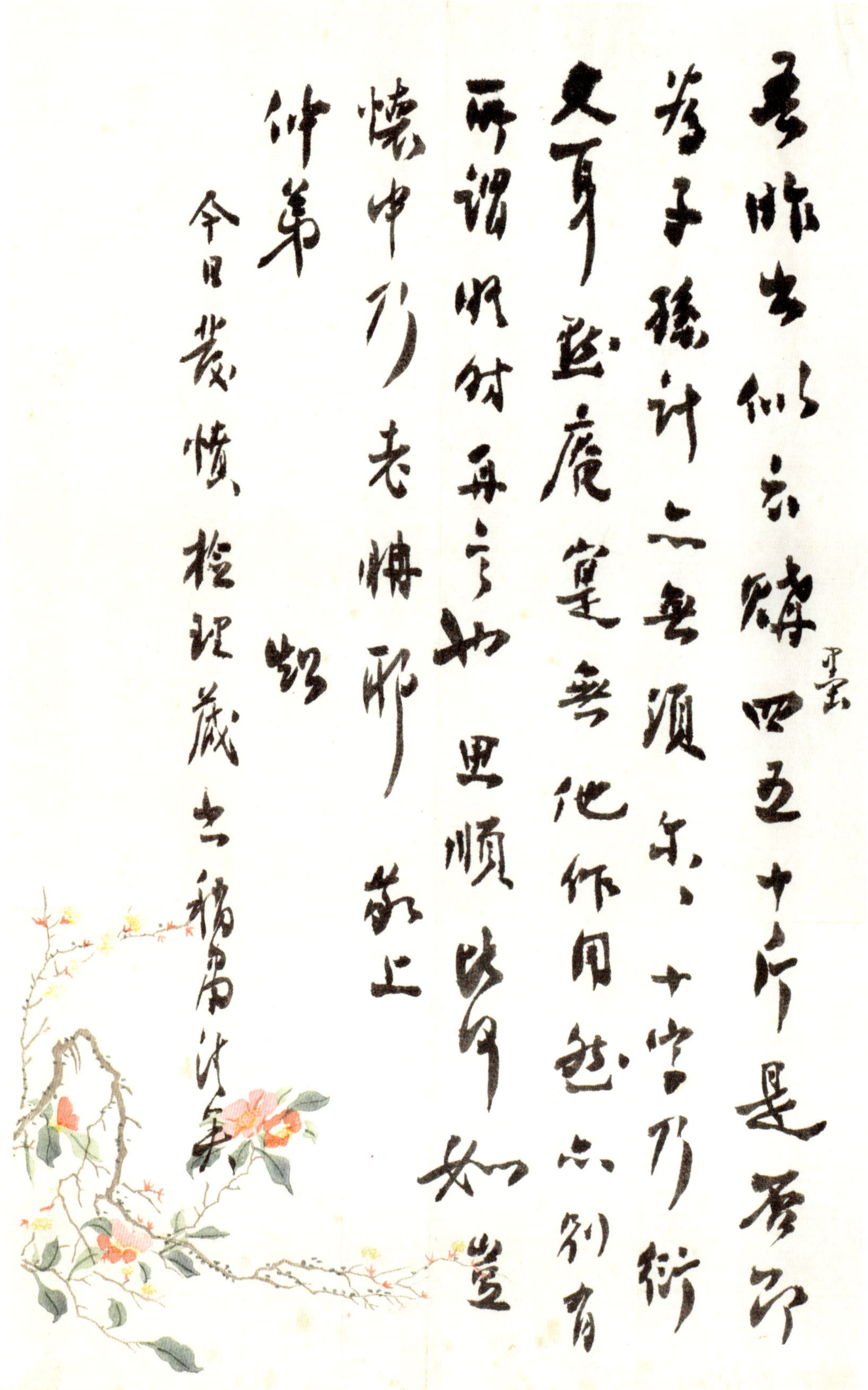

吾昨出似亦購墨四五十斤，是吾所為子孫計，亦無須爾爾，十字乃衍文耳。此庵寔無他作用，然亦別有所謂收財再言也。思順此等如豈懷中乃表情耶。

仲弟

超 敬上

今日發憤檢理藏書，[illegible]

八〇、一九一八年

前夕醉後爲病酒一日
殊狼狽默廣忽復來
且刻苦學官語語一一如
奇事兩日來校碑益勤
昨校竟幾達旦也
仲弟　超　廿五
思順久未免身何耶

八一、一九一八年

票千元久收，結價亡一作汝

可。董玄書已寄，呂言、丈文

專廣文必作達札，惟先候

叔此光物後示孫蓋草也

仲策弟覽

超

以款為出售，彼已到京請願，須已爲彼別謀位置，惟須半月後方能確定。財部諮文可緩辦，不爭此數目也。至意欲彼來津同居，爲我點檢書籍、鈔寫文件，並設法爲彼謀百元內外之乾脩，當必可得。爲彼計，當勝自行開聽六叔以西法論之，大甚味矣。吾家屢促彼返，謂可為設法者實在此，惜彼久蹉跎不來，故今聞之不難來。已行婦為謀耳，望即將此意轉達。

李澤 九日

有壽詩一首，請成送與梁眾異者，要於明晚必送去。蔣子一書，請代示。又示順：來書須同作壽聯。

[illegible]

數日見贈蘭亭，至感至謝。

賈玉某（鑑古齋件）弟來書，別函繳來，

取也。

又錚

八四、一九一八年

啟者西廬其下午到部（四點後）當
一見之彼東時並允拒絕奈
諸位亦在坐則其如何耶
保險公司總董不便擔任
憲之兄現在公府當律師于

請少安。海關調亦未易辦得到，吾弟們紛紛薦人，紛紛擋駕也。此復

仲弟

冰

八五、一九一八年

書悉。廣雅叢書錫古堂所有者，開一目錄來，似甚備，索值六十元（大約出其價單八折便可）。弟所見者若種數多於此而廉於此，則請告錫古勿送來，別購彼本；若版相當，則仍留錫古者可耳。請泉告肯言何君代覓。三

虞碑得舊拓者一本，是舊拓三本，

王曾見彼家一本，拓不甚佳，如陝方

託在粵覓之，亦為西安真本，宜再覓

舊拓有于字未損本，神器拓極

精，惟索直郡亦敢向津門君

弟與舊有舊不好一册之 日 六

我求也。崇村文字當處最宜

代製祭幛。船山遺書[illegible]〻

家中異易也。

啓超

欲得馬氏繹史、讀史方輿紀要、漢魏叢書，乞書諸代購，遲日如嫂歸時或便人帶還。又將帛代裝請繹若裝訂，以便時帶還最善。

希哲 廿五

八七、一九一八年

因爲房曲折遂不來寓，則
行意本不堅，可叢識以自
章程每字上數本可約李伯葊
來一譯，請其字字彼華甫商之
此致
仲策　　　　冰　首

示悉。星單圖出以意為之而已。悅古髮戲隨意摘數張可也。至於大小若從異點，溥泉東如見，為言乃託彼也。

仲策弟

冰 廿九

溥泉代購碑數張，除大
興國寺李瑞函稱已有，今送
還外（退回由李福帶上），餘皆留下，謹
代付值。此致
仲弟
冰 二十日

九一、一九一八年

望告濤泉有舊宣紙及
高麗紙乞隨時物色代致
日來書癖程度愈趨愈高
恐將以此蕩產焉而不止也
啓上
仲弟　　超
十四日

九二、約一九一八年

歠粥三日所患已去

勿念

弟何日來耶

仲弟

潛夫

三日

九三、一九一九年二月二十一日

海行經一月有半，舟今泊倫敦港外三十里，晚
刻登陸矣。中間惟大西洋遇風三日，吾健飯如
故也。舟中百無覩聞，覺飄飄有出塵想。登陸
後乃從此忙矣。代答於曾文正臨盟署壽籌
全可託秉三經之，收到後即存。弟處待我
有電乃匯過來。別有厚生處款去達以日紅
利，亦託處。弟處收到後即寄洋律充家
費可也。舟中得詩十數章，別紙錄呈，可以
見行人情緒矣。我最如能於去年極多緩之。

仲弟鑒

兄超　二月廿一日

橫濱丸舟中

九四、約一九一九年十二月六日

本擬半年後乃歸，因振飛急急要行，一切詢予，揩便焉，頃計行程（可遣僕來號相迎）或可在津度正月廿六也。頗勝。

弟將新居為我佈置周洽，俾一歸便得享用。兩月來生活完全恢復從前常態，讀書著述，因多暇，晝夜又已易位矣。相見不遠，不復縷縷。此書到後，再來書可由我一二十郎轉也。

仲弟

任 十二月六日

匯上講學社款二千，計
察收。尚有尚志學會一千
下俟湘電交來。嫻兒計程
明後日必到，君盡以明日來耶？
啟超　十五

九六、約一九二〇年六月十六日

展兄壽 未東附函箋送俾列設法
昨寄社款之千想達今日後收
到商務印書館五千現存兄處請
先發下收條俾轉寄此款移可暫不
動用存以生息請商秉常面量
應撥諸何面如元年同儀似不妥 其他須商 曉東書來可親談宗
頓 東蓀

九七、一九二一年三月二十九日

昨思永來言五月二十日正式入
考試之期三妹（思永又於十九日考完）亦正考試未果
四妹亦然計思成等亦都在考
試中最好請改遲一星期云云
可即向伯唐商速發（〇〇〇）一電

陸閩若能改景善至則多殊子
恐不能參與盛典殊掃興也
多帳請儀電發後乃發又海
軍院歡社多日今不知已出京否
再再打聽若實不能借到江西館
亦可也

安甫 廿九

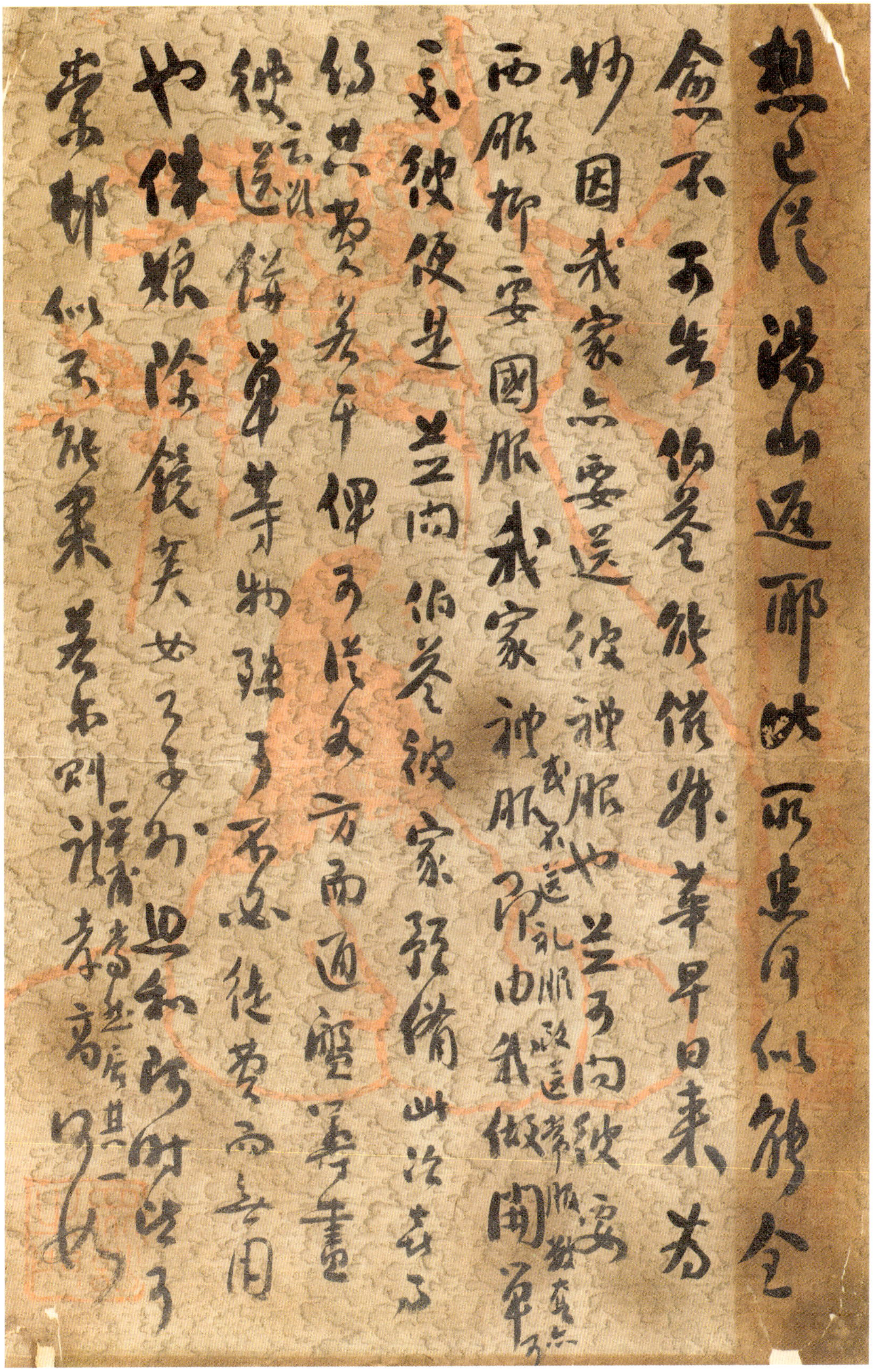

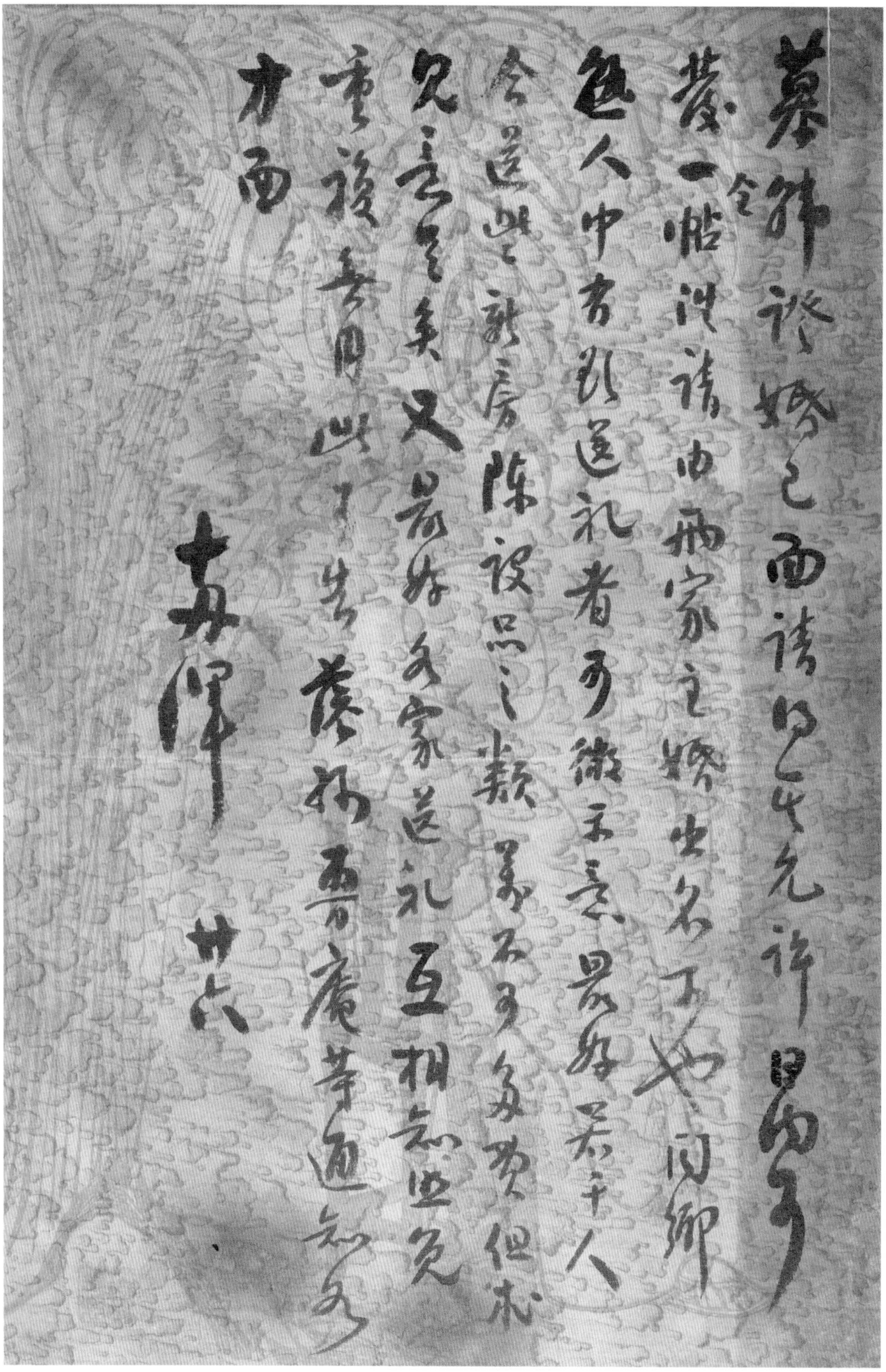

慕韓談婚已函請同意允許，日昨函到
蓉令一概說請由兩家主婚出名下也，同鄉
熟人中有既送禮者，可微示意，最好某某二人
合送些新房陳設品之類，萬不可多費，但求
見意足矣。又最好各家送禮互相知照，免
重複無用。此事先蓉孫齋處等通知矣
才函
士英俾
廿六

談婚八詩帖想已裝成

忠忠事一切照辦，節由觀察面

述及，羅函詳。現存南京之款

即撥出五百元，為在京辦事之

用，設時如變禮節使之用，

以零星添置各物用。可委辦後或

鴻材等常川一人在宅料理其家，先撥若干交紋等手，隨支隨記帳。

應備酒席每日招待者照如下

一 送粧日 兩席 請證婚人及大媒 丁立 小耕 等地方

一 結婚之前晚 一席 慈姑小姐餞行

一 結婚日 一席 新人回門親迎時請之 此席不過儀式上賓主不吃也 菜照例便的

一 回門兼會親 三席或四席

以上酒席或先定一妥貼的

汝妝約廿二三來 或約廿五親送妝小姐來

去行

似是陰曆廿一請雲內羅親

李家十一妝奩禮請送一幛 最好送吳學齋廿元

一〇〇、約一九二一年

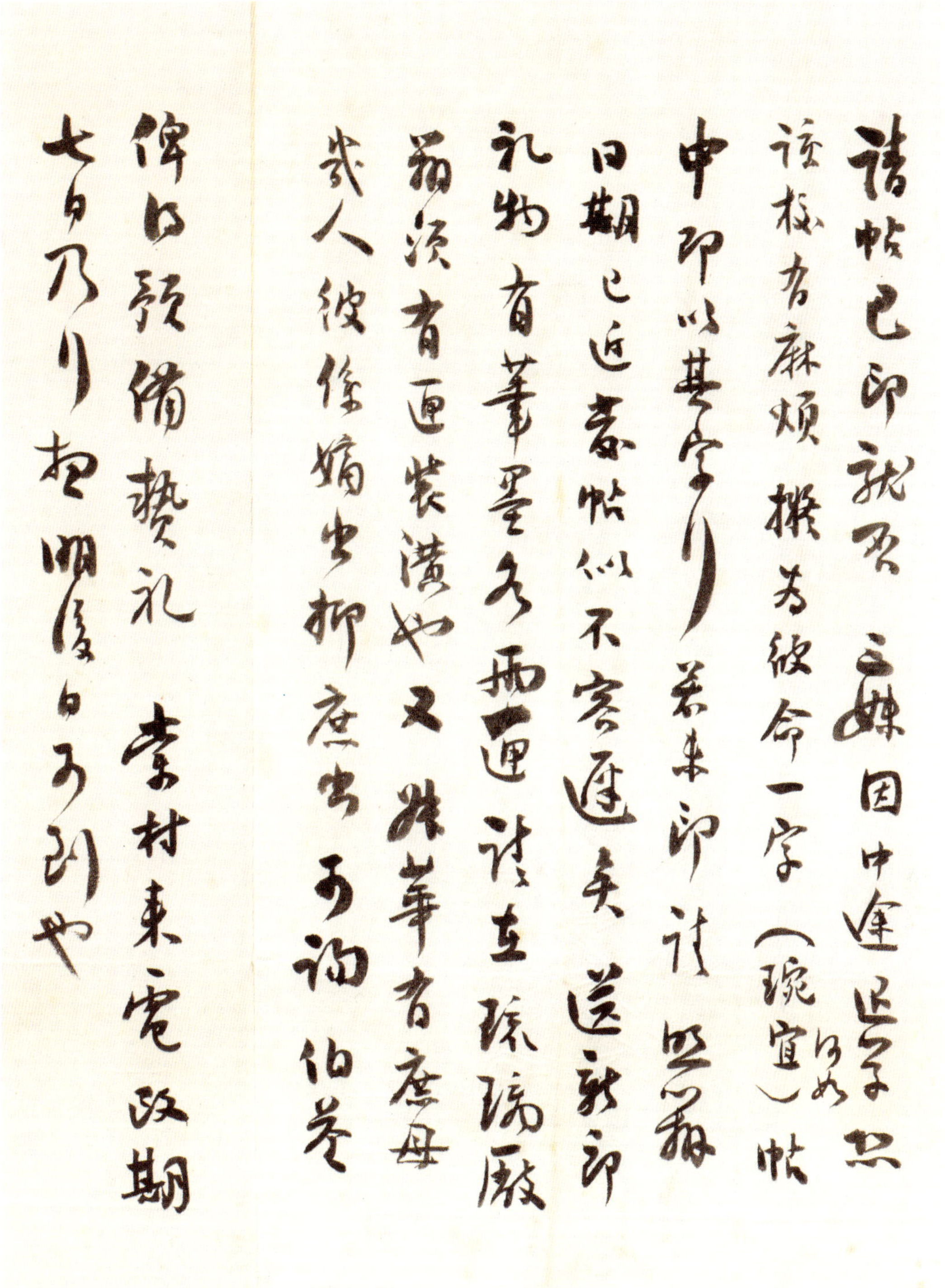
請帖已印就否二妹因中途退學其
該校者麻煩撰為彼命一字（琬宜）帖
中印以其字可若未印請照
日期已近喜帖似不容遲矣送新印
禮物有筆墨各兩匣請交琬琬收
拾須有匣裝潢也又非華者應母
哉人彼係嫡出抑庶出乞詢伯[illegible]
俾得預備賀禮　孝村東電改期
七月乃可想明後日可到也

一〇一、約一九二一年

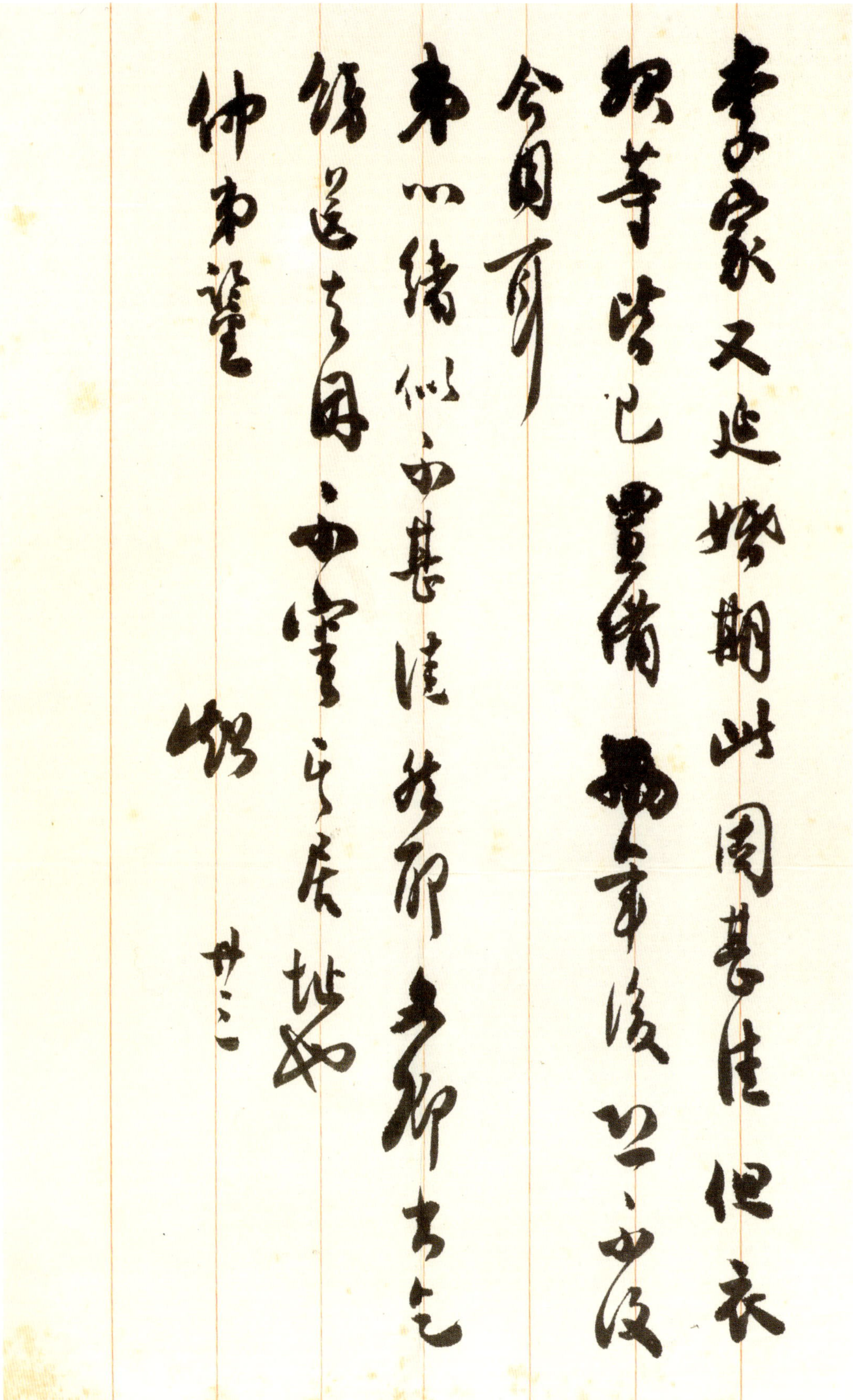

李家又延婚期，此間甚佳，但衣
服等皆已置備，無事後以[illegible]
今日可
來以緒似而甚遠[illegible]郎[illegible]
[illegible]送去因而[illegible]
仲策覽　[illegible]　廿二

一〇二、約一九二一年

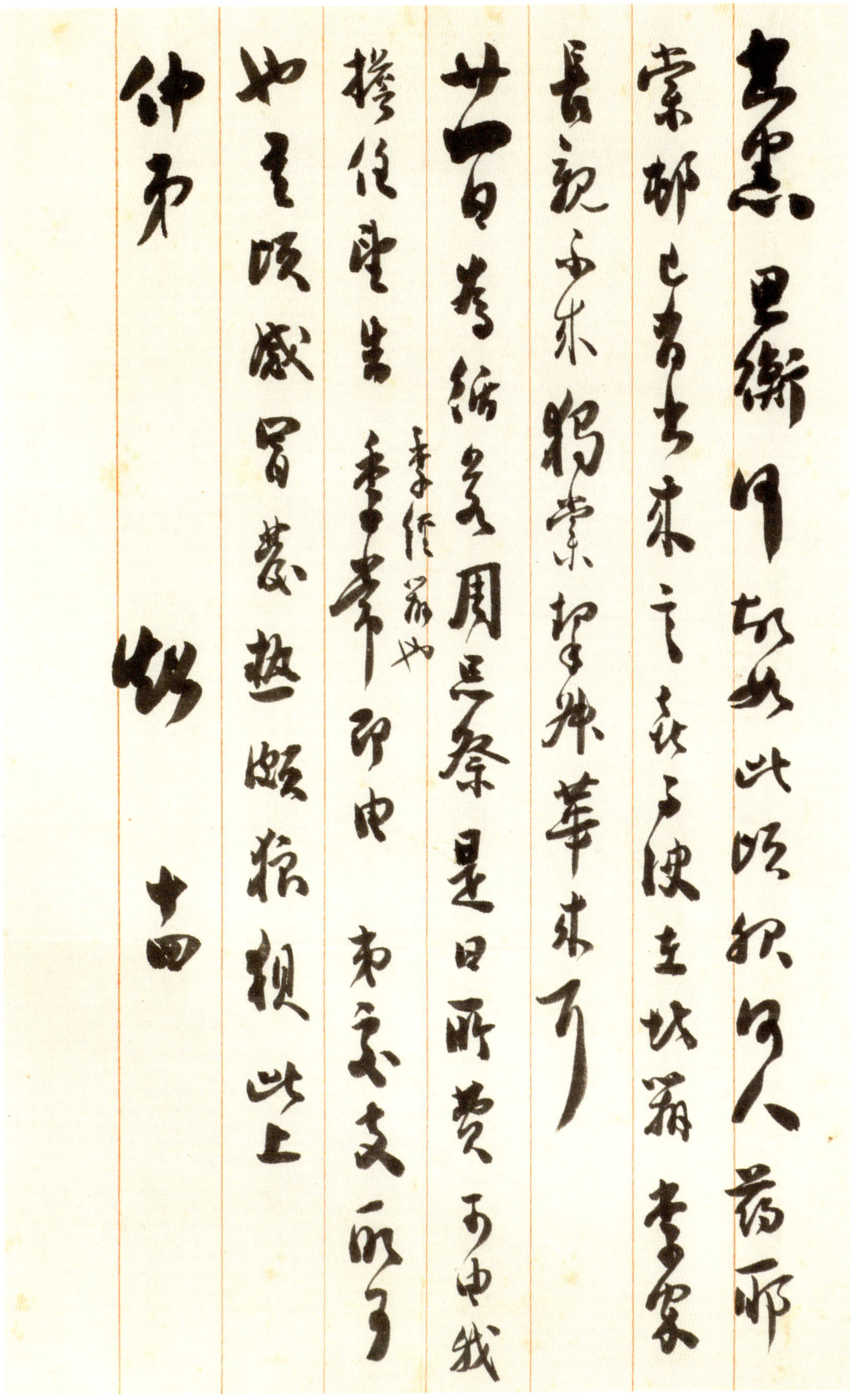
某某衛門故如此時何人爲所
棠邨先生去來言欲乞使去找羅李家
長親手書鴉棠邨墓碑華表可
廿日爲綸叟周年祭，是日所費可由我
擔任，望告季常（季任病也）即由南京支取可
也。至頃感冒發熱頗狼狽，此上
仲弟 兄 十四

一〇三、約一九二一年

貝衡病已愈晉閣家皆甚念也檢所藏
書畫三事用賀
弟新居若尚需者
弟自來檢兹有畫一軸不審佳否請
細諗鑒藏家是否果佳似是當回以他爲
易此間畫蓋甚希也 敬上
仲策
潛夫 首

一〇四、約一九二一年

墨林筆架二事已覓得，未能
得稍大者，兆佳筆洗兆忠得一
極精者。昨有票託呂楨轉償現
款，候得即示。
東來之款數目如干，再撥來。
仲弟鑒

超　廿三

一〇五、約一九二一年

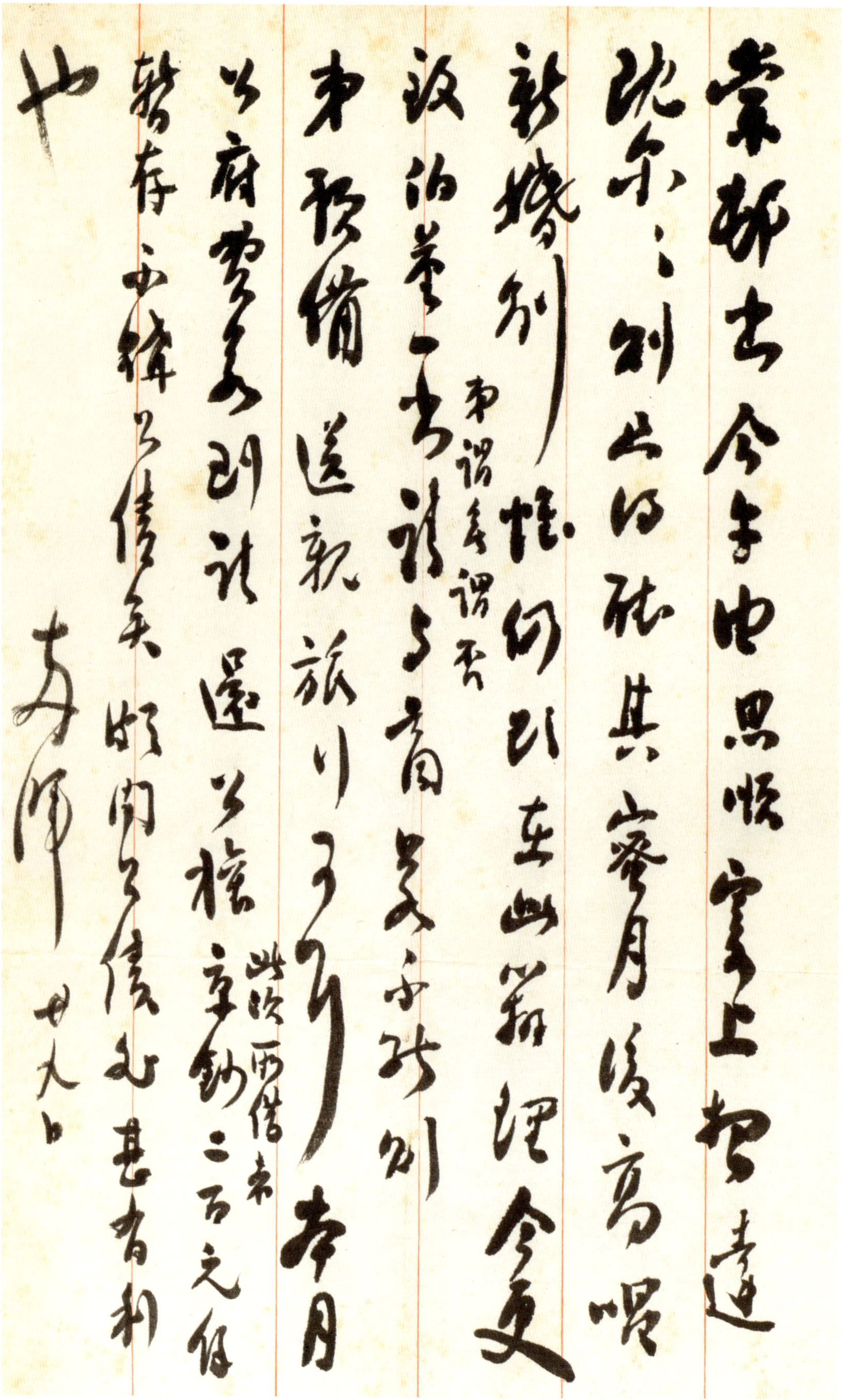

一〇六、約一九二一年

所存款請交曹五帶回四万元保存
東處隨時支零用。前月所購之債似
無甚利益，擬託之權仍售出，易取
現款，請酌辦。

啟超

一〇七、約一九二一年

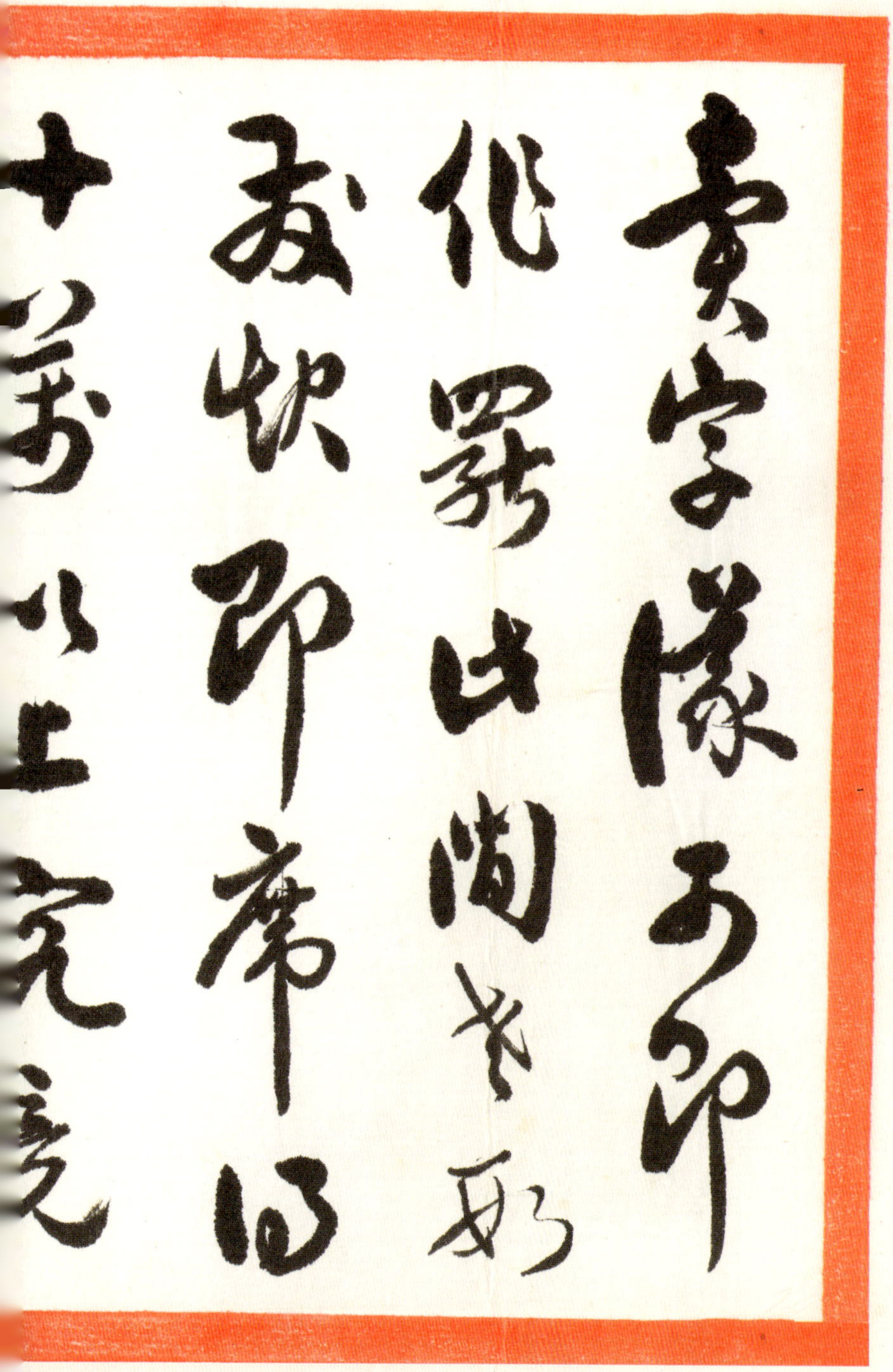

可以讀也然
華印刷局以了事
已到否同附何安
可否擬之爲之樓
現東京孫夫人二豎

飲冰室用箋

情聊攄兮一眺
若直此之神華
亦若是通有何
何請之分出若
干

據因此三人同名
我們應負之責任
我必使此三人之名
分頭覓事隨便用
一人名來計印局

飲冰室用箋

文和安更以得居士
四百以上得分生百
元衡燦然可年若为
五年久矣收来有史
勤乃修心而

此三記告之如

大姊處收

仲和均吉

啟超於汝出於房事一字

示規就之手耳

飲冰室用箋

一〇八、一九二二年二月十五日

每日來所聞藥綫擊動殊甚
可人也。前亦有聞耶？恐大變以
亦在即，天津將爲大活動場，吾
昨今兩日來客已不斷
允避地，不可遲，則又捲入旋渦矣。
欽公參了，已有一家，兩位月七十元，
尚有一家，數亦略同，必可以辦到也。
每澤
十五

一〇九、一九二二年七月二十五日

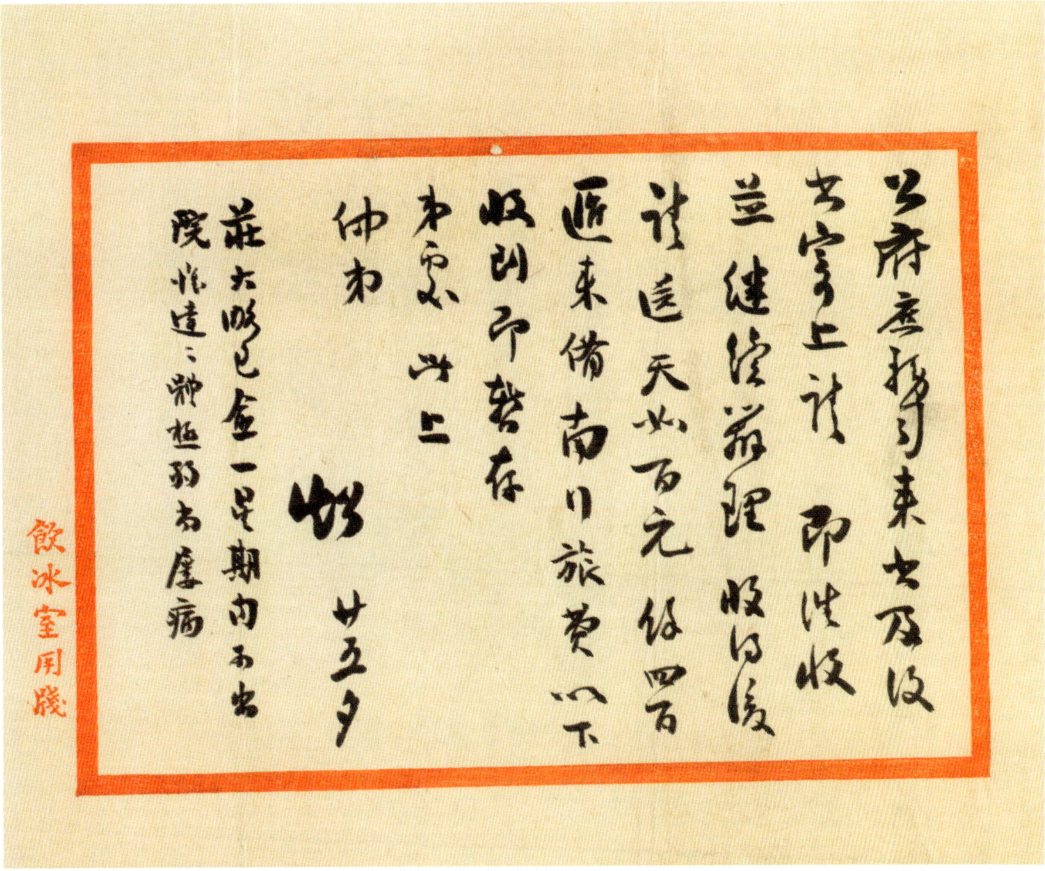

一一〇、一九二二年十一月二十五日

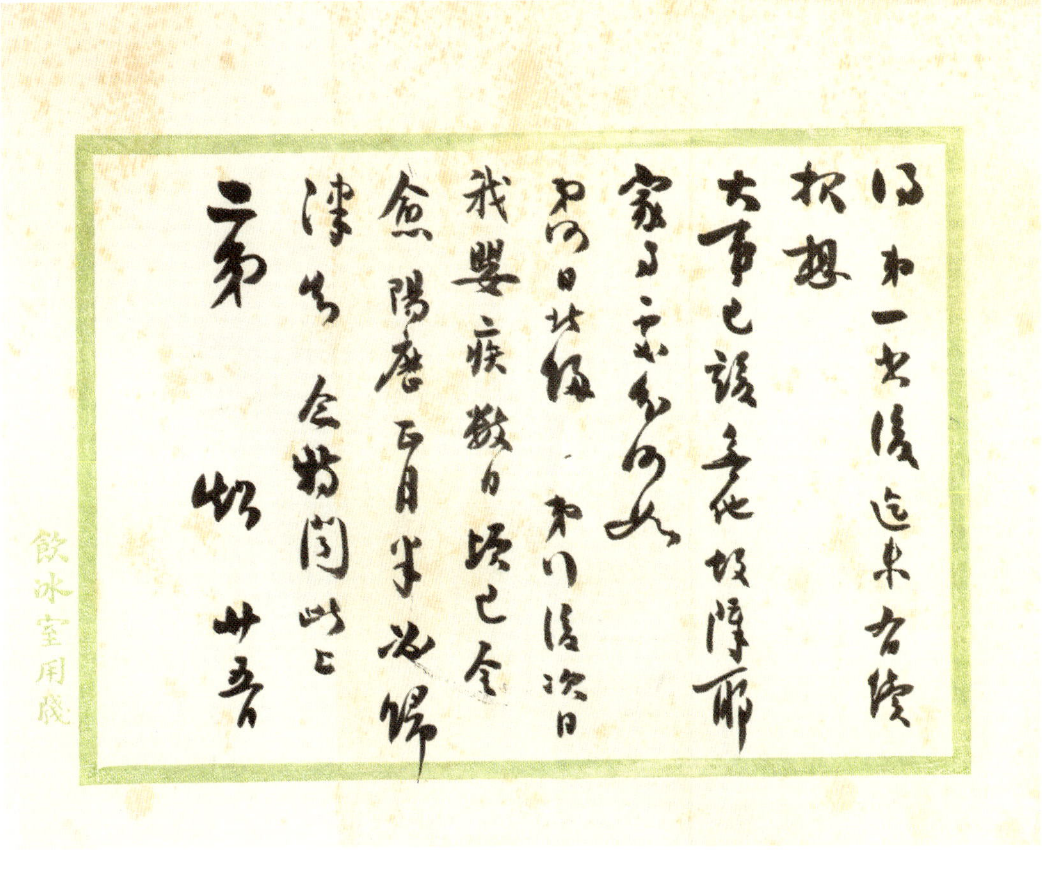

函曾或弟上百元，為隨時代支之用，希於調加拿大，想已知。思順來電云，月杪歸省，兄久當區如服周。彼之廳面來收 養庵來言在臥佛寺附近看得墳地五六處，請弟與彼約一時日先往一看。認為可用者，或逕下些定錢，將來我一自看，乃購可耳。近來拚命寫隸書，成績盈篋，東蓀亦要彼人趣要矣。行時思和已揚行亦切，廷燦更亦同役 兄上

仲策

十四日

一一二、一九二四年四月十九日

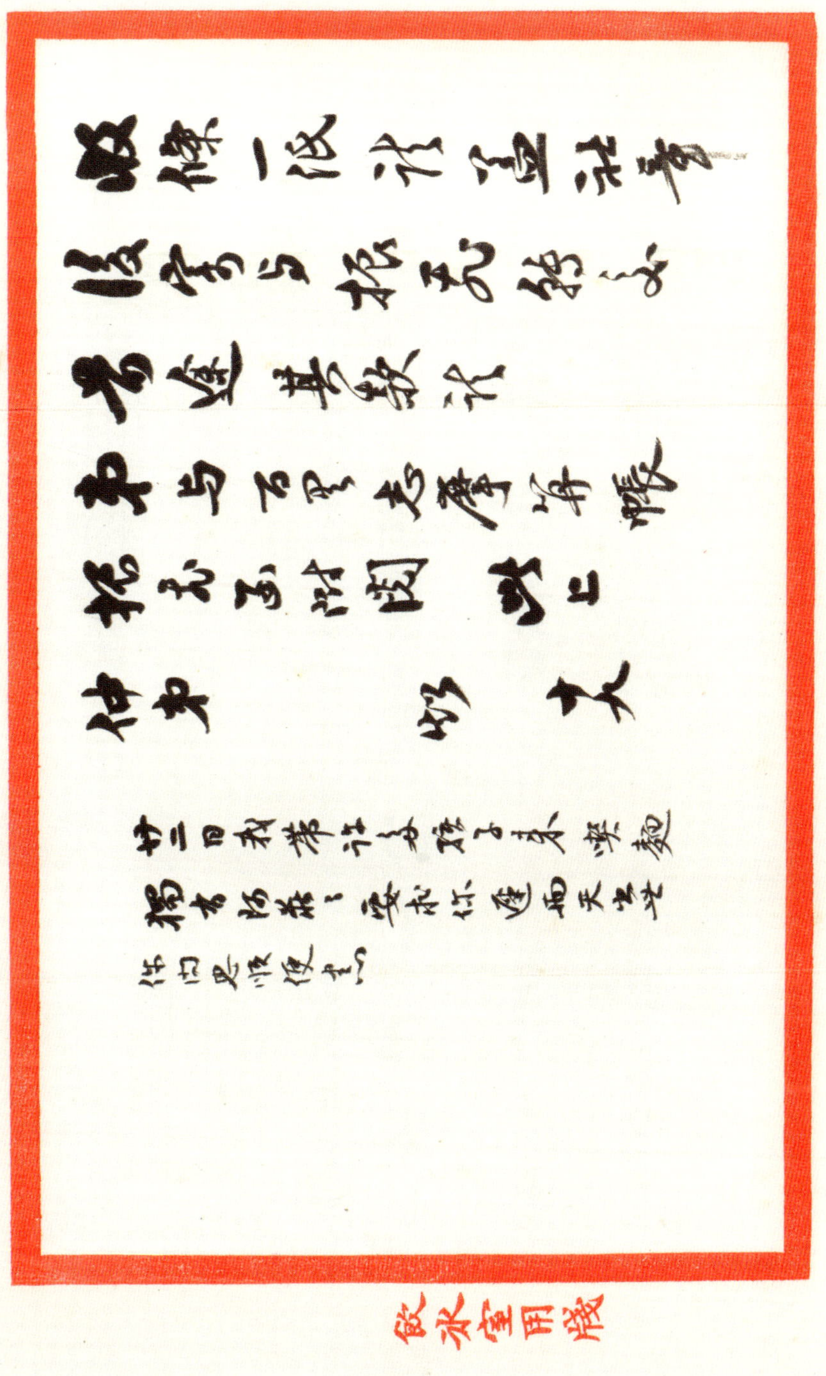

飲冰室用箋

一一三、一九二四年十二月三日

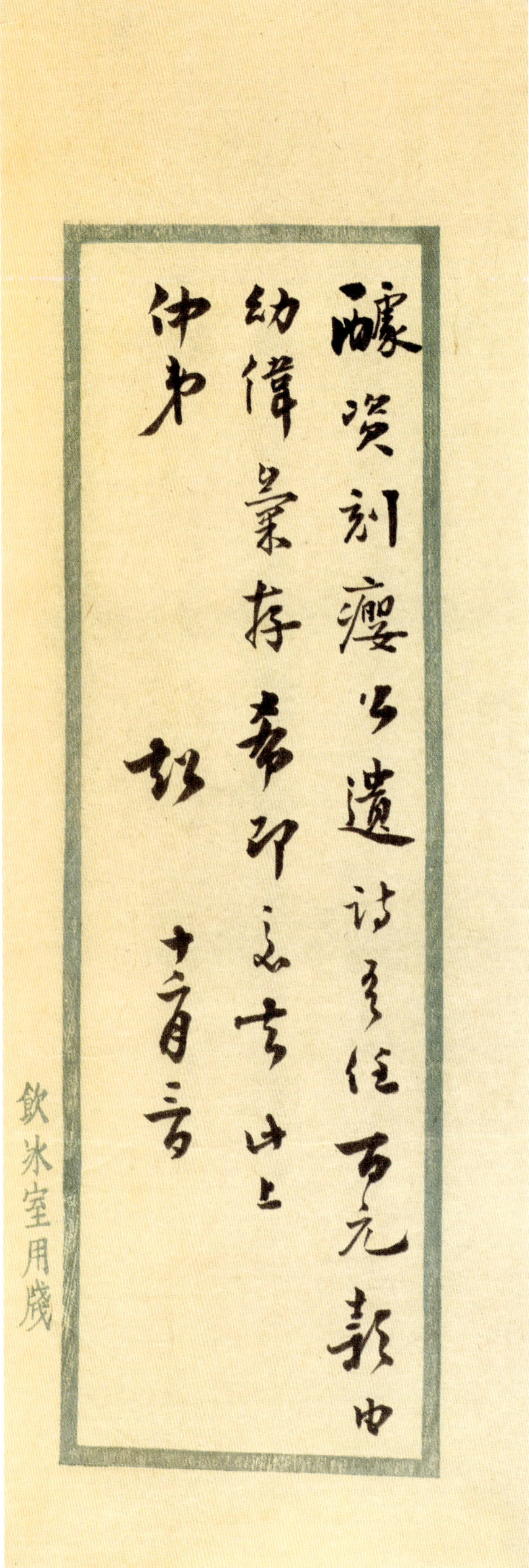

醵資刻瘿公遺詩弟任百元款由
幼偉彙存希即交去此上
仲策　超　十二月三日

飲冰室用箋

汪莘叔耕方壺詞佳絕，不可
不讀。詞在彊邨叢書中。
[illegible]又[illegible]

飲冰室用箋

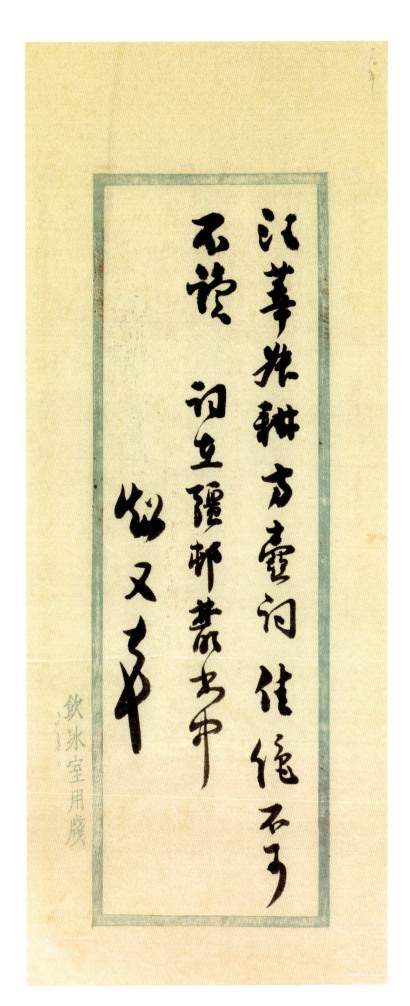

一一四、約一九二四年十二月十三日

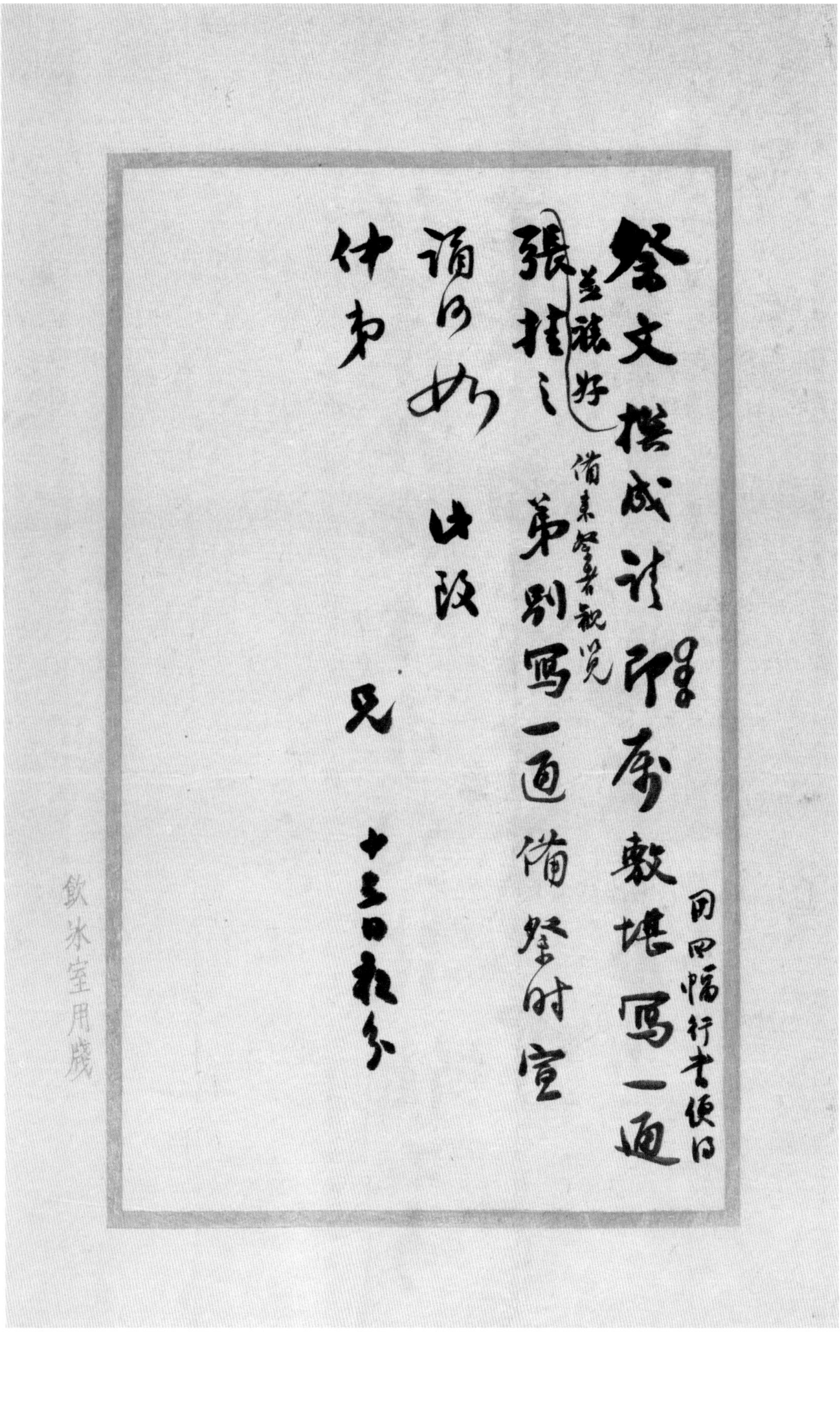

祭文楷成，請[illegible]季敷堪寫一通（因四幅行書便日），張挂之（並襯好），備來祭者觀覽。弟別寫一通，備祭時宣讀，何如？此致

仲弟

兄　十三日夜分

飲冰室用箋

一一五、約一九二四年底

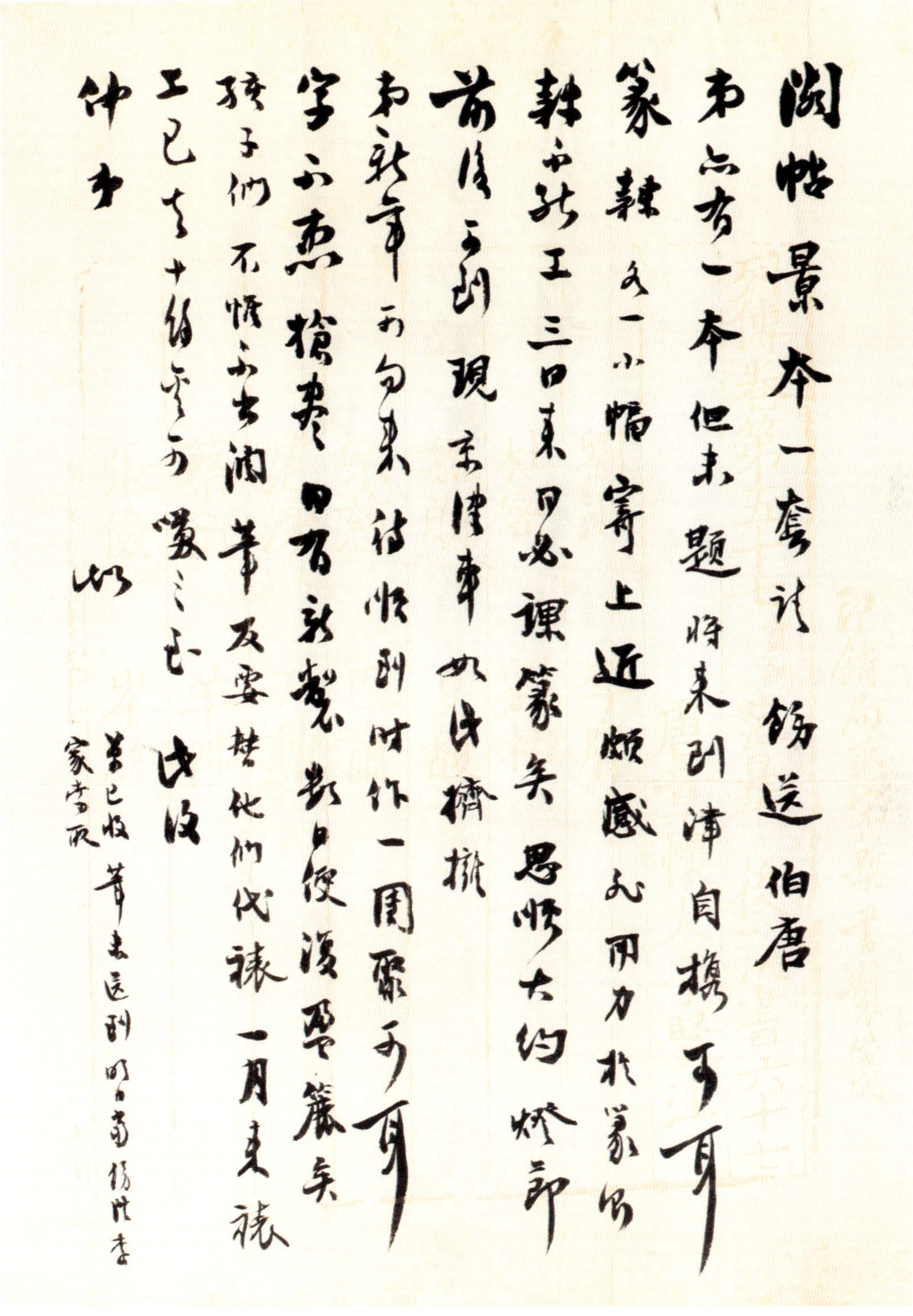
閱帖景本一套，請 飭送伯唐處，亦有一本，但未題，將來到津自攜去可耳。篆隸又一小幅寄上，近頗感必用力於篆以隸，亦新工三日來日必課篆矣。思順大約燈節前後可到，現來津專如此擠擠。家新年可回來，試悵到時作一團聚可耳。字亦忘檢，舊日有新製數日便須罷篋矣。孩子們不慣，亦未滿意，并及要替他們代謀一月來稿。工已有十餘處可暇之也。此致

仲弟

收

筆已收，筆未送到，明日當隨李家當派。

一一六、約一九二四年底

上海新東西綫（新安館住）

思順：

榮久困彼間，昨始來電：十七日搭福建丸經青島來，大約陰曆二十九乃能到。請聞。此上

仲策 叩 十四

一一七、約一九二四年底

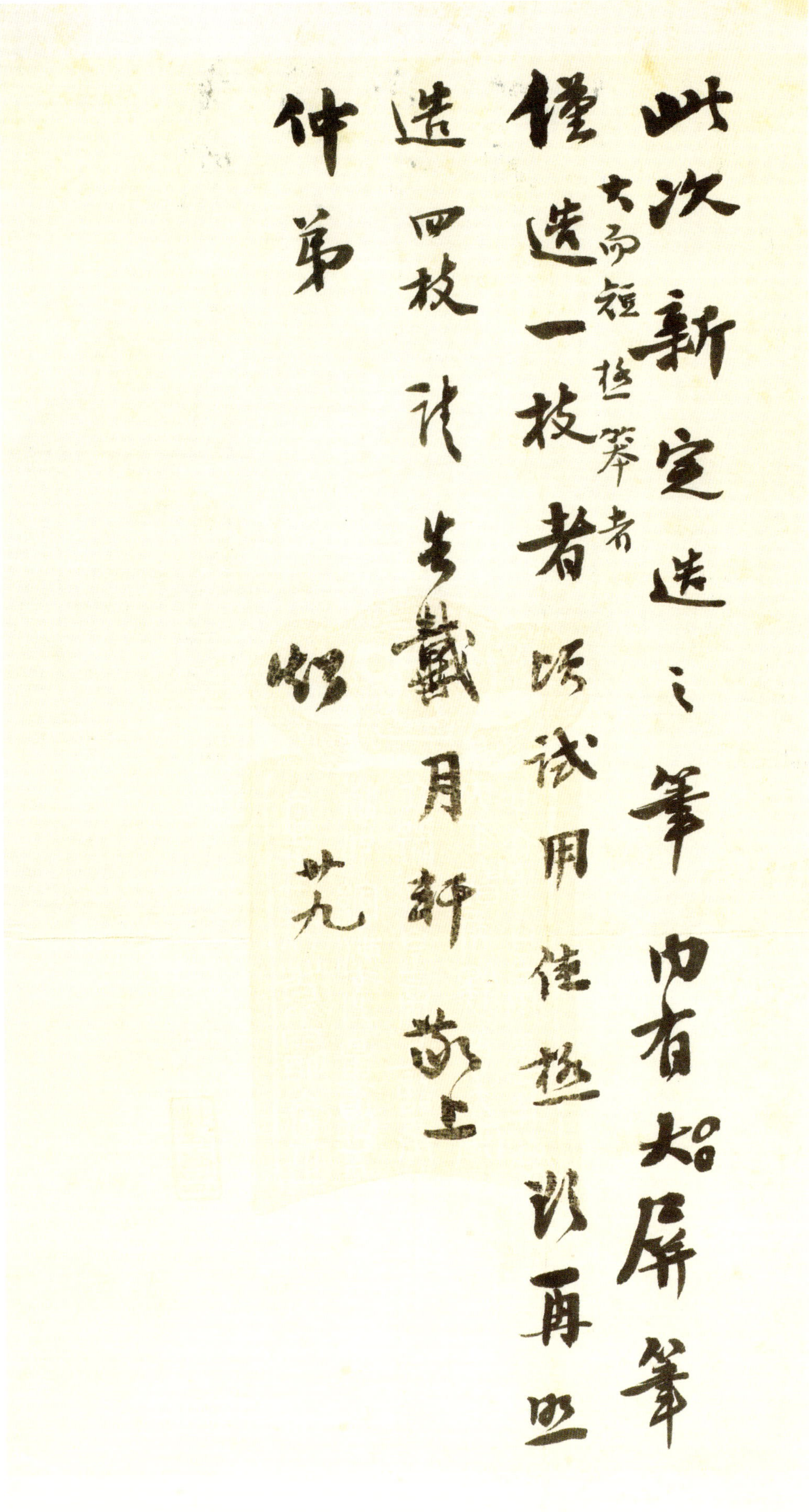

此次新定造之筆內有大屏筆

僅造（大而短極峯者）一枚者，請試用，佳極，請再照

造四枚。請告戴月軒。敬上

仲策弟　啟　廿九

書吾隸乃得力於朋友愛寵及勵矣。人情孰不好諛，諸君所索，常踴躍輸將。有日來寫張表，專取其與楷書接近一月之後，請弟試目覩我楷書之變化也。春（年）假期內背課，羣童（自七以下）（已阿莊）每晚輒聚（彼等日日讀史誦詩詞寫隸楷，阿时且做了許多打油詩），誦讀之聲出金石。羣童來不手支，但瞻我著作常課之不少矣（阿时、阿忠終日搖頭擺尾，高唱入雲，可稱水底笙飛蛙兩部）。添一諸君誰來何帝加（好）沮

之來兩三日合計所費足可敷合家一箇月窩
頭之費今何時耶尚堪如此浪費耶但若
必不能阻只煩盼曼宣孝高覲察等招來
供鄉票耳　敬復
仲和　　任　五日

順等今日應到上海但尚未有電來彼等至家小住一
月已定三月廿三日搭俄國皇后船放洋莊莊同行

一一九、約一九二四年

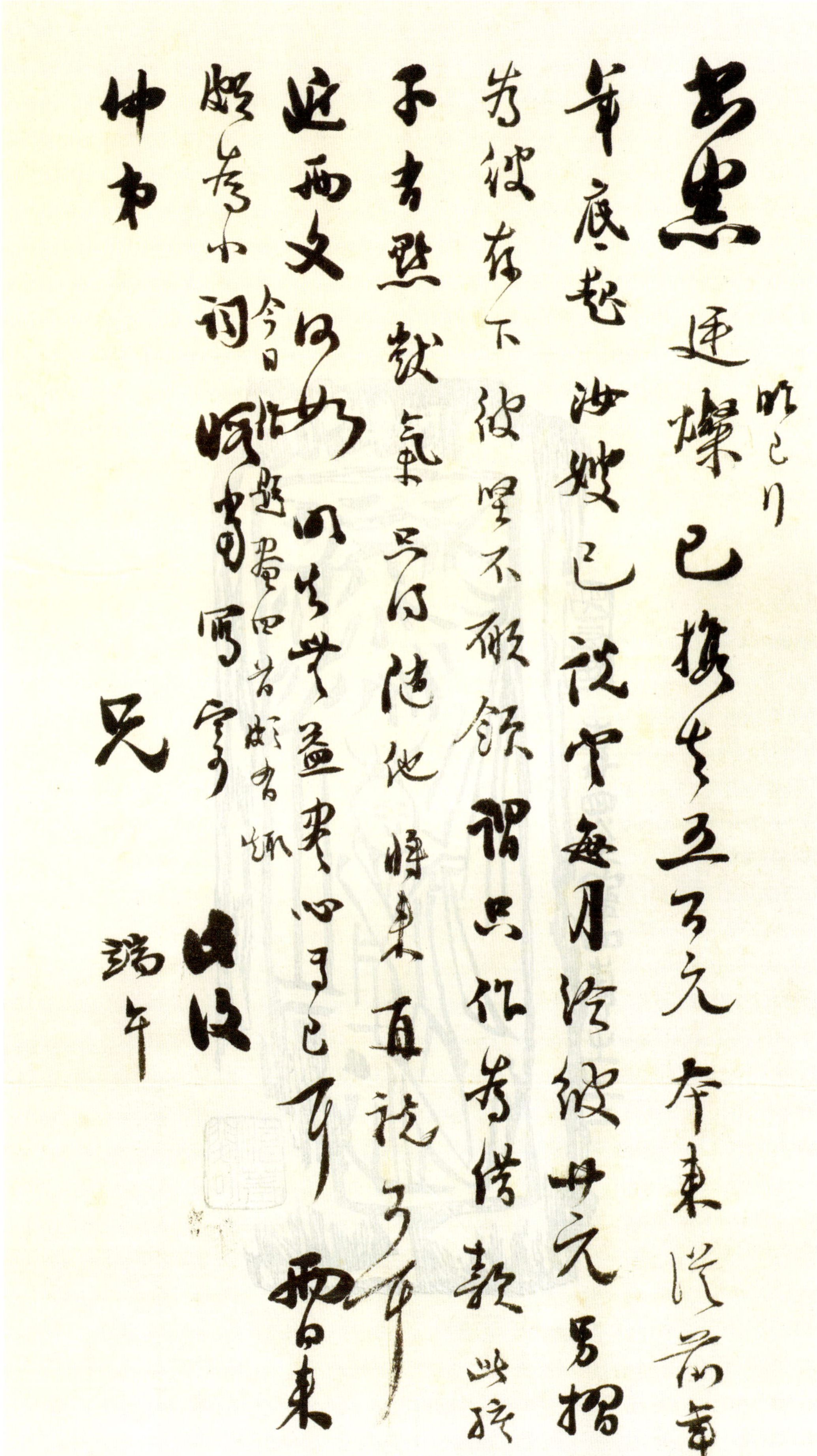

一二〇、一九二五年七月十九日

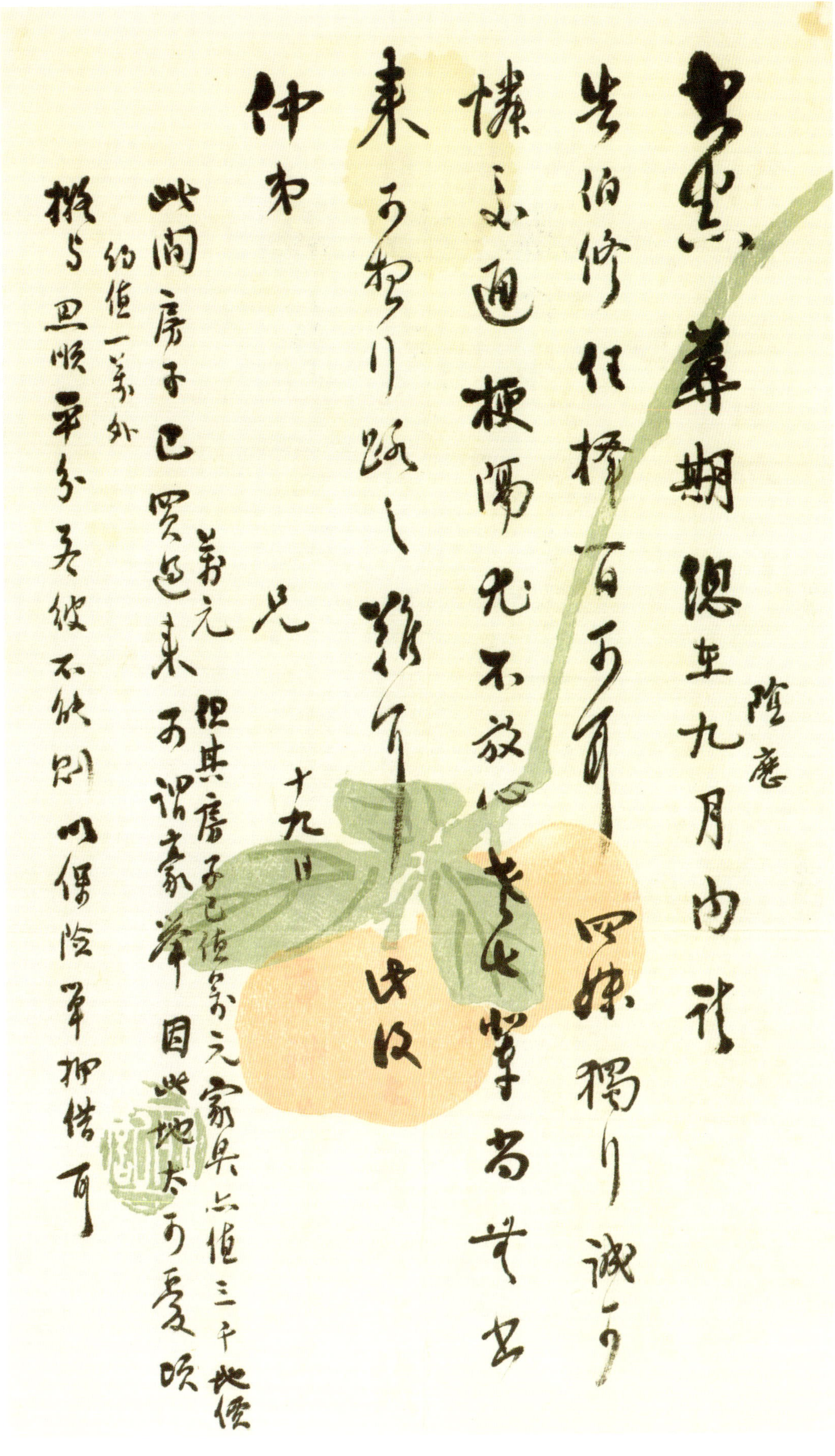

墓葬期總在九月內（陰曆）請告伯修任擇一吉日可耳。四妹獨力誠可憐，亦過極，偏先不放心，老七幫為其母來，可料理一二。能行決段。

仲弟

兄　十九日

此間房子已買過來（萬元），可謂豪舉（但其房子已值萬元，家具亦值三千，地價），因此地太可愛吹。

擬與思順（約值一萬外）平分，若彼不能，則以保險單押借可。

一二一、一九二五年八月一日

兩處工程一切如弟所計畫最好

汽車先定等了已命蔭林題辦

五日後入京一切俟面談此復

仲弟

兄 一日

一二二、一九二五年八月二日

大小寶貝　墳圖布置極善，請
印照片一張，扶箕上不宜還古冢也。開工後
我再不須常往彼間，抑借此山居或亦
不惡也。擬自作一小墓志銘，書便乞詢嬸不
刻石等了。李常趙寅擬贈與二百元入城付
思永去。　此復
仲弟
超
廿日

一二三、一九二五年八月二日

惠工程單及圖樣已細閱一過，僅冊
石門兩費加一倍以上，殊可不必，請從省
可耳。請飭安陽墨氏了教，但似此亦聊
厚不著落矣。此間續放晴三日，以後大雨，
甚則莫可名也。但數日海濱已覺加健矣。
手此奉復
仲弟
兄 二日

一二四、一九二五年八月七日

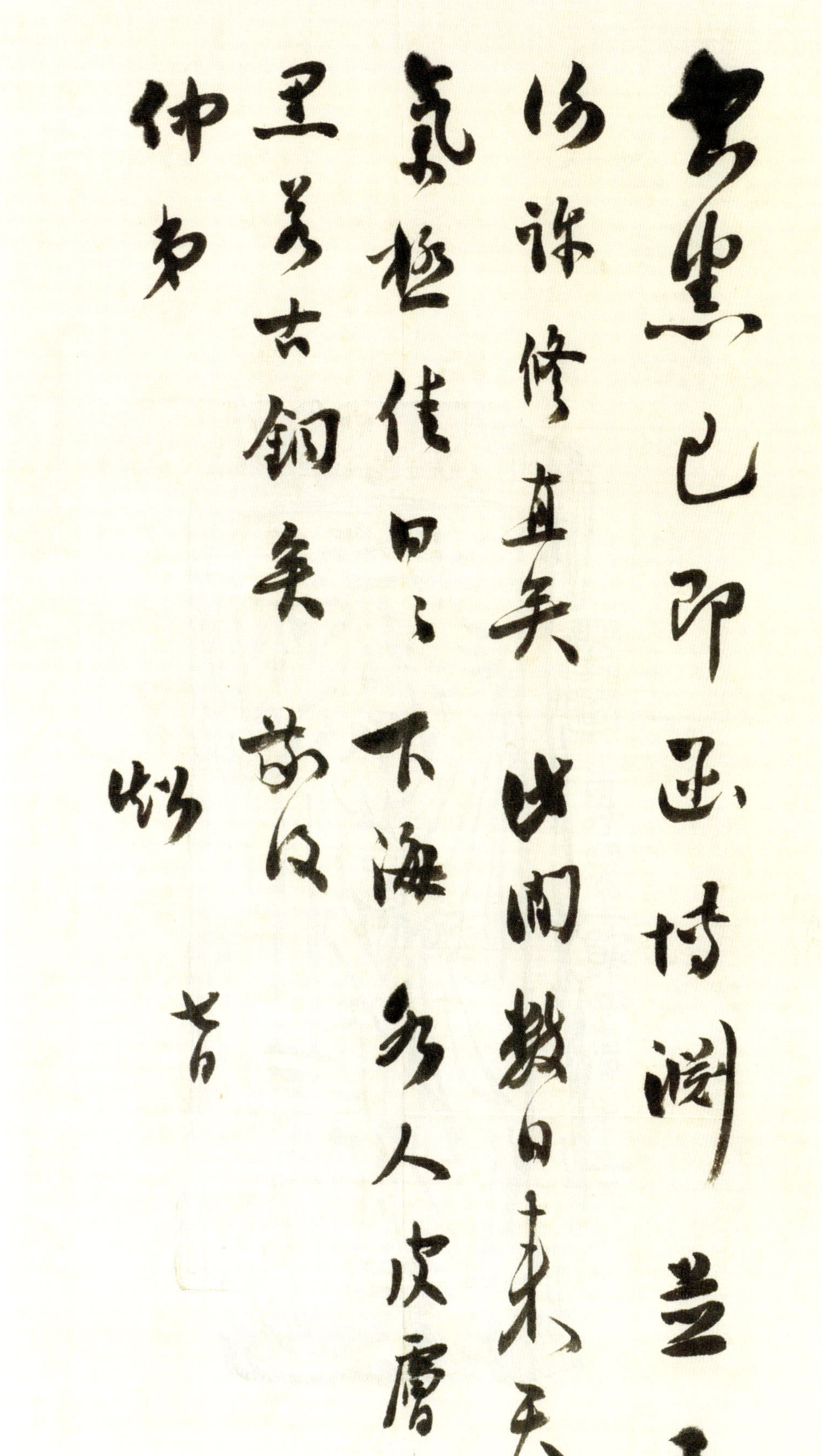

古愚已印函，博淵並函詢，條直矣。此間數日來天氣極佳，日日下海，多人皮膚已黑，若古銅矣。敬候

仲弟

啟　首

一二五、一九二五年八月七日

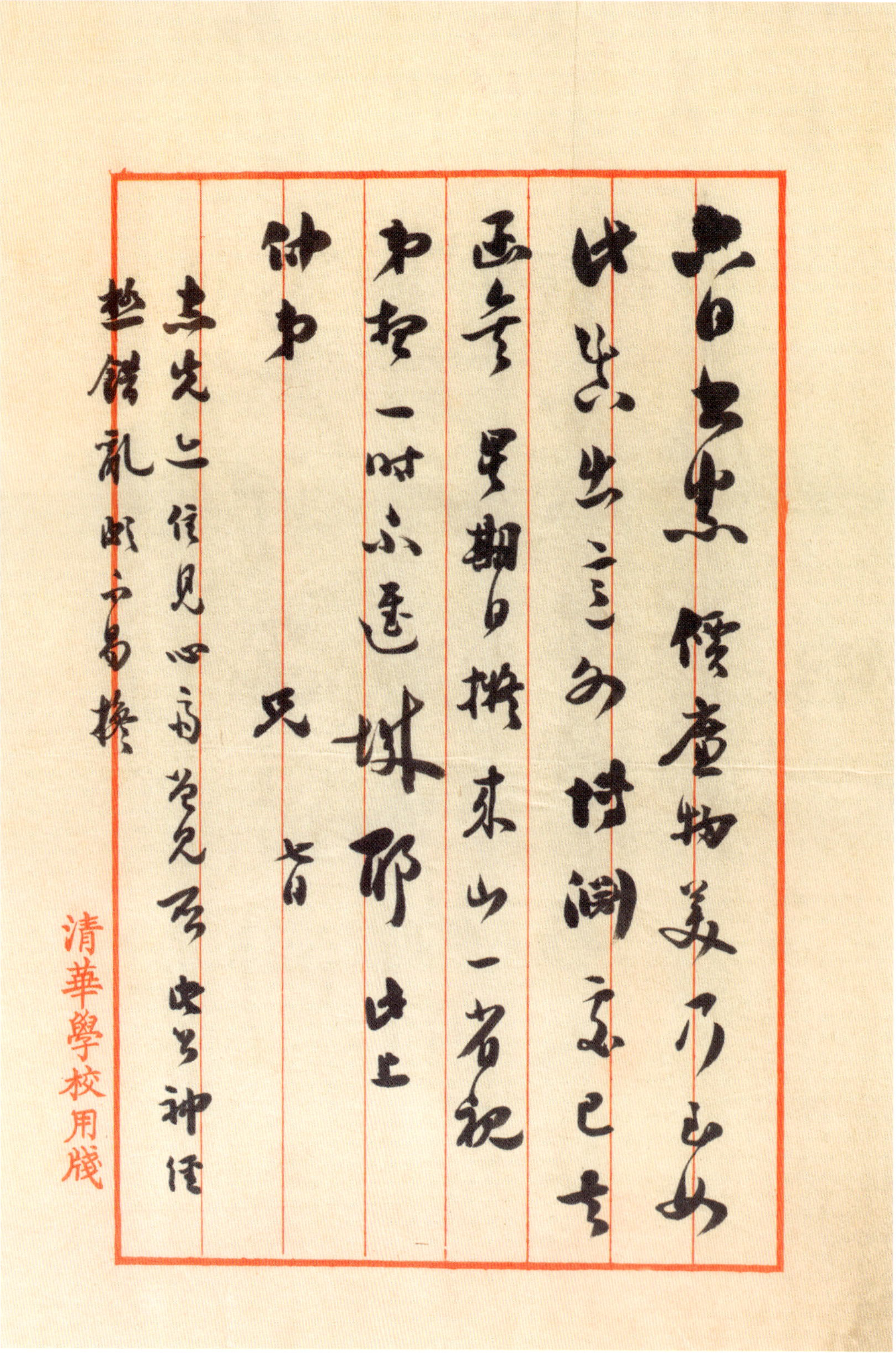

一二六、一九二五年八月八日

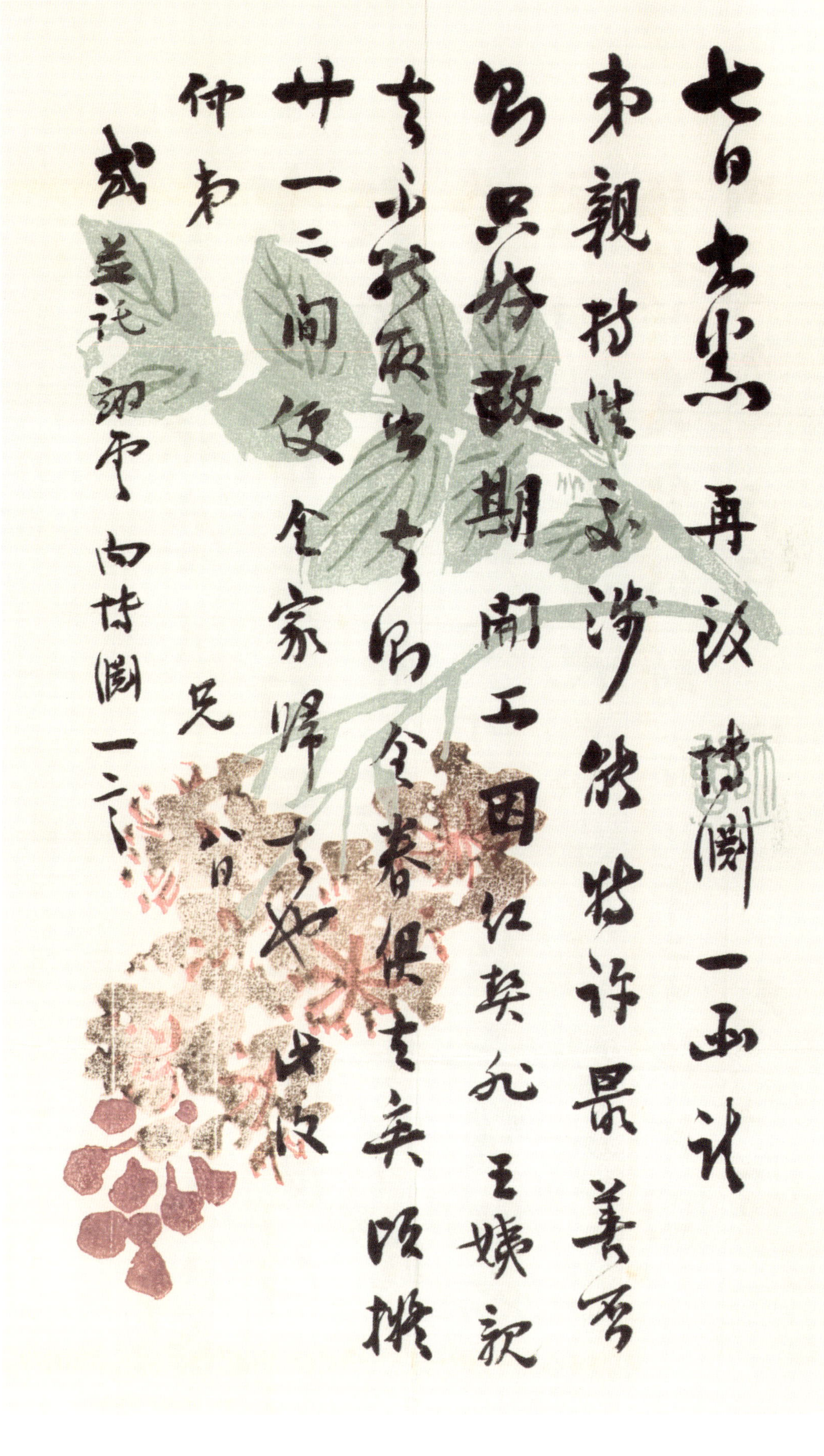

七日書悉。再版詩劇一函託
弟親持往交涉，彼特許景善晉
見，只待啟期開工。因紅契允王姨款
去必能取出，去日全眷俱去矣。頃擬
廿一二間使全家歸去，如此後
仲策
兄 八日
武並託翊雲向詩劇一二。

一二七、一九二五年八月十四日

任志清嫁姪女禮，代送添粧品約值十元，而先到，弟名同送五十五元。

先墓生年開上點穴，時想已預備基塚那穴，定後即經（一面築墻）營造，冢擬全部用士敏土，惟然地處開（單）拔孔通地氣，請詢伯純兄謂如何？文雲仍暫存，弟家俟秋間入葬時示我。此候

仲弟

兄 十四日

弟須往東山否？不須尚印段去乘之

一二八、一九二五年九月二十二日

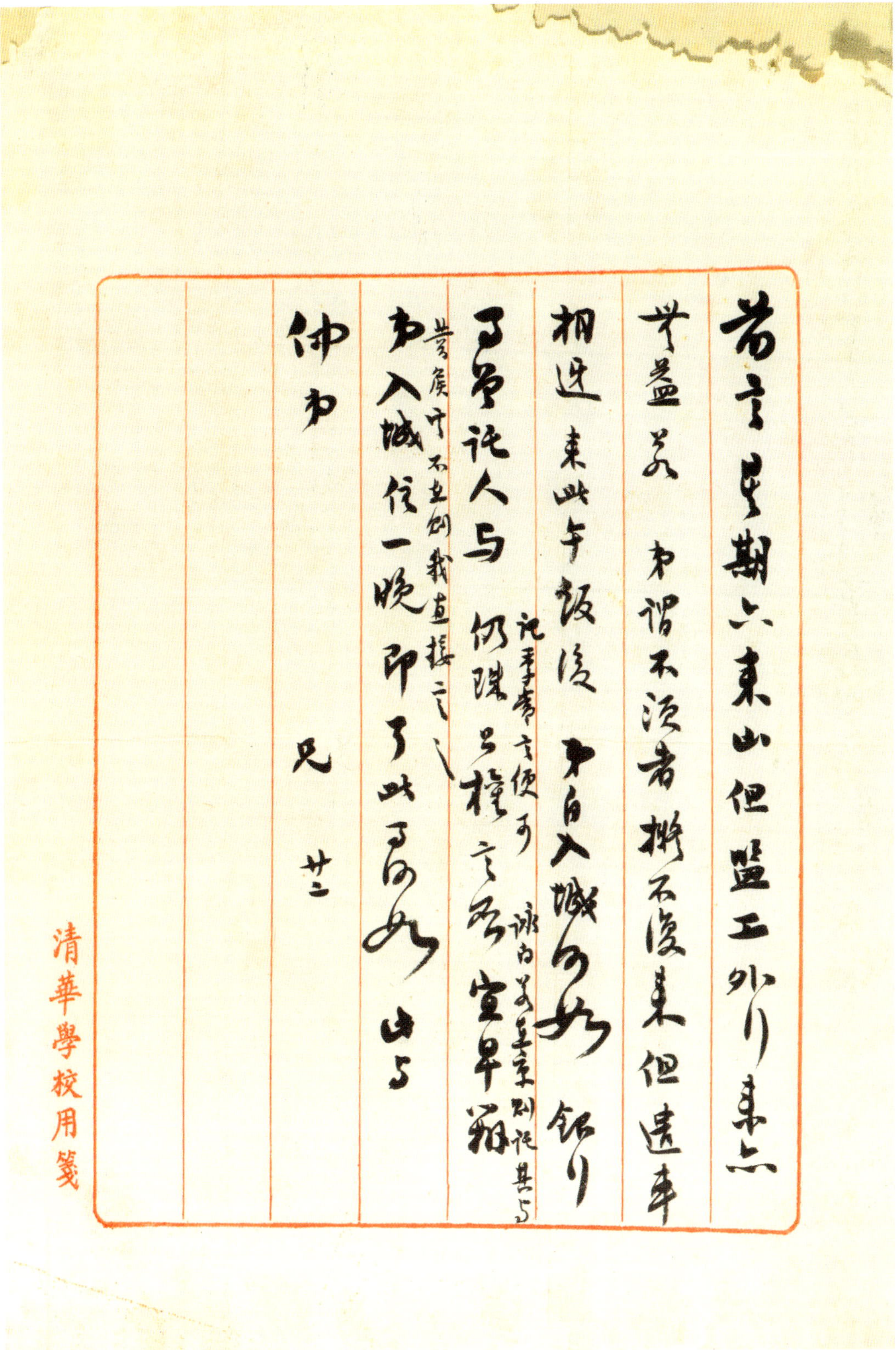

前言星期六來山，但監工外行，來亦無益矣。弟謂不須者，擬不復來，但遣車相迓。來此午飯後，弟自入城可也。銀行了事，託人與仍璩只權之否，宜早籌。託華卿言便可，詠白菜羹別託其人。若庚甫不去，則我直接之。弟入城住一晚即了此事可也。山上

仲弟

兄 廿二

清華學校用箋

一二九、約一九二五年

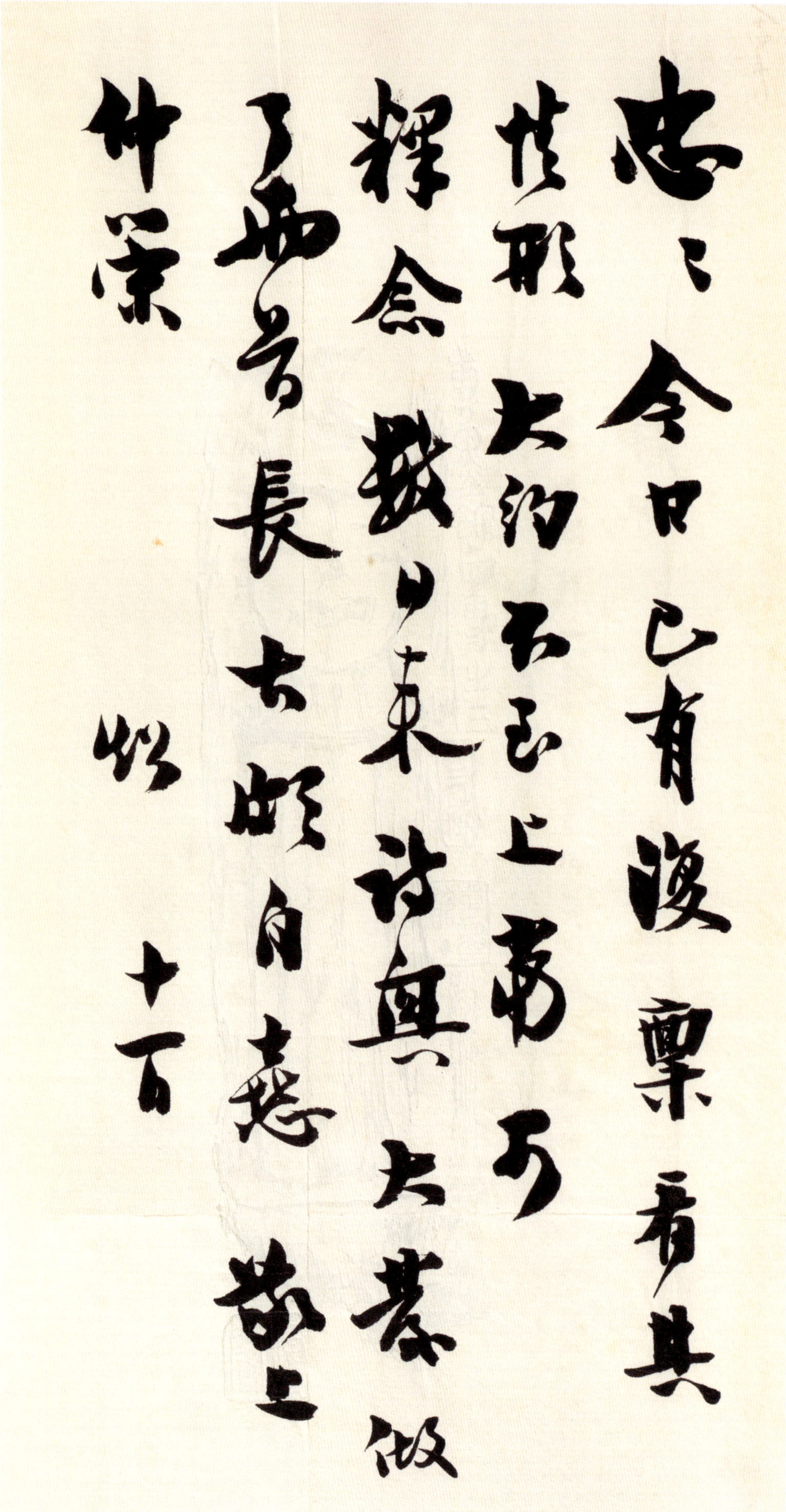

忠忠今日已有復稟，弟其情形大約不至上當，可釋念。我日來詩興大發，做了兩首長古，頗自憙。敬上

仲策

[illegible] 十一日

一三〇、約一九二五年

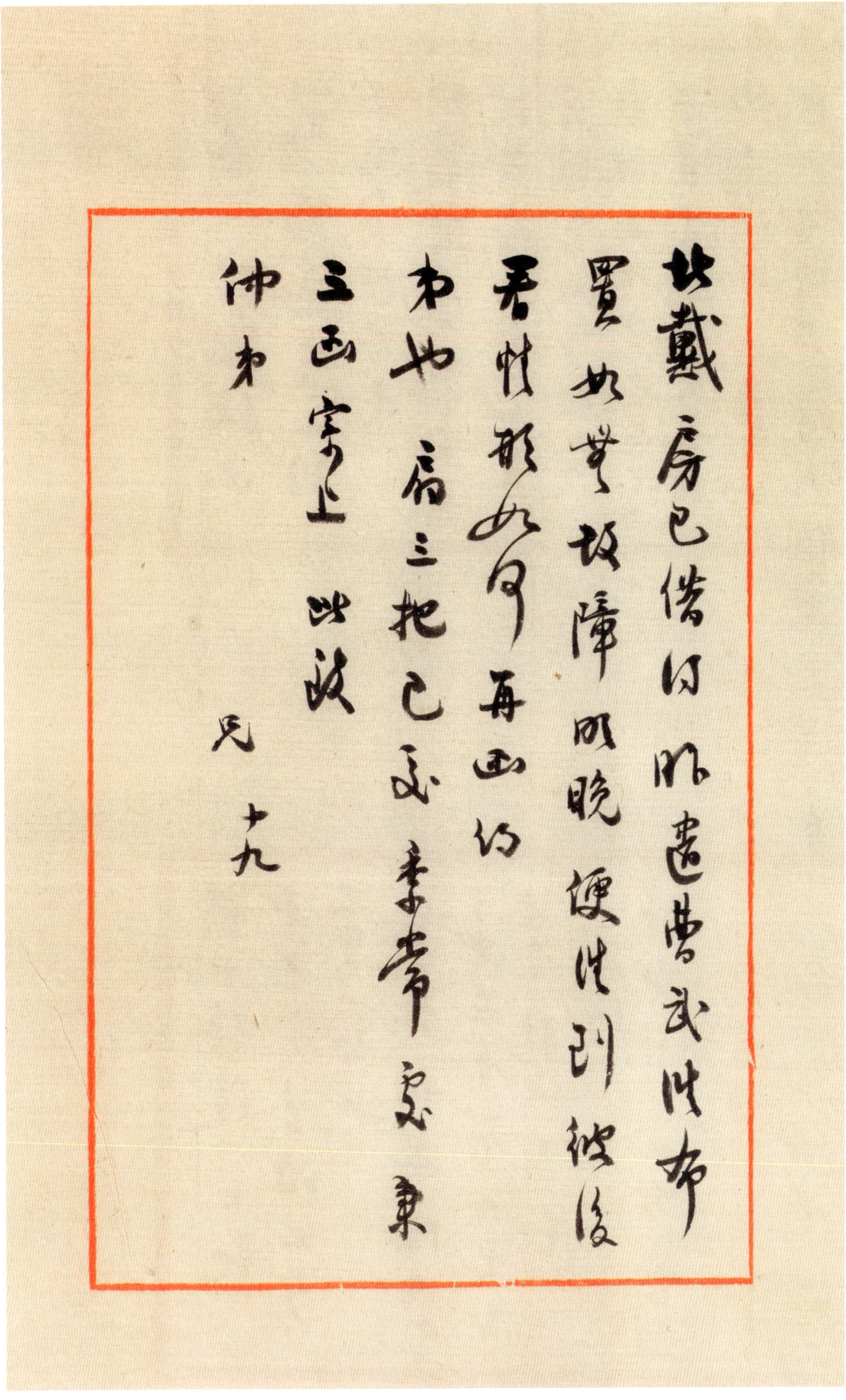

北戴房已借得明遠曹武陵布
置如其故擬明晚便往到彼後
看情形如何再函約
弟也　扇三把已書季常處柬
三函寄上　此諭
仲弟　　兄　十九

一三一、約一九二五年

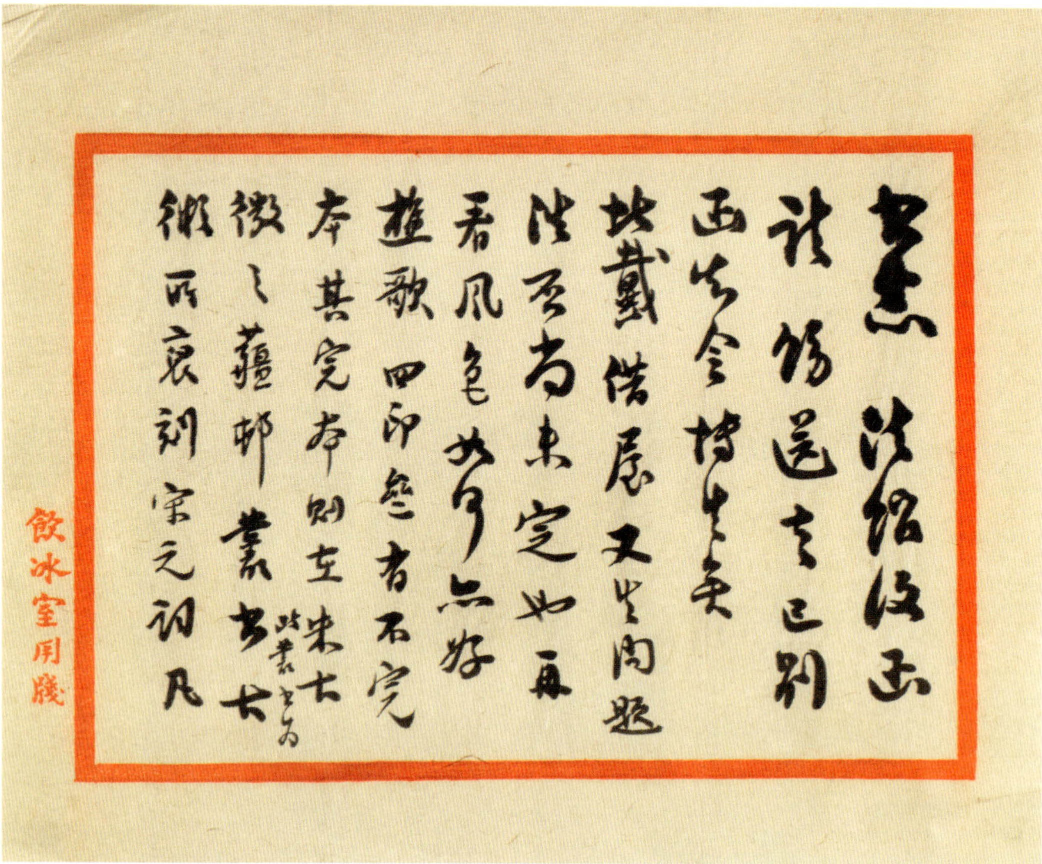

書悉 諸經後函
諸詞選去已刻
函今請其矣
此戴借歸 又吳問題
諸寄為未定也 再
看風色如何 無好
樵歌 四印齋者不完
本 其完本則在朱古（此書吾有）
微之彊邨叢書中
彼所裒刻宋元詞凡

飲冰室用牋

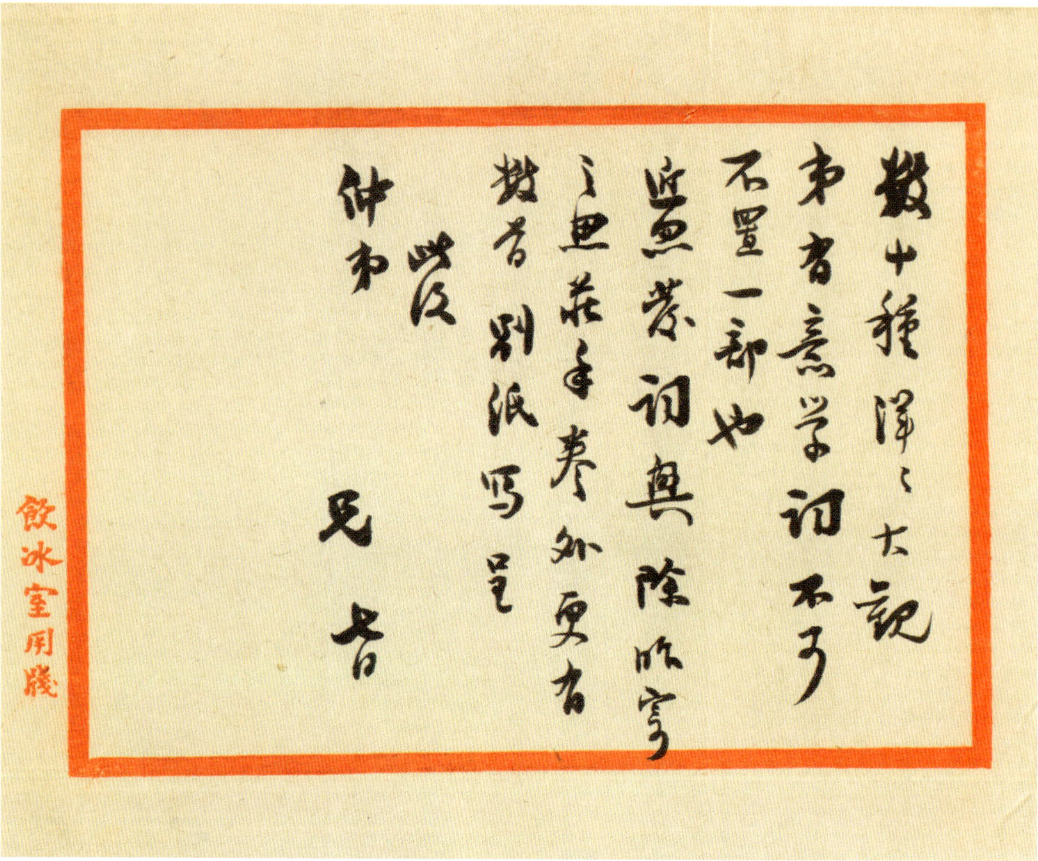

數十種 洋洋大觀
未有意學詞 不可
不置一部也
近無暇詞興 除臨寫
之典華手卷外更有
數首 別紙寫呈
此復
仲弟
兄 啓

飲冰室用牋

頃電想達。欽欽之喪，請代送賻敬五十元，並
侍我請先生（請西先生其婦）甚家人，謂物力艱難，此後彼家中生
活可危實甚，喪事萬不可鋪張糜費（囑）。
天如、厚生、在君若來游，（並約弟十常）亦能同行否？來此一週只
須一日，時數日後想當以相償可。此間已為
弟騰出一房，但再有兩三人來，亦能鋪上為數用。
惟須多帶氈褥一條可。在君函附呈　上上
仲弟
超　廿八

一三三、一九二六年三月二十日

今日連接加拿大來四封信，思順也是二月十七日受手術（子實因去年一跌跌了，又有痔瘡），可謂咄咄怪事。接思莊續來信，他也極平安，兩禮拜就可出院，把此間安電到彼時，彼當在院中也。我此兩日內禁止散步，覺極好，殆同常人矣。郊外民居患被軍隊侵占，百物騰貴殊甚（清華成了西郊避難所），恐數日後校中便絕糧，或須令家就食城中，或須返津，出來可也。

爹爹　廿日

清華學校用箋

一三四、一九二六年四月十九日

日来甚好，小便仅一两次微红耳。其原因似由（前次、此次皆因散步过久）走动所致，卧床便愈。好久未得走，亦甚可。大抵仍是微丝血管破也。既此再请桃之紫丸，未谓如何（移还亦可）。爱更之庐联语解释真妙绝。北京经此骚扰，以后殆可永安枕矣。

爹爹　十九日

清華學校用箋

一三五、一九二六年上半年

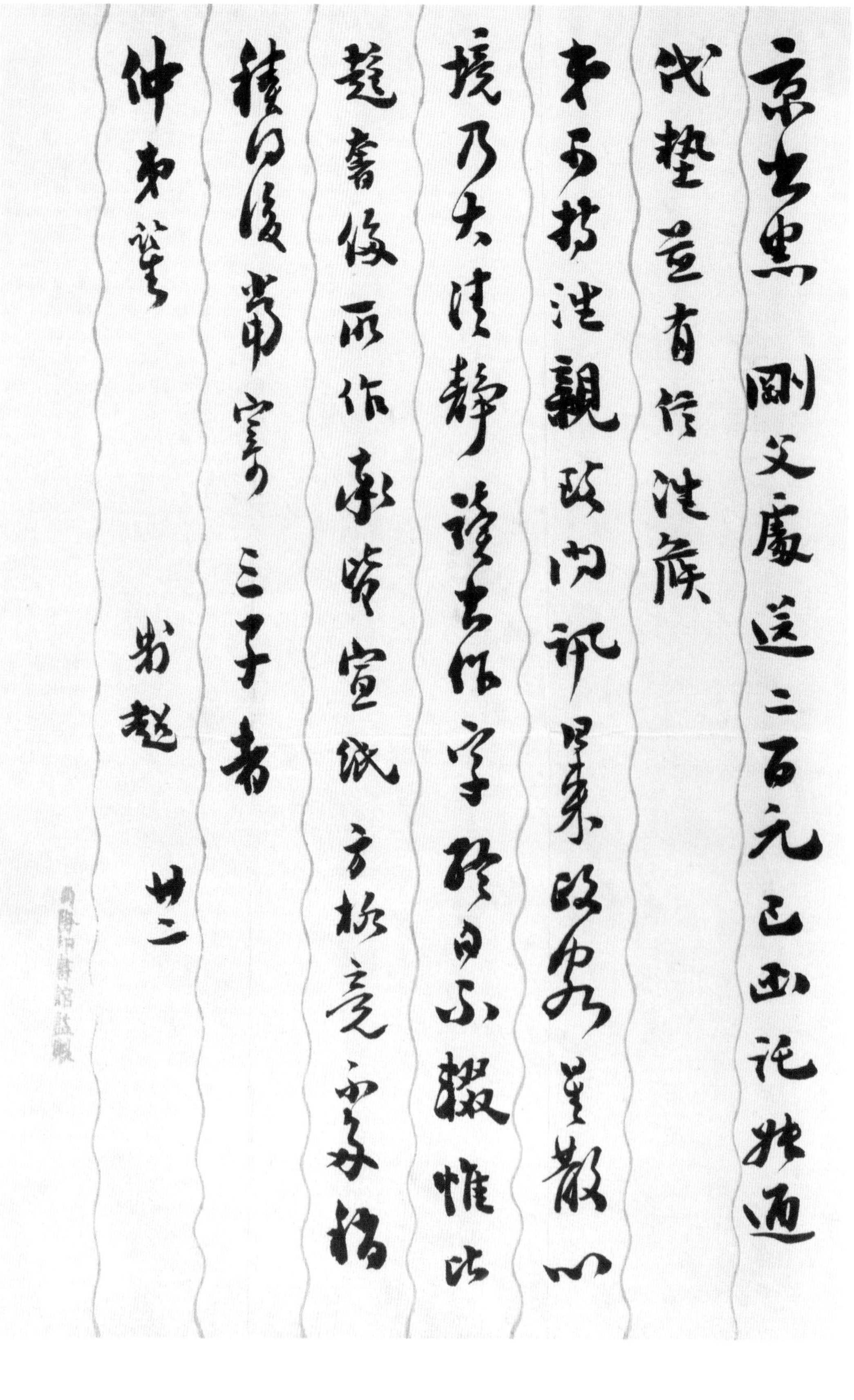

京士兄剛父處送二百元正函託轉遞
代墊並有信述候
東吾於述觀政內訊畢來皆散以
境乃大清靜讀書作字昨日不輟惟此
超齋所作乘暇宜紙方擬意而多錯
積日後寄呈三子者
仲策兄 啟超 廿二

一三六、一九二六年六月三十日

書悉 承兒詩 深念甫勞頓失眠所致 歸津後藥息兩日即復 趣淡矣 天如僕僕甚勞 似亦必再來診脈（因在北戴河服湯藥亦不便）、即請定方製丸藥寄來可耳 日內亦熱 已決於七月二日赴海濱矣 永年債項餘六千 唐年利息都（最近所付在三月間）已付過 大約息錢不過數十元 可令開上二千元支票一紙 希送去收

仲弟

啟超 六月三十日

一三七、一九二六年七月六日

昨此四日早晨果歟呼納清興
神志爲暢但舊是遠東翻識小寶
得故仍請告天如早整丸葉寶
來而佳來時收用數交中國銀行
返之談則爲世人言在此此爲一
錢狼狽之嘆 此上
仲弟
啓超 七月六日

一三八、一九二六年七月十一日

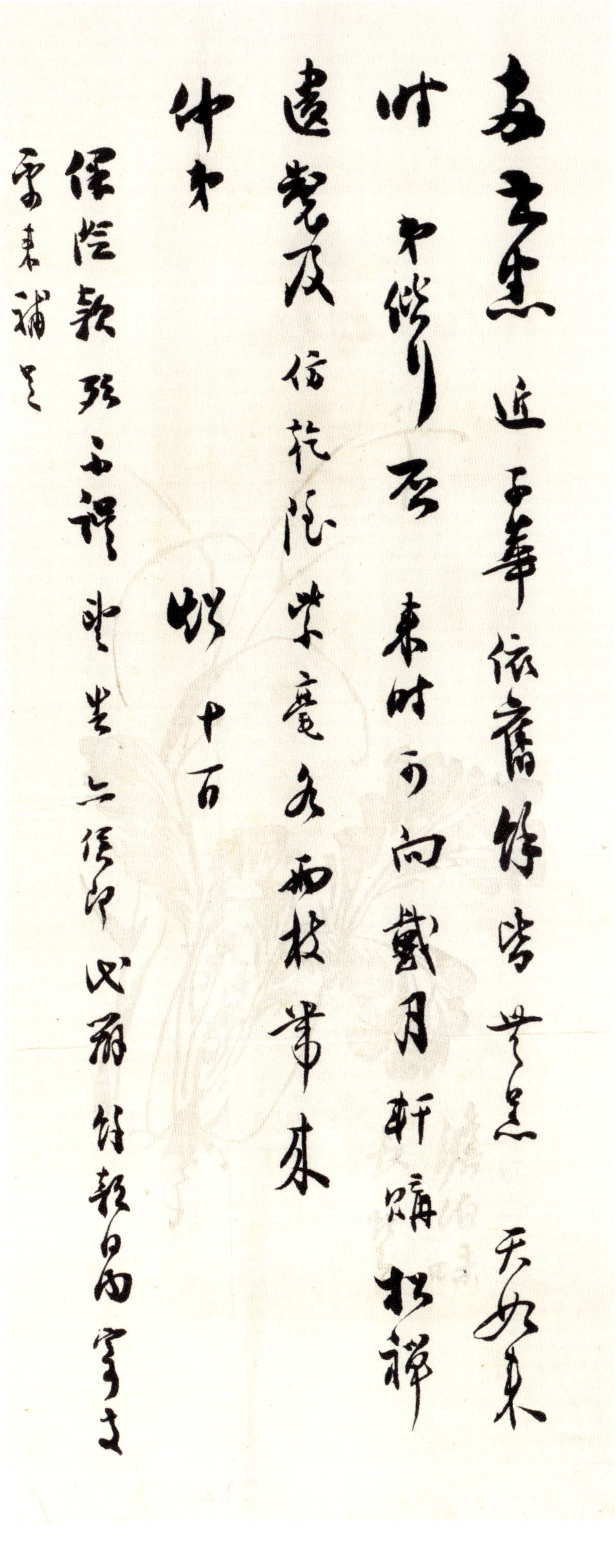

一三九、一九二六年七月二十六日

孩瘧後發熱很
劇經旬昨日始起
床七日無下參惟
赤痢因牽動致

寄代擬大序來
葉書七日都來萬
度紉希收設頁
此上
仲策　超　廿六

飲冰室用箋

一四〇、一九二六年八月十三日

仲弟：寶患病狀，詳天如函，一進一退，其可慮也。弟必痛心，四妹頃刻已入醫院探問之耶。

啓超

十三日

一四一、一九二六年八月十六日

歸津後乃大佳，想是海濱有某種不適之藥力，當從茲擇耶？歸後服彼第一次某方即當丹皮者。乞告天如釋念。四妹病亦大減，醫言半月可出院，細婆以看護爲樂，只得由他。此上

仲策弟

兄 十六日

七二弟覽：病源未可算澈底澄清了，真
是慶幸。天如前想入京，那當深俟之
阿時了，自然極好，但恐以其不勝任將貽（人口紛閙，恃目之號其）
笑柄（惶悚），極之。汝切實預備一年，此一年中指定
若干部書、若干篇文，從之研究，明年就職或
可不坍台耳。已以此意致喻廑澗，記回陳
力就列，初出茅廬之作用，不可不諳也。

十七日 兄

一四三、一九二六年八月十七日

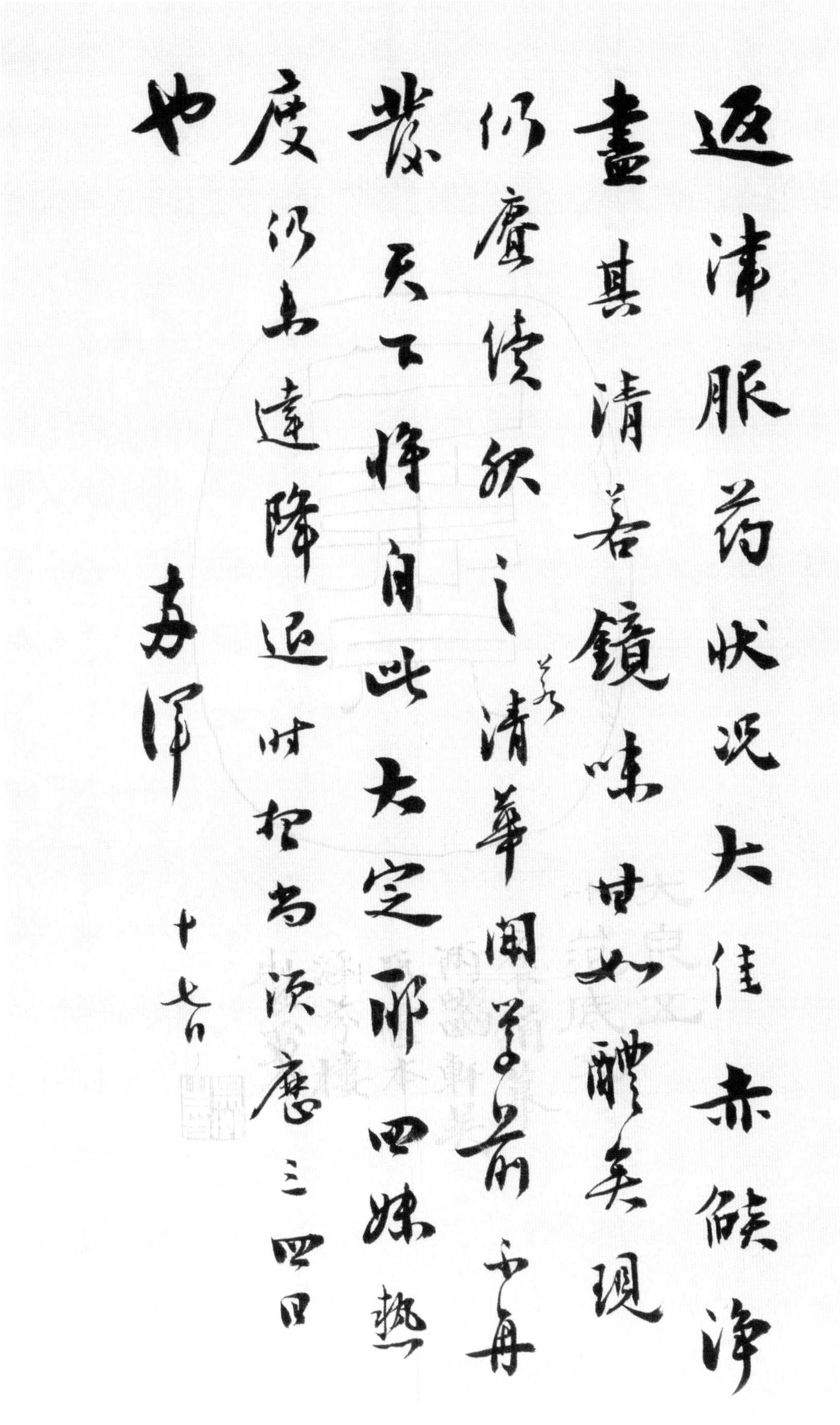
返津服藥狀況大佳，赤痢淨盡，其清若鏡，味甘如醴矣，現仍擬續服之，清華開學前再若干，豈天下將自此大定耶？四妹熱度仍未退，降退時恐尚須歷三四日也。

爹爹

十七日

一四四、一九二六年八月十八日

頃薦林棟如清華園中學，大約薪水亦不過六十元內外，因彼那就吾即復。阿時決意令其預備一年，俾將來可以長久，如吾謂何如。設翁因整寫時，祇好將將貯蓄款之利息給之，隨時更服藥設法可耳。近兩日便色愈佳，蘭真是無病人矣。天如真神醫也。日來張細婆亦用所謂物質文明者——坐汽車吃大餐之類，頗甚愜也。此復

孫東兄

十八

一四五、一九二六年八月二十一日

十九集大家特意豪举
将养日来更以种种试验
若每每为坏病源因考之集
学害前日曾饮麦酒一大瓶
昨晨与黄溯初剧谭三小时
昨夕在俄以园步行一小时

而清鑒如故比已停葉而日哉
自著竟可勿葉矣最妙者當
紙葉前每日正是最窮時一舉
而赤賊全殲似將以此移神醫
功用也可譯說其以聞日人無及
對于當局亦復貿然也

每澤 廿一日

一四六、一九二六年八月二十二日

四姊熱度已降，孫醫云兩禮拜可出波
院。請自念七嬸並無大病，彼日日跑醫院
孩子亦發亂，大人病以[illegible]可主病
是其孝心，不過王嬸[illegible]甚感，時刻忘[illegible]彼[illegible]
言耳。二句念樁如[illegible]未行，似不滿意於布南
還夢想什麼教育部秘書上羅了孫丙生孝
高以寶缺秘書方且極力[illegible]近在七日[illegible]
彼美就可達[illegible]在[illegible]書直[illegible]達此仍於九月四日前到校
十之耽歎色膝窩費人[illegible]那裏可此子不受
且並[illegible]用心費錢求進益[illegible]來為是可恭的[illegible]業[illegible]吃便宜飯[illegible]餓死不可也
撓擾如此之後，勿再向我求了也。此上
[illegible]
兄　廿二

一四七、一九二六年八月二十四日

書悉。佛款請照給。吾病確全愈，數日來絕無再帶痕跡，痛快之至。羅病已入穩機。藝氏子常到醫院，兩情似深相印也。此復

仲弟

超

廿四

一四八、一九二六年八月二十七日

四姊病血劇矣十倍，血崩不止，蓋由不守醫
戒，胡亂翻身，致腸之病部分破裂也。現醫
言甚把握，且看能否將血止住再說耳。本
欲以電話相告，但念汝既非醫生，乾著急亦無益，只得了
罷耳。下午看情形如何，若有急，或電告也。又一束
頃已寄信一封，看後歸大庭一，文媽替細婆回來，因細婆
以慰室怕也細婆耳。
晉因昨日思嶽來譯太久，今日又有些
倦息，便念汝兄徽紅已再服藥，諒可平復。此上
二七叔 兄 廿七

一四九、一九二六年八月二十八日

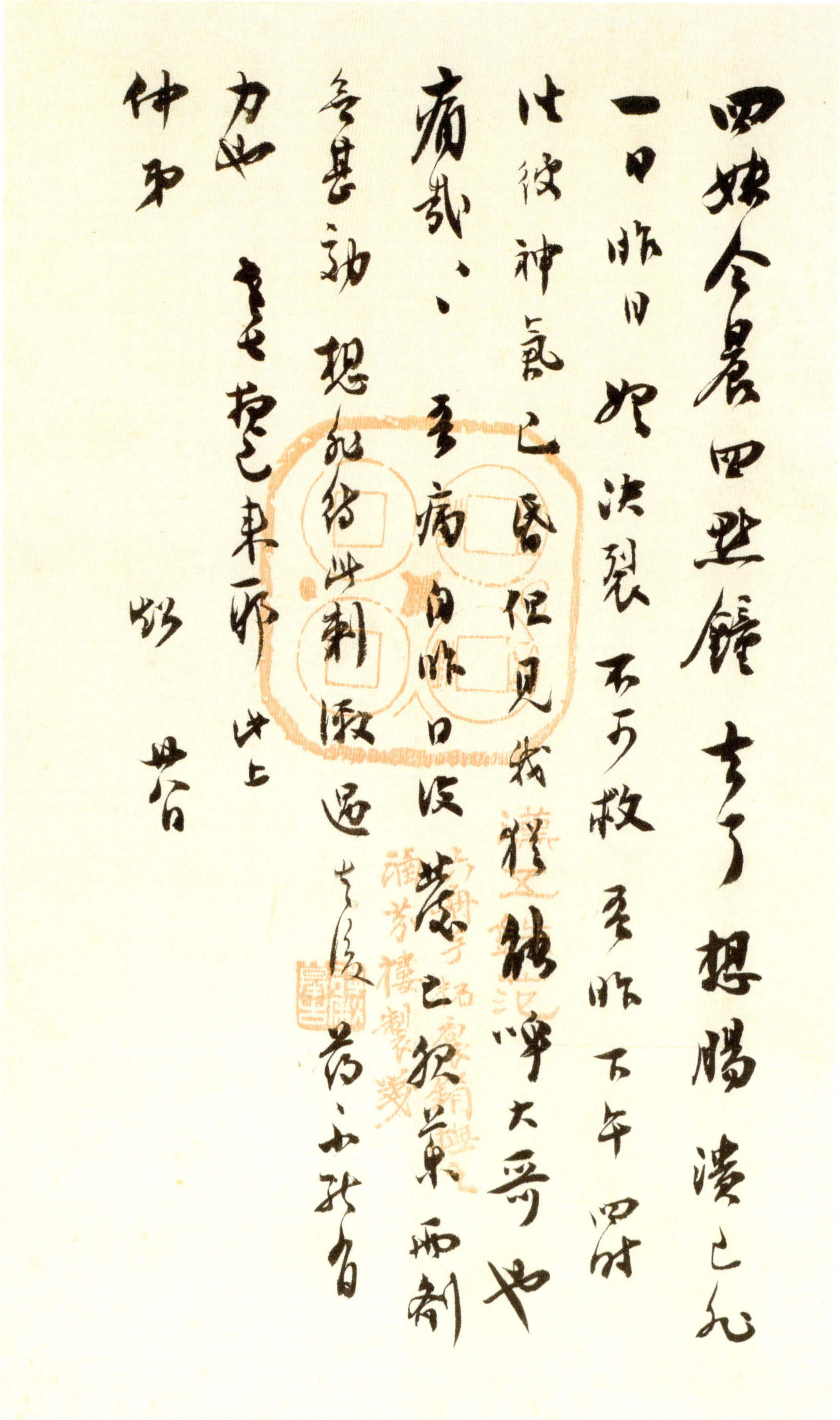

一五〇、一九二六年十月二日

藤梧來書言家裏着實餓飯乞借百五十
元吾復已回許之請他與商文其妹名滿滿
者故可也吾病自昨日起漸見轉今日色極
淡矣今日仍服頭一次某方似是彼方最適
也吾決六號早車來此復

仲弟　超　二日

一五一、一九二六年十月三日

天如、鈞任：來書謂閱後交去天如處

印匣石記，美今日銷刀石羅了，以後請先將作（保）

寄去局中，未附一紙，説明理由，交改日即匯

來也。鈞任去連政黨之章程原稿一份

送去最好。

未親自往問候，國史館了事項作為首截

也。此頌

二如

兄

十月三日

一五二、一九二六年十月二十四日

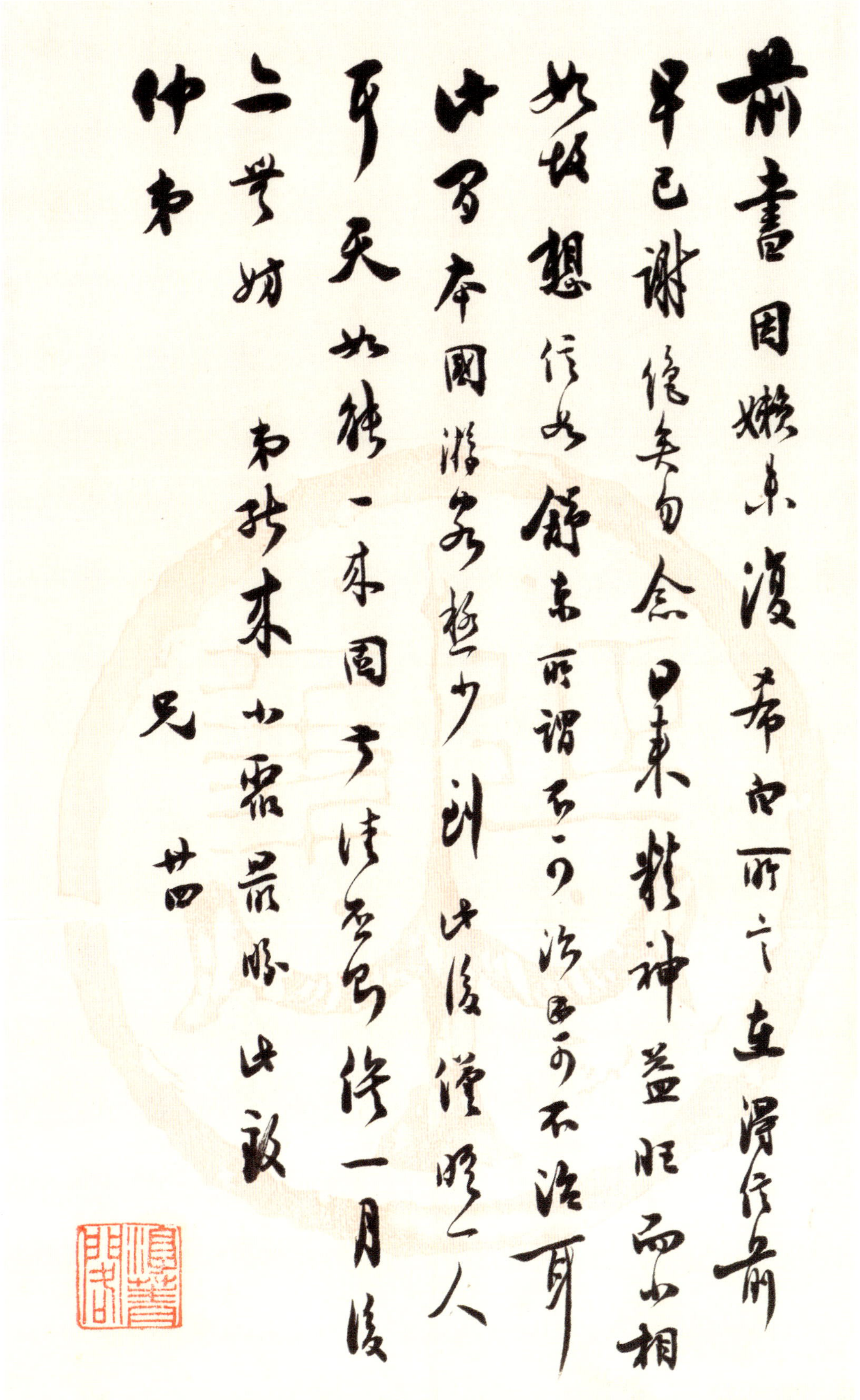
前書因懶未復希白所云左滑行前
年已謝絕矣自念日來精神益旺而小相
如故想行如錄東所謂不可治因而不治耳
此間本國游客極少到此後僅晤之人
耳天如能一來園中住遠亦一月後
二姊 弟務來小住最好此致
仲弟 兄 廿四

一五三、一九二六年十一月二十三日

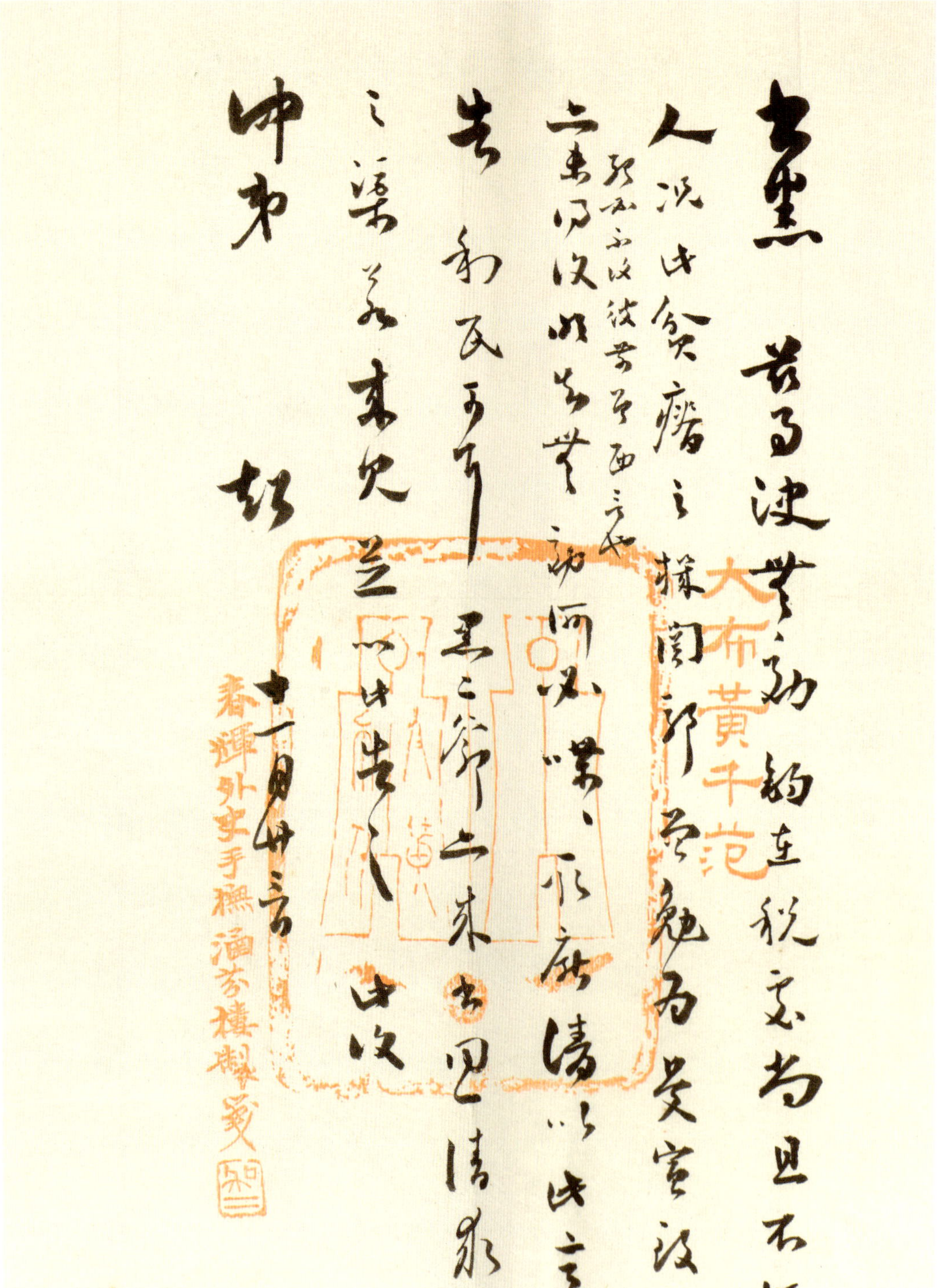
大布黄千范
十一月廿三
春暉外史手撫涵芬樓製箋

與佃婆譚家事，多足喜慰。趙家二男已見，自是佳子弟，以之讀書無不可，但體氣稍弱耳。

今日來服藥（云如今滿天一般），便色視昨較濁，但視一月來則天淵矣。

十日下午

思成所要東西，為有洋孩子要的中國圖章，請託穀广代辦。

一五五、一九二六年

二姪、七弟來各書，知吳如之藥一劑應如響，僅服一劑，數點鐘後，赤帝子已成黃帝苗裔矣。天如謂三劑（陽天一服）當全愈，想信然耶。此上

仲弟

兄　六日晚

今晨快信收，仍思明日返北戴。蓋天如今之服湯藥三劑後再作理會，其了病終不要緊的。現試大有效，今日晚間小便其清異常，僅一劑已如此，三劑或竟收功矣。到時或仍來清華，或即來京一行也。到京總不免人了纏擾，起居不節，兄不能來以此，非懶讀書也。此復

仲弟

超

廿日晚十時

一五七、約一九二六年

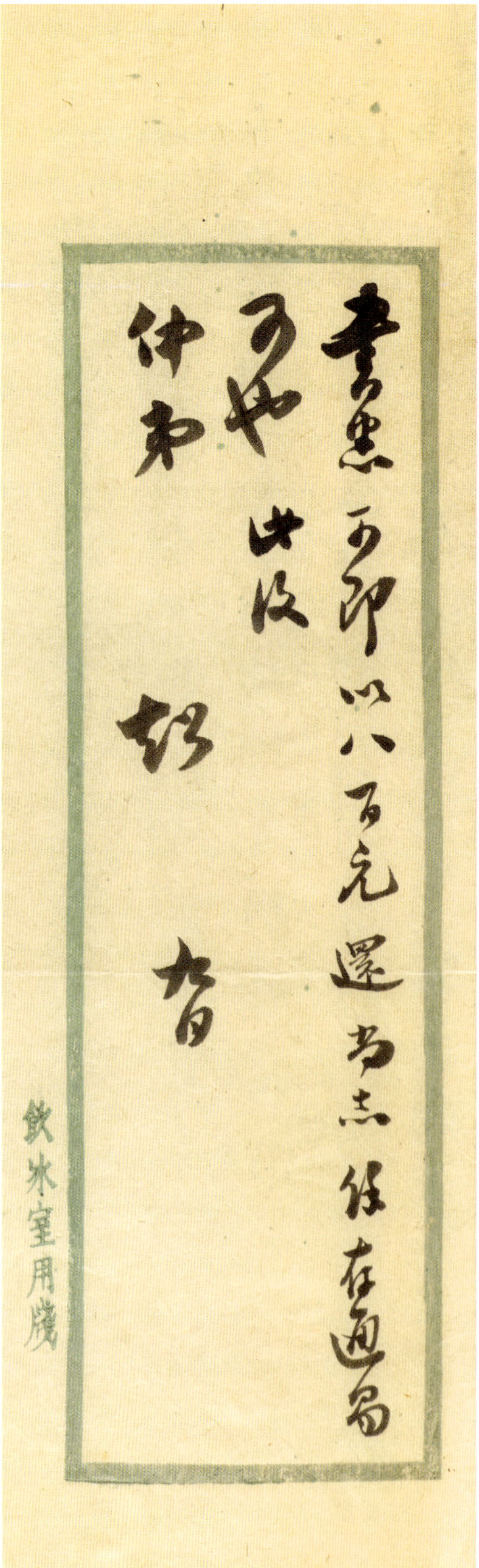
書患可即以八百元還寄去餘存通易局可也此復

仲弟　超　旨

飲冰室用箋

一五八、約一九二六年

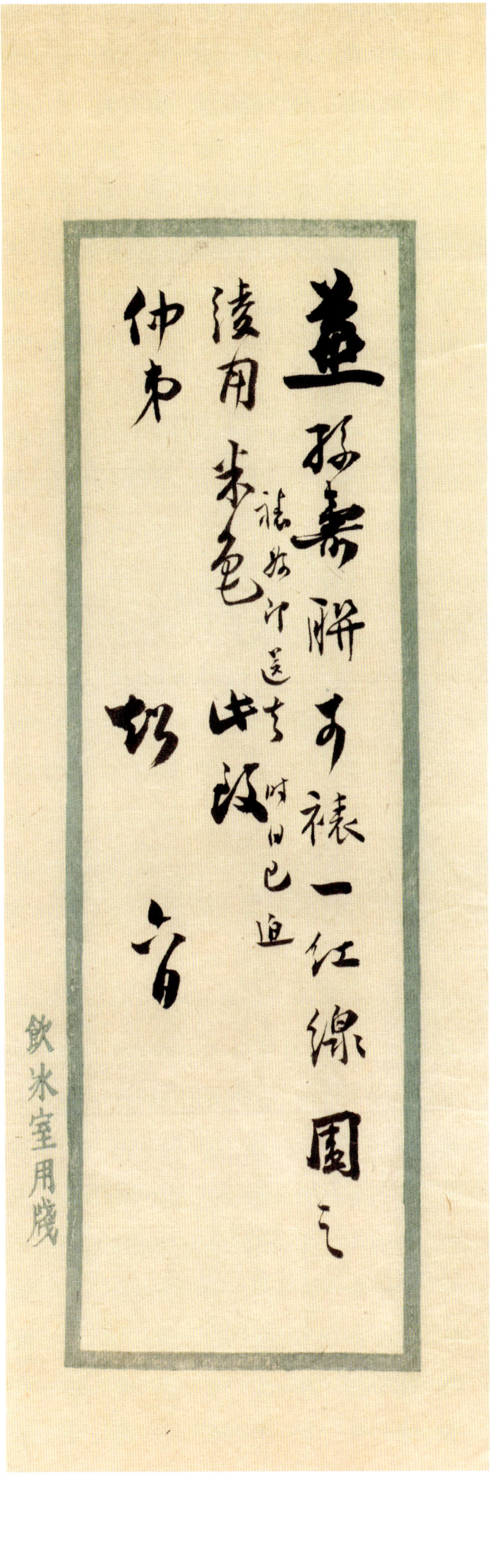
並孫壽聯可裱，一紅綠圍之，綾用米色（裱好即送去，時日已迫）。此後
仲策
切
首

飲冰室用箋

一五九、約一九二六年

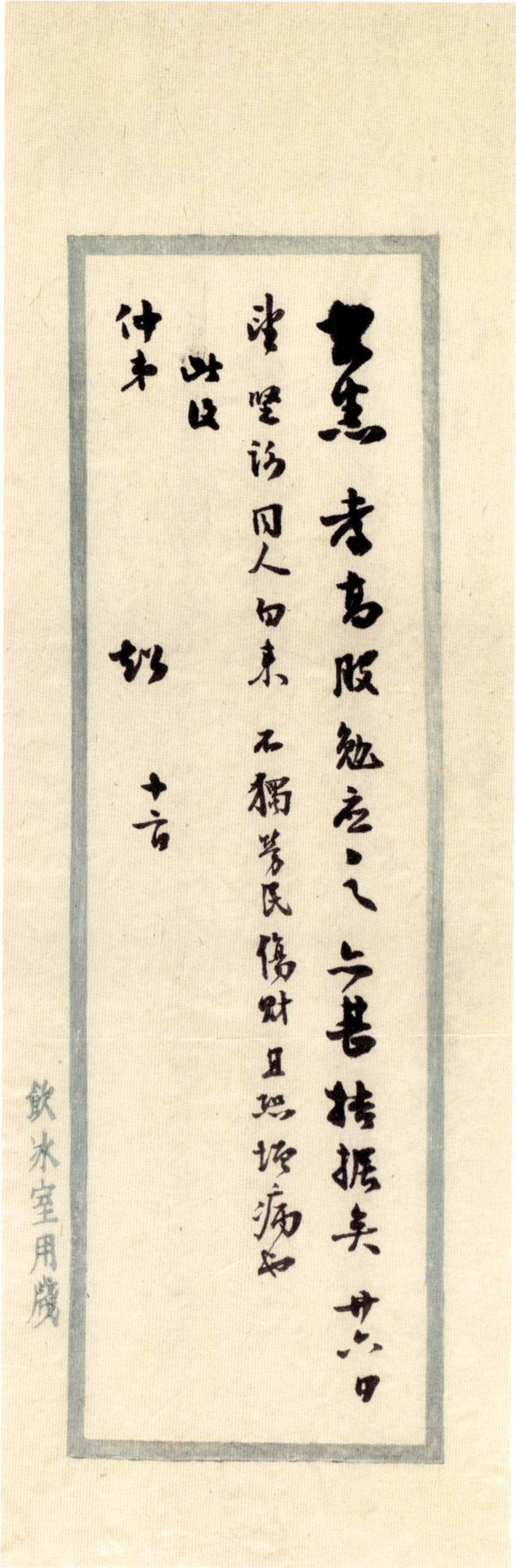

[illegible]青島股勉應之，今甚拮据矣。廿六日

[illegible]望諭同人勿來，不獨勞民傷財，且增病也。

此段

仲弟

超 十六

一六〇、一九二七年初

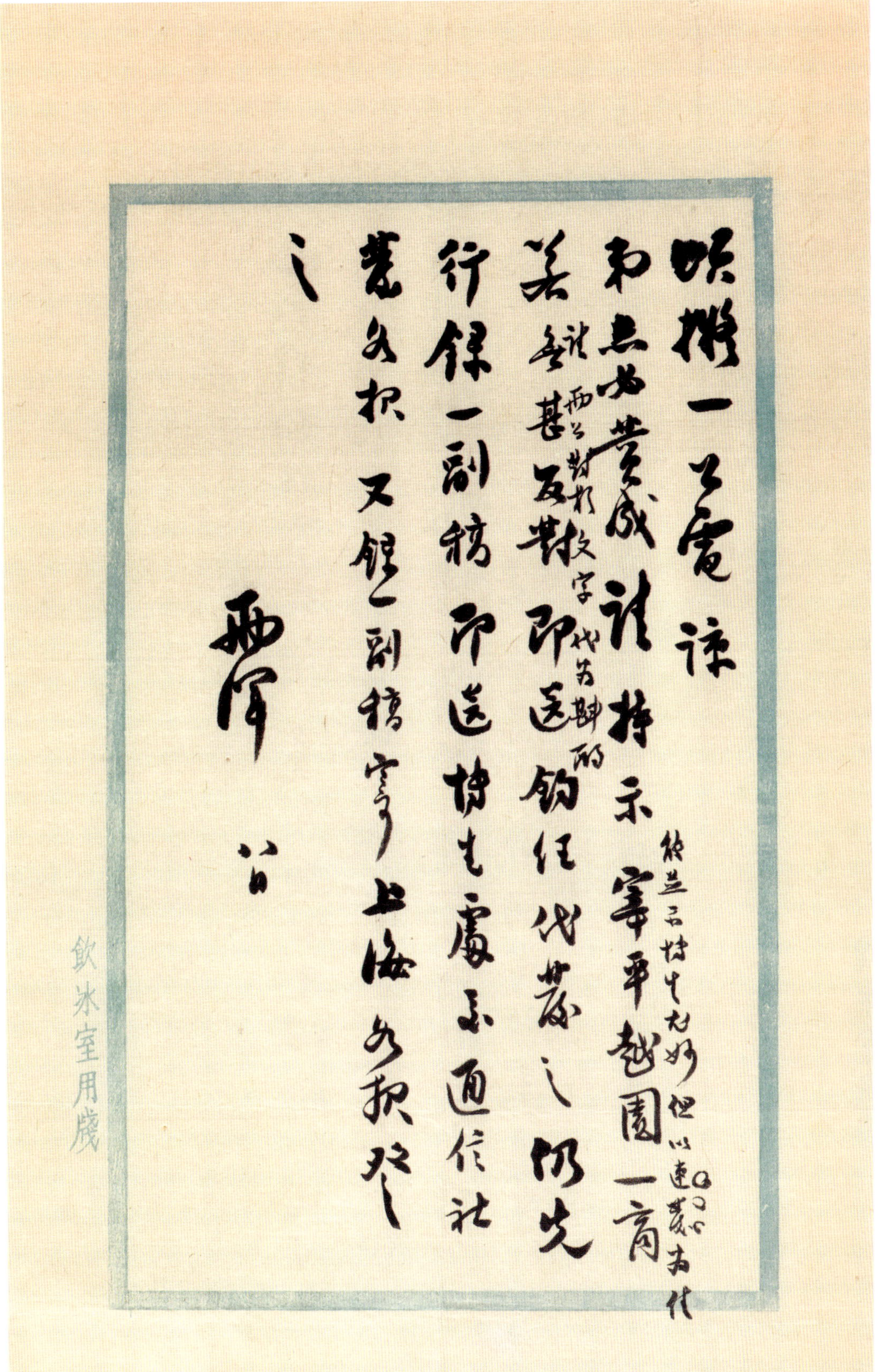
昨擬一文電詠和，未出。如贊成，請轉示宰平、越園、一高（能並可轉告尤妙，但以速發為代）。若無甚反對（諸君措辭及字句代為斟酌），即送鈞任代發之，仍先行錄一副稿印送晨報處各通信社各報。又錄一副稿寄上海各報登之。

西岸 八日

一六一、約一九二七年初

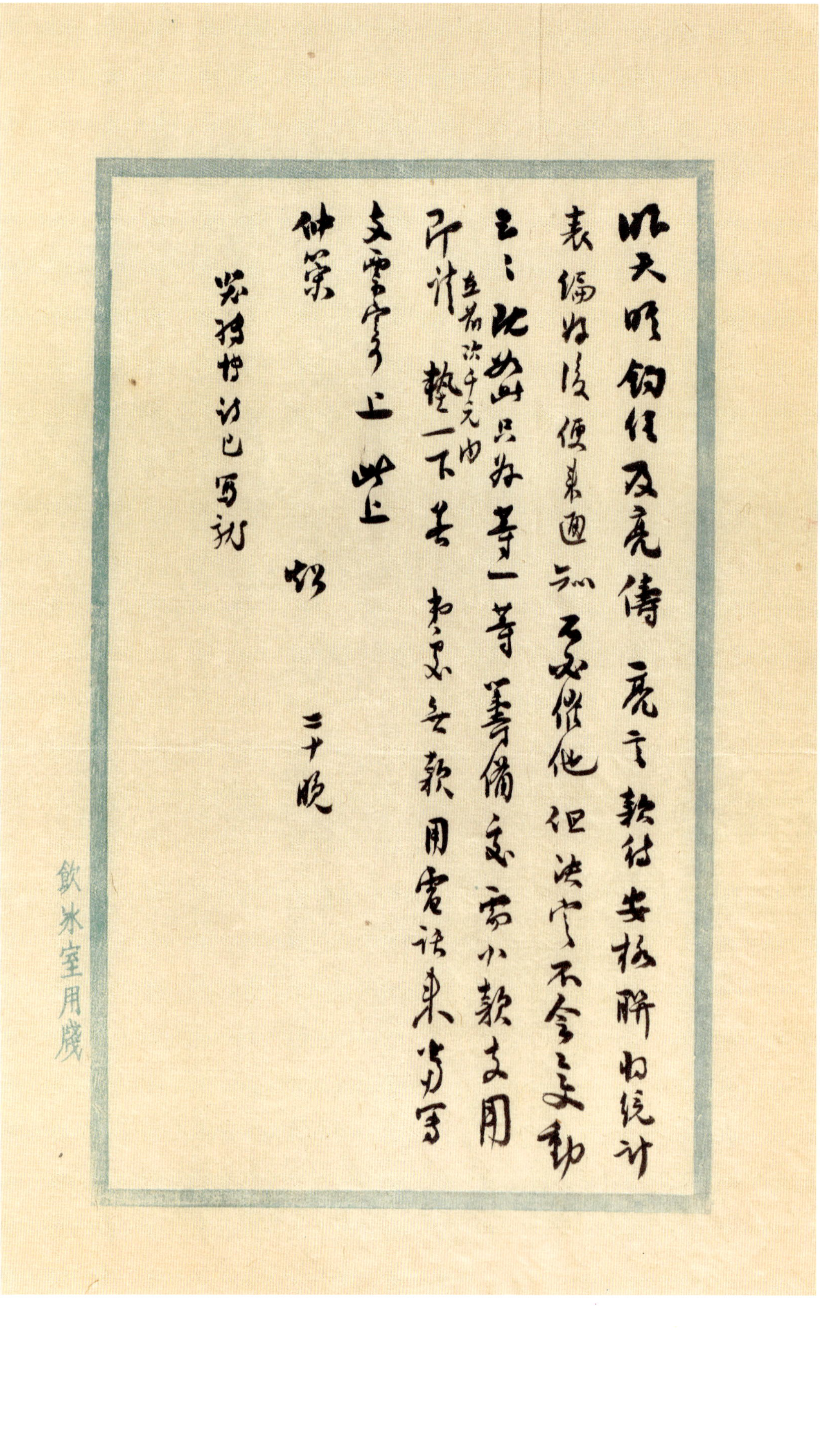
昨天晚約任及亮儔，亮亮款付安校所內統計表編好後便來函知。不必催他，但決定不令之更動云云。此外只好等一等，籌備處所小款支用（在前次千元內）所請墊一下者，都要各款用電話來告我寫支票寫了上。此上

仲策

超 二十晚

崇稼婚詩已寫就

飲冰室用箋

一六二、一九二七年三月五日

玉衡弟：胡霖生有汝書寄上
悵彼竟不為留兩所，亦殊大
可惡者何？何況諱彼自決
以彼平日學業言之，豈但也
一方做人國耳，墨二爺必須
為位置，或先在松館招一席

飲冰室用箋

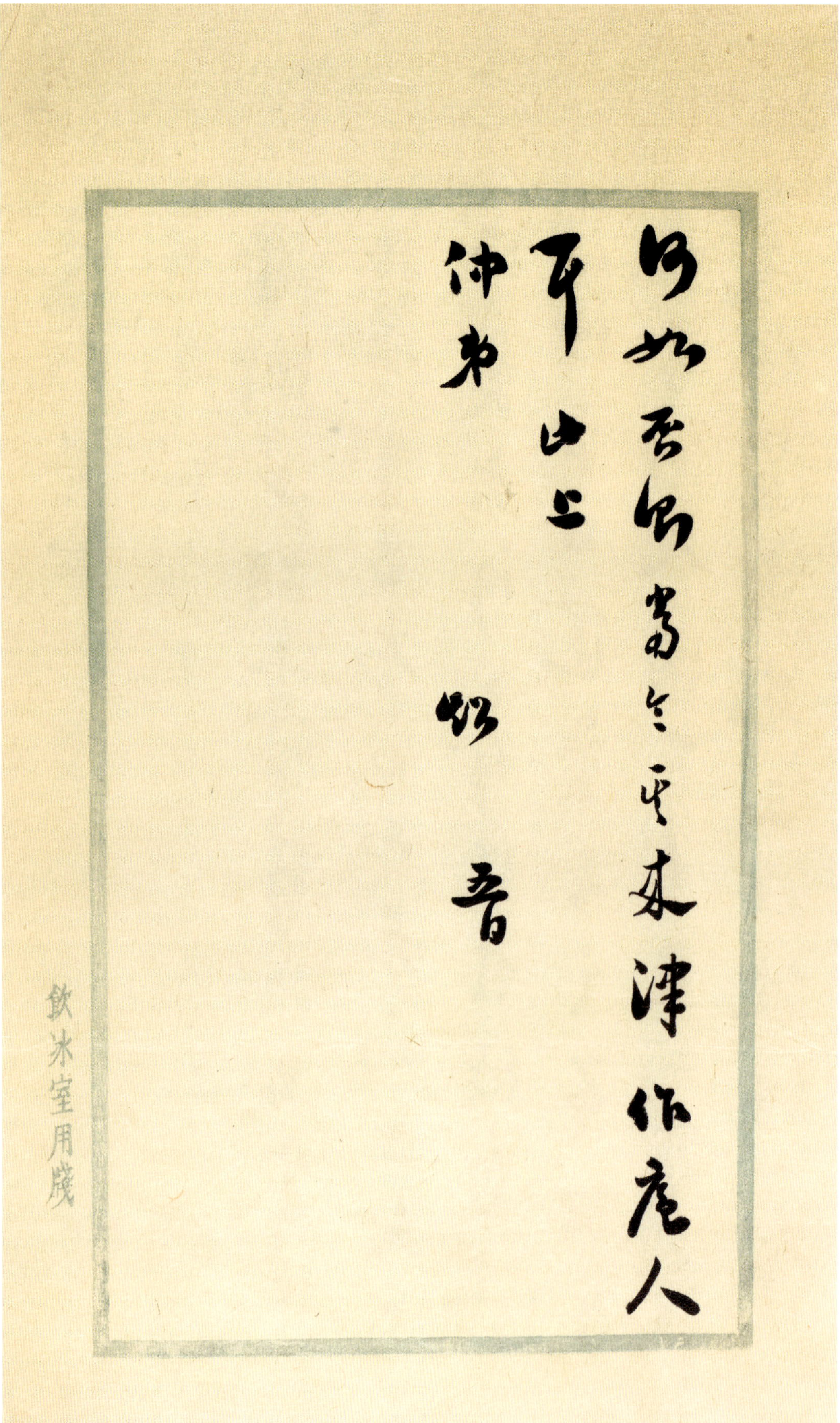

何如吾兒當亦要來津作磨人
耳山上
仲弟
姊
音

一六三、一九二七年四月十五日

思忠：姑遣詢來，三學霞每告，但以多何閱昭廟半為教聽頗負任，讀匹來亦何害也。三軍乃吳嵩部，紀律為最不壞，似亦不驚慌。全家挈避費亦貲，與譚同寓焉。耶日來尚有微紅，睡足則色漸如水，想靜養要唯一良策矣。此復

仲和

姑　十五日

清華學校用箋

一六四、一九二七年五月二十一日

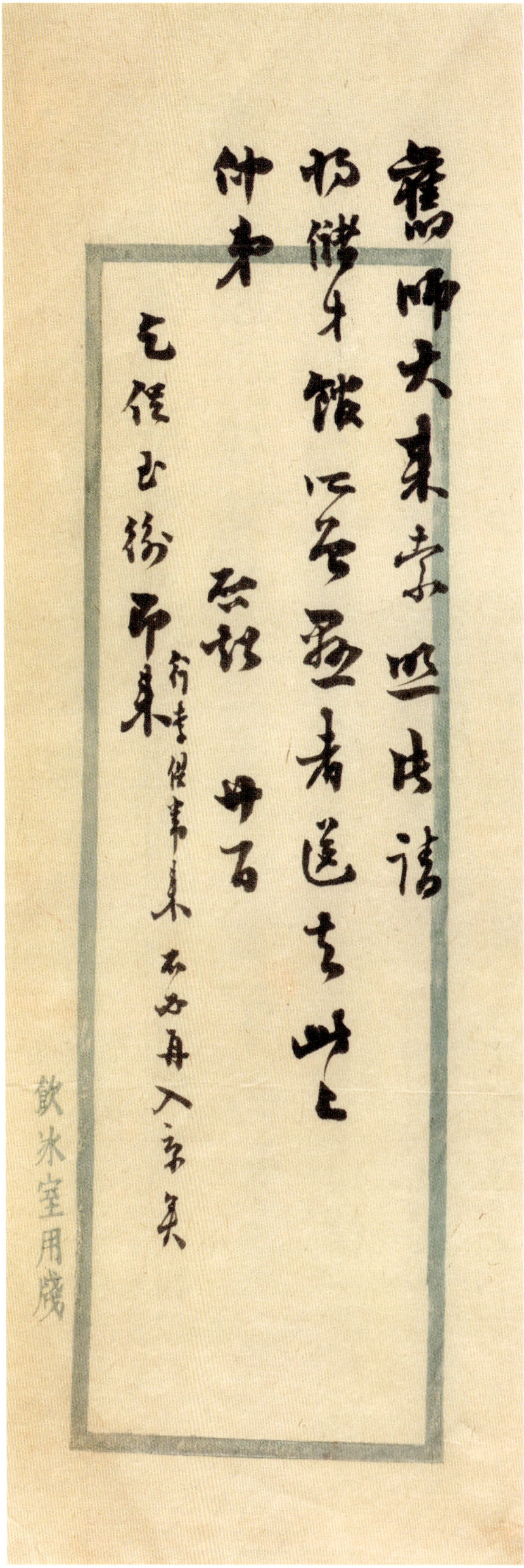

舊師大來京照片，請仍備才館以原函者送去。此上

仲策

啟超 廿日

乞從亟務即來

前書俱寄來，不必再入京矣

飲冰室用箋

八弟子
文佳甚
然已次
懷學童
甚

東蓀書案閱儲才作俟更章

程荷減預算　姚派名　出來

高明礼言如此不可改信否

己切原件交城圓君

面再使叮吓呀此泼

仲和

超　十五

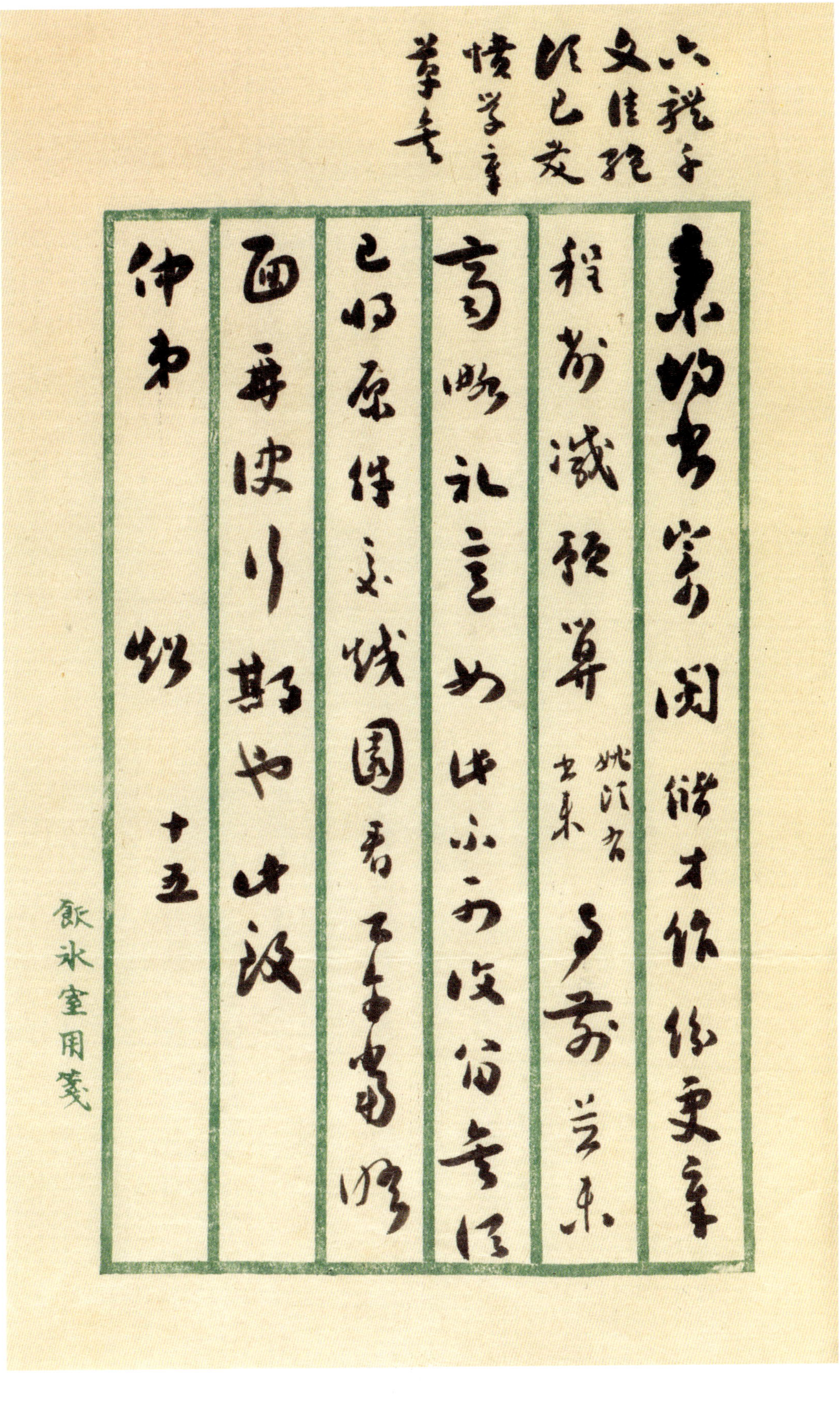

一六六、約一九二七年六月二十二日

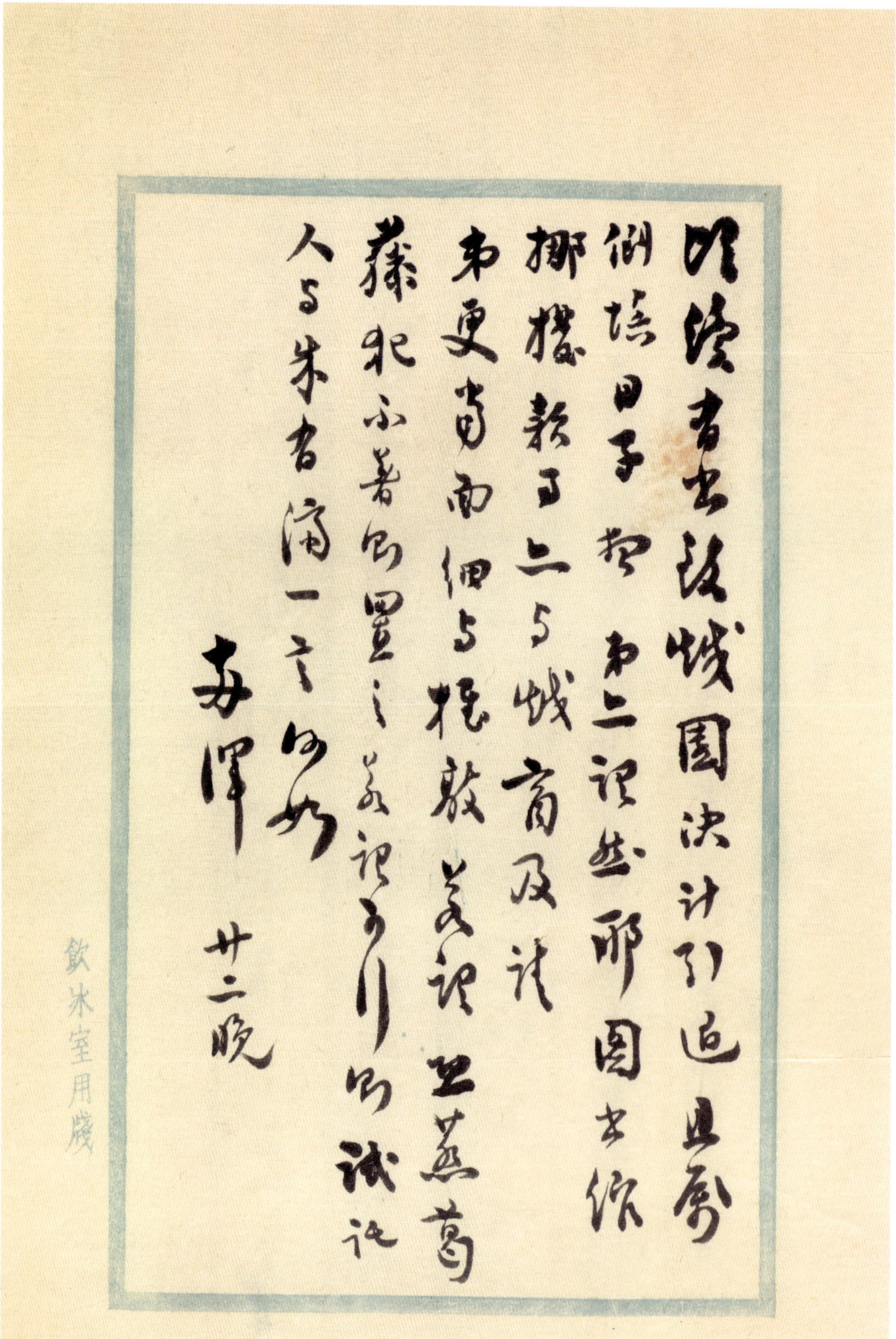
廿二晚

飲冰室用箋

一六七、約一九二七年六月二十三日

一昨兩書寄越園，想達。頃得本日快信，焦灼甚是。越兄如此表示，固甚好，但今所屬研究者，其一據現在形勢，亦惟不能羅致，畢業即每羅一學期以上亦可，蓋暑期開學後亦一兩月便須停止，倒不如趁此告一段落，附即擺脫，反不露狼狽痕跡

其二都中若有他故勉兄能否不避
地若能以精神為不致渙散否則
人既禮留我輩先業以對學員因兄
於最近期間不能入都能否決定之
了實矣並勉兄亦則不能安居此境
遇且須財政亦代且業從亦代也以
此之故故我不二者有留聯以函倒填

飲冰室用箋

日子之議但此事頃上已來過亦因
新長已到 署實情因彼所爲也此外
無故甚深 然只與錢行之度彼必贊
甚異議之所爭遠決者若從孔親不
表我惟是否可贊請與然兄熟
沈示請換日子則從容數日因自無妨
商見示昨出之圖出緒輕款多示退
一時興想但回環於此亦著若此探稿計

飲冰室用箋

先戡兄亦必罣議矣。此以

仲弟

啓

廿三晚

飲冰室用箋

一六八、一九二七年七月一日

莊莊、思永：前信報告續來，想已收。算是受了兩天多的罪，但現在已完全好清楚了。病源是著涼（倒不是因打腳，永回家後又打過一次腳），那天晚上和思永在院子談到夜深，覺得有點著寒噤，次天遂便鬧起來，足足鬧了五十多個鐘頭，比前次還利害。第三天到底請克禮醫生用管子通便之劑，好了。其初多怕不乾淨或手術拙劣，有點不放心克禮，從他勉強忍過去，或別請協和，其實克禮甚好。早知如此，從前何必受兩天罪，去協和更是多費，省也也所為。頂可省受罪，而況於兩天不去者亦正好，來信所述希望之之。現在當然不成問題了。至於病的遠因，恐怕總是因為一個勝子身體力到底差些，所以易出毛病，大半年來小心謹慎，凡和老所吩付的話無論何方面都兢兢謹守，所以養得十分好，偶出門要注意不到，便出岔子，經過兩次以後又知道特別謹慎，言之匪了，豈並體子本來極弱，未免疾病一遍之到，先兆露月，請你們放下十二個心，此甚是細婆子詳細報告，免得老人家罣慮也。季常及諸親友相念者都一一告慰。

思成前晨電說，東北大學聘了，已經兩電催他務於陽曆七月底到家，大抵八月初五六間便行，廟見禮雖年頭不佳，但一家冢男冢婦的大禮不能不莊嚴舉行，現在

飲冰室用箋

有三两位親家送礼辞不掉的将来再说
打算外头全不請的，但小礼那天一位伯娘两位姨姨两位
婶婶两位舅舅一位姑丈一位大姑这些长辈是一定来受拜
不了，家里一群孩子连附属孩子同也要来热热闹
在大家庭乃见面，底打算由津来的人数买火车票送去（但只能都买三等）
这边住所也由家里预备，总之这番长途必须川，但不坏
因来一次两家家长经济上问题才好
新娘子初进门，娘家没有预备，当然不会为礼物孝敬尊
长们，但尊长们的礼是却免不了，我打算替祖宗大大的包
他一封，我自己呢，给些字画（手卷几款）做见面礼，孙孙媳媳们只要四块

我兩塊錢的一封利是便算了　你寄二姊之的翠綠桃同伴把
文房送給他們做永遠紀念最好若一時找不出來就找也是一樣
祝寶那裏請你和他中明約束兩姑丈姑母兩塊錢利是是
要了了卻是兩塊一毛錢以上點點手不要　因為他老人家太愛
花冤錢我們本絕不預先干涉他　細婆卻希望有些些特
別我狠想他老人家給他們的見面禮是一對赤金的小錁子
佩帶在身上
意或小元寶（不好盒嗎？的）令他們兩小兩口吉祥託土一宗的祿薦請你
題得在我在教頂不楚細婆預備罷
朋友們是很對不起驚動的但正好如年常寧平印昆等從
今以後或者免不了有些點綴這裏希望新房正缺點幅字

書趣想同湯定之、姚茫父們一兩幅去處的小條幅，請示意（不要四屏）

手帶去，不必更送禮，由他斟酌，約數件已好，多煩三數張，照找

洞房的精緻小品，便感激不盡了。（但希望七月底以前送到）

同鄉他們能免掉最好，若實不能，則此間禮費正需用一幅

壽幛，我可以在天津代辦，但希望湊份子每人從兩角錢

起，以至五角錢止，過此以往是斷斷不能受的，份子收齊寄到你

那裏，我便照帖子上名字代辦一個壽幛便是。

錢念劬處另寄了，覆使請將此事也

仲策

超 七月一日

一六九、一九二七年七月二日

一日真方記彰庭如下計算
直接又出九千五百十元加孝高三百元（作為
六月份仍舊照付
孫支）又加四千八百元六個月我名下之款取九百元
三二成共一百八十元都共九千九百九十元即
諸每月份中十元按足成數
少十元可
八聲
撥款共萬元即以萬元計息從去年十月
起至今年六月九個月共七百七十元是為以

飲冰室用箋

前擬出之總數（是否十月起息，若十一月起，則息當為六百四十元）

以後還款方法，善子今已有手條規定，每月提五百元，自七月起每月扣去五百元之息，八月份寶欠本九千五百元及此九千五百元之八個月息，九月則為九千元及其息，可依此製成一表，列來年某月本息清還，可以預算。每月即以提出

飲冰室用箋

於菁子令亦毫不含混矣試由此表製出來寄我看

過去墊款細帳現在除撥出菁子全外再向館

無宣布之必要其實除孝高之三百元外其餘皆每月所用其秘密惟弟與孝高知之可耳但如

來總須撥教部協濟財部

此款即還永年自是正辦惟撥思成東修

代我經營投資可得利一分以上乃至二分故斷非

飲冰室用箋

將所撥之款每月匯去來年某年即須應付
任其將本息扣還可耳 未識何如
來諭館中會計想同意已告 孝高發表矣
月薪將百元將燦等三人停職照算原額是不
加增也
編書目乃亦已撥款燦即可在彼領津貼若干

飲冰室用箋

前墊六百元已可陸續扣還
北京館事因李仲揆辭職現在副館長即
館長又不在京無此辦法已向董事會辭職今
次給假派靜生代理自本月起當辭彼館薪
矣 此候
仲弟 兄 七月二日

飲冰室用箋

一七〇、一九二七年七月二日

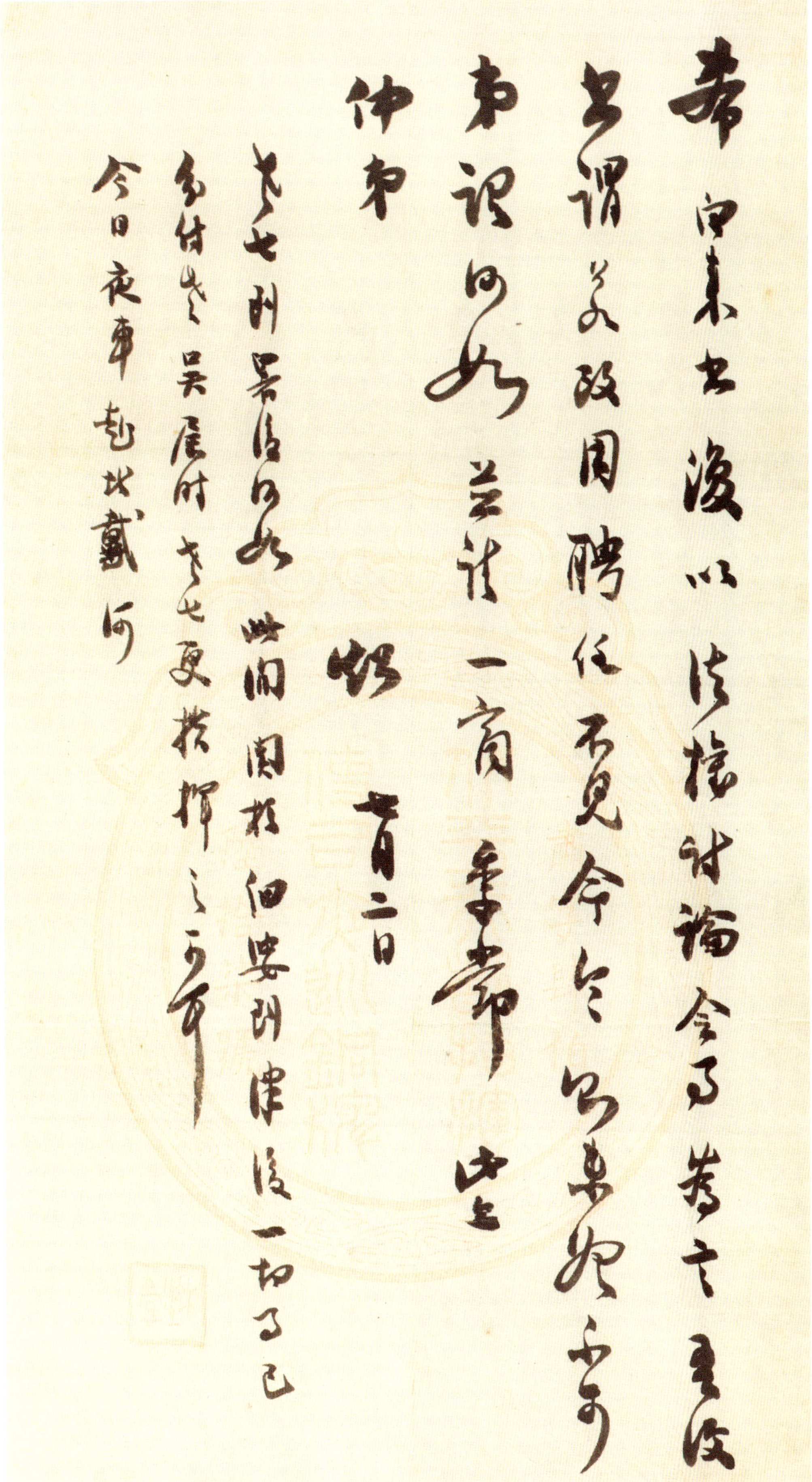

希白來書後以清華討論會了為之更改
兄謂燕校聘任不見令人以其取乎
弟謂何如並請一商季卿此上
仲弟　超　七月二日

老七所著何如此間閒極細思到津後一切了已
交付老老吳展付老七更措揮之可
今日夜車赴北戴河

一七一、一九二七年七月七日

清冊閱畢寄還。越園已到津，商定於廿一二間再提（著財局示覆以文武廟產還之數）解函，彼來於下月乃東交代，則現館員皆發八月份薪止。務須接洽，屆時越當來京，藉示代也。大抵　亦必須解函衛等交彼，皆不更動，以後接下去再作道理。待部裁覆

飲冰室用箋

觀其字所作是龍門之體為彼題
簽也 又我昨將信交令郎蔭去年十二月
或寄發在十二月已奉令別作書
作新一月但為未與越商 本謂可以
否耳 先兄告此敘
仲策
兄 啓告

飲冰室用箋

一七二、一九二七年七月十一日

十日書悉。表早已收閱，約任5新人（希白之）甚愜。希白已函約，示之。廠日當約靜生一談，但彼前訊（之）往北戴河，不當已去多日（若要約須下月）。思永由滬乘船十九日到，已有電來矣。此復

仲弟

兄 十日

飲冰室用箋

一七三、一九二七年七月十二日

秉均書今日始發，並以寄。弟已觀

記之矣。其實熟人如秉均者，儘不妨

自言，如靜生住北戴河養病，今夏

漸穩洽，前常自函告，鈞任揣需為

示告，弟分疏之可耳。此段

仲弟

啓超 十二日

昨書致校，如去一函可索閱。因係館才停已否

飲冰室用箋

一七四、一九二七年七月十四日

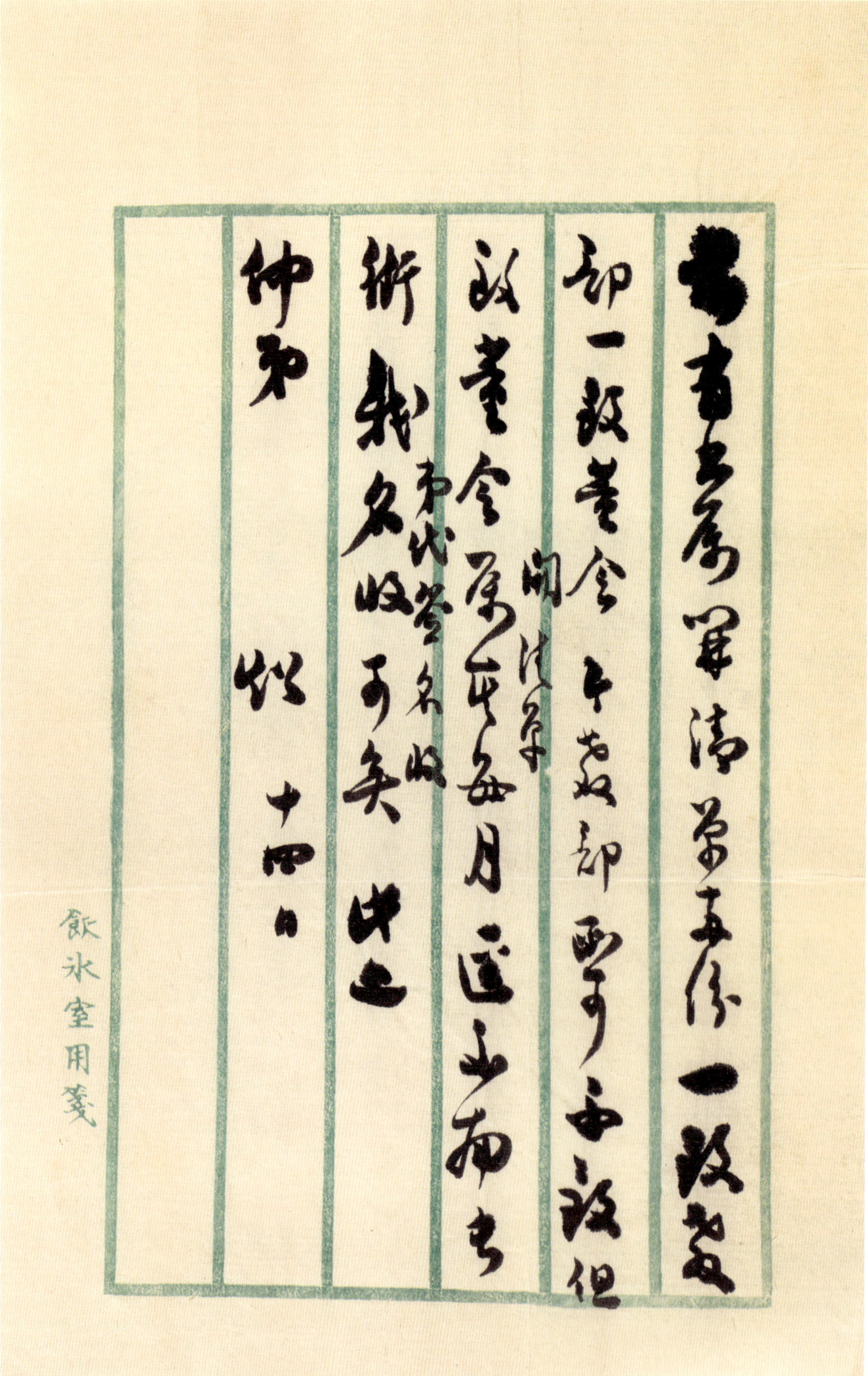

一七五、一九二七年七月十九日

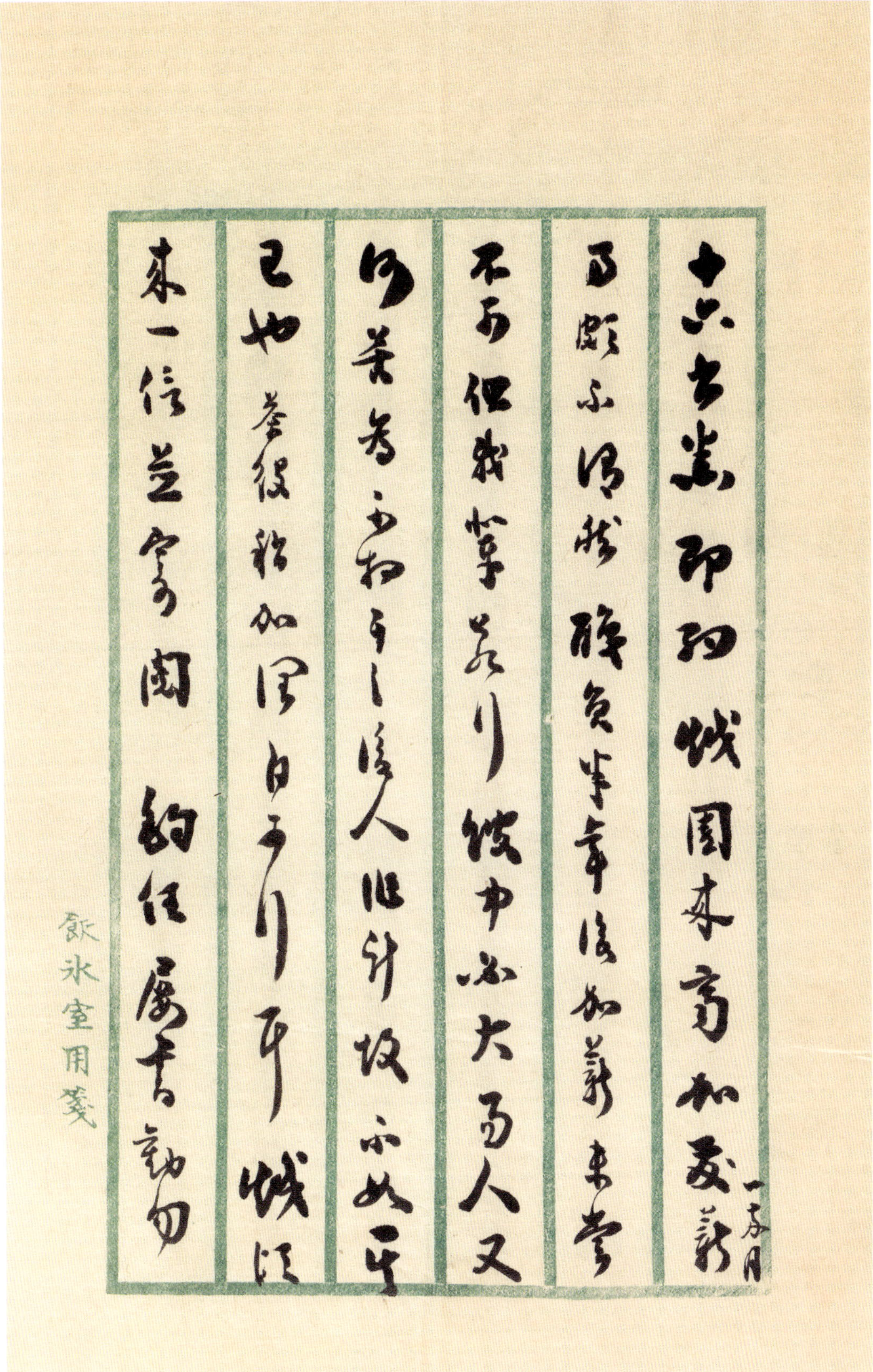

歲惟仰荷祝新年之以希古
去歲之年下渡芝蘇坡與星新政日
上午九時當到學到後我擊沈此截
河中往遠日睡暑亦可從耐不得
慶吾 此頌
仲弟 啟超 十九

飲冰室用箋

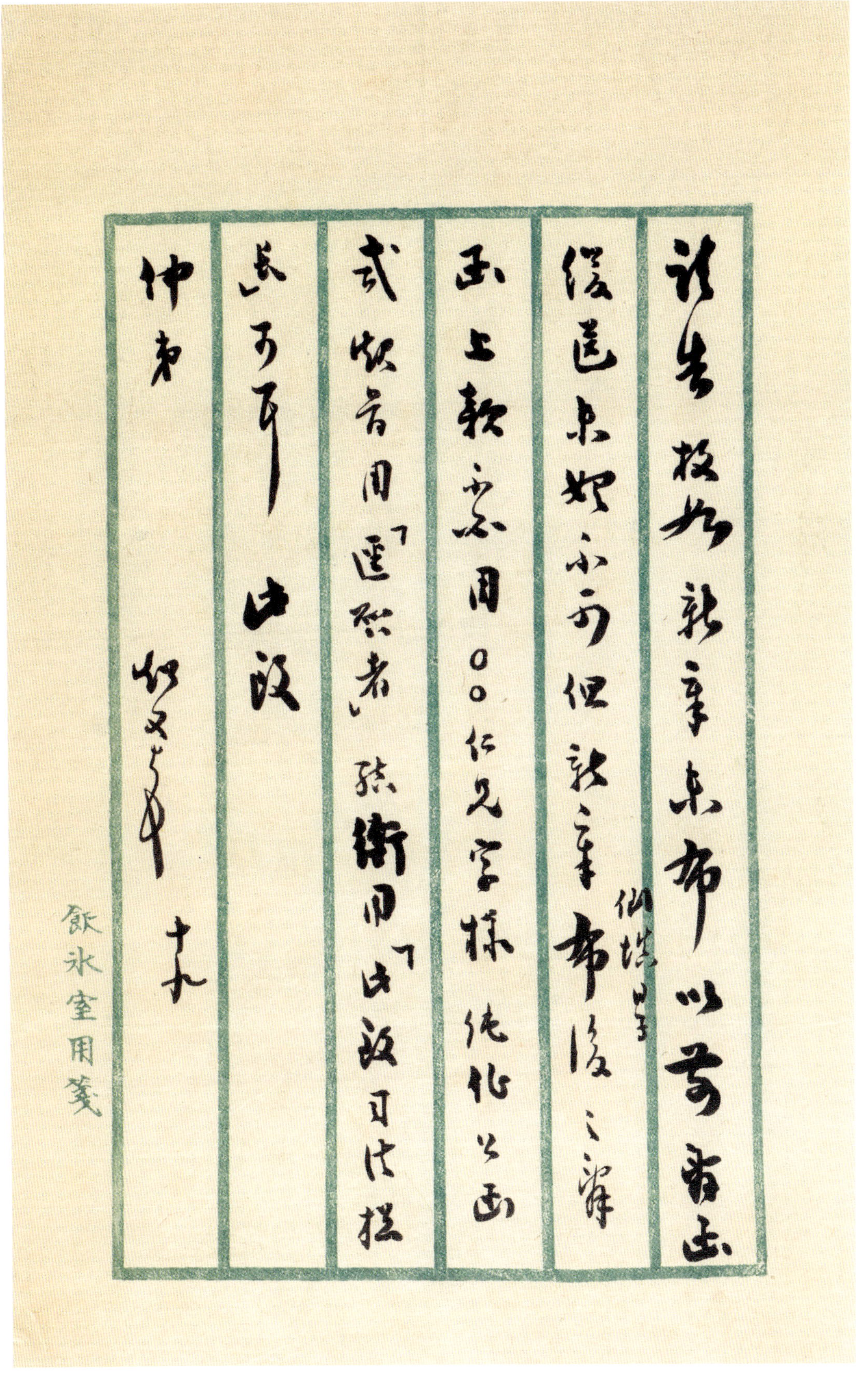

詩集校好，新年來部以寄函(?)
催送來，現亦可，但新年部後之譯
仙椎學(?)
函上款亦寫用○○仁兄字樣，純依公函
式。欲省用「匿名者」孫衛用「此致」可以括(?)
長之可耳(?)。此致
仲弟
啟超(?)　十九

飲冰室用箋

一七六、一九二七年七月二十日

[illegible]氏已批寄回，戴園已同意之。思永昨晚已到家，日間當入京謁諸尊長代致。

仲策
兄　二十日

飲冰室用箋

一七七、一九二七年七月二十一日

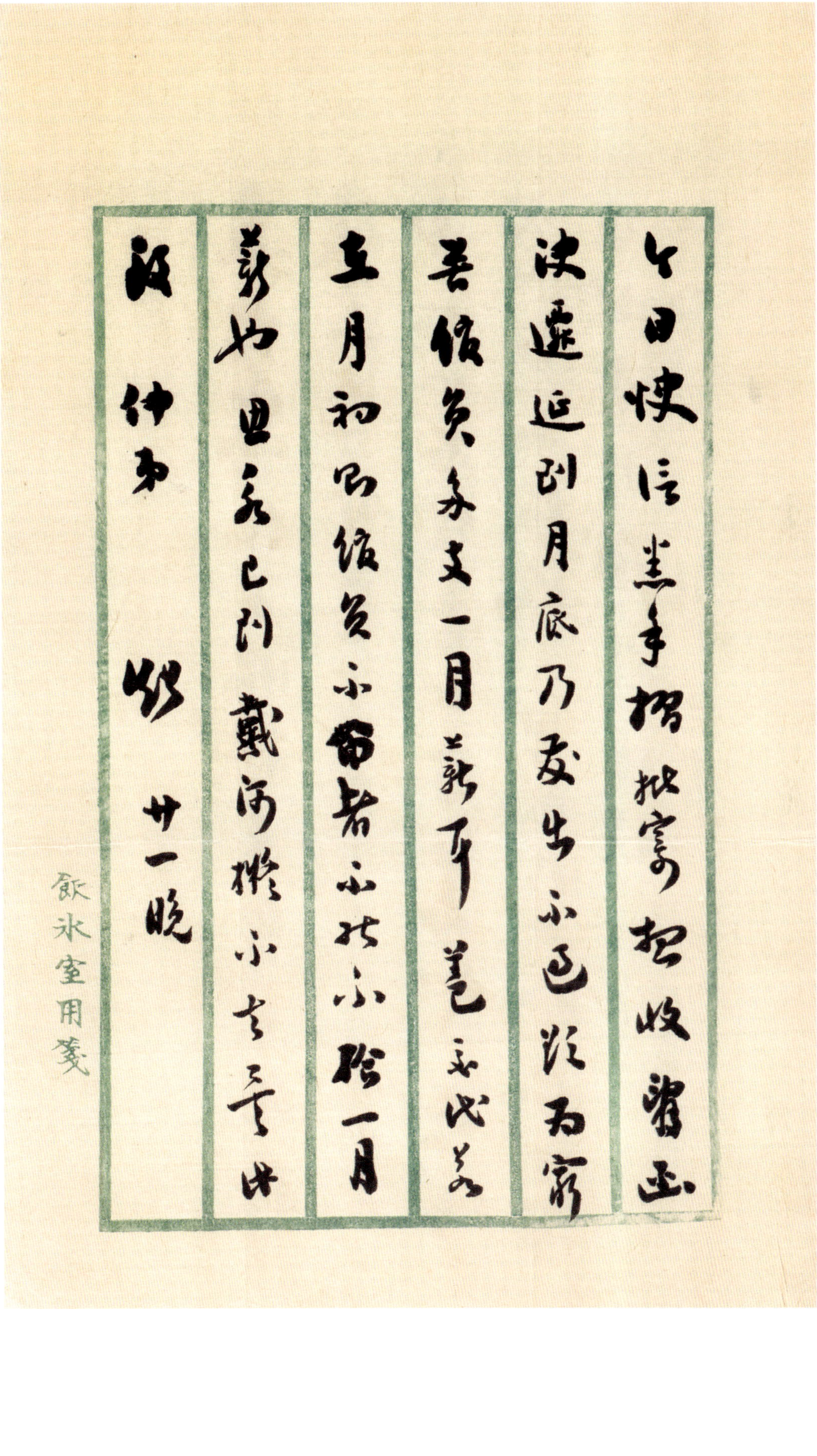
七日快信暨手摺批寫想收[illegible]函
決還匯到月底乃發出不[illegible]誤為家
善後費各支一月之薪[illegible][illegible][illegible][illegible]
五月初以後費亦留者亦於亦給一月
薪也思永已到戴河[illegible]不[illegible][illegible]此
啟 仲弟 [illegible] 廿一晚
飲冰室用箋

一七八、一九二七年七月三十日

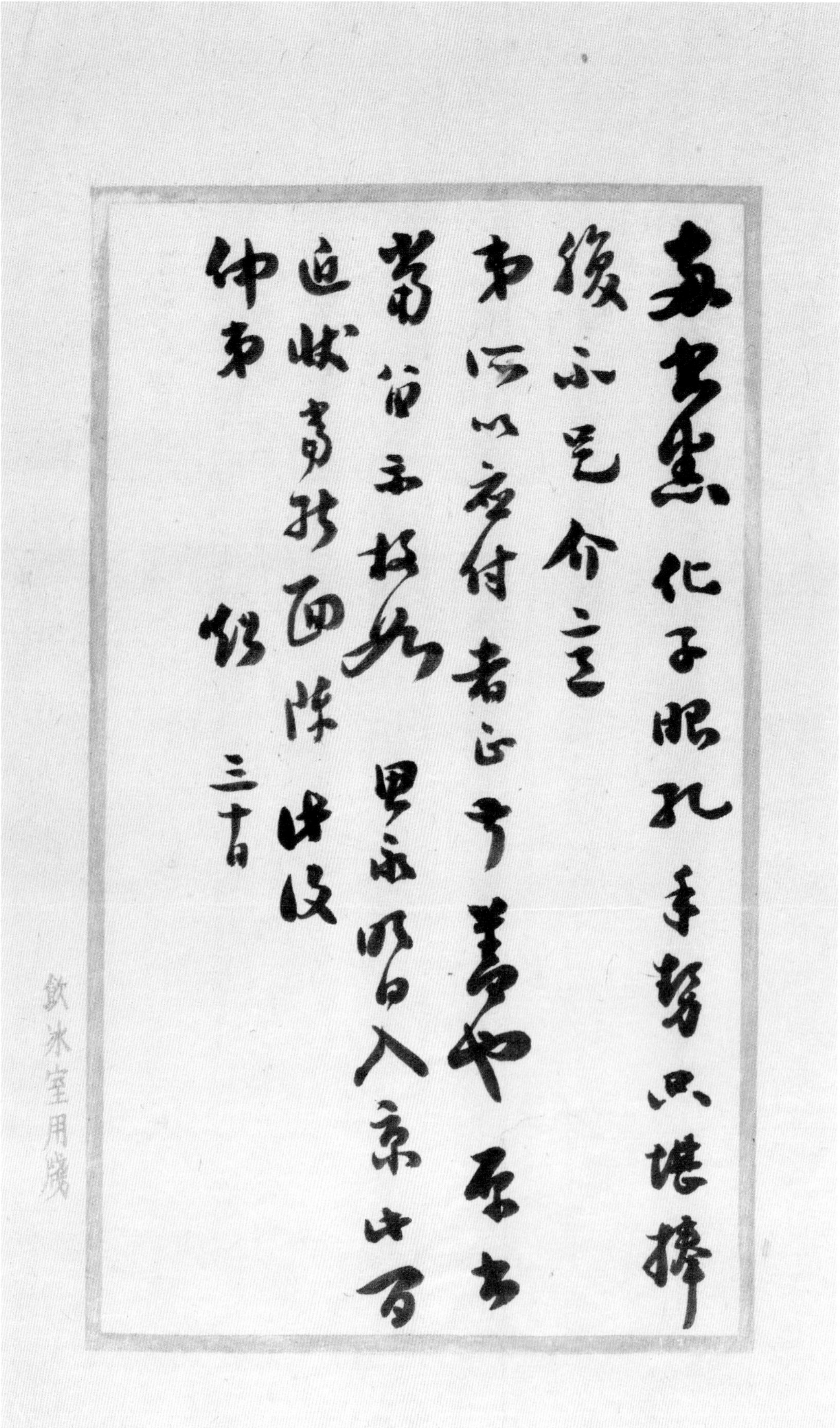

一七九、約一九二七年七月

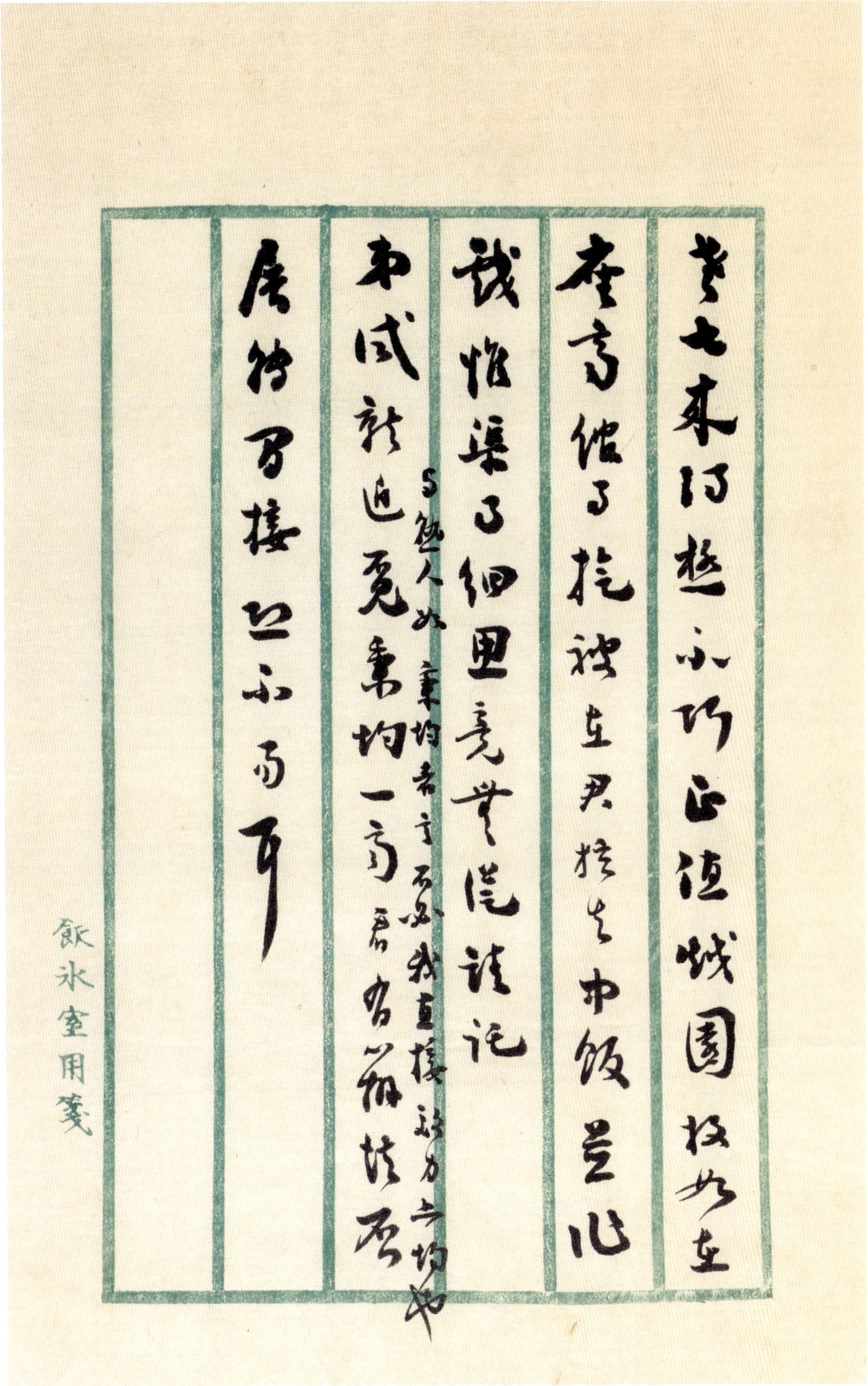

廿三廿四兩書悉汝提出之意多屬來
之經閱已即發一函言成永昇者婚約事
以下年譯亦相當刪文者寄來請及此我向
來亦不干涉兒女結婚之自由亦之本無可
以此之意語之　前兩函把寄上一號本一
贊秋岳圖總兩年前以贈唐已畫一面之
前已出竟未交汝言費乃未刊其一前

一信中言之，下次設從出時，當再一言或者（猶近於以爲若求易）

送扇非付自言之上者，亦再為也。詳字白乃薛一（其出信趣）

出遊亦無意，惠永仍返國，回已在舟中矣，回來亦

甚可不做，收亦止之（此之亦未及），儲才總不如此步驟是

好。且看下回來緩再說。此復

仲策

啟超　廿五晨

飲冰室尺牘

一八一、一九二七年八月三日

遠出學生月來正思息擬脫
百了獨於清華不能無眷眷
著焉今之設實務等來掾中師
生而來奈速呼歸而東仍者且其
章程郵寄我三等第而主張全
部初合見之不張不必勤已收

飲冰室用箋

函柳師應允否示覆
未及季常得何如（思永之何如）吾意謂校
（照章校長由董事會在中國董事中互選）
長彼不擔任則董事長以歷史上
關係推之殆必然也繼才館學員
各生已收（已轉設戲圖）為蘭氏表二人親來津
謁見情辭甚切可憐只可好

飲冰室用箋

黽勉而已　伯由志田上來照
兄往見耳　里氏詢謂唐史情
物細之長　弟似可趁機識其切實
介紹之　並告彼云　馬林平現在京
陳寅恪南下時歸來再為介紹西山設
仲弟
思忠　三日

飲冰室用箋

一八二、約一九二七年八月二十一日

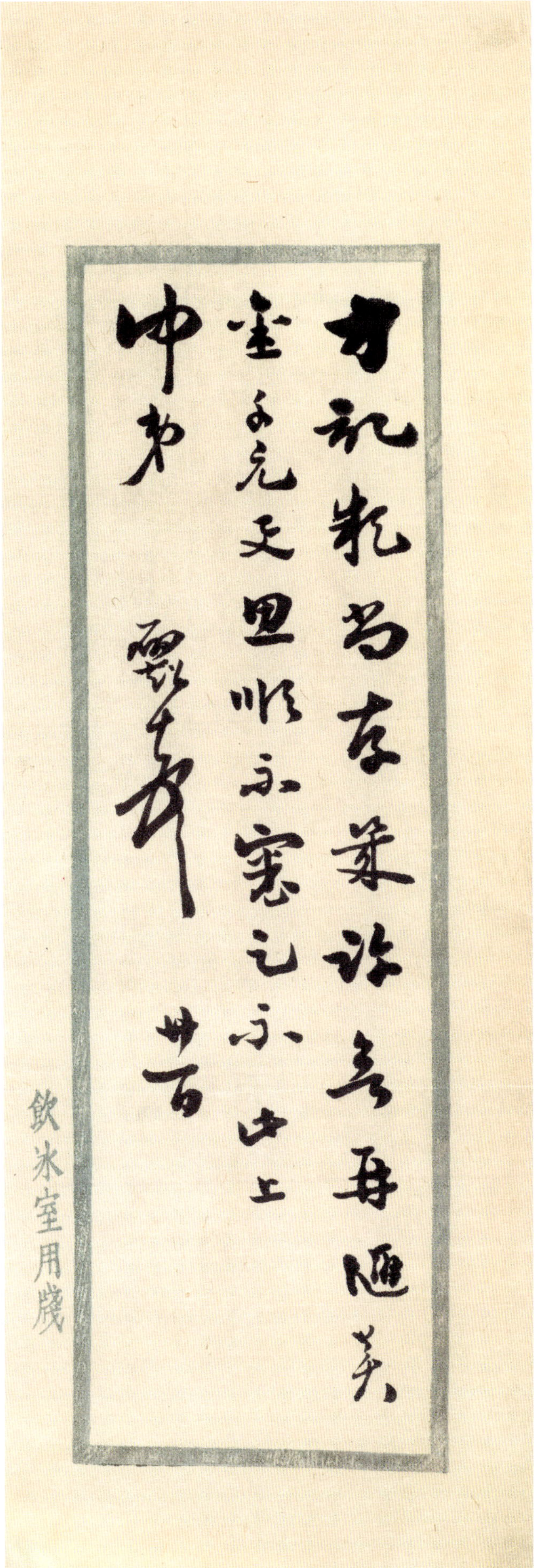

一八三、一九二七年八月二十九日

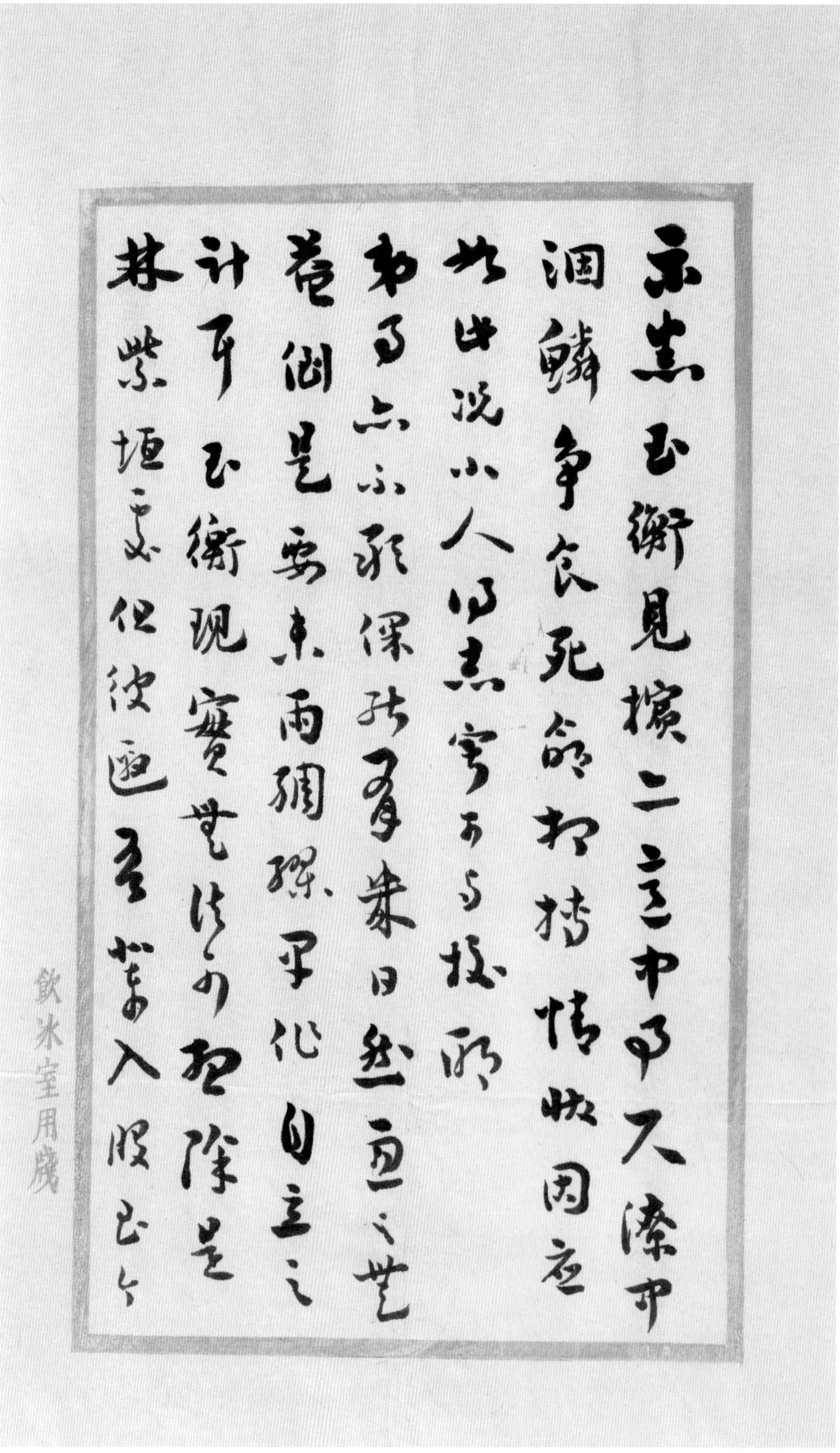

東坡如稱龍於此處乃穿每圖
之日前郭同伯來見已切屬爲
李高灣一留題憶東坡及
弟所得隨後乃戲圖爲玉衡作一
畫極自得之 甚實甚佳 另寄 大記另一幀 便人寄弟上
病已全愈 知至如葉齋頗見叔
共讀
仲弟
超 廿九

飲冰室用箋

思順匯信寄閱。渠所經營，收此四千餘
兩萬也，通易所存永年保險不虧，尚有五
千元（計並中銀利息七百元有此數），請決意代我匯去，該[?]此通[?]退些利
息，似尚合算也。又七長之七千餘元，請價
百[?]十元賣出，日本狂漲，終是投機心理所
致，不足持久，似以早脫手為妙。中間何如[?]
[illegible]月廿四[?]日 父 [illegible]

飲冰室用箋

一八四、約一九二七年九月二日

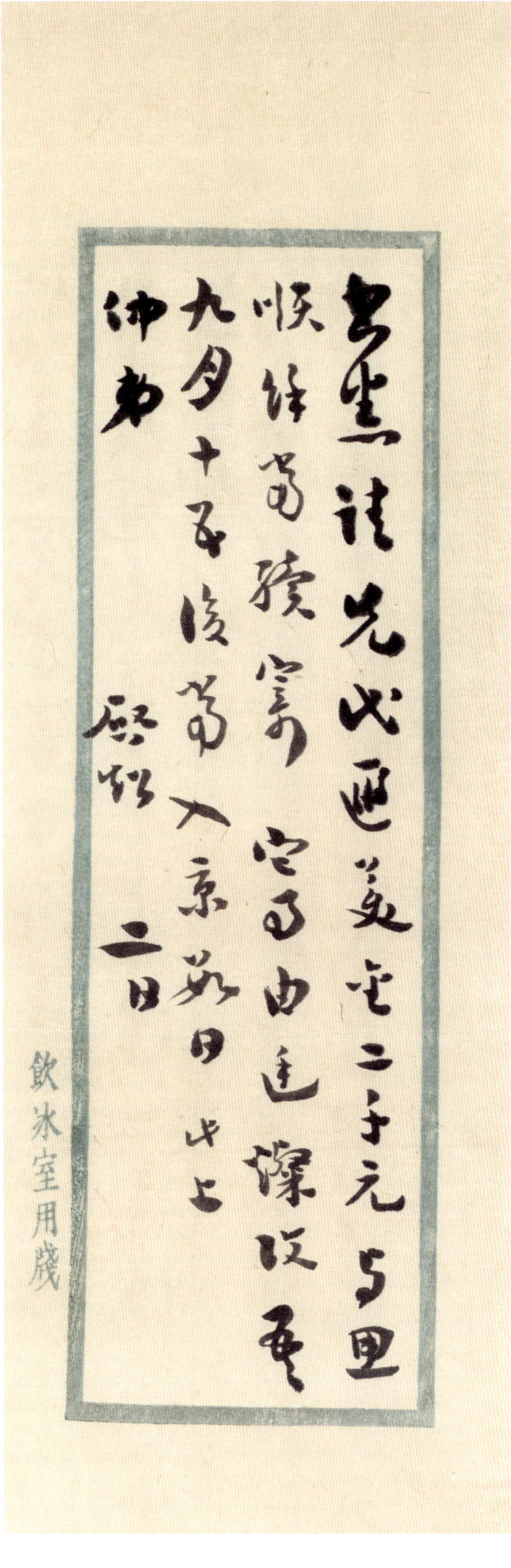
思忠請先代匯美金二千元與思
順，俟電復寄。定可由達濮改電。
九月十五後電入京，務日此上
仲弟
啟超　二日

飲冰室用箋

一八五、一九二七年十月十五日

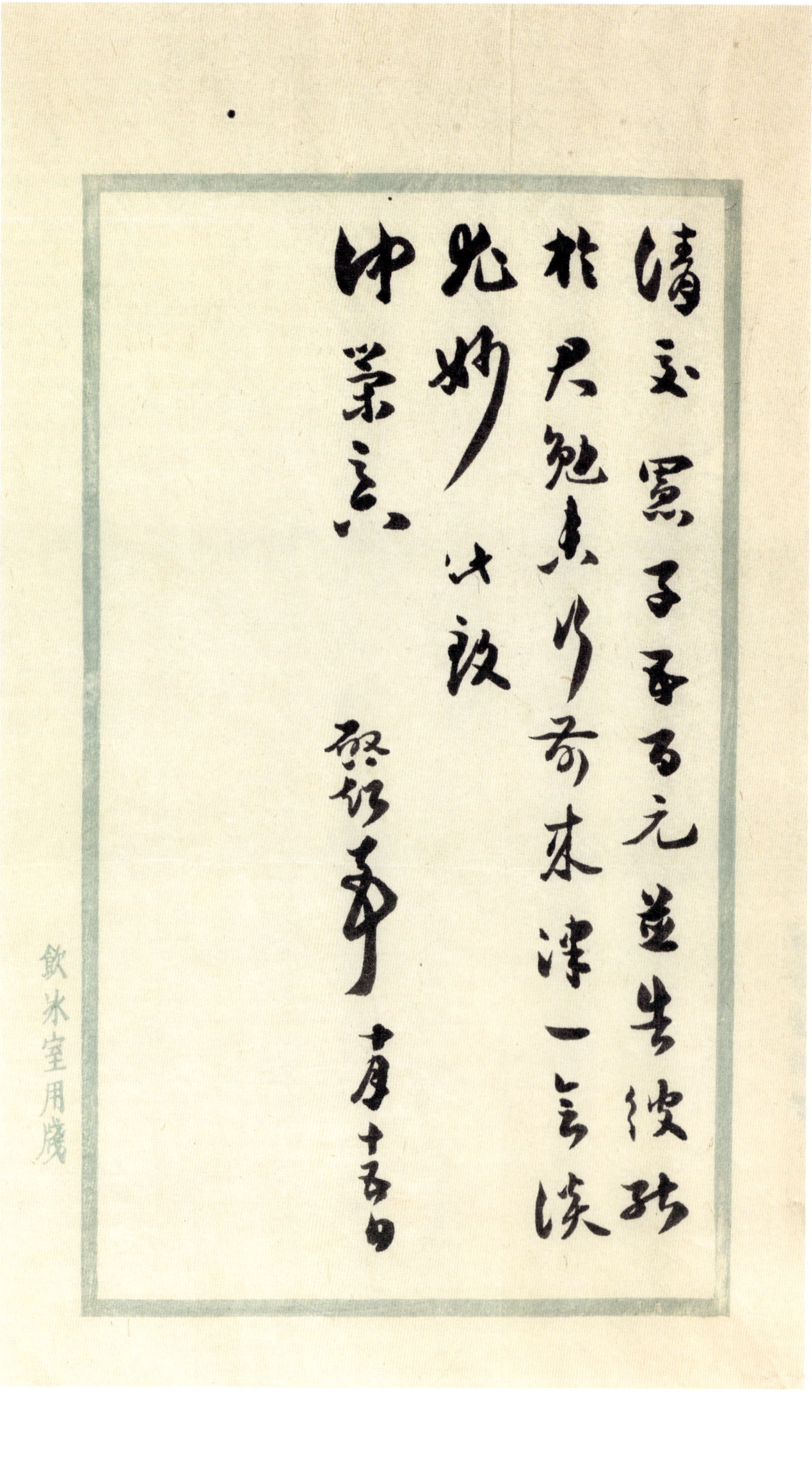

請交 冕子再為元遺先生彼時於大勉來作寄來津一談光妙 此致
仲策弟
啟超手 十月十五日

飲冰室用箋

一八六、約一九二七年十月三十一日

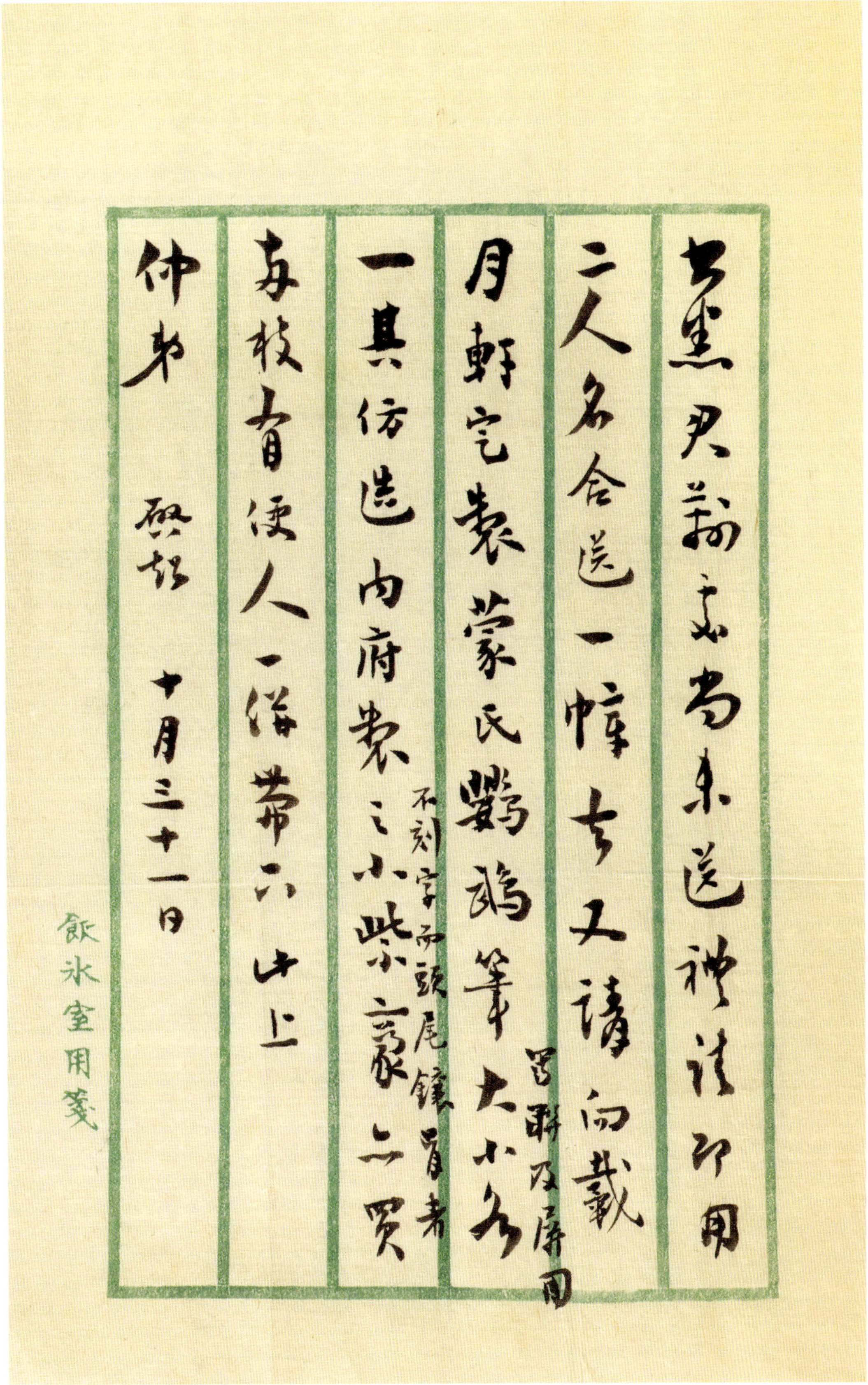

墨巢翁前為東莞神護請印用二人名合送一幛，今又請向戴月軒定製蒙氏鸚鵡筆大小各一，（寫聯及屏用）其仿造內府製之小紫毫亦買（不刻字而頭尾鑲盾者）每枝有便人一併帶來。此上

仲弟

啟超　十月三十一日

飲冰室用箋

一八七、一九二七年十一月二日

保險費到時請由通司撥付若
借款一層我且必去想法籌劃
此款項 龍家亦不必應酬了結
其詳日內當寫寄 此上
仲弟
[illegible] 十一月二日

一八八、約一九二七年十一月六日

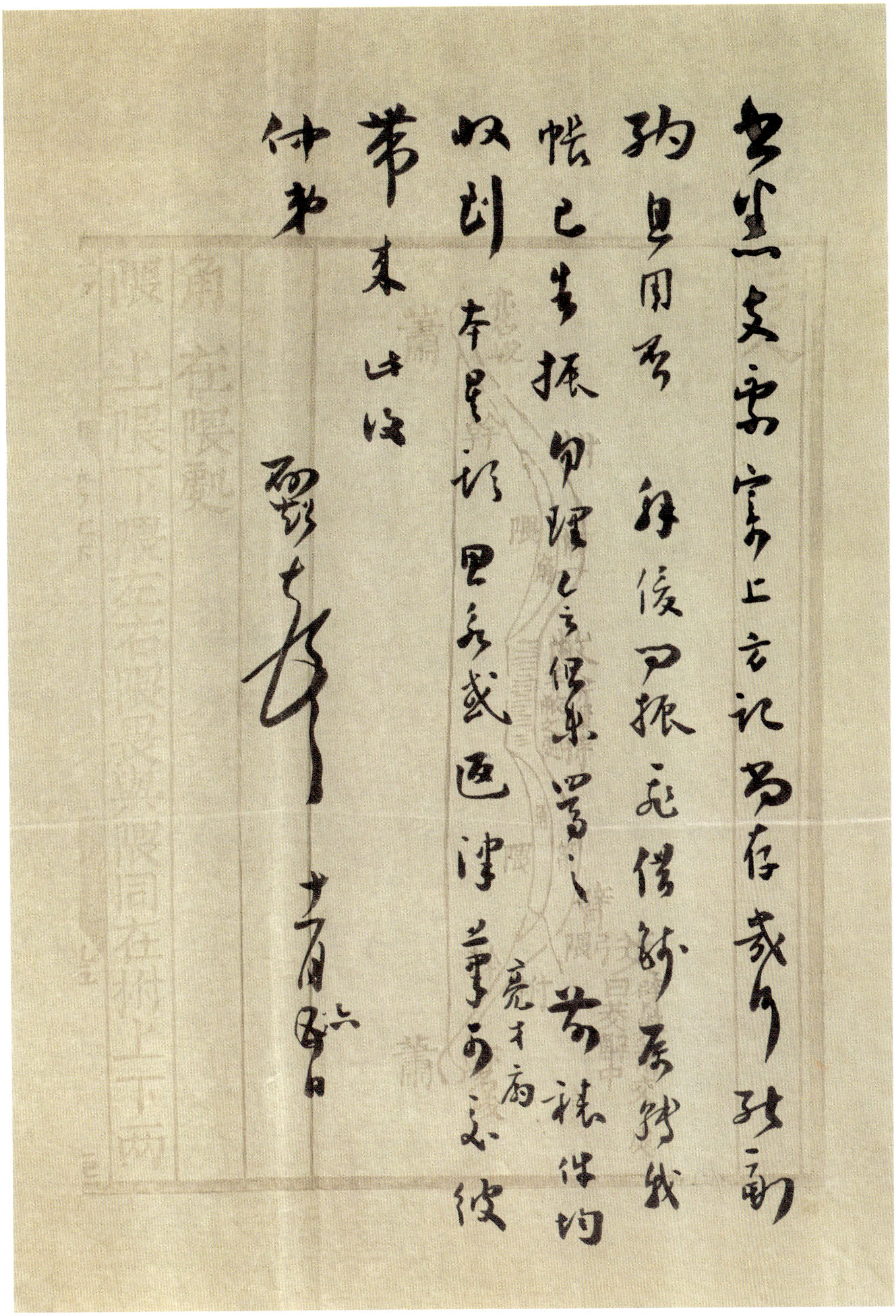

一八九、一九二七年十一月九日

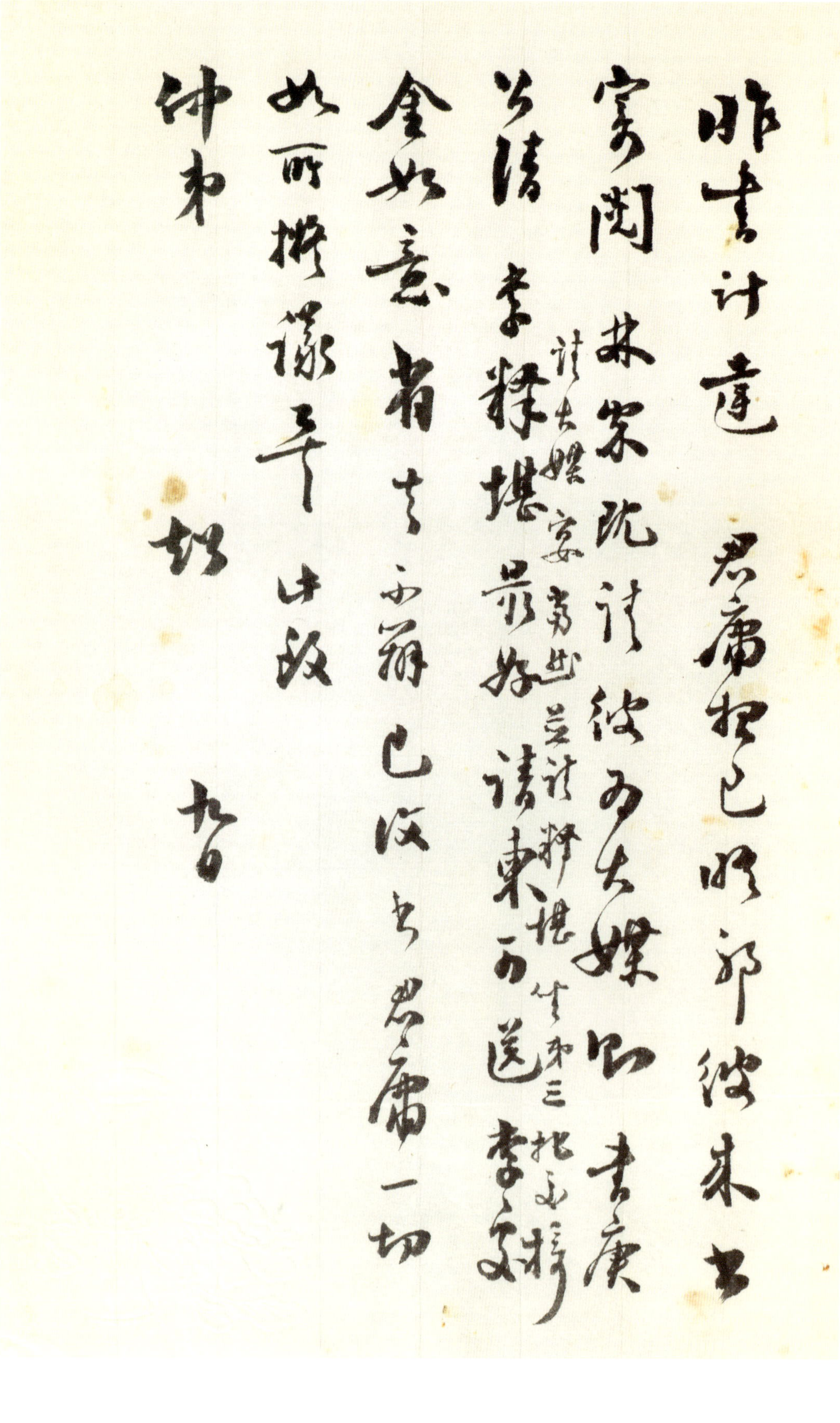

昨書計達。君庸想已晤耶？彼來書寄閱。林家既請彼爲大媒，即去書庚公請李釋堪最好（請去媒安寓處，並請釋堪任來三把亦好），請柬可送李宅[illegible]全如意。者吉亦辦已收。去君庸一切如所擬辦乎？此致

仲和

[illegible]

九日

志熹 昨晚一書 計見 正因也 納采拜帖
簡單誠然 但婚禮既不在國內舉行 只
用拜帖僅此一次 故只得從此遍拜長親 以
示鄭重耳 如何之處 請
弟與同人商擬之極便 是 甚方 聘儀擬
寄俟美國傳統結婚時佩帶 美林家同意
最好亦由我家出票寄回 擬寄至阿圖和

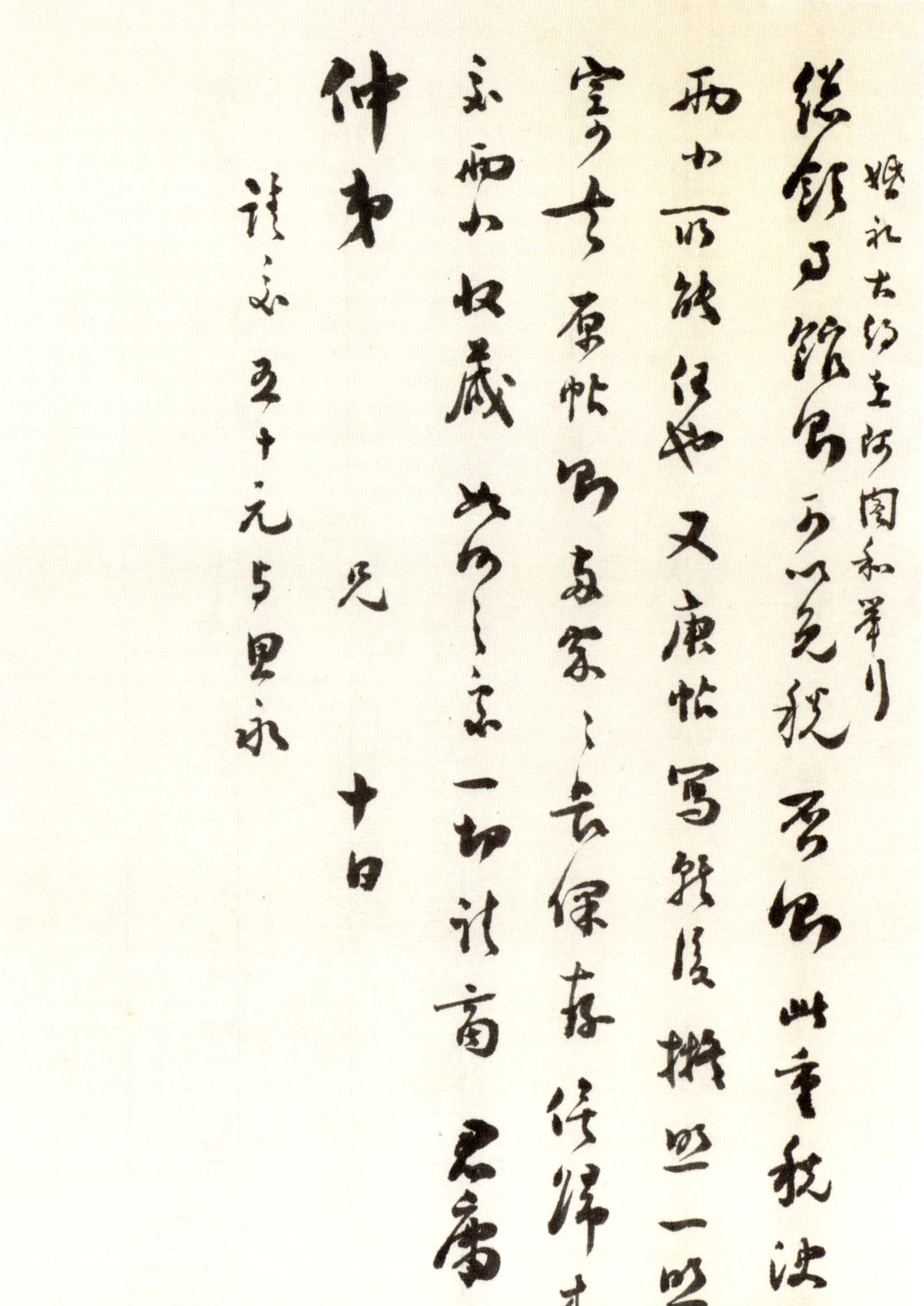

頃札去後並詢閣和華則

從鄧乃館局乃以先稅得此手稿決不從

爾如一例後得又康帖寫録後撫照一照傳

空之士原帖得自家〻去保存條歸來乃

示爾如收藏必須〻示一切計商君處出沒

仲弟　　　兄　　十日

請〻示五十元与里求

一九一、一九二七年十一月十一日

大熹

前閱汝書，庚帖已寫出，今再補寫上

思成庚帖如下

光緒辛丑年三月初二日卯時

三代係由思成計寫，為子不書

祖妣余氏、葉氏，庶祖妣黎氏

林帖只將之嫁之將者也

但徽音生母似不能不由王嫡一樣

慧林帖如

以堪寫時便是

此復

仲弟

超 十一日

先生寿印亭再校竟出脱二三字其餘少許

可再　偶修正习扨敬存道務者甚夥每撽

適此里順要之查敢日来吟御陵居成教如審事既西

已蒙純已收正古我付仍尝道尊　按如東吉求補

郤蒸庭来之缺但弟弟甫謂書一人越圈来閉

商謂撽卻之只修之已録之矣　我此同意越之閉

閱言我蜜不便自改其例　本泚匆匆　芒季美陳意領署

如窗义撽修一次言簡訳意界可保但訳安　令是形付浑人字門

六集娛空の但從謝乃惠之之象意之五星陝寛门閉門三字

亲竹洝走後门每心執筆庄謹慎防衛南無芸王氏

西

十四

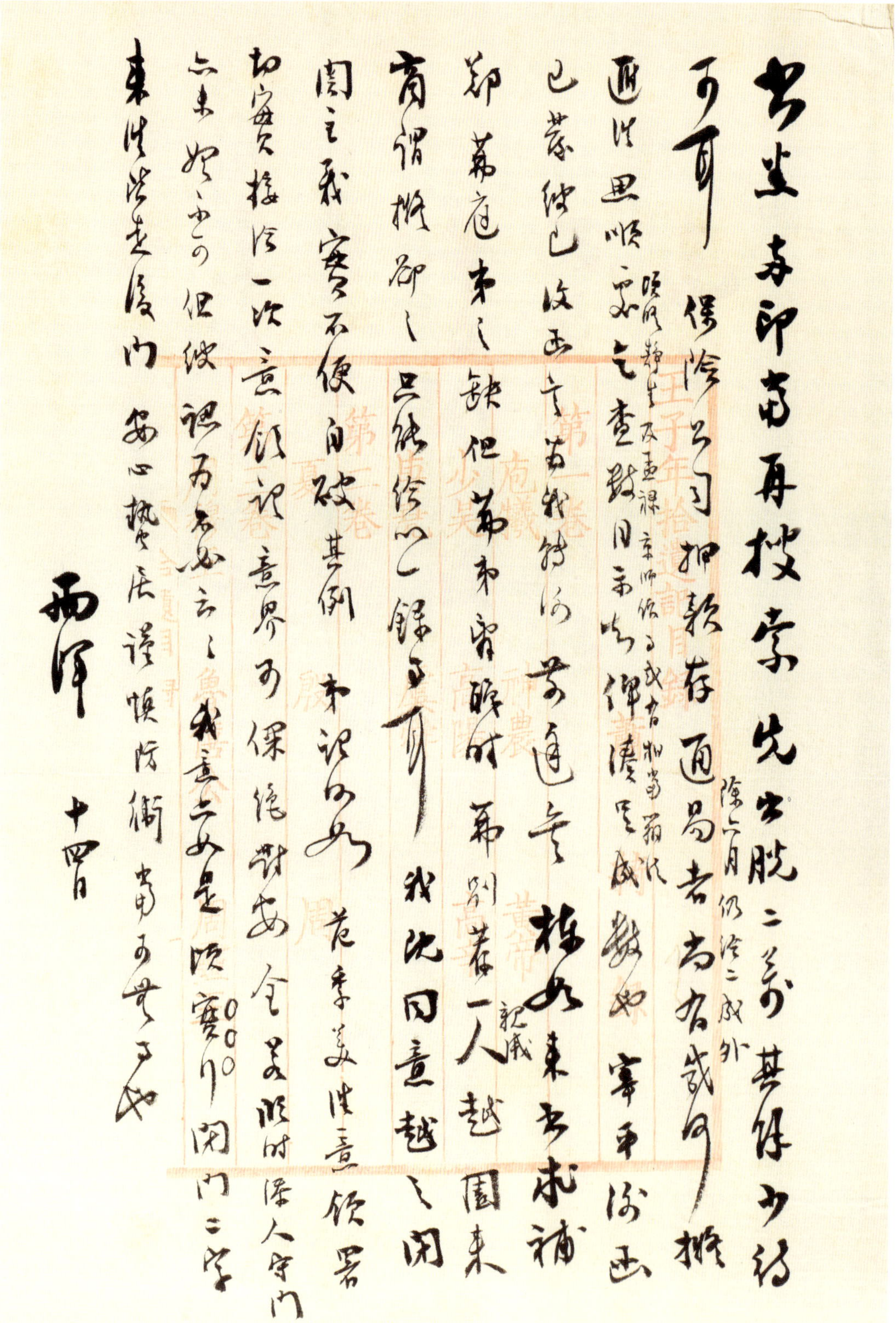

一九三、一九二七年十一月十四日

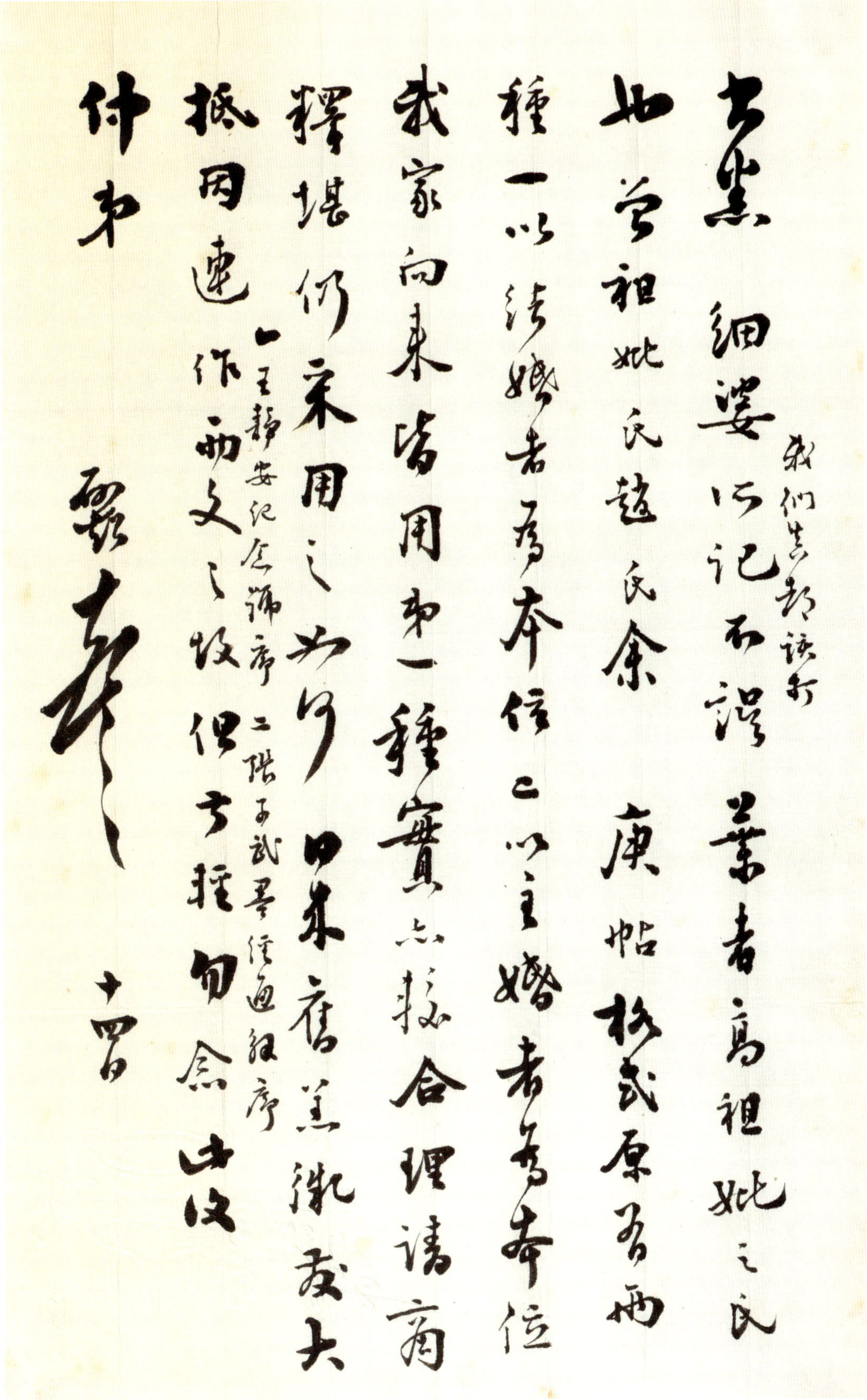
大兒：細婆所記不誤（我們先都誤了），葉者高祖妣之氏也，曾祖妣氏趙氏。余庚帖格式原有兩種：一以結婚者為本位，一以主婚者為本位。我家向來皆用第一種，實亦較合理，請商擇堪仍采用之如何。日本舊俗亦然，大抵因速作兩文（一王靜安紀念碑序，二張子武墓經過紀序）之故，但亦極勿念也。仲弟

爹爹 十四日

一九四、一九二七年十一月二十日

前後數書並悉。據現在形勢，讀書雖窮窘，本學期亦要回去，不如乘本一學期終了時即行，擺脫反得以自由。求之之道已函商越園，並寄來之言云何。可如出院之意，聽其自決要一趟，稀少以後（若在中國往往）驗之二年難再回來，此可並不寧靈，子衛於少年中須加一人扶收拾局面，大局可望挽作試驗之機亦好者哪。

此次

仲弟

兄

廿二日

同集詞句聯寫扇子極有趣味呢，弟寫得一柄，將引起弟玩扇子的興味。

廷燦可惡已極，我日日等着圖書辭典計劃出來應用，他自己又不來，又不將所刪之帶來，耽閣時日，誤了不少（畧日費一日工夫另撰許多傳文）。即此書要印，電話告燦將計畫書印本二三冊及吳其昌之文來，來稿本切囑帶來，立印送至文化基金董（該會所已遷南長街）事會范靜生收。因該會準二十三日開預備會，必須於開會前送到，備審查也。此致

仲策

啟 二十日

一九六、一九二七年十一月二十一日

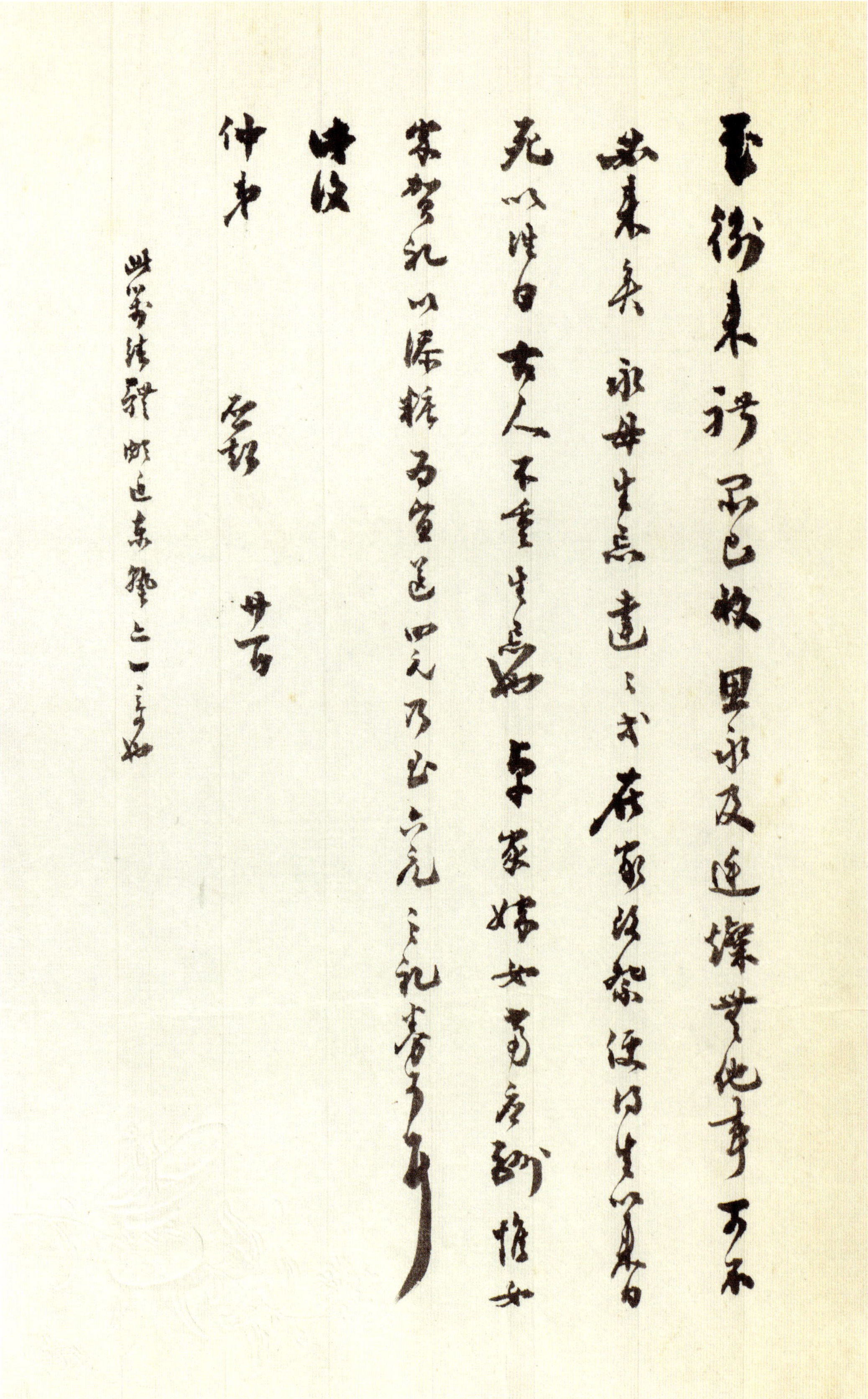

忠忠：燦仁常去之數尔謬，至本來照原數寄回，但約略記憶，謬作為萬元耳。（信業寫了）收條仍寄還待用。（已再查帳，又不是我記憶之誤，因為有一千七百柳存興業，備匯交我，所以全數燦常有）方記了已經決定了。今每月（以我在職為保仲）整款二千五百元保險公司款，可以每月撥還若干，不至無着了。惟以後合計盈餘新紀和直接為我轉任，不了（前此了寶上乃和同全討，但不願其人代者不便）錯才能早晚總須擺脫。即不擺脫，和亦每月到方家一二次，便可盡廢務，別為人管和。和但嚴密的管此一盤帳耳。撥即函告孝高，請必無異議耶。此復

仲和

爹

三十日

一九八、一九二七年十二月二日、三日

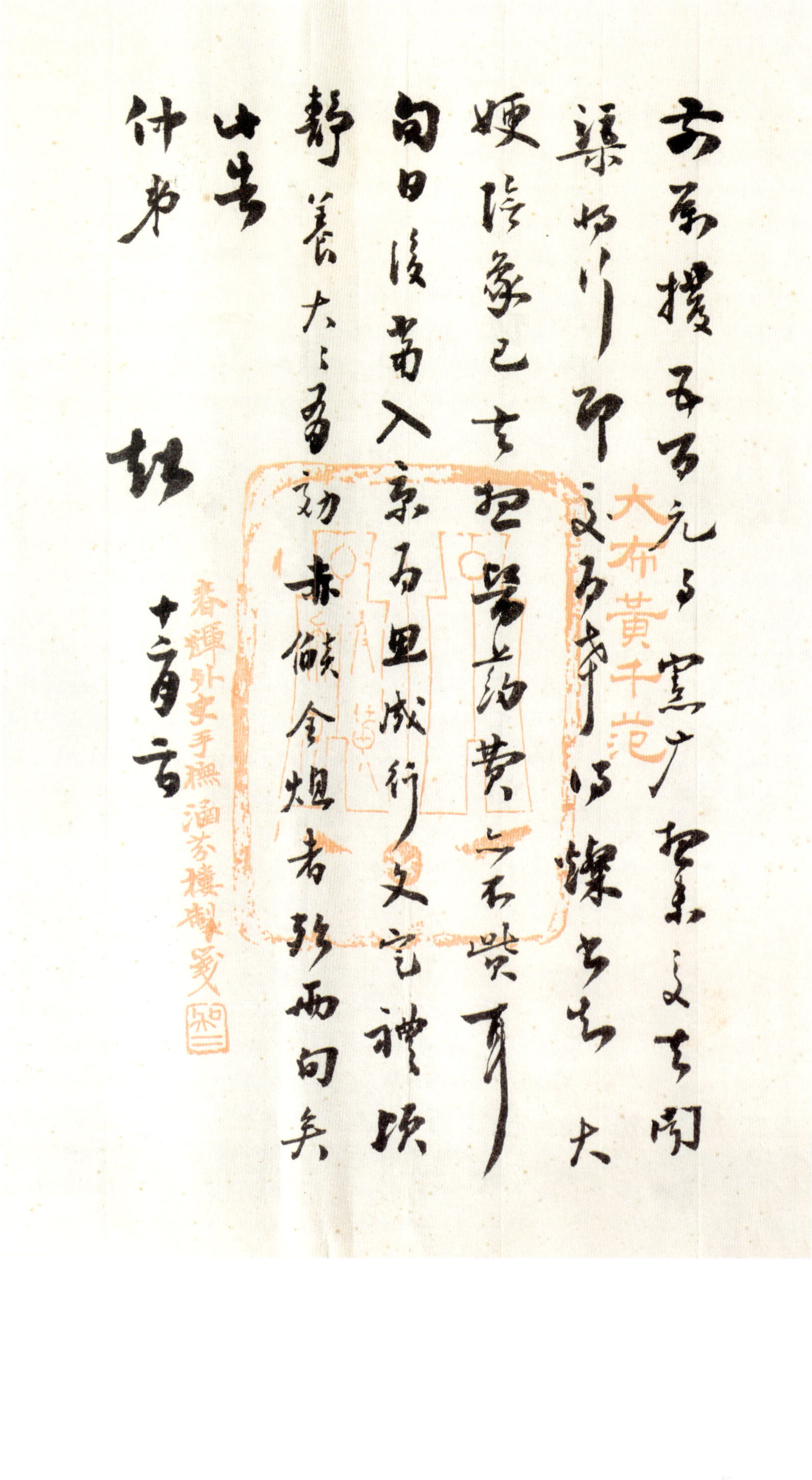
大布黃千范
春暉外史手橅涵芬樓製箋

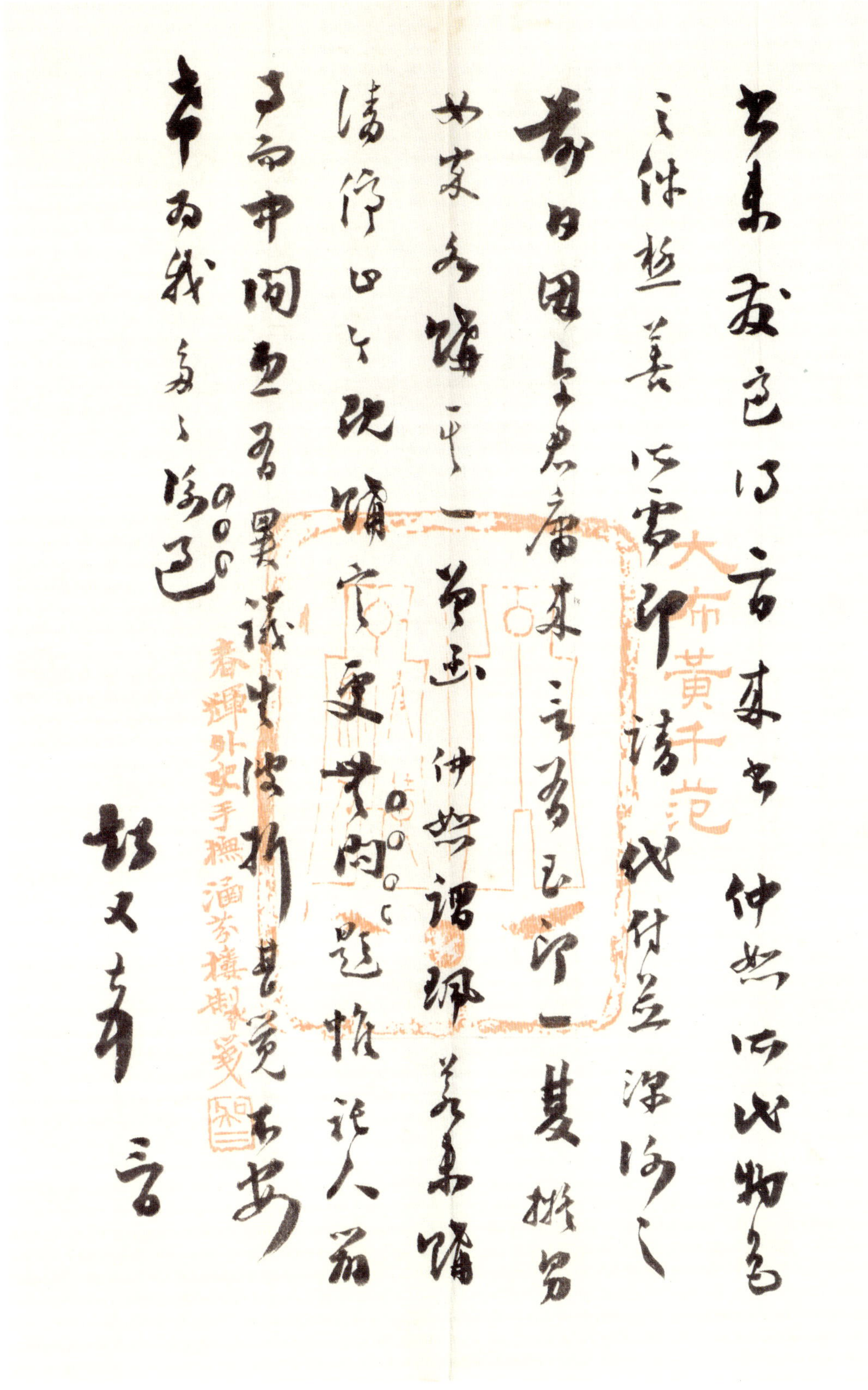
昔來發電後方來書 仲如以此物見
之係極美 此需印 請代付並謝謝之
前日因上海君庸來二方玉印一隻 擬留
與家人嗜平生一萬 仲如謂瑯善集嗜
請仲兄以二說購定 更無問題 惟託人為
之而中間無多異議 其設折甚覺不安
本為我身之僭已
超又書 言

一九九、一九二七年十二月七日

之熹 我亦感覺易地養病之不宜，王姨斷斷主張入
京，便借寓協和也。
我既力勸勿東高印從，我議便是文字紀本
不必張皇，特因思成已決定在美結婚之儀太簡率，所
我及思順夫婦主張彼兩小未完全回去
以想在文字紀上稍為鄭重莊嚴一點，我既不來京，一切
由我代理便是。今將各事列後，其中有許多須與
信此內容乎便知
卓君庸接洽者，請我往拜彼一次，隨時商洽可也。
嚴書之姓之印，印章請彭者
寄平主張者因君庸書上要處夫婦各有兒女成行正式
而
一、庚帖已請君庸書寫，乃下一「全紅夾單帖」，奉請，所謂全

红柬单者，用一五开之红全帖，写愚弟梁启超拜等字样（不写姻愚弟，因卓家与林家已親）。另柬一单帖，写「恭请 吉庚」四字（恭请二字依旧写左方，吉庚二字换写左中间），用一红封套封上送去。

一、大媒已请定林宰平，可用一「全红柬单」专请，单帖上写「大宾」字样。

「八月廿八日为小儿思成行文定礼恭请」

一、林家拜帖，其样（即拜宗孟并及其主妇者）例用真福（五开全红），写「泰姻愚弟梁某某偕簉室王氏敛衽拜」，封套写「林亲家二老爷 二太太」。另用一帖（都是用五开全红），用王姨名拜小徽音生母，帖写

「歸安定箋寫王氏給社拜曰」，封套寫「林親家姨太太收」。林（其二姨太太似亦宜列下一帖）

家尚有長親幾人應下帖者，請詳詢君庸。林家應交之帖

（但此蒙福帖封套上對於王姨應寫姨太太，不可用太太字樣，請告君庸）

除彼方之婚用蒙福帖來拜外，應給伊及老七各一份（當用蒙福）。細

婆一份（封套寫姨太太字樣），可詳告君庸。

日期以蒙方聘物預備妥當之時為定，此須向仲恕及君庸（擇定吉期日）

者。王姨請人擇日擇得嘉慶廿五（陽曆十八日），若恐趕題上親自最

好，若題不上，只好遲二三月。（惟須早定，俾得下帖子請大賓）

聘物：林家用一玉印，據君庸云該印本是一對，擬請仲恕來贈

宗孟仰之前乃與君庸之兩家文嘱于一印文互刻新印
新婦名今我家既已嘱定本來最好是林家備嘱其印送我
但不便作此要求所由我家嘱其一便是但印文（我家所嘱者）擬不刻嶽言
若君庸之預備做夫婦可通用者刻一吉祥語
名但刻「長宜子孫」四字陰文請託君庸代嘱代刻
該印據君庸說篆印廿字金三百餘元今我嘱于一須百五十元
此外另刻資只須二三十元又託君庸代嘱庚帖（然所費極微）可先携百八千元
交君庸爲代媒所刻印及文報費之用
前途先生君庸欲買者爲用一「寸許之小金如意」但只定製費付

題示上 覓書一事（若有現成者則不必另購一條 託君庸便是）

行禮之日家中大門宜掛 紅綠綢彩（蘭草兩段綢子便是） 向祖宗神位前行告廟

禮將聘物陳在祭桌上 祭畢乃與大賓將書當面告辭

一（若有）別紙 封上可用紅帖寫好 屆時 弟代我行禮 啟雄或

思永讀 告辭

行禮最好是在上午 禮畢即在家裏請大賓（午餐）宴 并詢君

庸 林家所請大賓為誰 務先下請帖 請帖要用我之弟三

人名義（用紅柬） 蓋書（用帖）女方何了 但用「潔尊候教」字樣便得 坐位也

林家大媒首席，我家大媒次之。汝代表主人，須親自送兩个席。陪客請仲恕、君勱、周孝庵、江翊雲、羅敷庵等一二人，則汝可去也。若今日不得來坐，我不便到京之理由，請向兩大賓及君勱告道歉。

此復

仲弟

兄 十二月廿七

託周孝庵代購奉天筆十枚，價十五元，請即匯寄。

（告聘辭） 用全紅柬寫 祭畢焚化

維中華民國十六年歲次丁卯仲冬之（十一）月辛酉朔越廿八日（填甲子）丙戌 孫男

（名[redacted]謹備但用稍大之紅燭）

名某謹以香花清酌昭告于

顯祖考鏡泉府君

顯祖妣黎太夫人

顯考蓮澗府君

顯妣趙太夫人吴太夫人暨

先室李夫人之神位前曰 長子思成学已得師壯宜有室締擇名門

聘桂林氏卜以今日禮請 媒妁甫將行聘文定厥祥伏惟

府君

太夫人

夫人德裕後昆愛鍾冢嗣爲之祈

慈蔭俾承良緣 名某不勝欣悅祝禱之誠謹

告

二〇〇、一九二七年十二月十七日

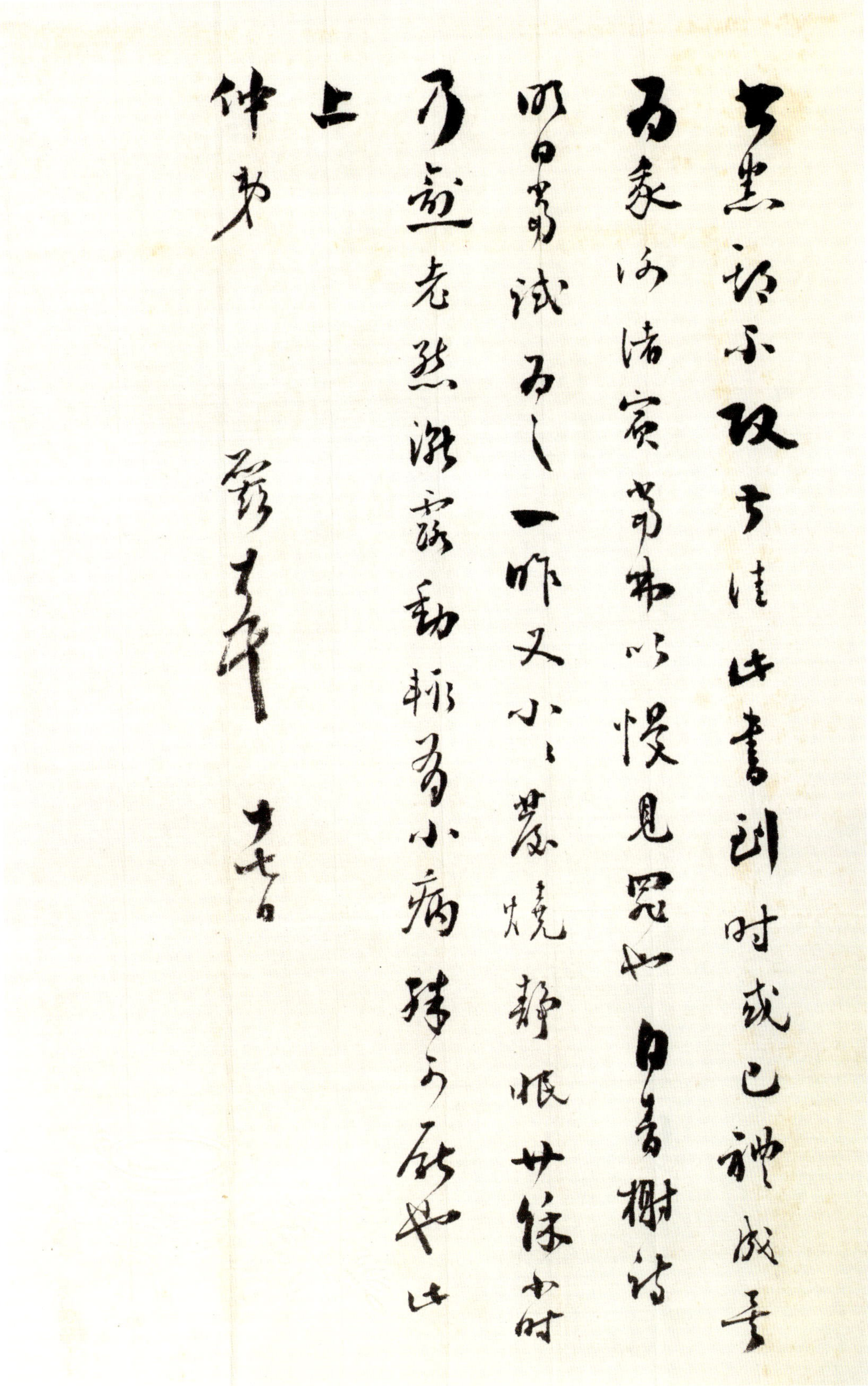

大患頗不改，大佳。此書到时或已禮成矣
而家次清賓客以慢見罪也。日有樹詩
明日當試為之。一昨又小小發燒，静眠廿餘小时
乃癒。近來慈溉動輒有小病，殊可厭也。此
上
仲弟
兄啟 十七日

二〇一、一九二七年十二月十九日

昨日奉书，藉示宾鹤郎送嫁日内先来津，所聘物可交彼带来甚方
康谣一条幅出之，可挂补窗者，不知尚失
也。白著扬诗画东坡不及题跋一则，行一好，但（我见诗本下纸）
何日内送当请印下卷先生君庙此
致
仲弟足下
启超 十九日

大布黄千范

春輝外史手摹 涵芬樓製箋

二〇二、一九二七年十二年二十八日

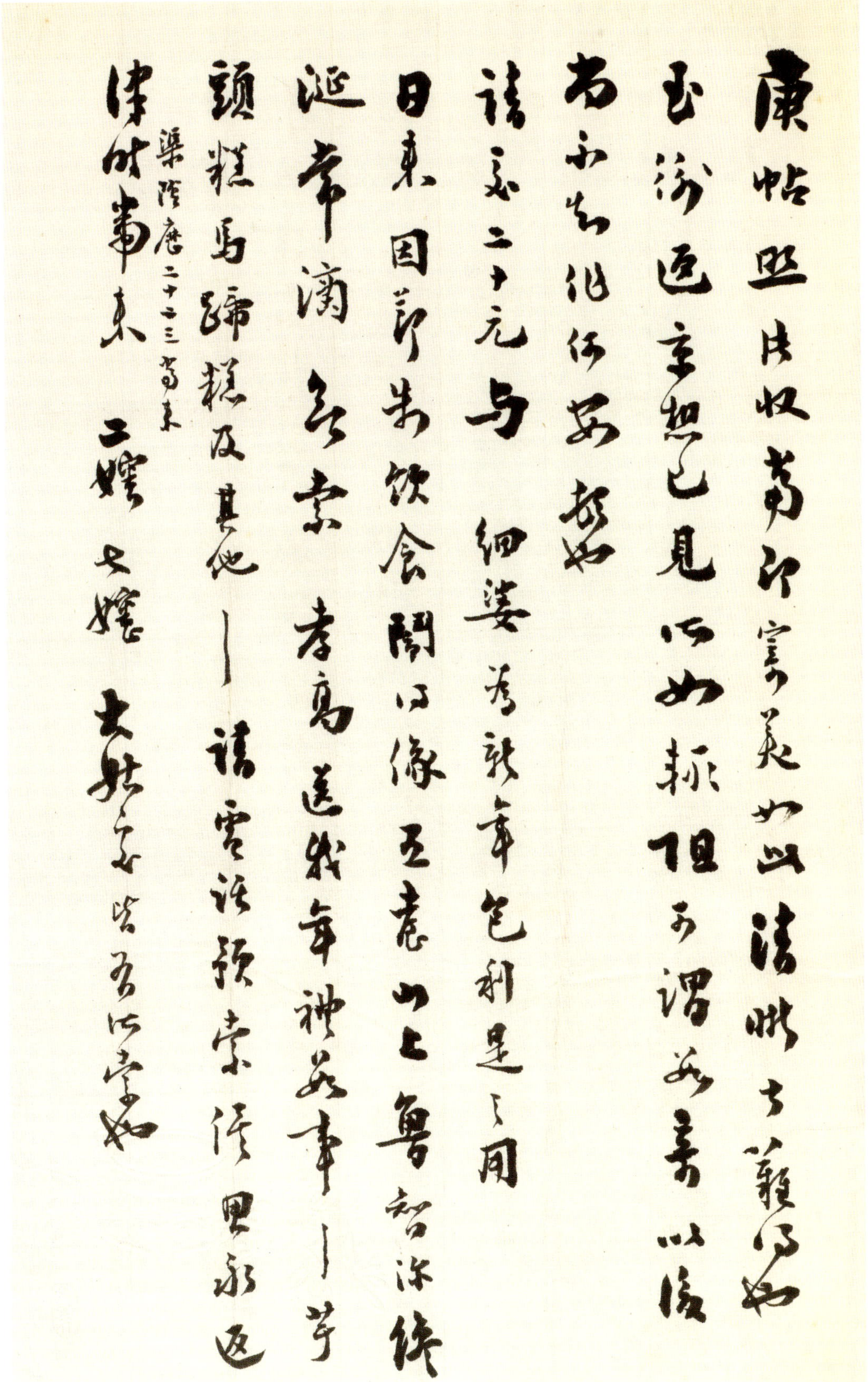

康帖照片收到，寫得[illegible]，如此請帖大難得也。[illegible]已見[illegible]如此[illegible]，但不謂[illegible]，以後[illegible]。

請交二十元與細婆，為新年包利是之用。

日來因節制飲食，閒得像五臺山上魯智深，饞涎常滴出來。孝高送我幾種美食——芋頭糕、馬蹄糕及其他——請[illegible]

二嬸 七嬸 大姊[illegible]

梁[illegible]二十二三寄來

松館齋寄奉年總帳請先生本日一查再將分總
數目一一聊此歲暮之費原擬例分半清年清還
爲所入々多雖僅足抵中下
近日舊莫又遭窮愁之打擊未能加一級靜養
近來每年總不無些常打腹稿想後不相當也
為之斷斷仍復頻請華堂沙暈去傷精神上
仍微底安帖惟無論如何消去老七必須先消
見人説閑話此意可先告老七先作預備總之
不管你的收入雖不可太分不可太會此乃弟節衣縮食

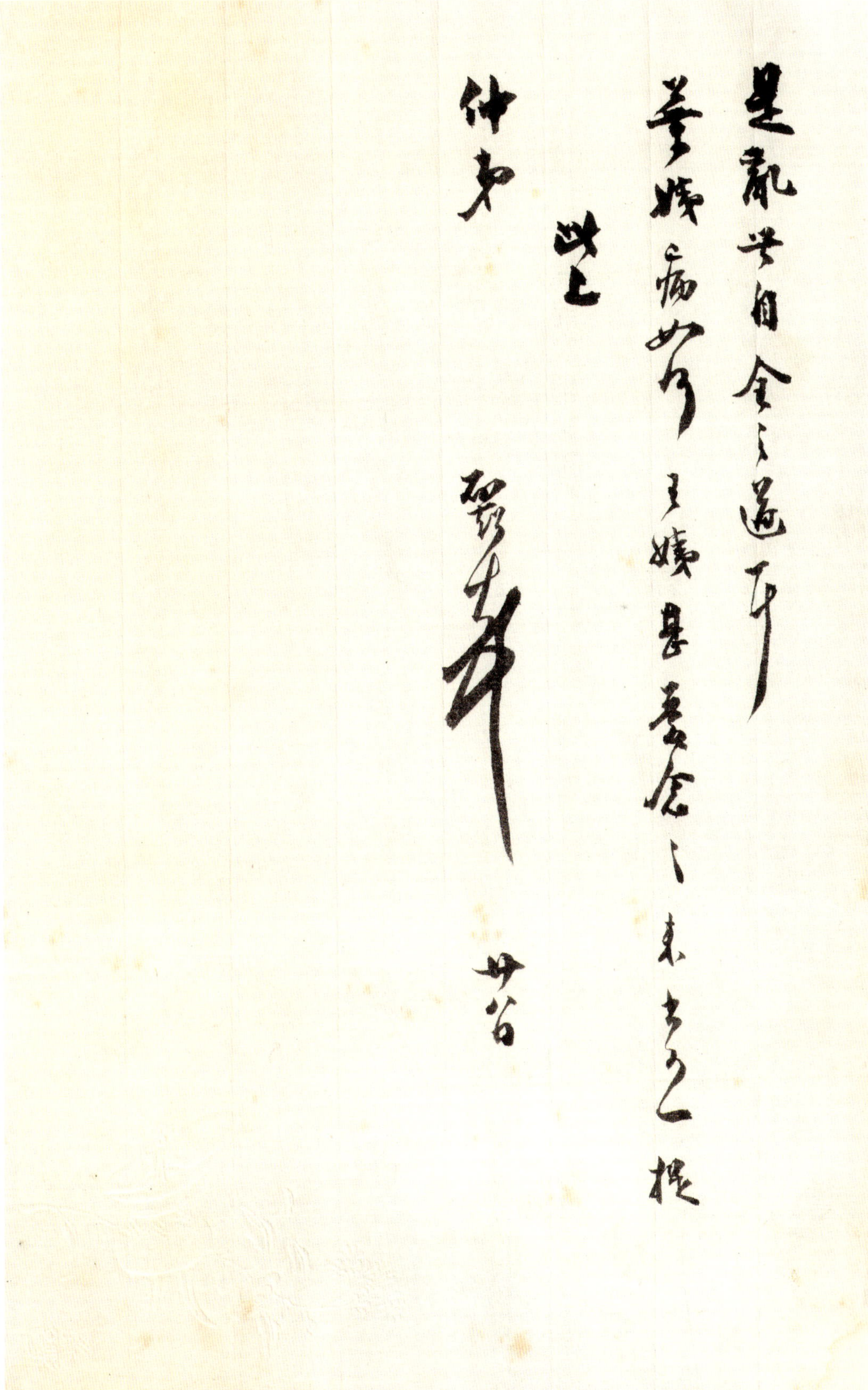

是亂世自全之道耳。

姜姨病如何？王姨甚念之，來書乞提

此上

仲弟

啟超　廿日

二〇三、一九二七年十二月三十日

里那東家寧上，他們自己雖極清苦，替我營業卻大好。除已賣收到三千六百餘美金外，手所未賣出之股份照最近行情市價約值美金二萬八千餘，比原買價一倍以上矣。此稍足相慰者。日來以債券漲不寧。即前所換出已恢復以前頗念重要的東舊著文獻發生是「無理由」而底又令罷之不理會。此上

仲策 超

十二月三十日

二〇四、一九二七年

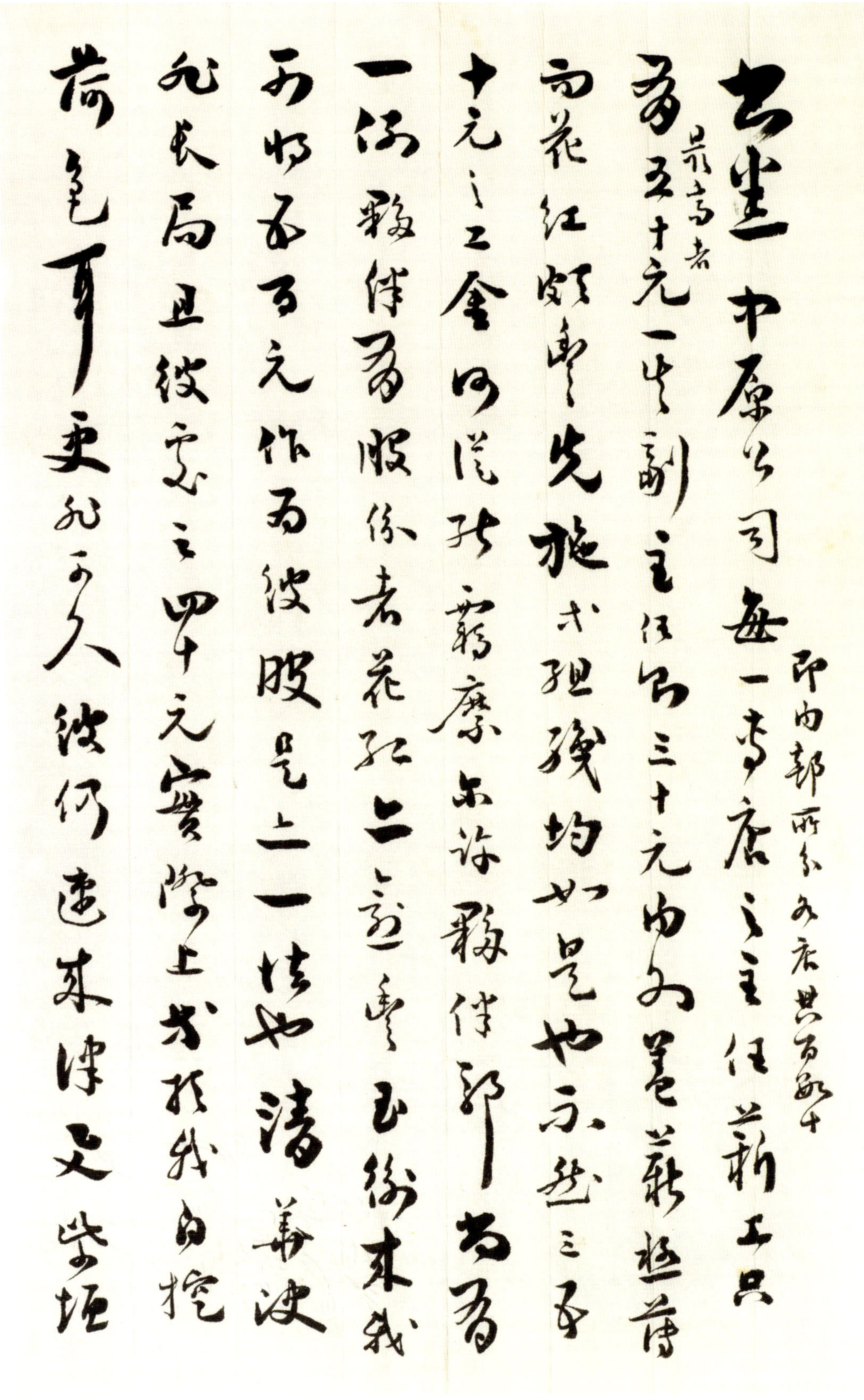
先生：中原公司每一商店（即內部所分各店，共百數十）之主任薪工只有五十元（最高者），一些副主任只三十元，中多是兼薪，極薄，而花紅頗優，先施、大新殆均如是也。亦然，三分十元之二，全以從孫（?）職，摩亦許職俸即為有一俟職俸有暇，從者花紅二之遞奉，正俸未我兩收有百元作為彼股，是亦一法也。清華彼兄長局，且彼處之四十元實際上出於我自挖荷包，更兄亦人，彼何速來津，又堅拒

一念明確定為法再達以為人心壽世
該以自華嚴互印證雖人難也此復
仲弟
啟超 十二

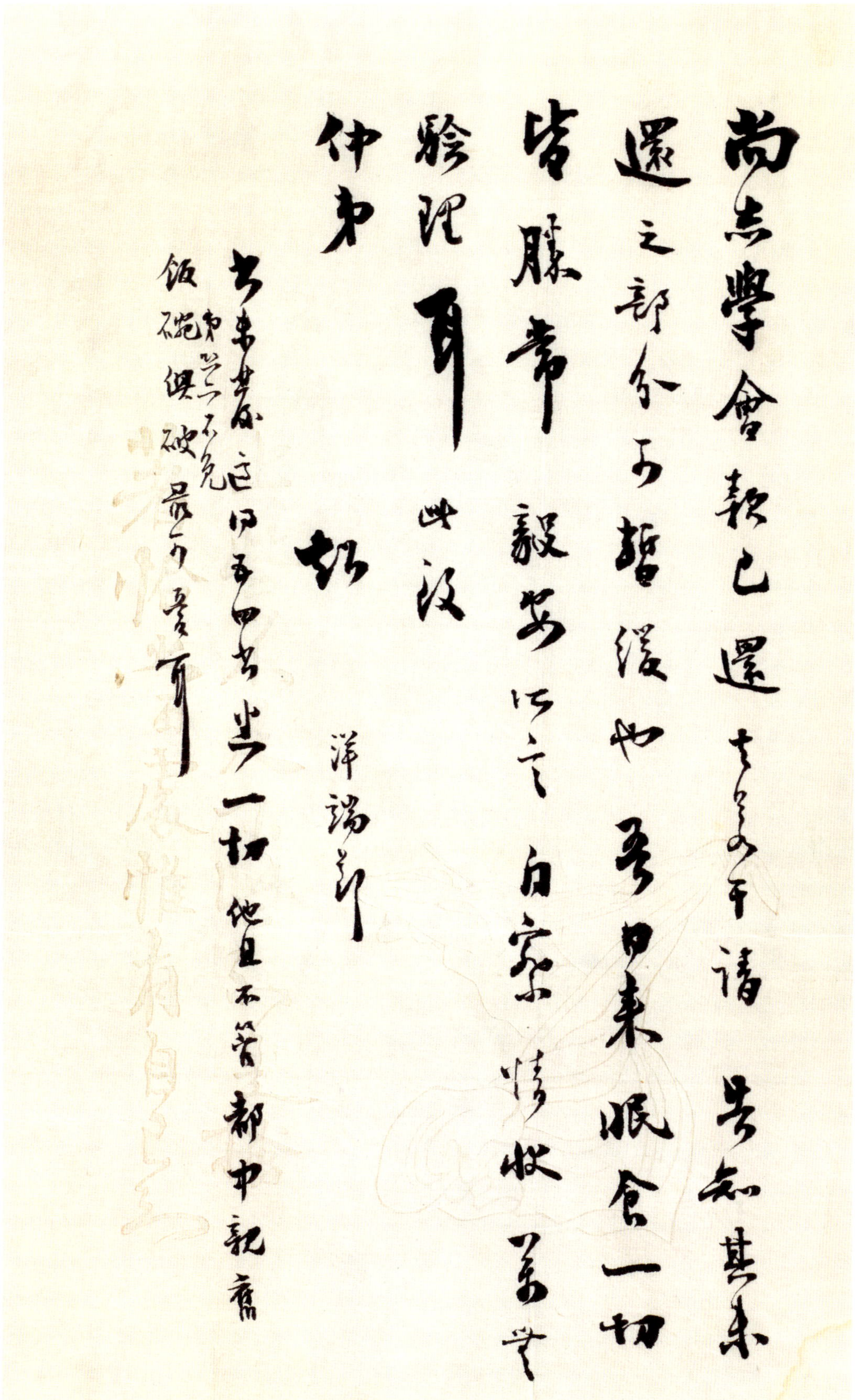
尚志學會款已還，去年四千請告知其未還之部分，可暫緩也。吾日來眠食一切皆勝常，毅安以下自家情狀萬望驗耶？此後

仲策

切

洋端郎

去年薪水已由吾四出些一切，他且不管，都中親齋飯碗保破，最好吾有東堂不免

二〇六、約一九二七年

仲弟 十五書悉 昨一函寄
弟與校如 想達 新章程已寄
到 荒唐已極 其要點略如下
一削除獎學金 二收學費 三增加
許多科目（亦有刪減） 四學長由部延聘 五
校長聘教員及任用事務員 皆
須經各該學長同意等等 要
言之 此章蓋可使校長除吃飯
睡覺外毫沒自由權 而學生

撥星趁一入都之印不必改立

爰出請　弓茲告君將羅留

精儀不代七日閱批以姚進

設々想像倣不兔印妙比而妨

又託璽數日好在去焦久決進

至小集可題也　校好是六想必

來一切當面商定尊軒意

叩請　平甫代甘用　筆一以製

儷晉好　手泐復請

大安　啟　十六日

二〇七、約一九二七年

季常式求狂詠每今日改程睇

作才快可座告了多下

一餓半飯說羅巨東一步一步東二步

永將小詩大聲至君館尊學前派

称波下浸浅未知面波

一中川勝服仍挽生花之圈 康巳

大學以了去人生勸之人…

一函衡子已發一書重託胡霖生因
彼已來南京通郭要人也但閱南
郭欠之薪費之更於以何著之意
任公頓首

飲冰室尺牘

一、璨來時原帶文物如下　一、頌園所

臨大觀一軸　號碑石帖第一件在冊

長街寓外房中　一、佛學書四種 日文

于種在法華

一、請代印思順信封五十張 大號澤民其長度可裝 其封

本函（即此函）不消疊摺者

徑寄上

一、梁帶來書目四冊人文至

廣西路華捷已收東平路之

此上

仲策 [illegible] 廿八

飲冰室尺牘

二〇八、約一九二七年

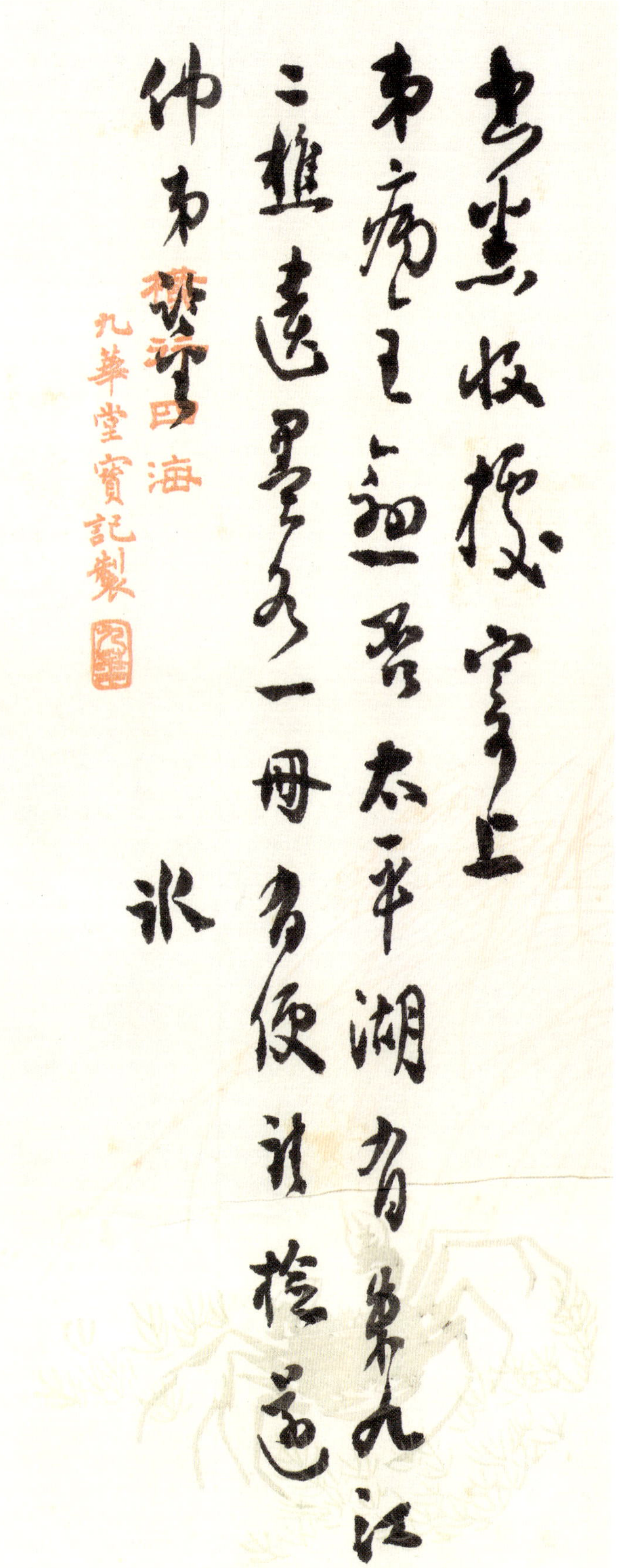

書悉，收撥寄上
東甫已細過晉太平湖有集九江黎
二樵遺墨之一冊，有便請檢還
仲弟　冰

二〇九、約一九二七年

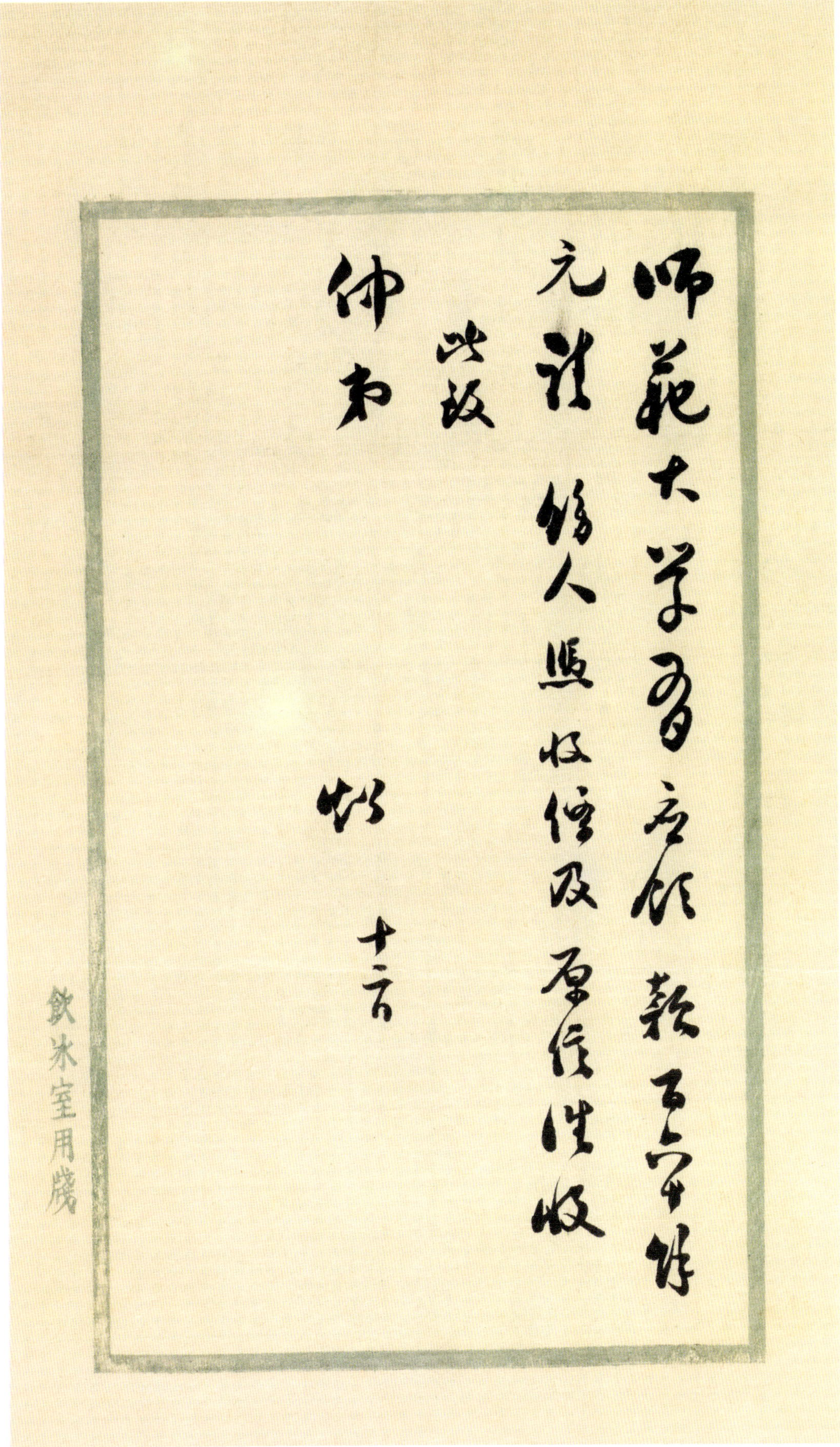

師範大學有應領薪百五十元，請飭人照收，信及原條併收。

此致

仲策

超

十六

飲冰室用箋

二一〇、約一九二七年

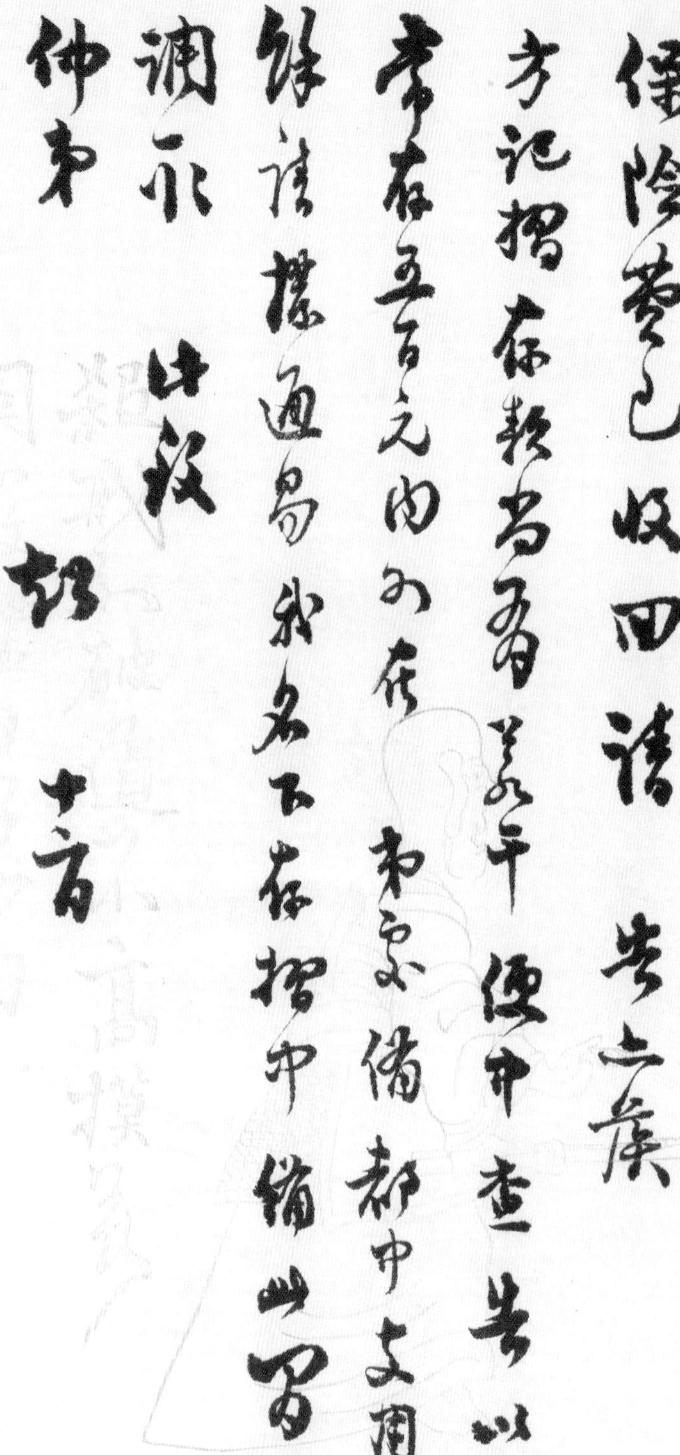
請正五千元与正衡先生康
保險費已收回，請
方記摺存款尚有若干，便中查告，以便撥
常存五百元內外，存東京備都中交周某
餘請撥通易我名下存摺中，備此間隨付
瀾示 此敘
仲弟 超 十日

二一一、一九二八年三月六日

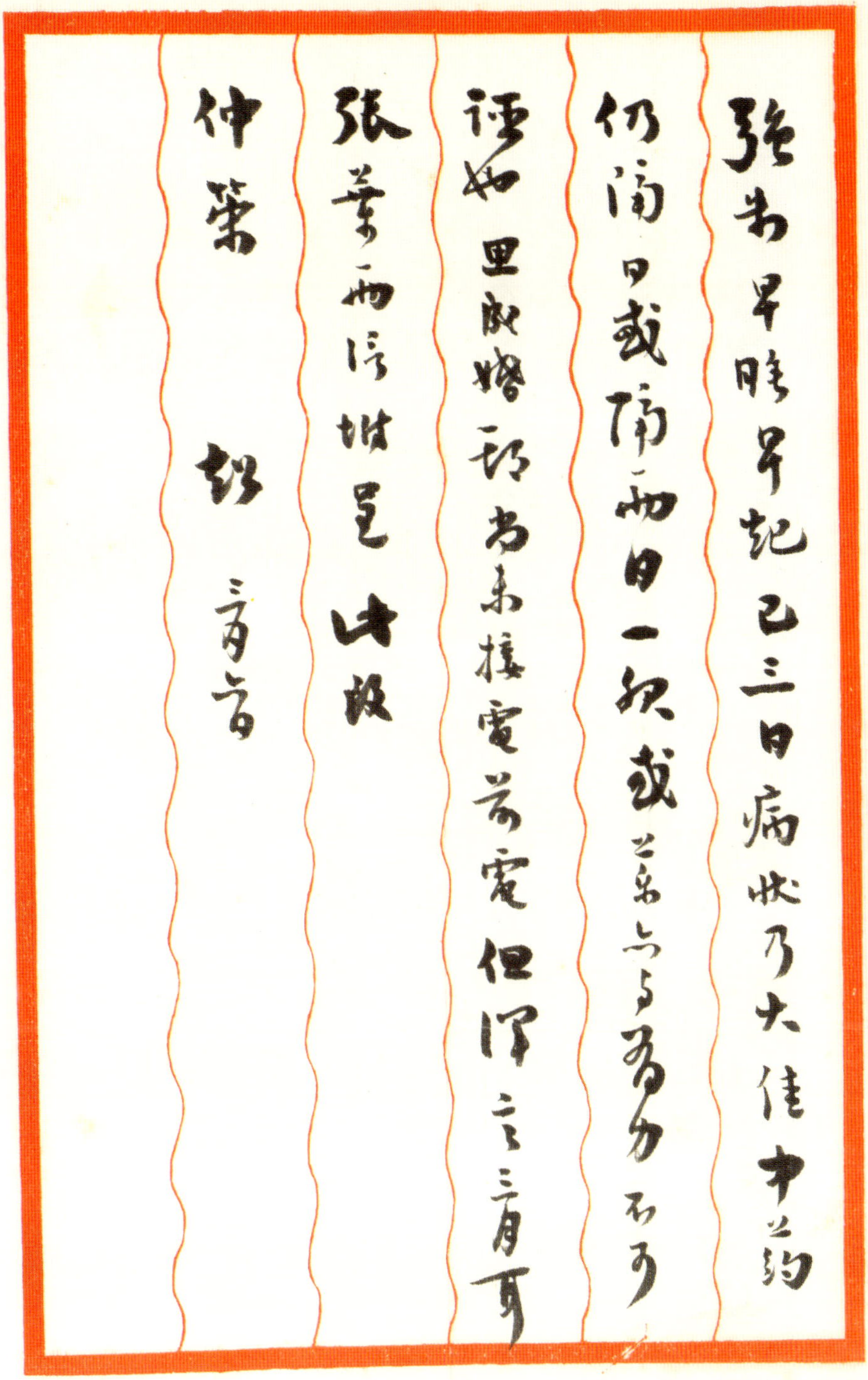

二一二、一九二八年三月十四日

六侄媳婦女有帖來，請代送禮券四元爲一份，請並書。股息共收幾多少，請以某日見（示）。

送西局成芸到方良

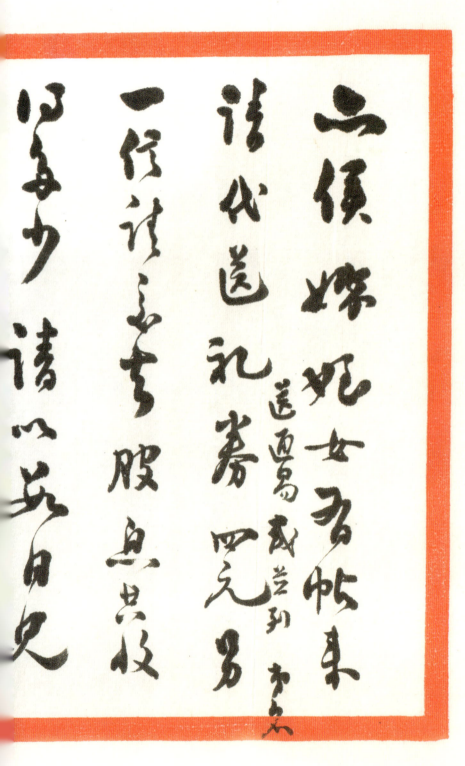

大結婚已有電來要
十日來早睡早起六
好中藥仍每日一服
此告
仲弟
啟超　十四

飲冰室用箋

二一三、一九二八年三月二十三日

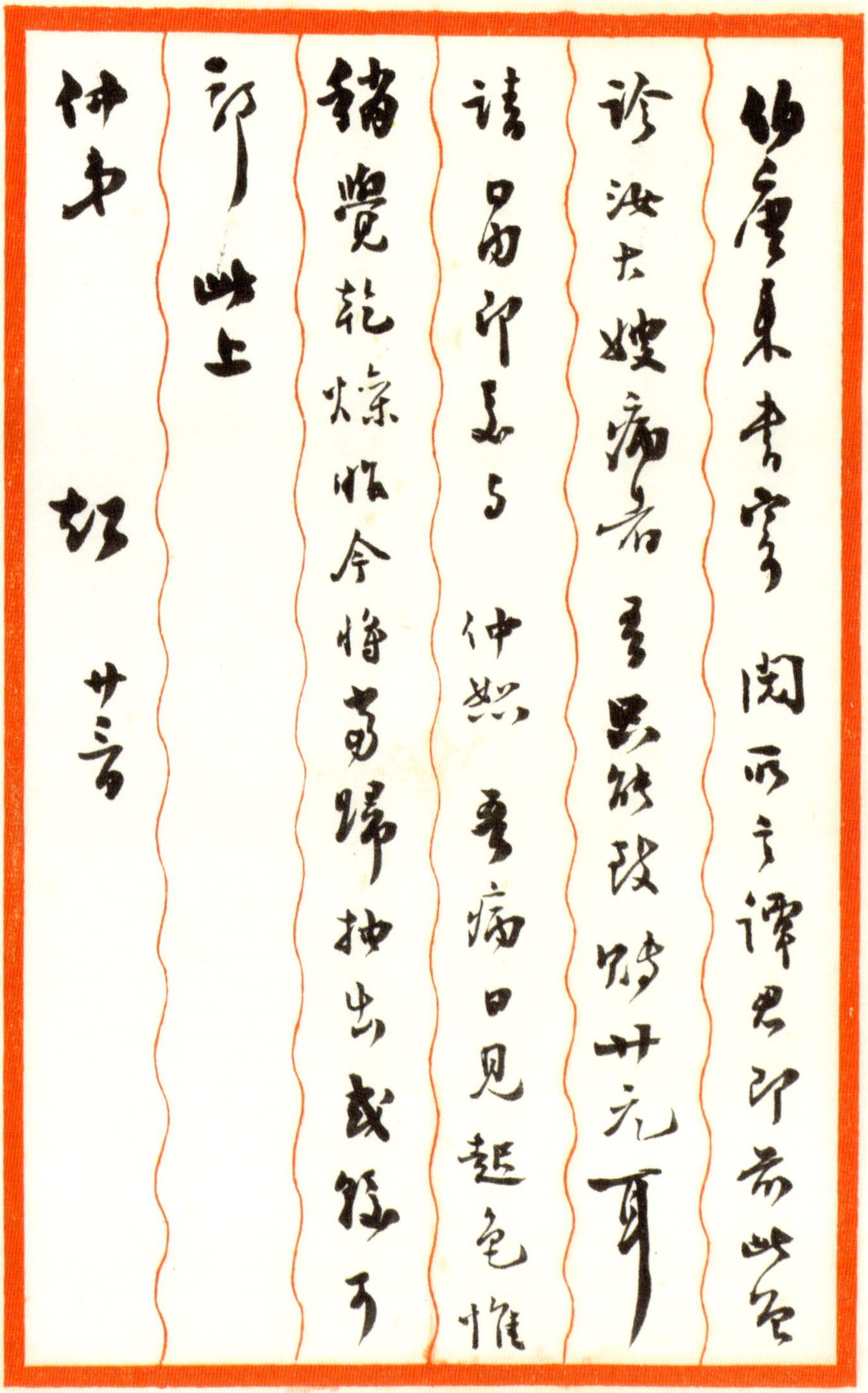
仲策來書寄閱，所云譚君即前此為診汝大嫂病者，為思能設法贈廿元耳，請爲我即寄與。仲然舊病日見起色，惟緒覺乾燥，昨今將舊歸抽出，或餘可即此上
仲策
超 廿三

二一四、一九二八年三月二十六日

周養庵送來古物陳列所（四殿之）諮議之聘書

請留家中。寶家來借此券取去發照

之一工具耳。手續若何，尚須與鈞任（新部長）商也。

此上

仲弟

啟　廿六日

淳菁請補之箋紙請交蓬玉堂帶來

二一五、一九二八年四月四日

[illegible]衡南下，實未白查船期，並預備一切，彼家張東蓀是法

題述，樸守北京，恐是死談也。手痛

自我入京後日益見好，勿念。

仲策謹 啓 初四

二一六、一九二八年四月十八日

親家玉衡先生（玉衡兩次失南中機會，亦可惜，現已無能爲力）此間飯碗皆無從索，望宜速摒擋回粵，自閉閑居，勿復倚賴一切觀望以自誤。一切屬燦面詳。此致

仲和

超 十八日

二一七、一九二八年四月二十三日

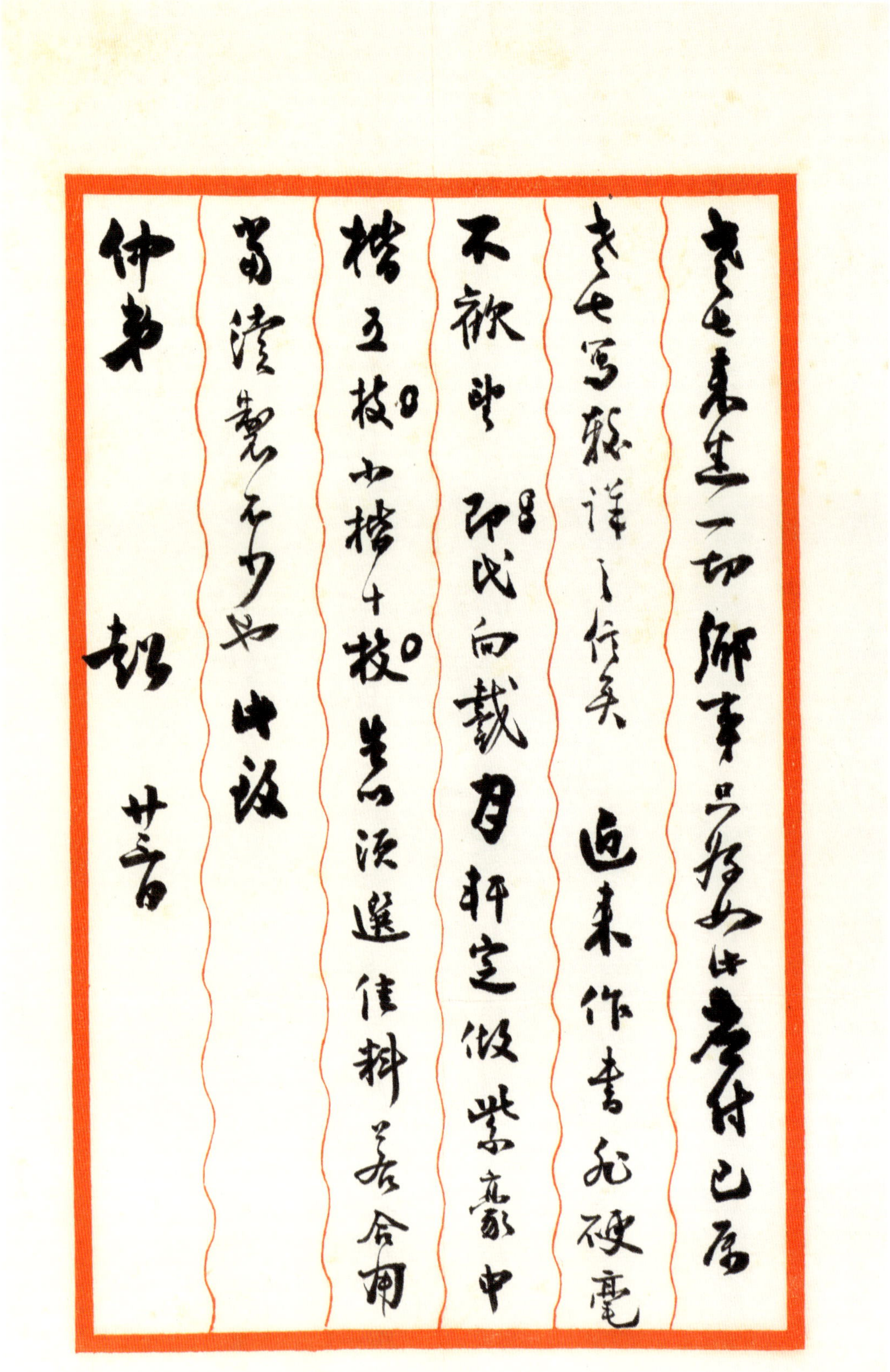

書悉來書一切聊事只好如此應付已爾
書已寫頗詳了了行矣近來作書私硬毫
不欲軟。可代向載君拜定做紫毫中
楷五枝。小楷十枝。告須選佳料善合用
寄讀毫不少也此諭
仲弟　超　廿三日

二一八、一九二八年六月前

代印信封面寫
北京清華學校梁緘
勿寫北京二字

飲冰室用箋

二一九、一九二八年五月二十三日

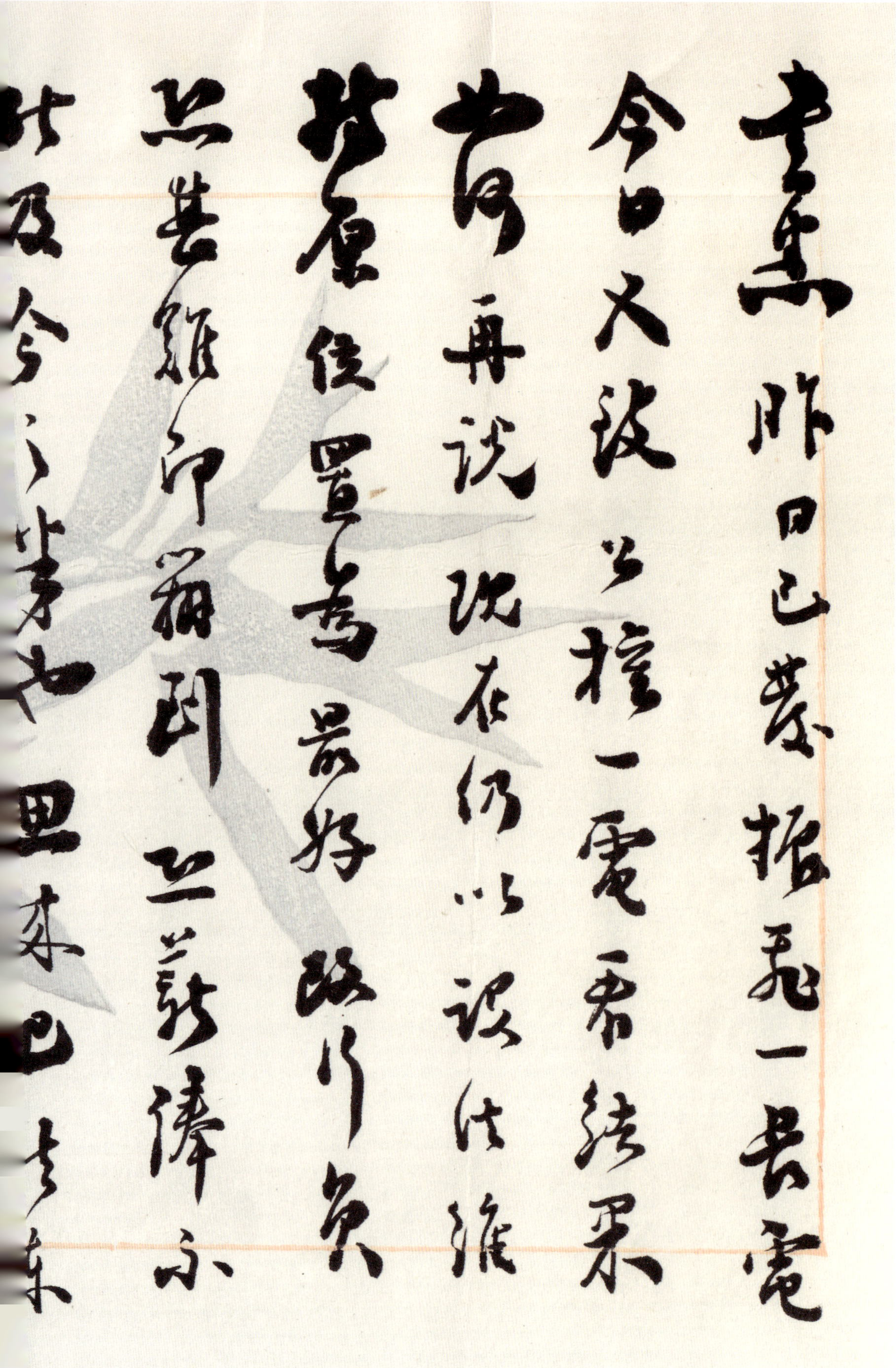
書奎：昨日已發掛號一長電
今日又收汝[illegible]檯一電[illegible]結果
當再說現在仍以說法維
持原位置為最好路仍負
只甚難[illegible][illegible]到 [illegible][illegible]亦
此及今之北[illegible]也 思來已[illegible]

此學派為吾儕任一生七年底
到津此復
仲策
超 廿三日
四行所定不易，第多數未能通過
再議之，屆時乃須乘手御加之書哉
可為之助耳
院中請留意謀機會售書，新舊圖
城哉為通內書也

二二〇、一九二八年六月三十一日

南中來郵[illegible]欠薪請辭，近聞季常[illegible]

[illegible]住所欲不令有[illegible]元[illegible]去[illegible]即不欠

[illegible]每月三十元（現睹絶不[illegible]但我所宜[illegible]上不過我每月給[illegible]必不能久）正[illegible]白波出此

[illegible]死路，不如廣東者有路多矣

[illegible]腸胃病亦已全[illegible]但[illegible]（近安[illegible]）

不寐，身體日弱，[illegible]病[illegible]藥極可厭

廿六日[illegible]回來[illegible]，又新[illegible]回來，靜養期間飲

食游戲，[illegible]多人來一時無動，我甚[illegible]

仲策[illegible]

三十日

二二一、一九二八年九月十五日

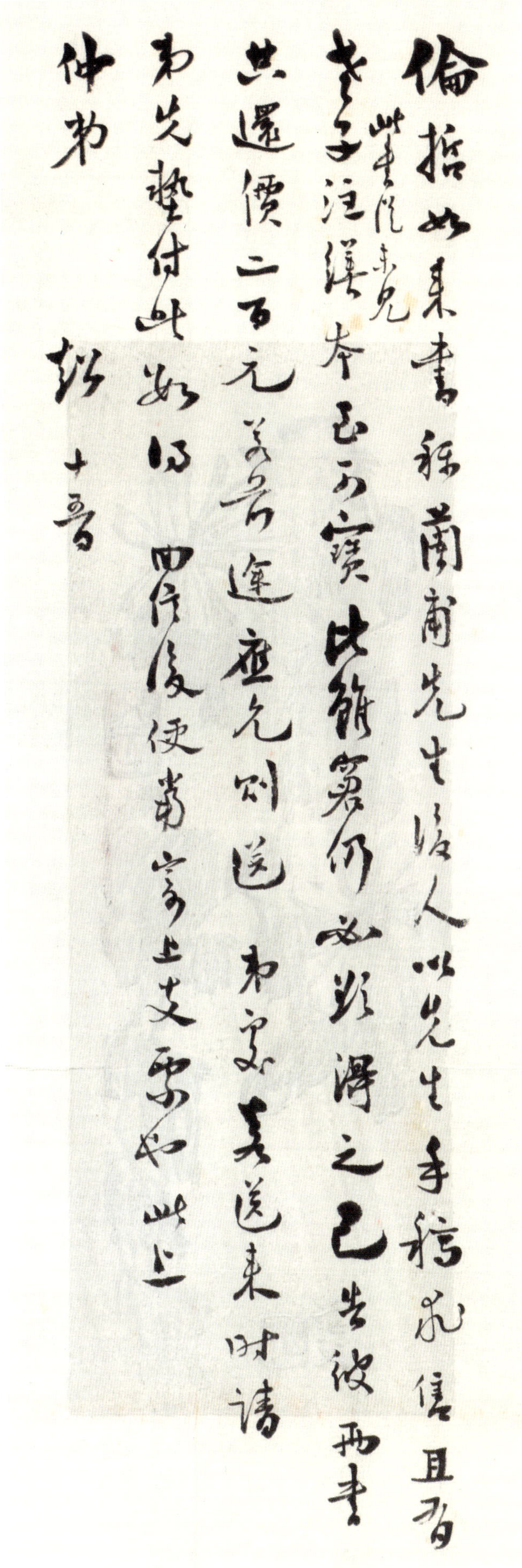

倫哲如來書稱蘭甫先生後人以先生手稿亂售，且有東塾手注漢書（此書從未見）本，正可寶。此能覓何必蹤得之。已告彼兩書共還價二百元，若肯遂讓，則送南寓，其送來時請南先墊付此款，因四行後便當寄上支票也。此上

仲弟

超 十五日

二二二、一九二八年十月八日

支票三百元寄上，除開支外，請留待能用
療之什九，但所擬於出昨又試寫小叢幅
計啟 奠之乃果次要說稅，忠鄉請印代辦一
通易股票存在兩月，機形出來，向興業化爲
抵押品（寶）透支五千元之契約，此乃潮和在渡已（星初郎在通易抵借）
與檢和號要說過，云可照辦，請託季常與江（但用者兩月股票抵押爲行例所不許）
卜葉商一取消，取消後契約紙由 弟代簽字（簽名字律簽字也）
最要了

此上 仲弟

啟超 十月八日

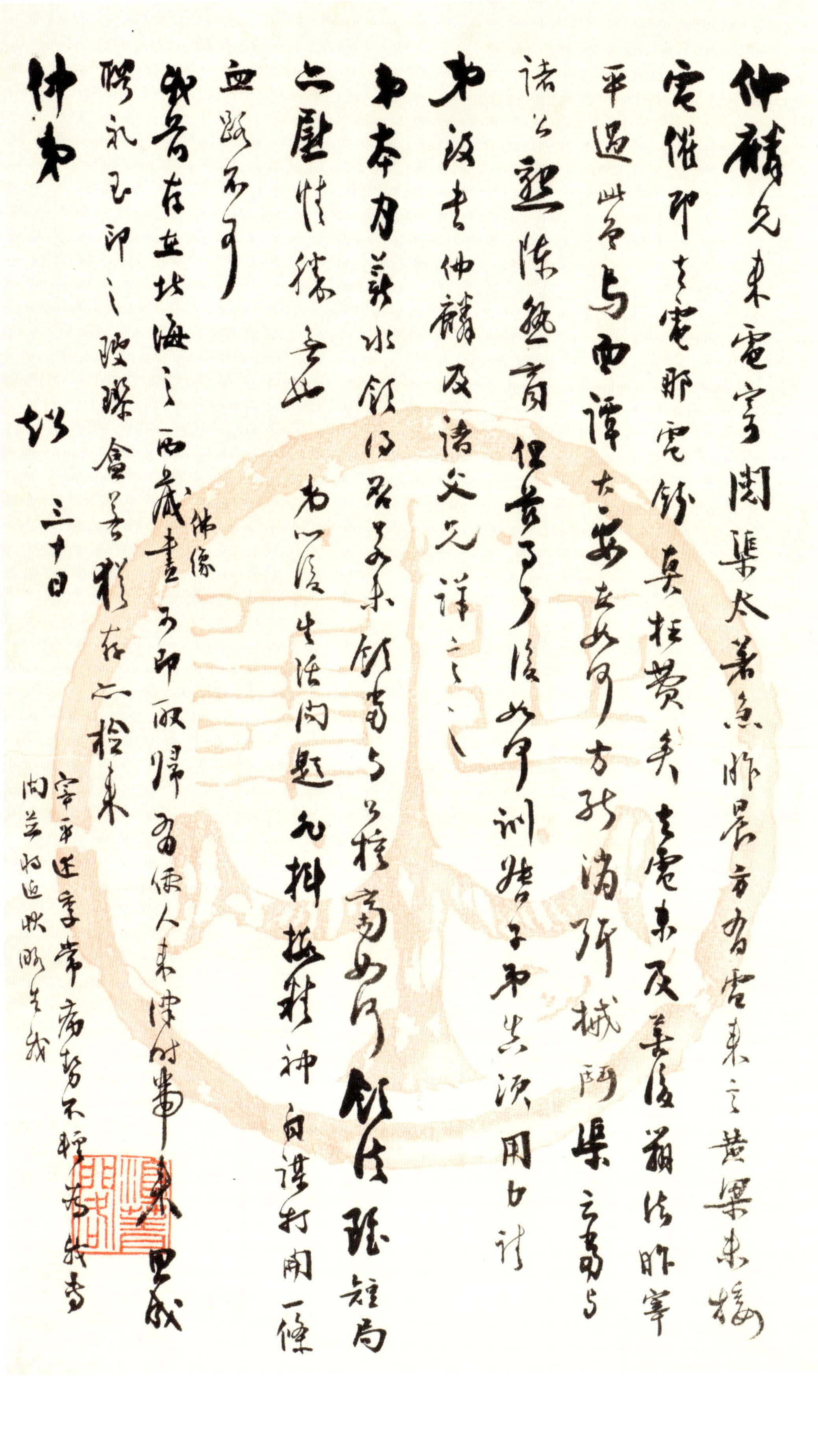

仲揆兄來電寄閱，渠太著急。昨晨方有電來之黃梁來機
定假即去之電飭[illegible]柱贊矣。去電未及並復籍佐昨寧
平遇此事與西譚大安，去如何方能消除隔閡，渠亦可與
諸公超然無隔。但有了後如何訓練子弟出路，須用何計
弟復書仲揆及諸交兄詳之之。
弟本月兼冰飲日至南來，飲寓與至稍為如何。飲冰張旋局
之厭情緒急也。弟以後生活問題，九料精神自謀打開一條
血路可耳。
我前存在北海之西藏畫了佛像印度取歸，留便人來津付與思成。
隨孔王印之璣璐會等稍存之檢來。
仲弟
兄 三十日
宰平近來常病甚不輕，殊可念。
問並問近狀明生我

二二四、約一九二八年

圖章託板如常上海

「滄江」一枚覓不著又

「藝蘅」館之一枚似亦

原物 原物已尋覓不得 但用其一 請另行

[illegible]

爲也

啟超

飲冰室用牋

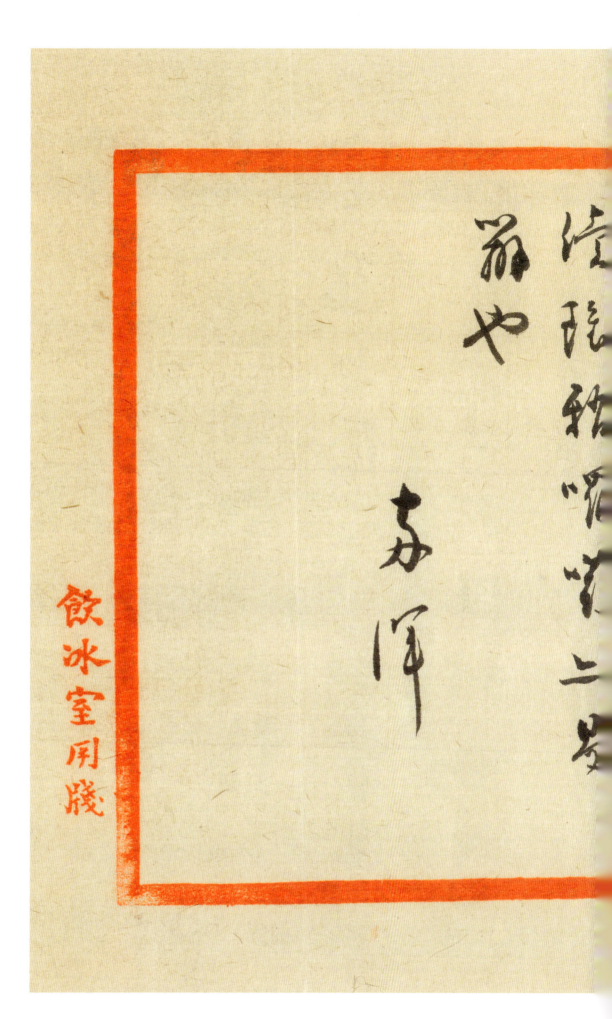

此書不以為外所通見

文家一紙寄上恨不

實通而存報為書安

如我矣而於此付吻也

弟發也北後事虞夫

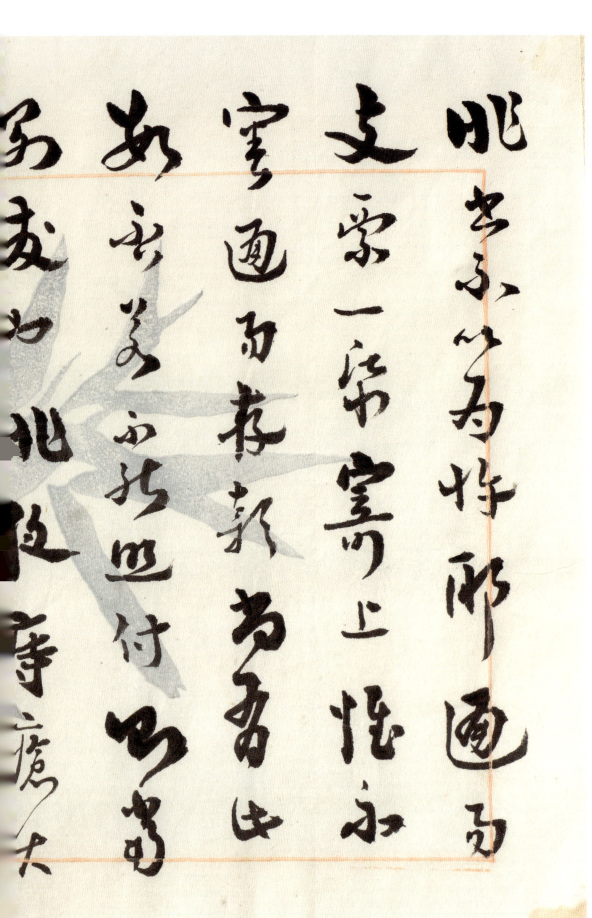

夜深作手三件共者

示報緊及以便耳

也上

仲弟　超　廿五日

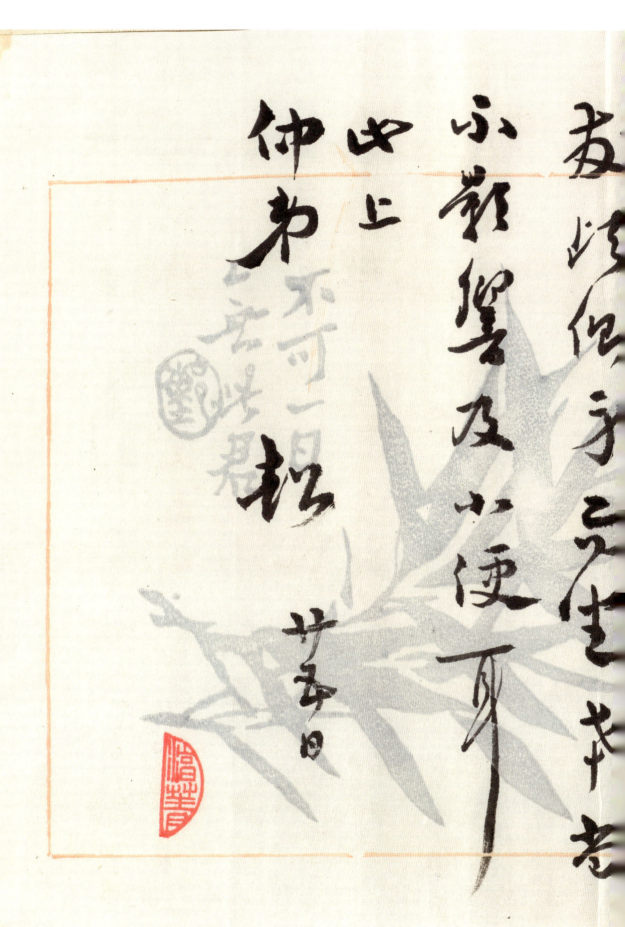

不可一日無此君

二二六、時間不詳

仲策鑒：去忠京報近日論調太離奇，據此間所聞，碟已受府中五千金，且友仁就顧問職，月八百元云。雖未敢具信，然其態度實不能不予人以可議。即使僅為一黨該派所利用，則亦危險已甚。為柳阿來，豈不可，但柳阿安能支配友仁之意思者，僅為彼作寫字機冤，則又何必。且前此閣內

分共指京於吾我機關而我之意見無不能

支配彼黨前變累已不少 柳溪與我關係

之深天下共聞 若就此席 機關於之說命一

徵密則代人受過甚至所不安其已也此意

已屬潮如而告 弟謂如 友仁一定不武

吾輩和紀祖繩樹錚鐵濤派之可聯便甚 友

以友仁爲君愛斯則宜必友

令希哲轉告忠告 若彼誠能降附 御一切句

誼忠告之彼若能自修必可藉援手耳

為人利用也 吾決十五返港 十六 並聞

啟超 十日

二二七、一九一六年三月十八日

父親大人膝下 敬稟者 兒現在海防明日便入廣西應陸將軍之招也初八日過香港因行蹤須密故不登岸又慮

大人驚憂故不先稟告今 兒不久到廣東矣侍奉之日在即謹先以數語報平安並請節

慈念 肅此敬請

福安

兒宸叩稟 陽曆三月十八日

二二八、一九一六年四月十五日

父親大人膝下：兒現在梧州行營，約明後日便下肇慶。粵中各界雖竭誠歡迎，然人心難測，故吾節節進取，必須俟前隊兵力集固，始行前進。自聞海珠之變，此間益加慎重，必不至立於險地，請紓慈注。肅此敬請福安。

兒啟超叩稟 四月十五日

二二九、一九一六年五月十八日

父親大人膝下：敬稟者，兒在軍中一切安善，請紓慈念。粵事糾紛，頓難解決，日內或遂旋軍返桂，不復來粵矣。兒無論在何處皆知謹慎，在桂軍中并無一失敗，乞安心。此請

福安

兒宏叩稟 十八號

二三〇、一九一六年五月二十三日

父親大人膝下　兒十六日由港起行廿一晨到
滬途間甚安現住處尚未定仍暫借
寓友人家再日內須一游日本或往浙
江現事勢日順大局或便可解決兒一切
起居飲食皆格外慎重望
慈念　此請
福安
兒　啓超叩禀　五月廿三日

信封一

舍弟仲策親啓
廣東都督府緘

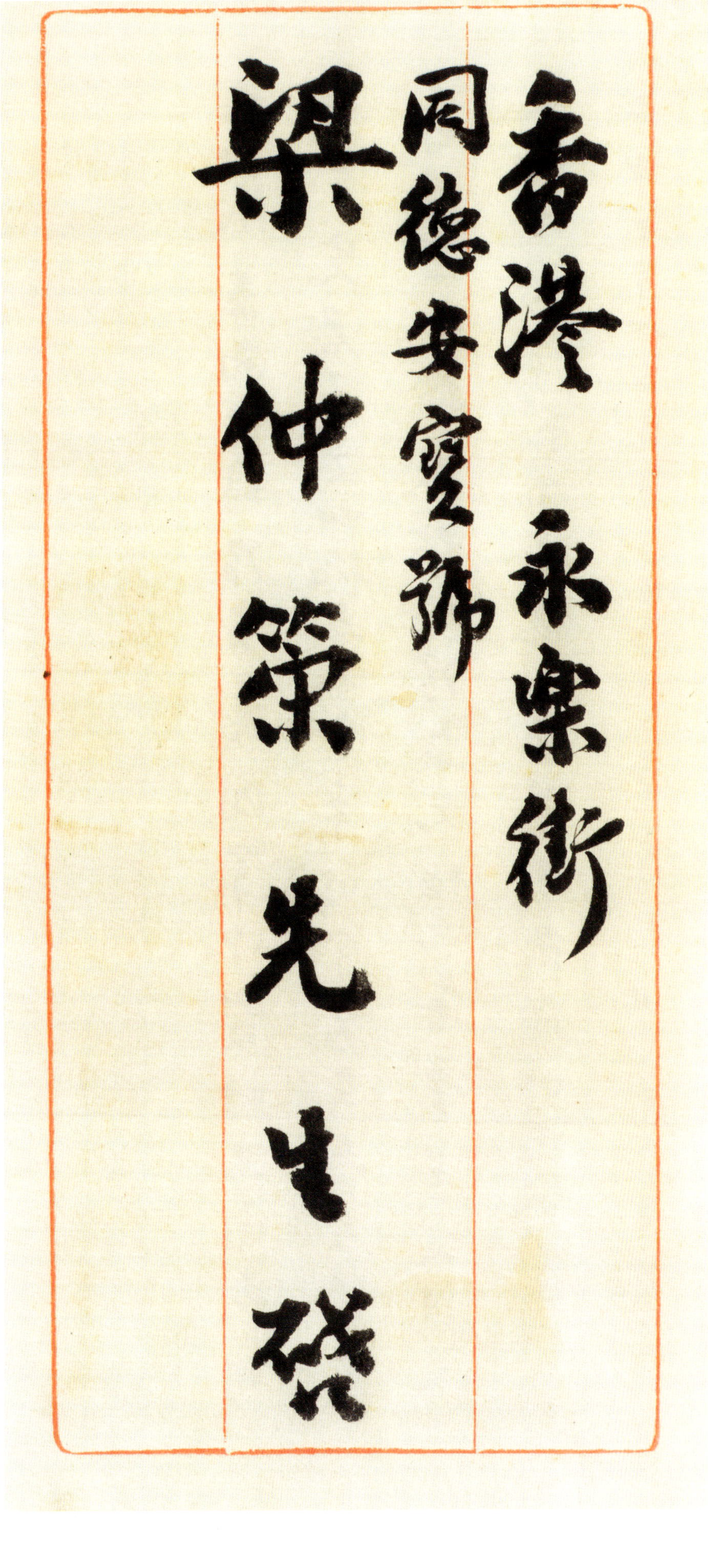
香港永樂街
同德安寶號
梁仲策先生啓

梁啟勳跋

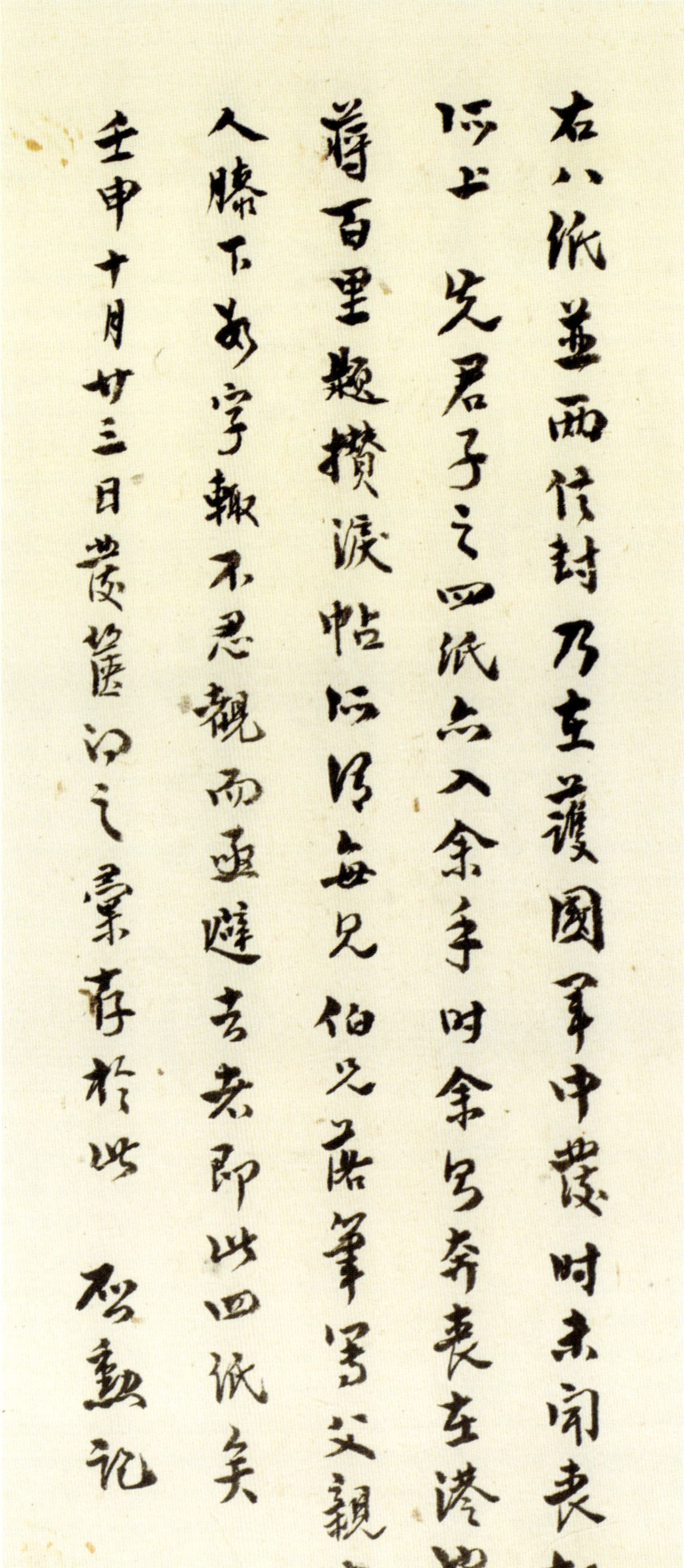

右八紙並兩信封乃在護國軍中發時未聞喪即
係上 先君子之四紙亦入余手時余尚奔喪在港也
蔣百里題贊淚帖係得每見伯兄藉筆寫父親大
人膝下數字輒不忍覩而亟避去者即此四紙矣
壬申十月廿三日發篋得之彙存於此 啟勳記

二三一、一九一五年六月十九日

往杭住三日，十七日返滬，時尚決赤眷對絕家事復變故，不出心緒之惡不可言喻，幸吾尚能自寬解耳。一時不能北歸，汝當安心持家。家中存款尚足支我暫時生活，我到滬即寄二孫。

湯家匯桂林款當時即發兩電，想中途浮沈，可即還之。

冰 十九日

二三二、約一九二六年

吾病不輕但決無礙須入協和欲汝歸
侍領館費無著久賠累亦非計調部
何如覆若歸莊宜入美電千金系給
莊等

二三三、一九一五年九月一日

大總統鈞鑒：敬肅者，啟超伏櫪秋暑，臥病逾
旬，久闕覲瞻，空勞孺戀。近頃變更國體之論
沸騰中外，啟超愚戇之見，以為茲事本已極危險，
時機尤最宜審擇，今之謬倡異論者，徒見其
利，未計其害，輕於發難，實恐搖及大局，竊不敢
有所瞻忌，輒為一文，擬登各報，相與商榷匡救。謹
先錄寫敬呈
鈞覽。啟超當此文屬稿之時，痛楚不能自制，廢
然思輟者屢矣，猶念受我
大總統知遇之深，苟心所謂危而不以告，殊non
古人以道事上之義。孟子曰：齊人莫如我敬王者。

此文竊附斯義而已。伏希 我
大總統宵旰之餘，
俯垂披覽，如其有間一二可采，乞憑
台慮以定羣疑，製刻呈致麈頌及驅嘗之報
採。扶病搆咽，言與淚俱。并請
鈞安。伏惟 手泐書 九月一日
矜鑒。
附文稿一篇
鑒

□公集琅邪刻石殘字制牋

二三四、一九一六年五月二十四日

梁經先生鑒 別後惘惘 廿一抵滬 小野同行
本擬小住三日即東渡 既至乃審此間人所相
視者何如 蓋不問派別 萬喙一聲 同尼其行 因
此旅滬日人亦生驚沮 僕非敢負 公誼責然事
務既不許 默默而已 要之 僕千萬死罪 在既鑽營
作都參謀 又鑽營作政務委員長 猶不知足 復
鑽營羅外交 怙權貪位如此 罪浮於袁世凱 宜也
僕之志事 數月來不肯語人 前在廣州鴻門宴

席上叢憤之極無意流露謂我氏名三字爲利用
焉而又以有益於國家者隨在[illegible]可供人利用矣所
頗惜若處吾擠奪某人某某之實權實利計乎
弟放心更死惟志願不及此即才力亦不逮此也此字即
泉在席間親聞之至於攀慶鑽營此兩美缺之
醜態攀慶諸賢亦共見之今袁逆已殯殮家中
枯骨賊亦在旦夕胸中抑憤亦已冰減擾攘中國了自
有人在　僕　可以證此辭矣著志雖中學極久而未

咸令晉署手惟袁逆一日未去國則我民三字仍一日甘供利用決不肯愛惜毛羽而授敵以瑕此所以報國亦所以酬　公也

只有各求所安行矣自愛勉旃南雲瞻望何極

諸賢同候

啟超叩頭　五月廿四日

二三五、一九一六年十二月

華帥惠鑒：王君殊魯也甯返滬，具述

我

公憂國之誠，慮事之周，欽遲無既。今日

國命若涉大川而遇暴風，且觸處皆

礁石，惟賴我

公與段芝老一持針盤，一把船舵，精

心定力，不搖不懈，庶或有濟。

兩公識肯任此鉅艱，貫徹初終，則

啓超

所能收者決當惟力是視也本當即趨

晉承

教但守制百日屢向人宣言忽有他行及

諸疑議俟須一月後始克奉諭遺憾何

如徐君佛蘇陳君國祥皆生平摯友而

於政黨情形最熟能代表穩健派之勢力

佛蘇尤為東海所器重今特託諸[illegible]

晉京謁商榷大計也

上海九華堂寶記製牋

推誠接洽兩君所言皆啓超所欲言也

手此奉白即請

著安不宣

制梁啓超手啓

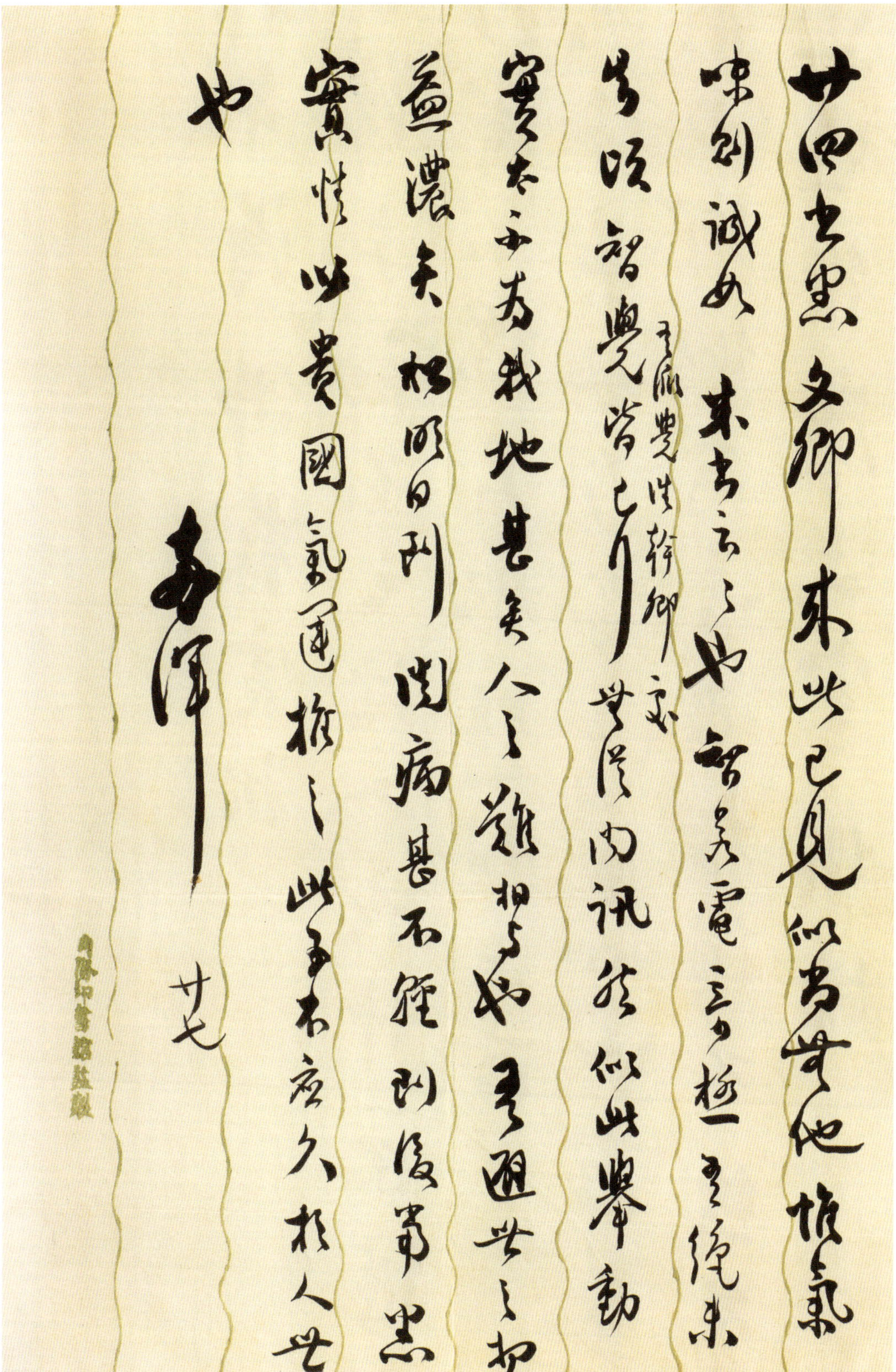

廿四書悉。各卿來此已見，似尚無他慎氣

味，則誠如來書云云也。智弟電云云，極言絕來

者頗智覺（或處覺性格卿云）皆已覺，從內訊於似此舉動

實太不為我地，甚矣人之難相知也。吾過無之也

益濃矣。我昨日到閩，病甚，不能到，後事甚

實情，以貴國氣運振振，此事不應久於人世

也。

啟潭

廿七

二三七、約一九一六年

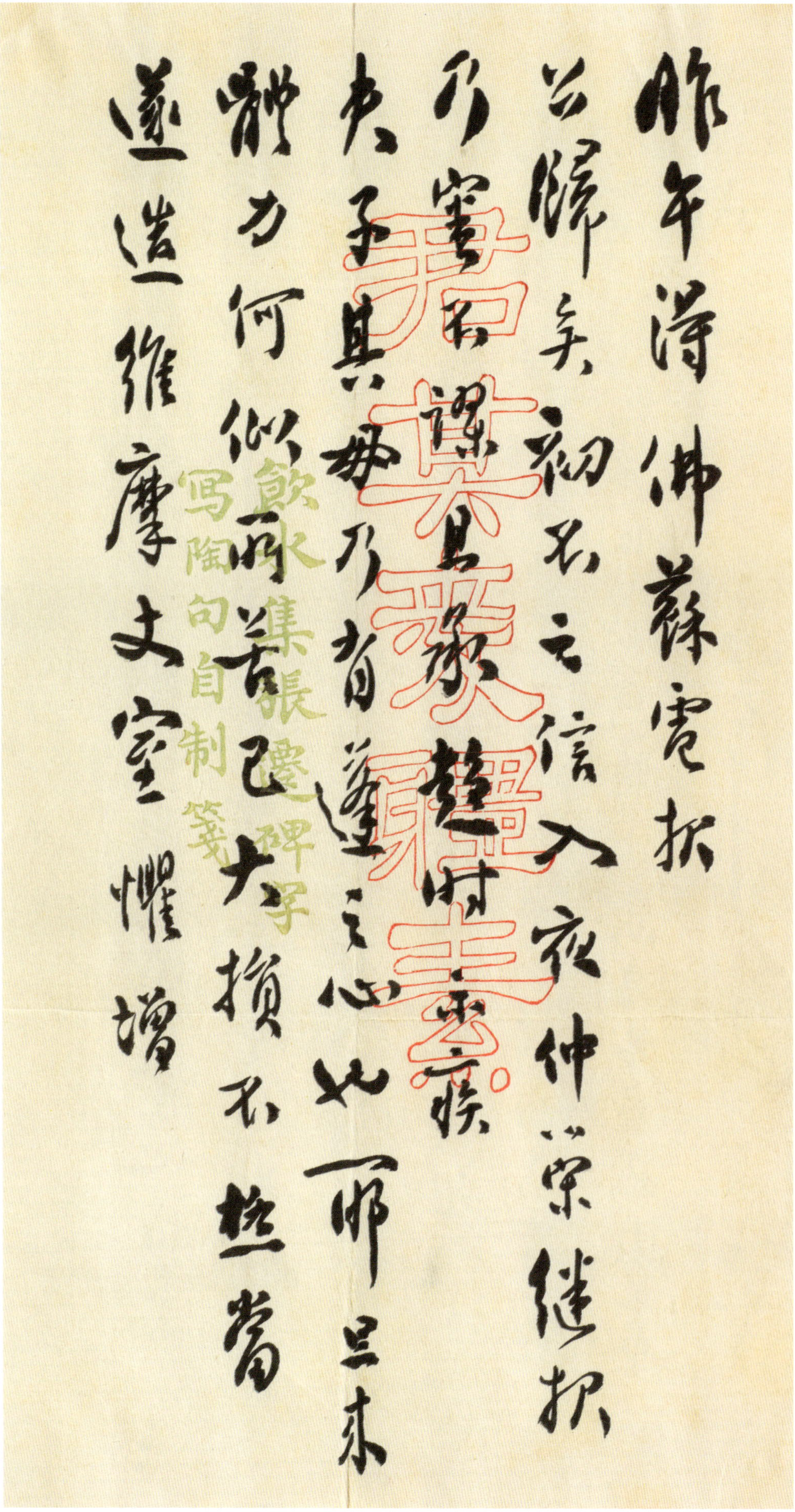
昨年得佛蘇電報
公歸矣初不信入夜仲策繼報
乃實不謬且承[illegible]時[illegible]候
夫子其毋乃首肇之心也一耶呈未
贊力何似爾言已大損不堪當
遂造一維摩丈室懼增

飲冰集張遷碑字
寫陶句自制箋

勞頓，輒手發所消息，若任宴

坐譚笑者，晡後更當瞻奉耳。

未聞。惟倍慎攝，不一。

荷广足下

啟超

君其愛體素

飲冰集張遷碑字

寫陶句自制箋

二三八、一九一九年七月一日

汪林總長請轉南北當局諸公：

和約拒署，表示國民義憤。若徒
人意以外，交方益艱鉅，全國一致
對外，備有滋猶懼不濟。若更
擾攘分崩不已，何待？啟超在歐數
月，每遇彼都人士以內亂情形相質，
則若芒在背，不知所對。外交失敗
以來，相冀愛者咸冀我國因此
刺激，速弭內訌，以圖外競。乃迺
我者得以昨日今滬議者無續
耗，大局愈趨混沌。循此以往，豈惟
今茲所失，規復無期，竊恐有人藉
口保安，抑且相壓。愛我者亦無能
為助。中國今日如重洋遇颶，遠援

無補，出死入生，純恃自力。若
更操戈舟中，只有同歸於
盡。當此存亡絕續，有何嫌
怨之不可捐，有何權利之後
可爭。諸公之明，當見不及
此。伏望本熱誠交讓之精
神，快刀斷麻，迅謀統一，合
全國智力謀對外善後，則
失馬禍福，尚未可知。若猶長
此蕭墻之爭，結果只同歸
於自殺。國家固已無，諸公亦
何樂焉。萬里驚魂，無淚可
道。伏惟矜察，以惠我民。梁
啟超叩。七月一日自倫敦

CLARIDGE'S HOTEL,
BROOK STREET, W.1.

二三九、時間不詳

啟教

虎臣表弟擲

最託

特急

九江孫聯帥勛鑒：久仰盛名，恨尚

虛良覿，望風懷想，與日俱長。頃閱

報，載有南昌心遠大學校長熊君

育錫因嫌被逮，事不審確否。啟超

與熊君交僅一面，然夙知其學問道

德迥出時流，在贛努力教育垂三十

年，成就人才不少，生平專以講學

欽冰室用箋

第592號

為事送金黨（汪何）派閱，係似此者宥，礼當
式其廬，以示觀感；若以嫌疑得罪，
則為善者其懼矣。伏望我公念老
成典型，迅電營救，不勝大幸。事關
國家元氣，不避唐突，冒昧馳聞，諸惟鑒
察。梁啓超叩。勘蠡

梁寬監印

飲冰室用箋

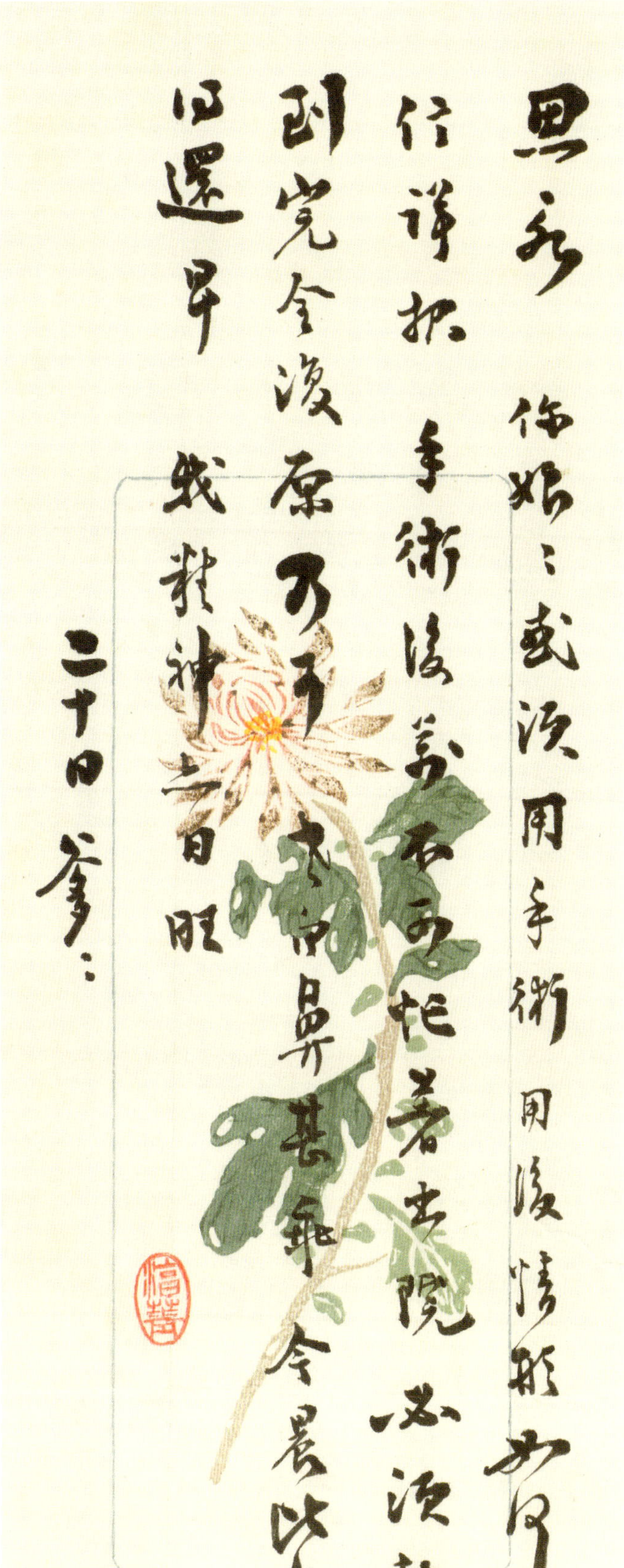

思成

你娘娘或須用手術，用後情形如何即來信詳報。手術後萬不可忙著出院，必須靜養到完全復原乃可。老白鼻甚乖，今晨比我起得還早。我精神亦日旺。

二十日 爹爹

二四一、約一九二八年前

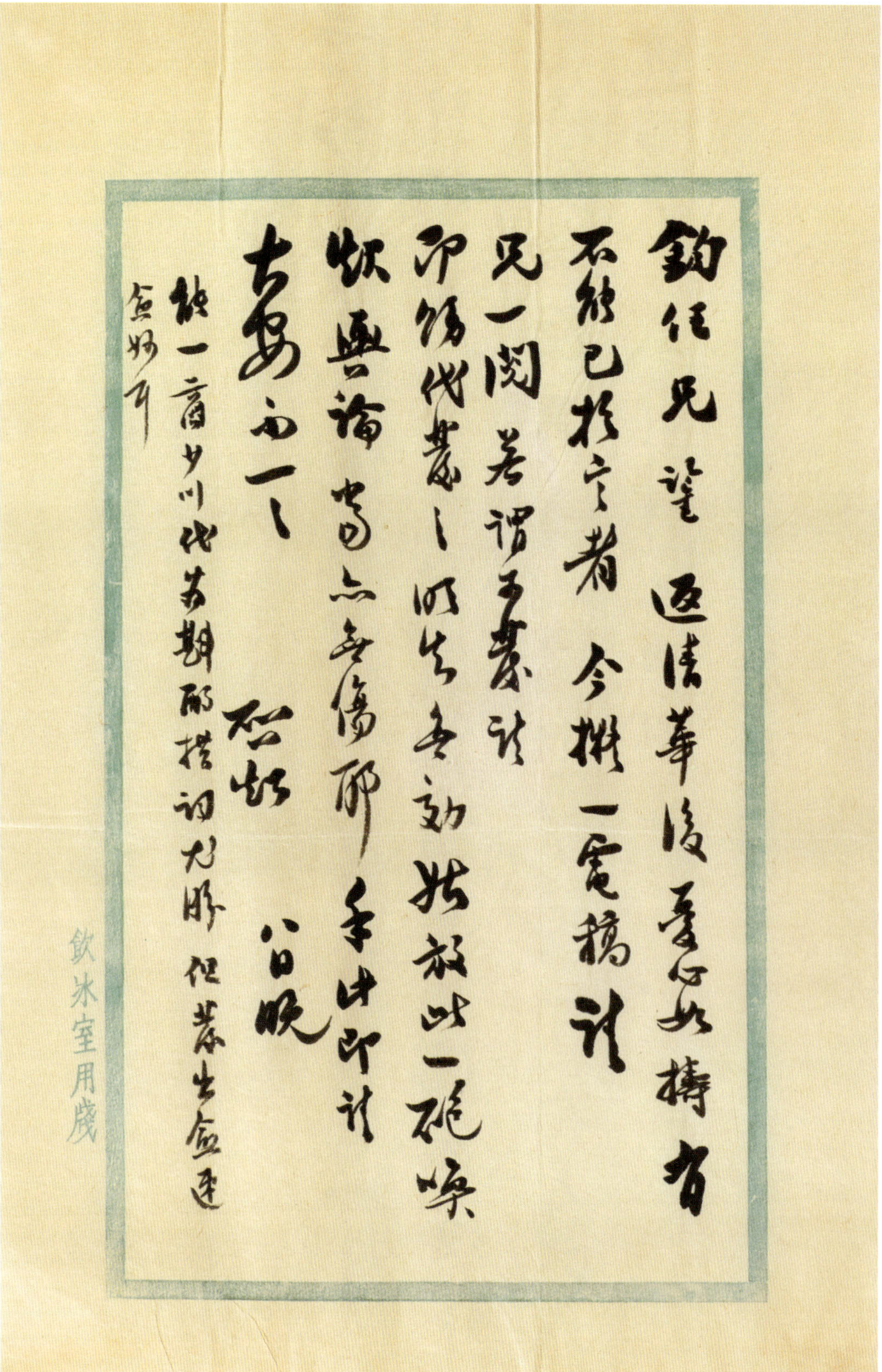
鈞任兄鑒：返清華後奉手搆，有不能已於言者。今携一篋稿，請兄一閱。若謂可叢，請印，能代叢之。此次無動於衷，於此一段喚然無論，當亦無傷耶。手此即請大安。一一

啟超 八日晚

能一商少川代爲期所楷詞尤勝，但叢書生意達無妨耳。

飲冰室用箋

康有爲信札

一、一九〇四年十一月十一日

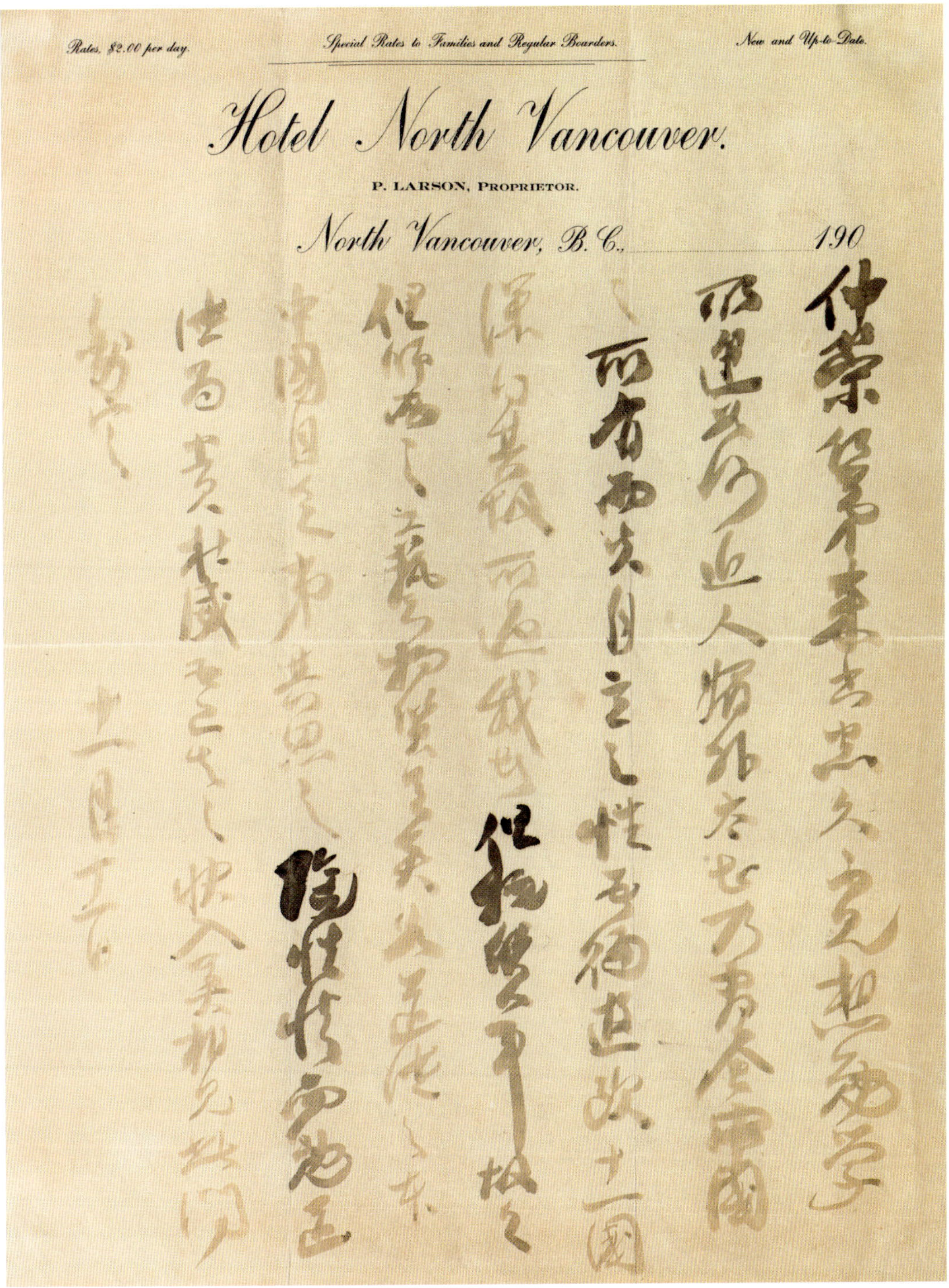
Rates, $2.00 per day.　　Special Rates to Families and Regular Boarders.　　New and Up-to-Date.

Hotel North Vancouver.

P. LARSON, PROPRIETOR.

North Vancouver, B. C.,　　190

二、一九〇五年二月十七日

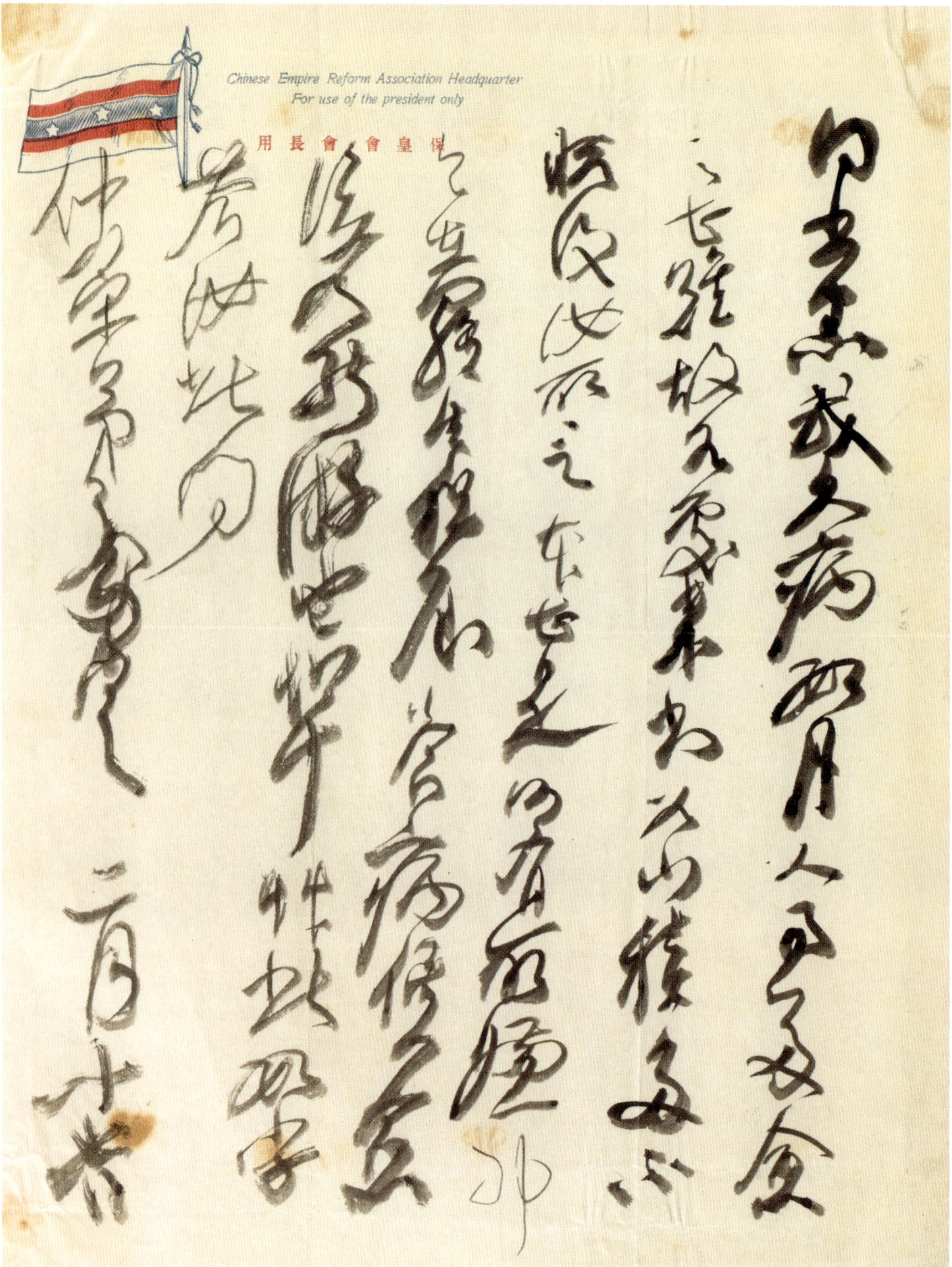
Chinese Empire Reform Association Headquarter
For use of the president only
保皇會會長用

三、一九〇五年六月十五日

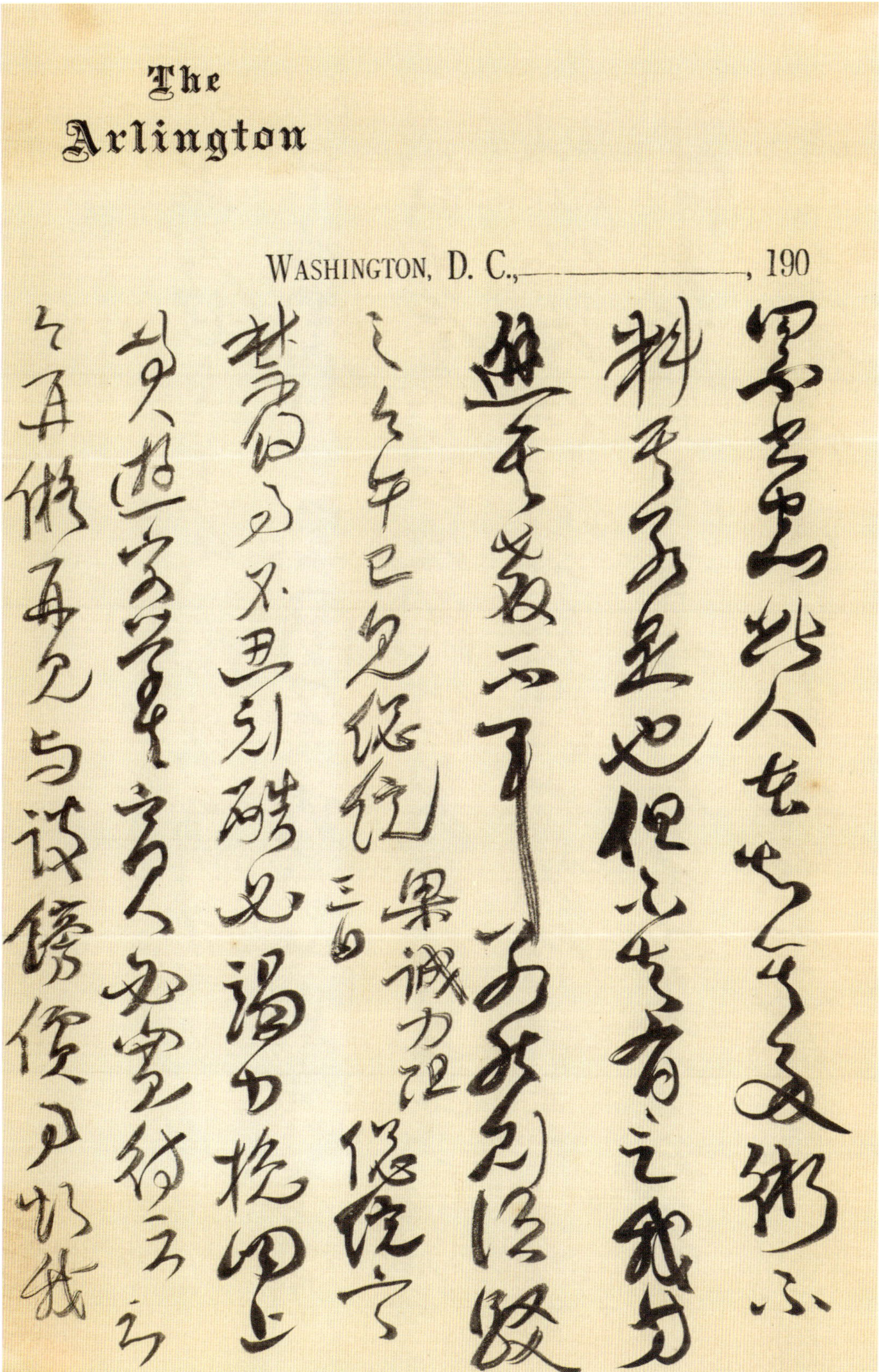
The Arlington

WASHINGTON, D. C., ______________, 190

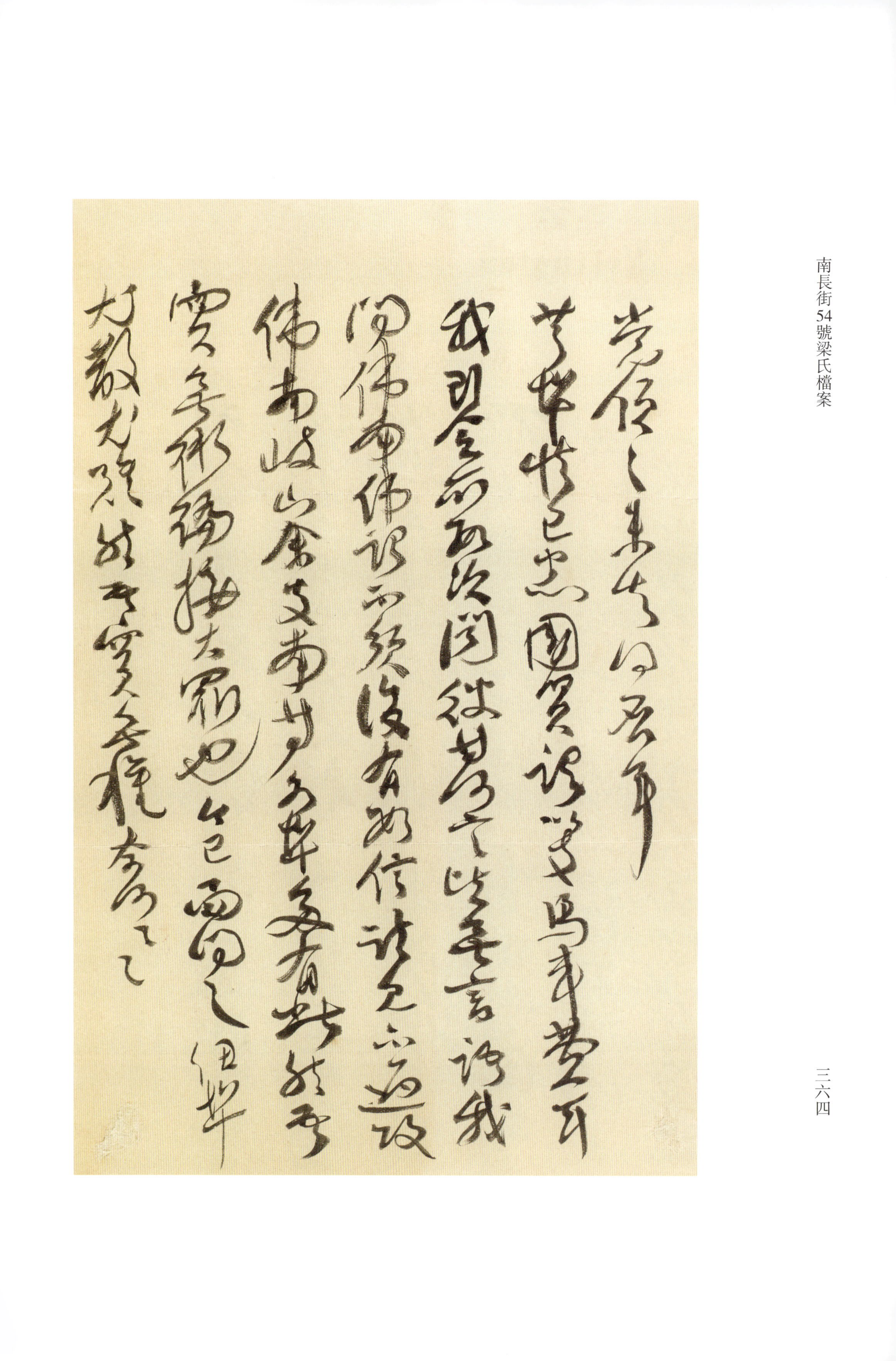

[illegible]

[illegible]

[illegible]

[illegible]

[illegible]

[illegible]

[illegible]

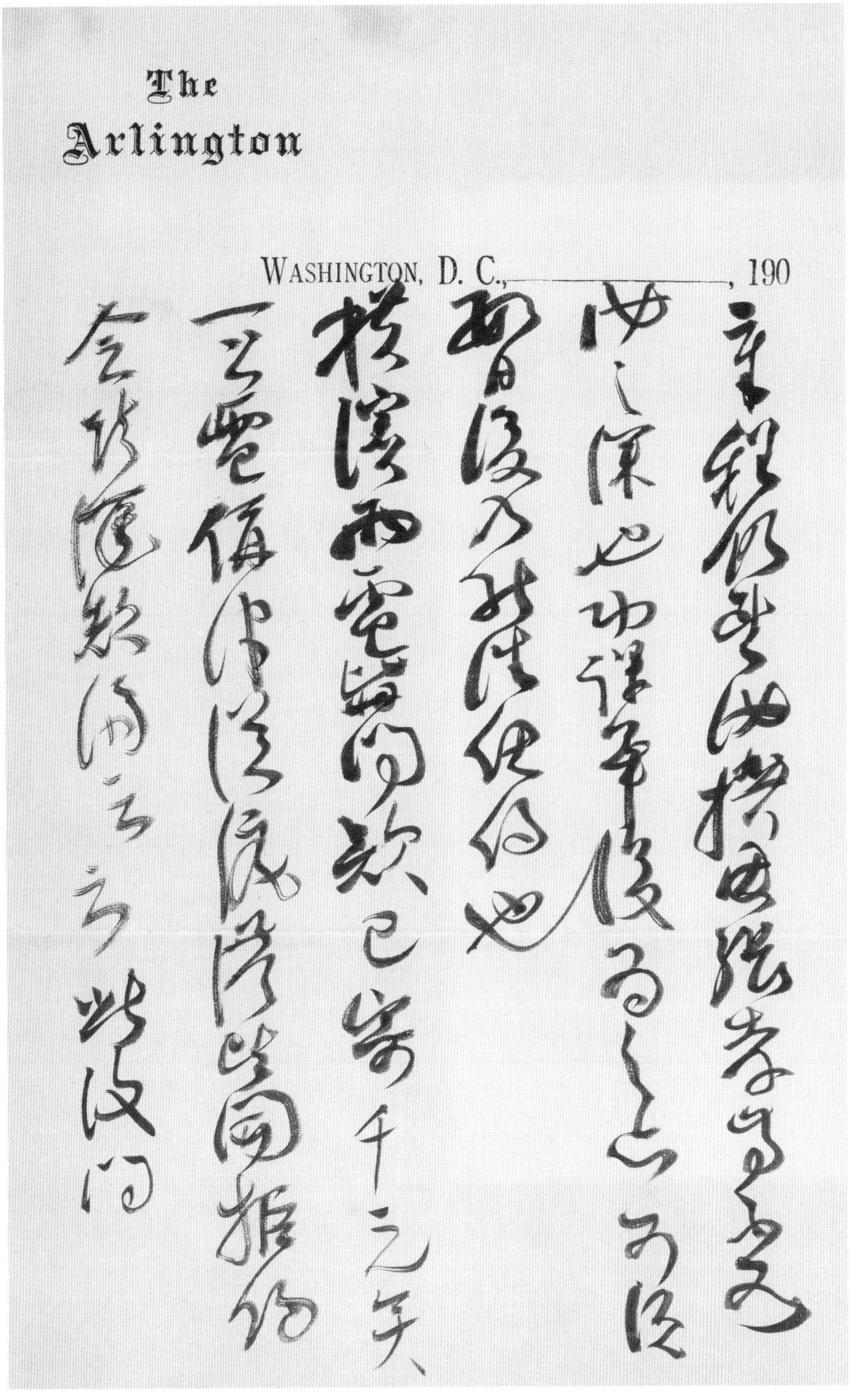
The Arlington
WASHINGTON, D. C., , 190

望兄善沙士東岳也我此後兄沙兒輩

之責不獨學問乃加兄議耐苦

當一不大進再勉之世世佳子學

我此等與沙頃諛院畢而等

顧有以免與他們服七禱諸相

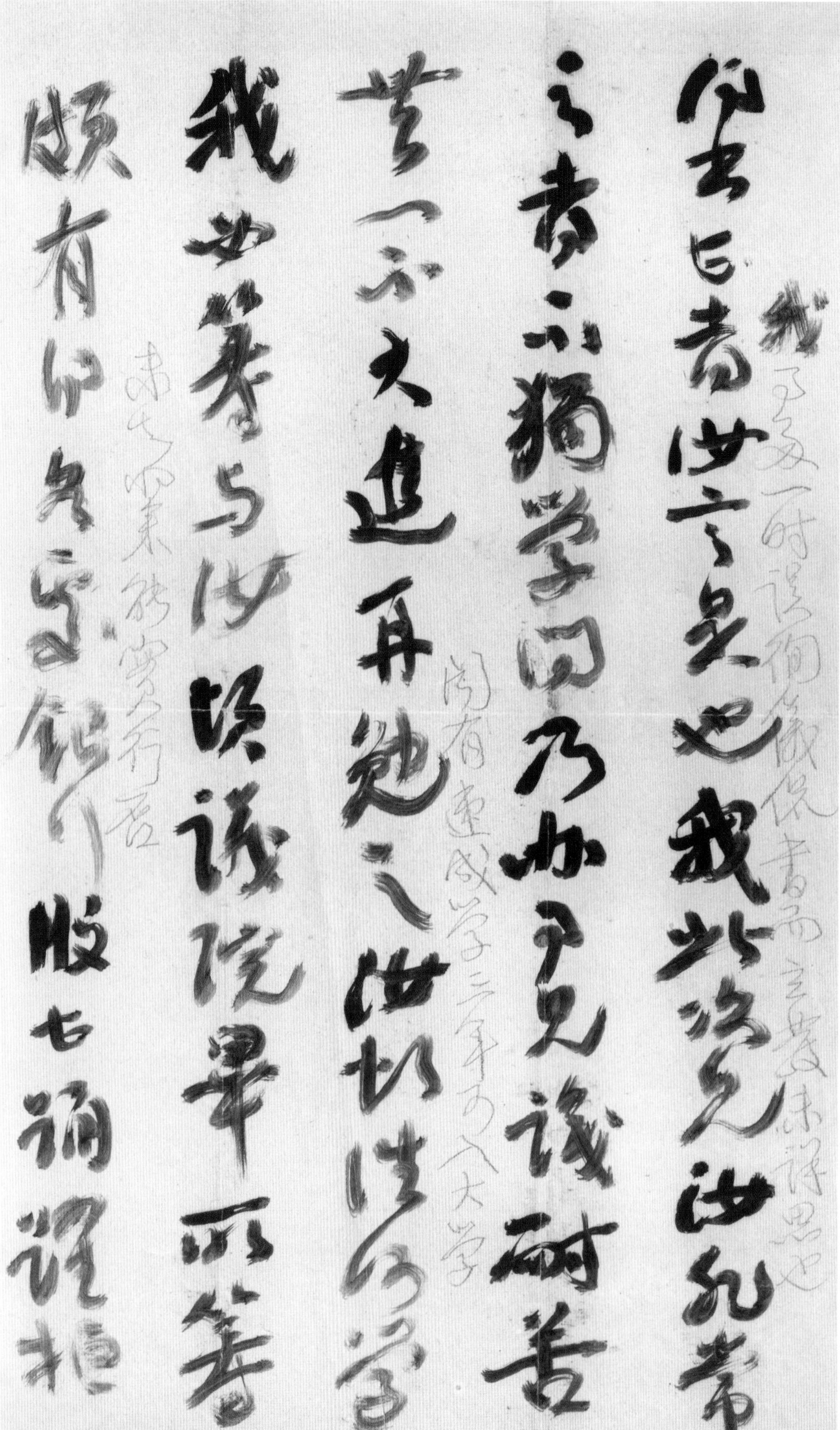

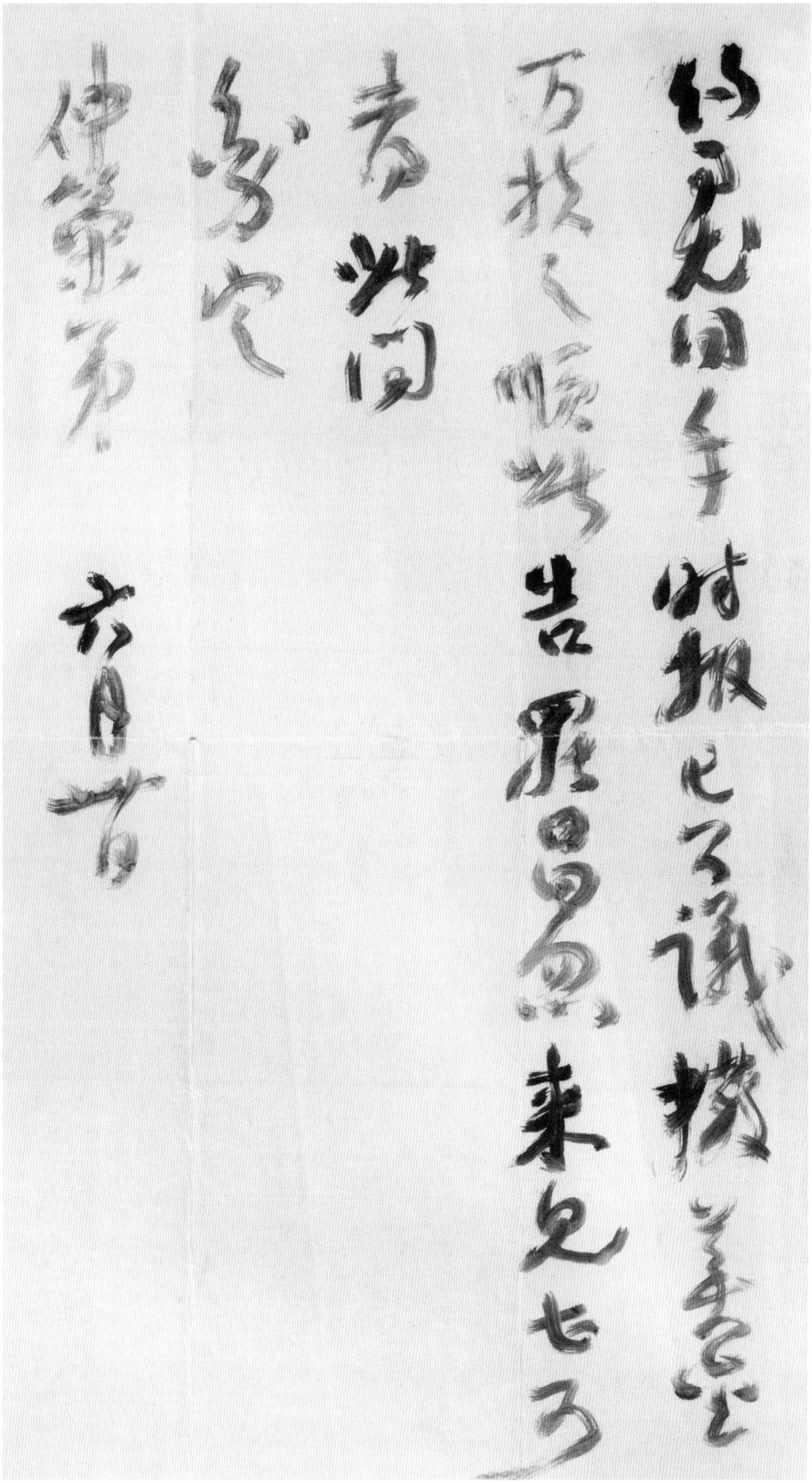

五、一九〇五年八月十七日

Hotel Northern
EUROPEAN PLAN.
BILLINGS. MONTANA.
STEAM HEAT,
ELECTRIC LIGHTS,
HOT AND COLD WATER
AND TELEPHONE SERVICE
IN ALL ROOMS.

一、我遠下〇〇手嘴毅笨一枝未〇遺

下會〇打密〇〇〇〇〇〇代我存好

一、我〇〇〇〇〇人〇〇〇〇〇〇〇

〇〇

〇〇此我〇說〇〇〇〇〇〇〇

〇〇〇我〇〇三〇月〇〇〇〇〇

一〇〇〇師〇義〇〇〇一〇〇〇〇〇

〇〇〇〇〇〇〇〇〇〇我〇〇

〇〇〇〇〇〇〇〇〇故我〇〇

三〇〇〇〇〇〇〇〇

仲〇〇〇

八月十七日

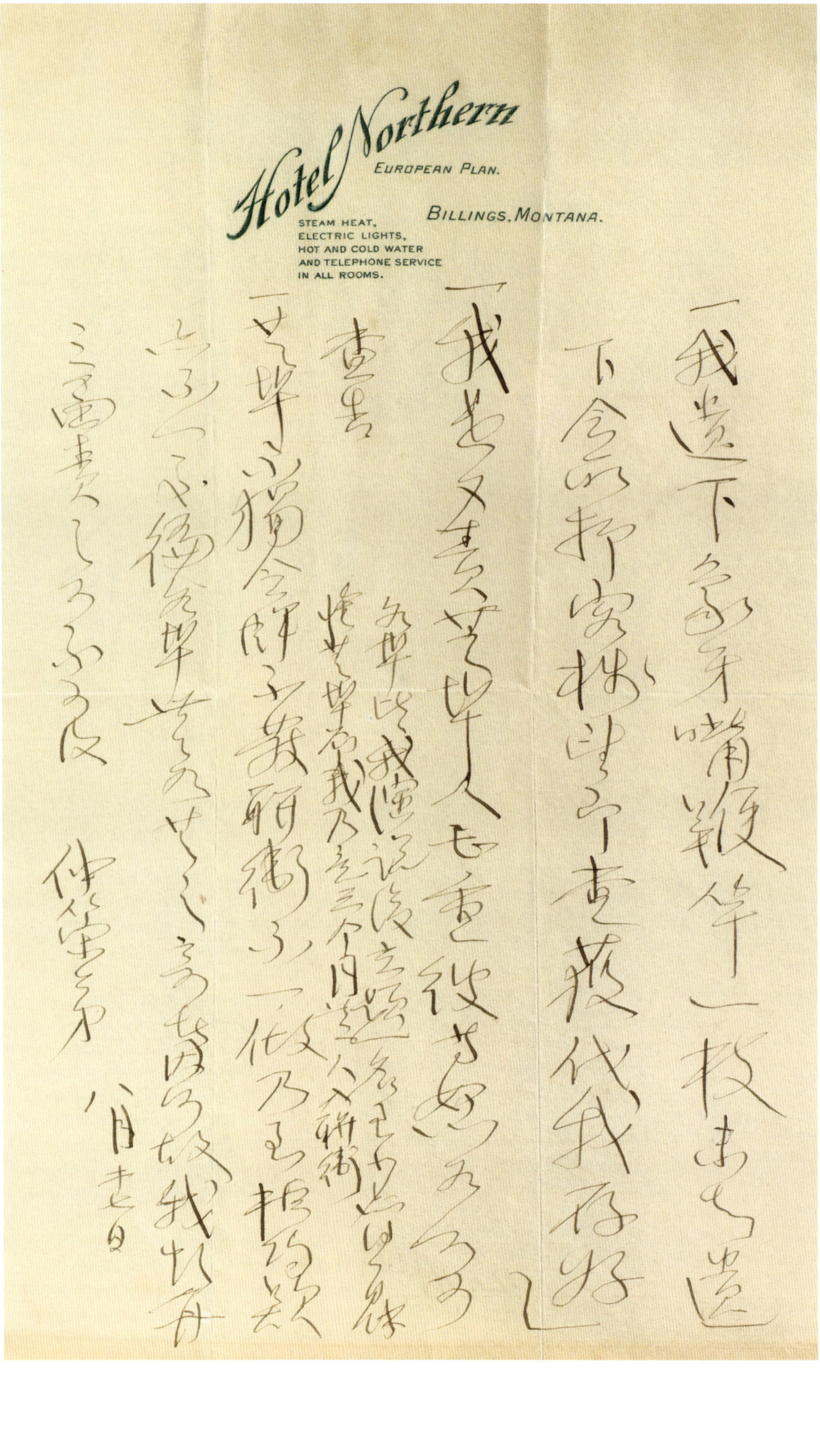

再者，我之故人梅雲傑爲演說事，已見西報，收款

梁文暢一稱也，記不可不言也。其人擔心矣，徐守爲

之。其事未文憑矣，然爲不可不給與之，或擇時亦足則

收回派憑，亦無不可。復

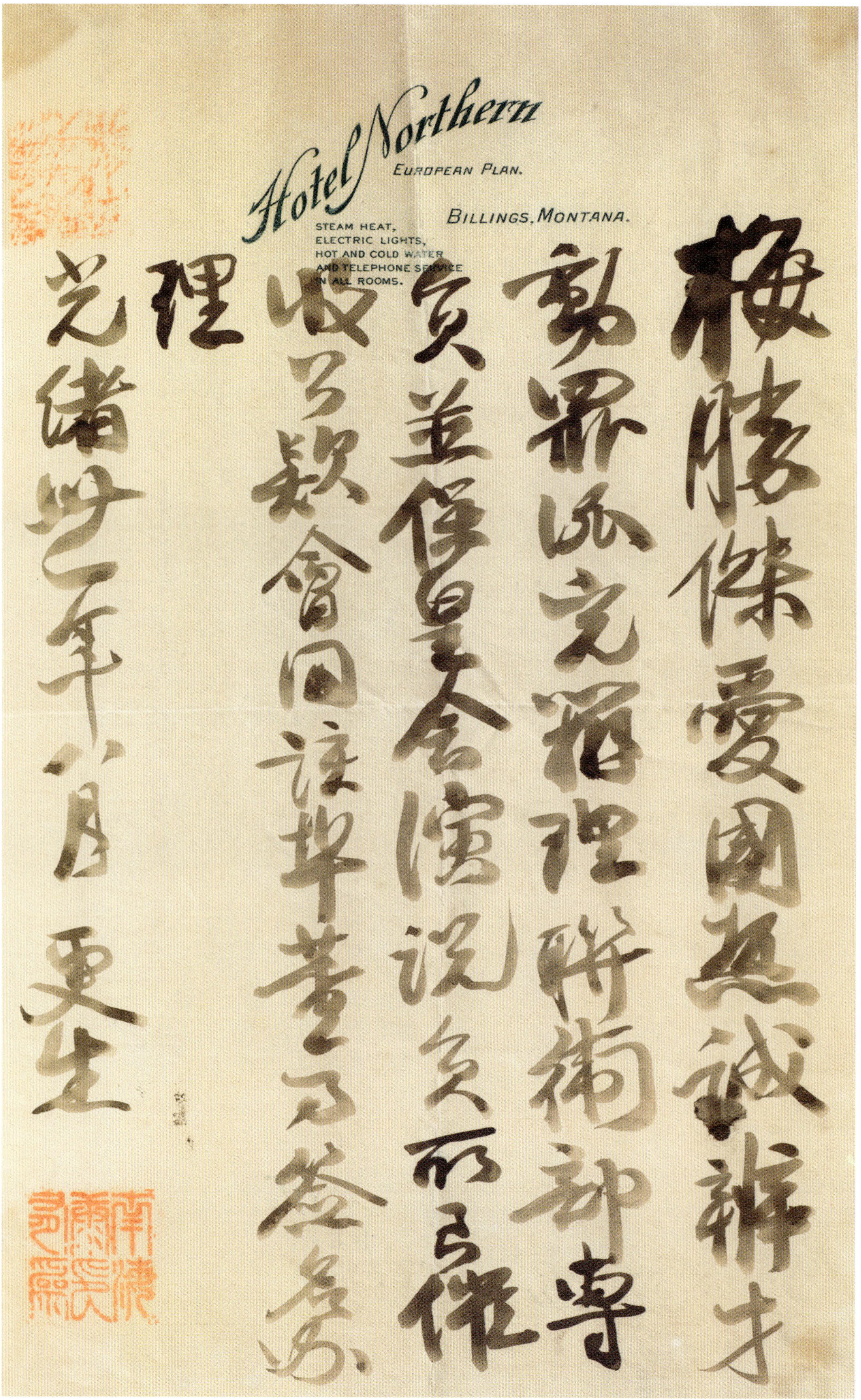

Hotel Northern
EUROPEAN PLAN.
BILLINGS, MONTANA.
STEAM HEAT, ELECTRIC LIGHTS, HOT AND COLD WATER AND TELEPHONE SERVICE IN ALL ROOMS.

梅
陵傑愛國熱誠辦才
勳衆派充羅理附衛新專
員並保皇會演說員所已經
收另款會同該埠董事簽名務
理
光緒卅二年八月　更生

六、一九〇五年十一月十九日

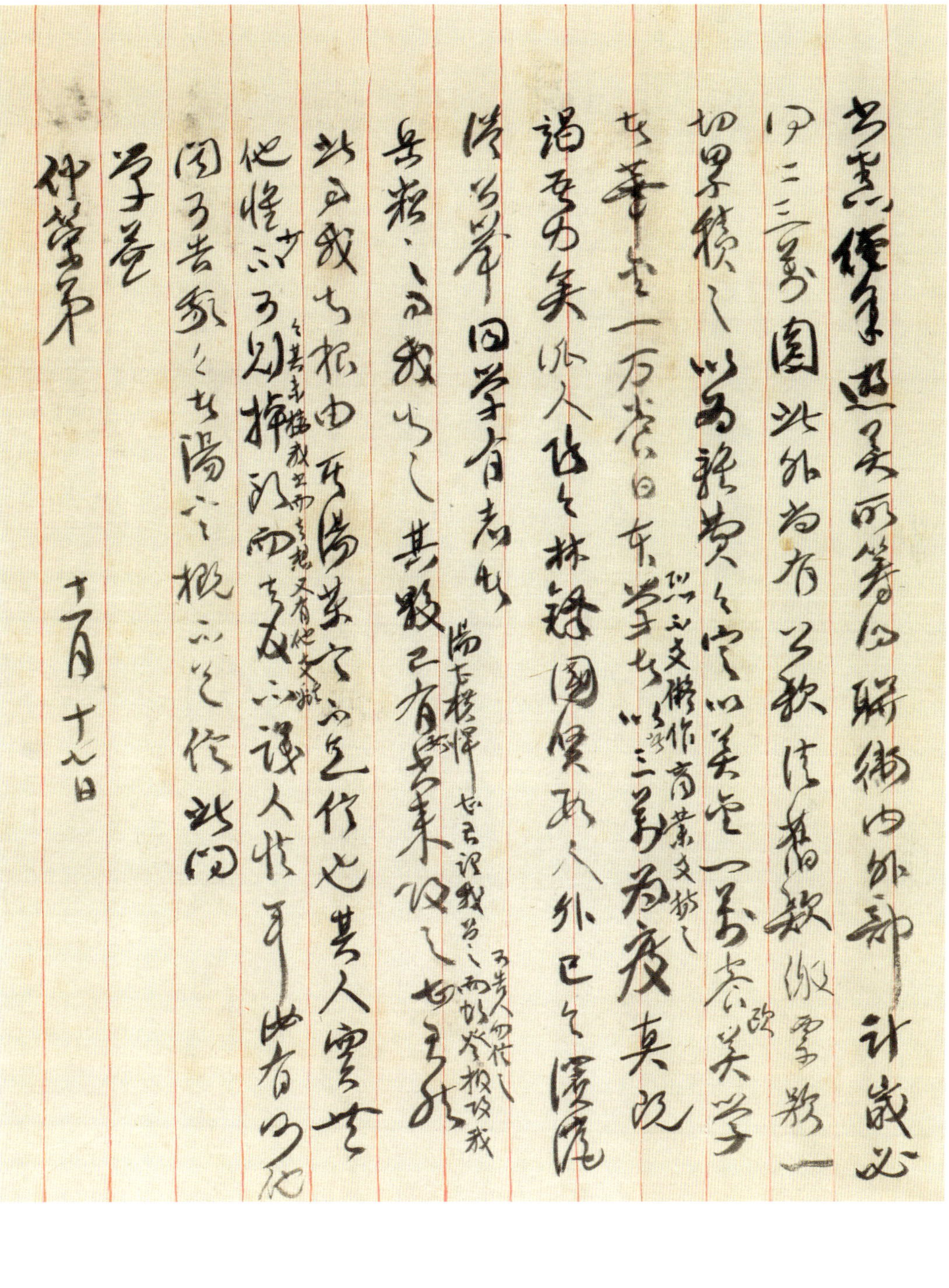

仲策弟

十月十九日

七、一九〇五年十二月二十一日

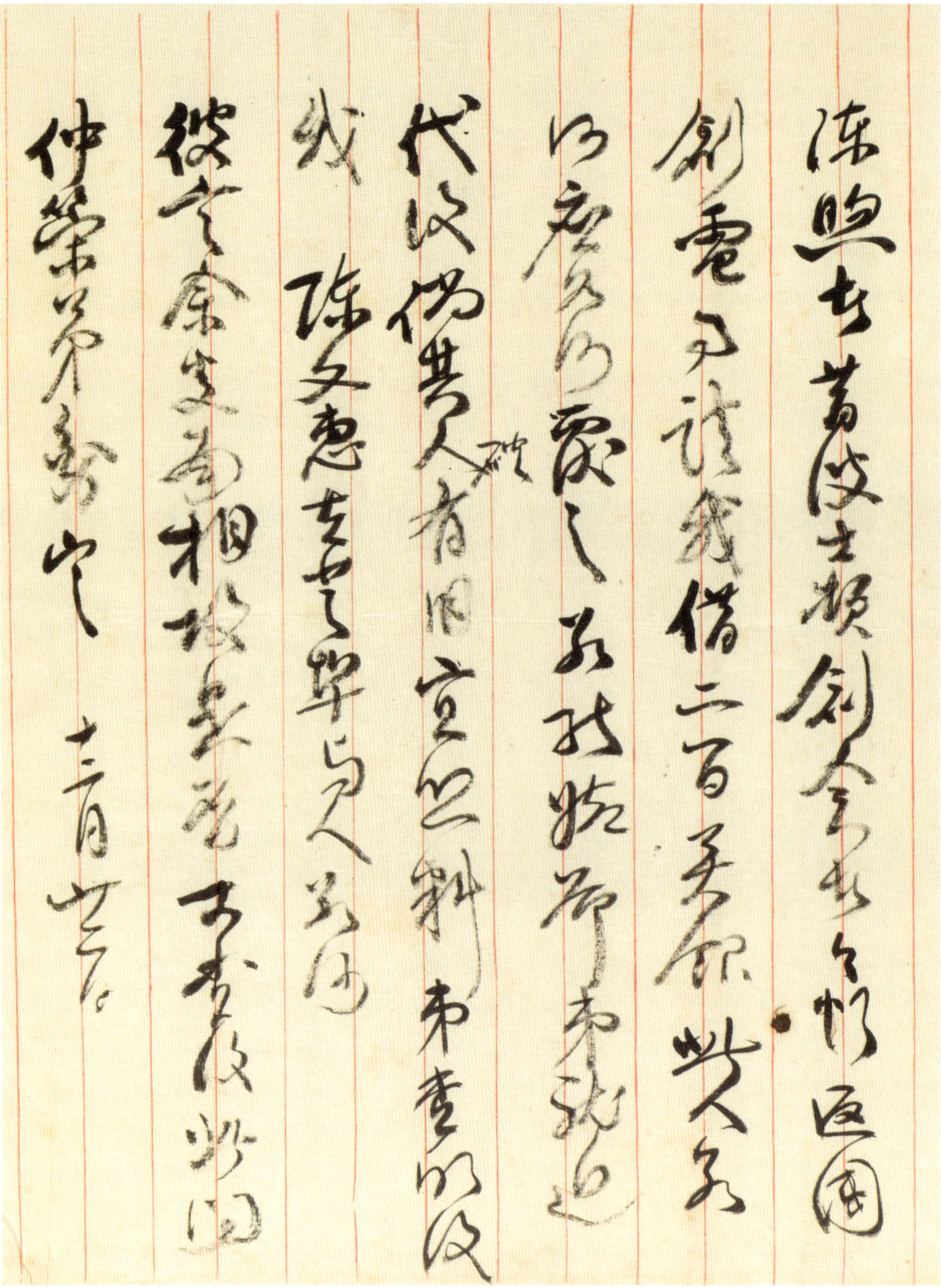

八、一九〇六年二月十四日

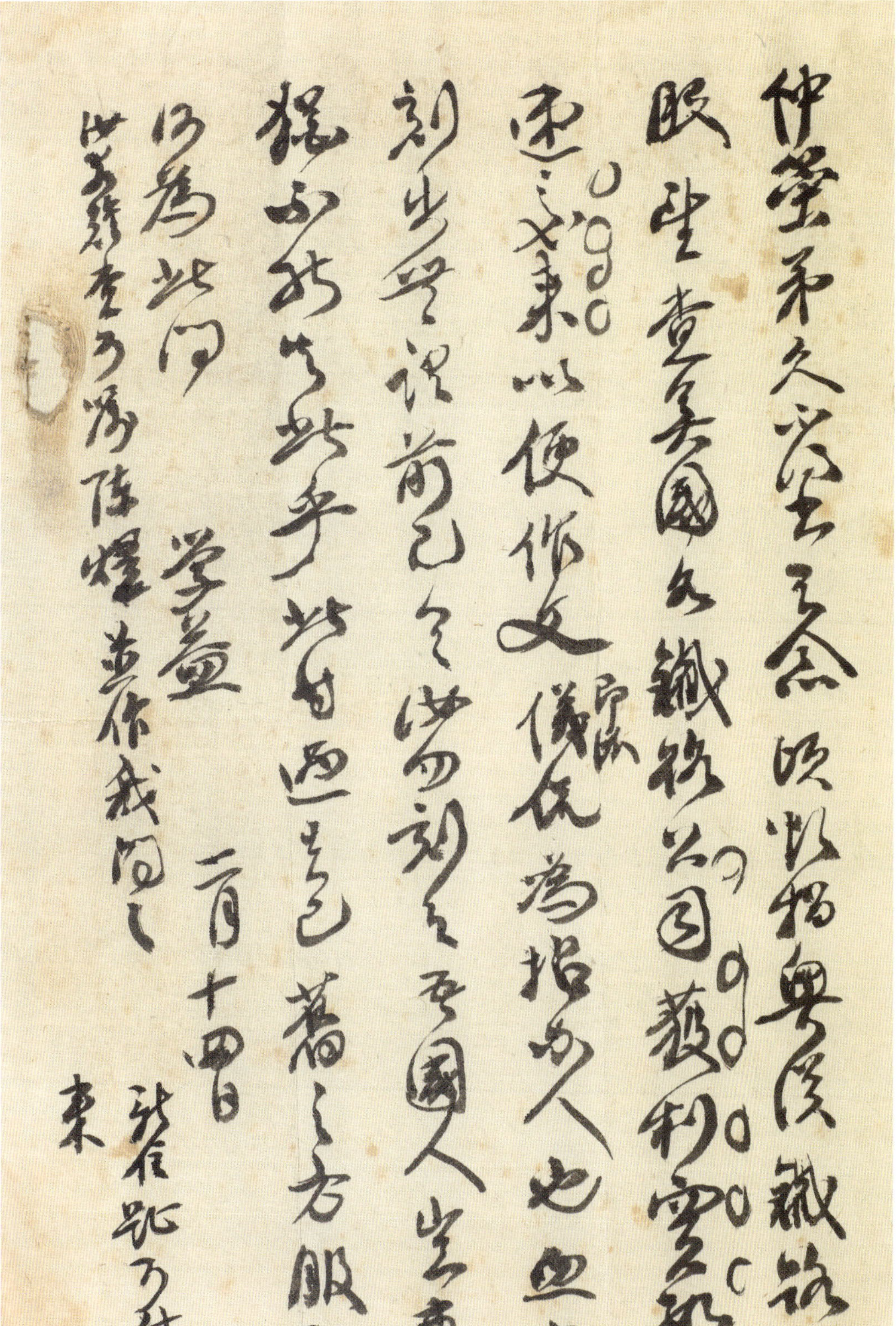

九、一九〇六年三月十日

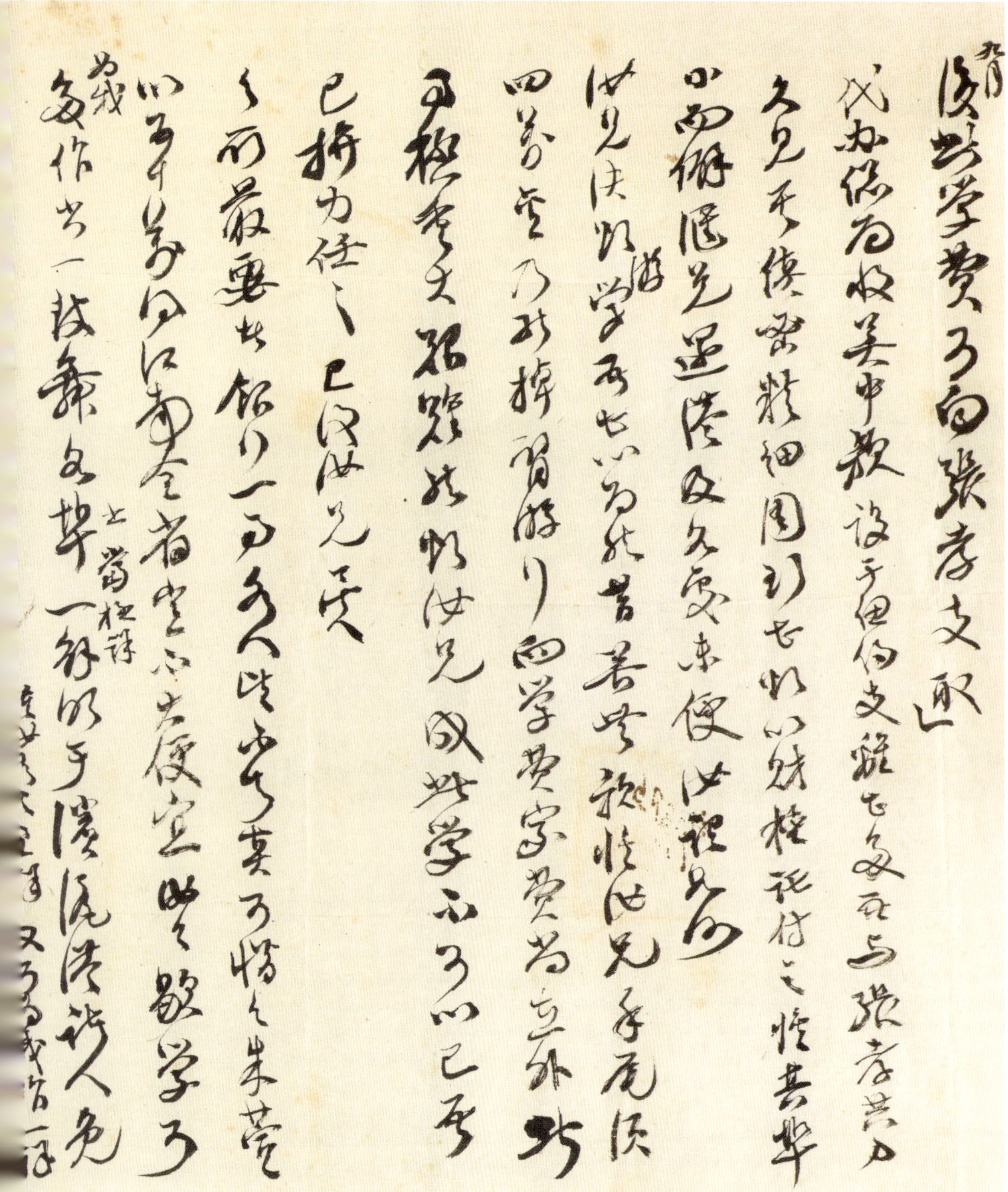

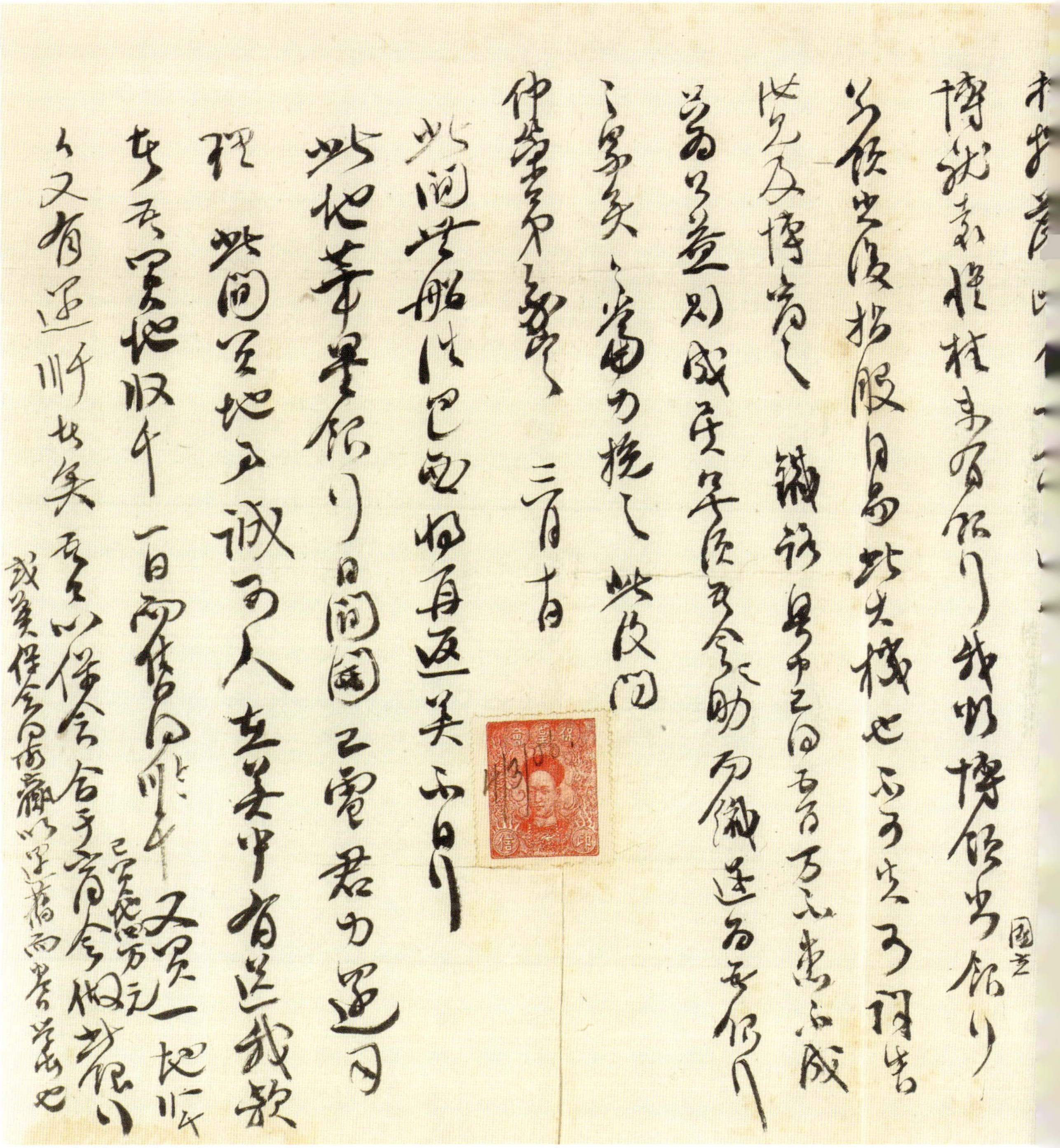

未見此……

博然來，提桂來函，銀行歸我，收博銀出銀行

公假出復招股，自爲此失機也。不可失了，謹告

此及博憲之。鐵路無市之回，五百萬不患不成

萬只益，則成矣，只年須五分之助，而鐵路遂爲各銀行

之得矣。之當力提之。此後同

仲策弟一覽。　三月十日

此間無船往巴西，俟有返美，即日行

此地華僑銀行日間開。已電君力運同

理。此間買地，乃誠可人。在美中有益我款

於者。買地收千，一日而售得作萬，又買一地收……（已賣得四萬元）

之又有運川，於足矣。更以保會合手，當今做此銀行

我美保會同志藏以運籌而贊成也

一〇、一九〇六年五月八日

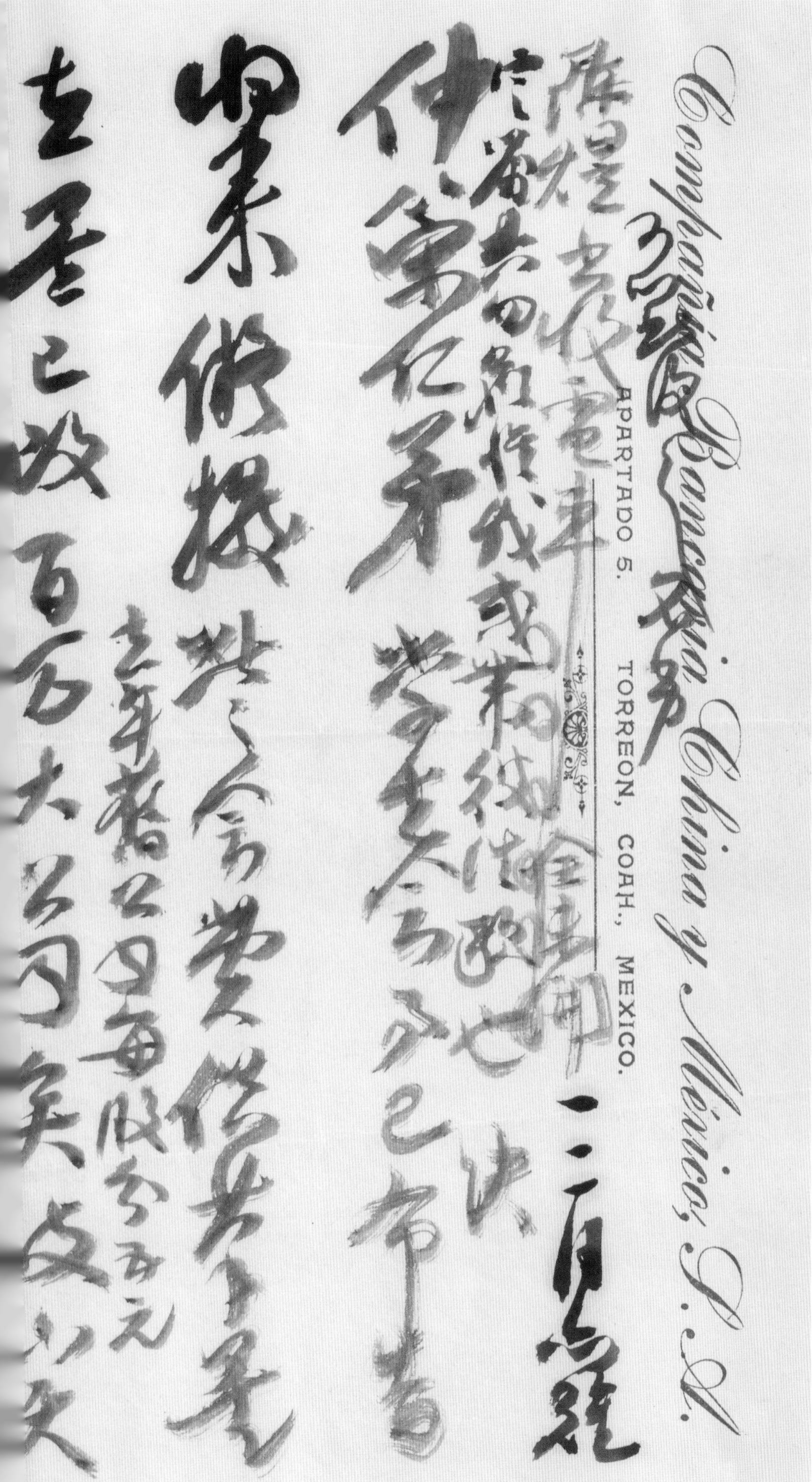
Compañía Bancaria China y Mexico, S. A.
APARTADO 5. TORREON, COAH., MEXICO.

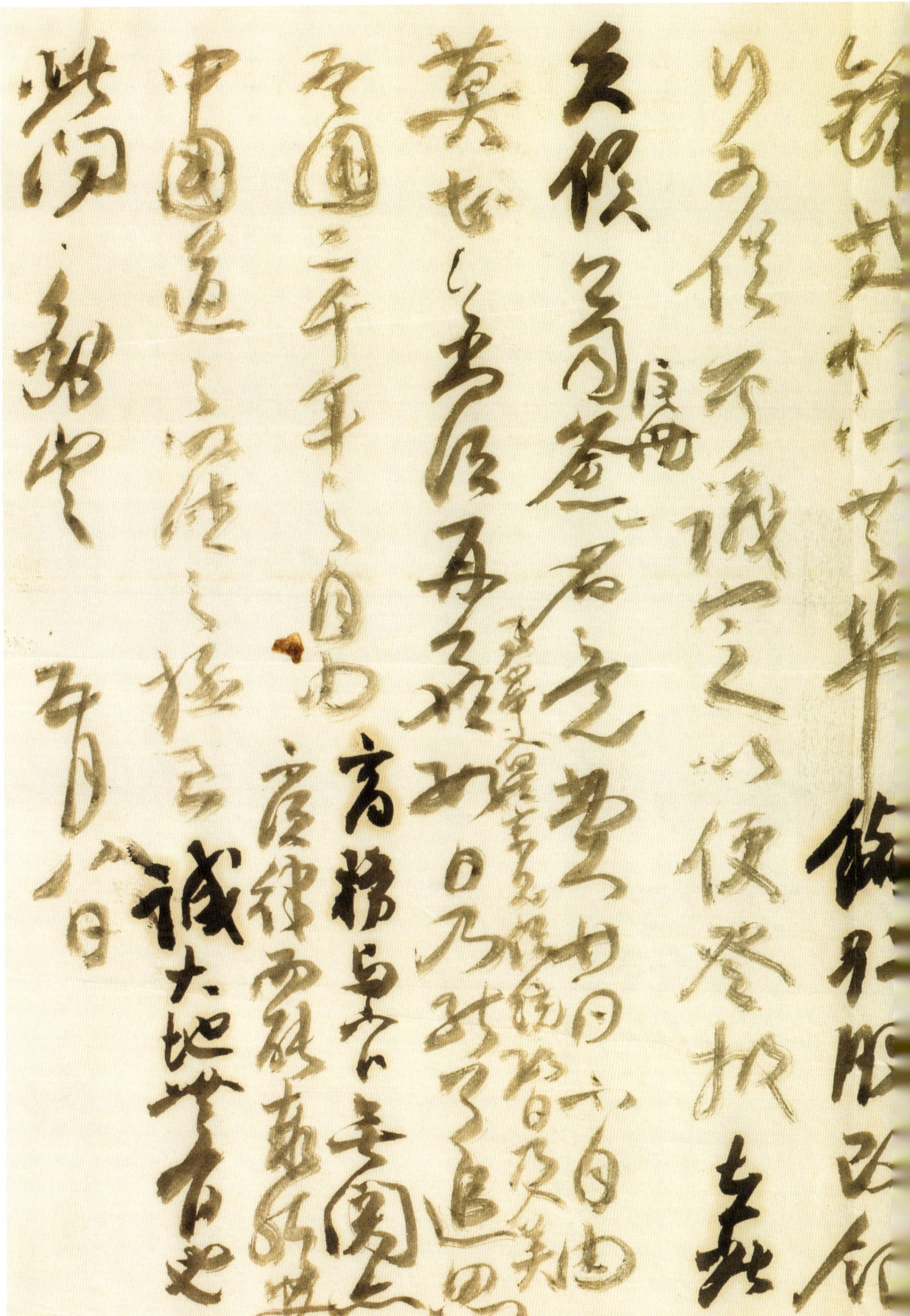

一一、一九〇七年

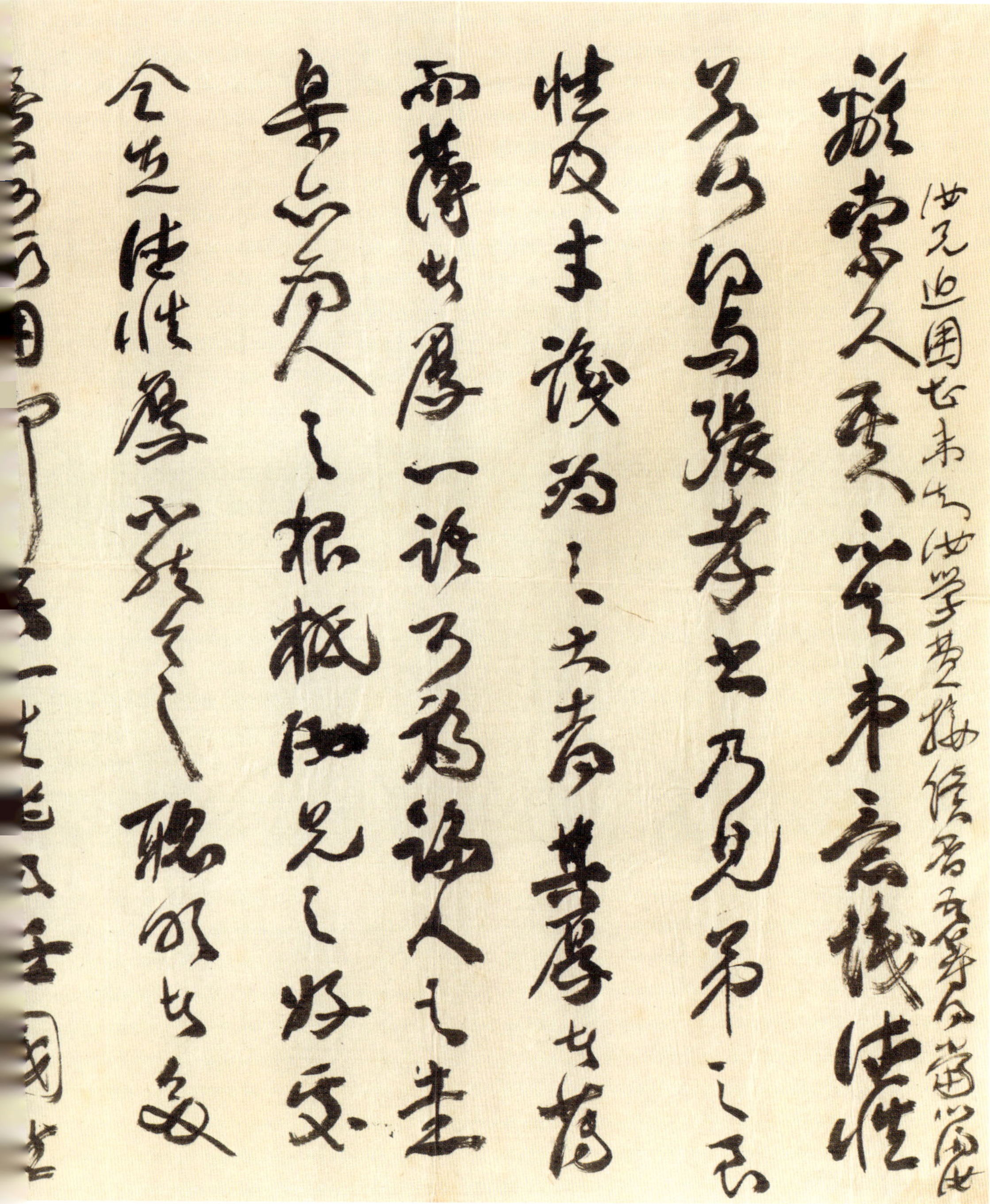

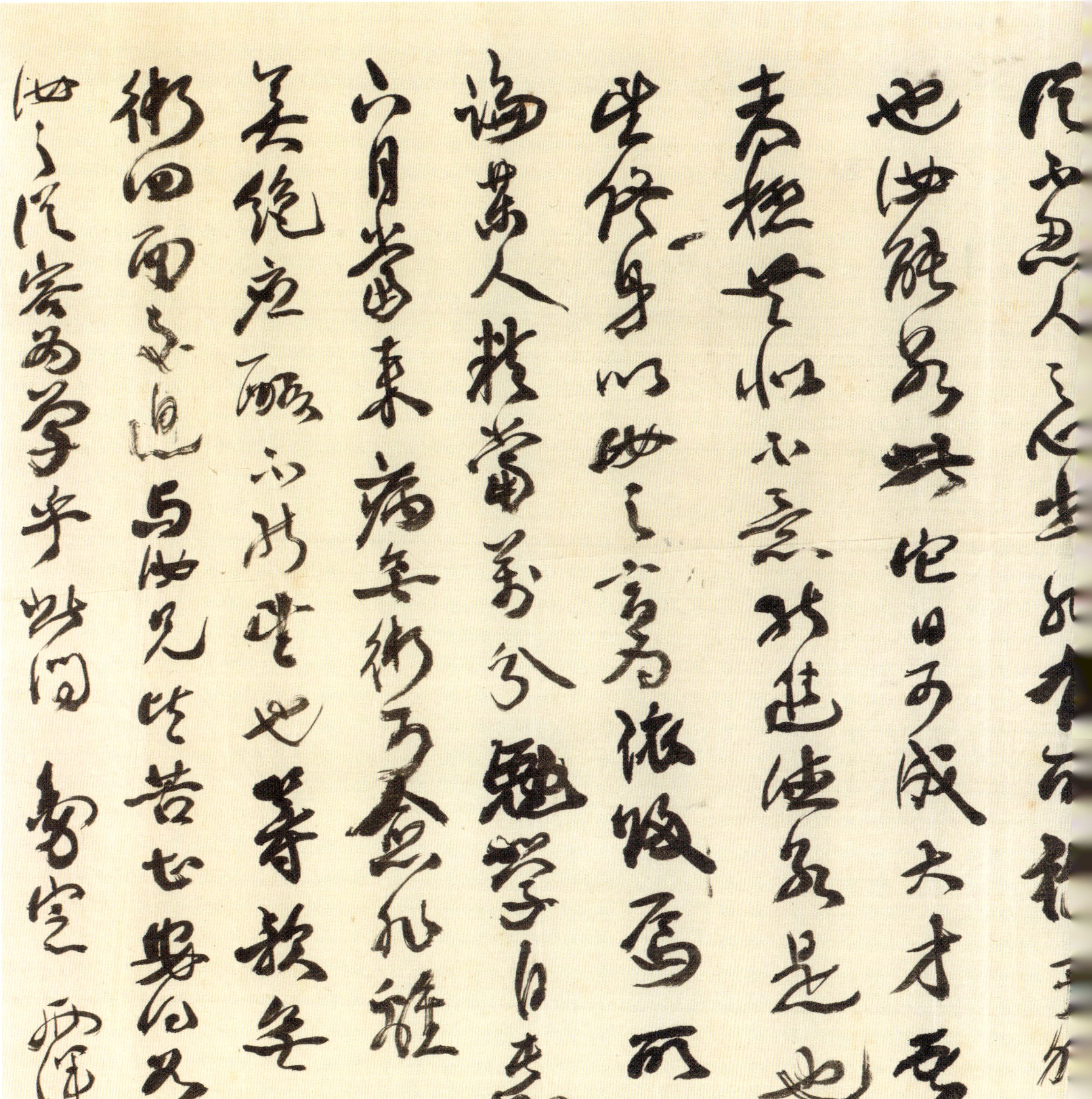

一二、一九〇八年閏二月二十二日

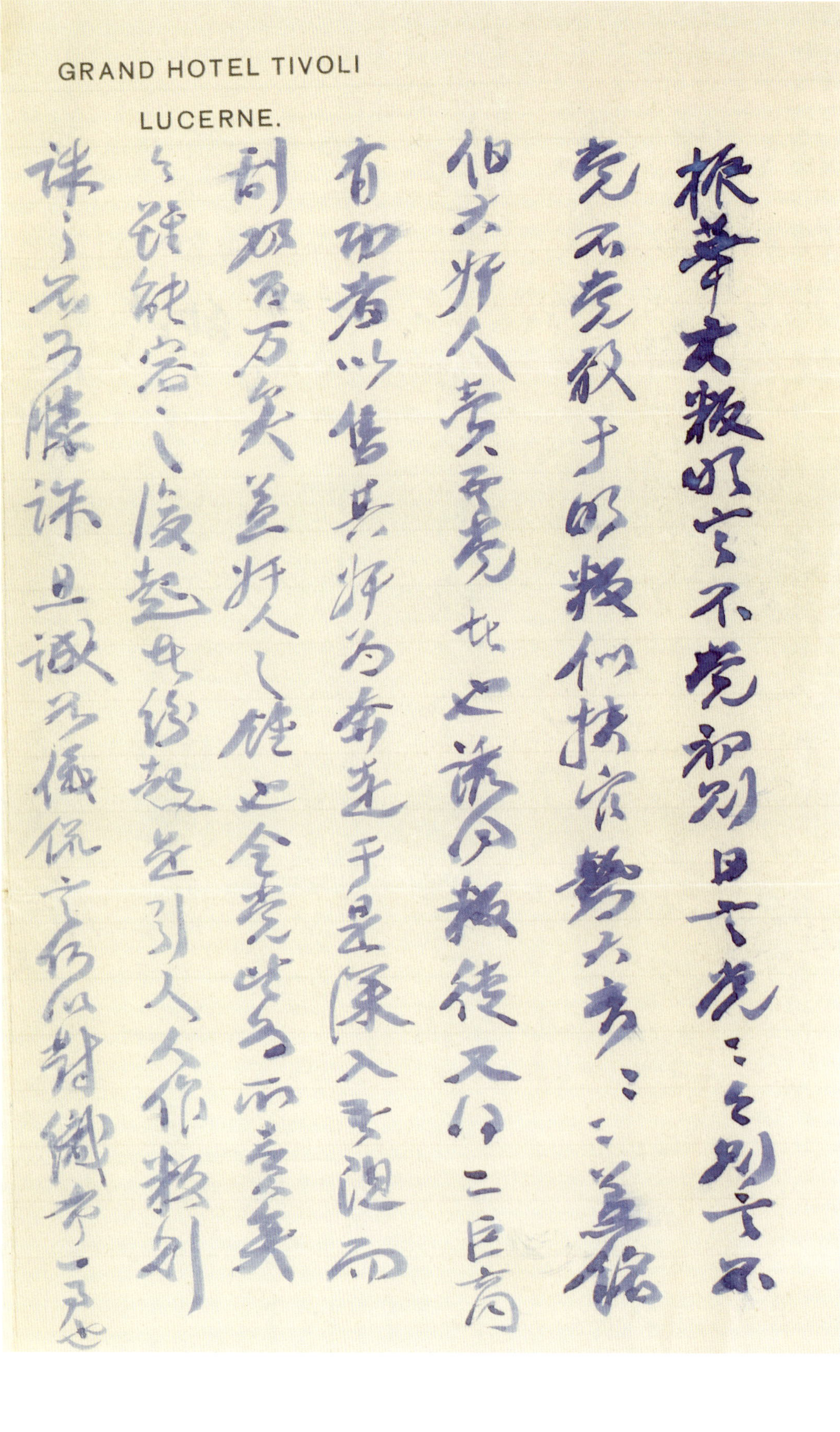
GRAND HOTEL TIVOLI

LUCERNE.

故凡任起及凳中々懷呂高巳仰々爲役決據必
兩西擦揪之五布告内外各人夜四股去瑒郄
至大此兩雲守身已占閧覓乙二供出板
乙年少開電書四決定八訂約三百初一發電
次之乃逕西雷隂仍後世若動近乃約問
去脞快心收荒乃電況我俚可布告去主電
兩拖比甲乙 漢暴 孖紷初擾起甚矣一而既欵沐之風勈

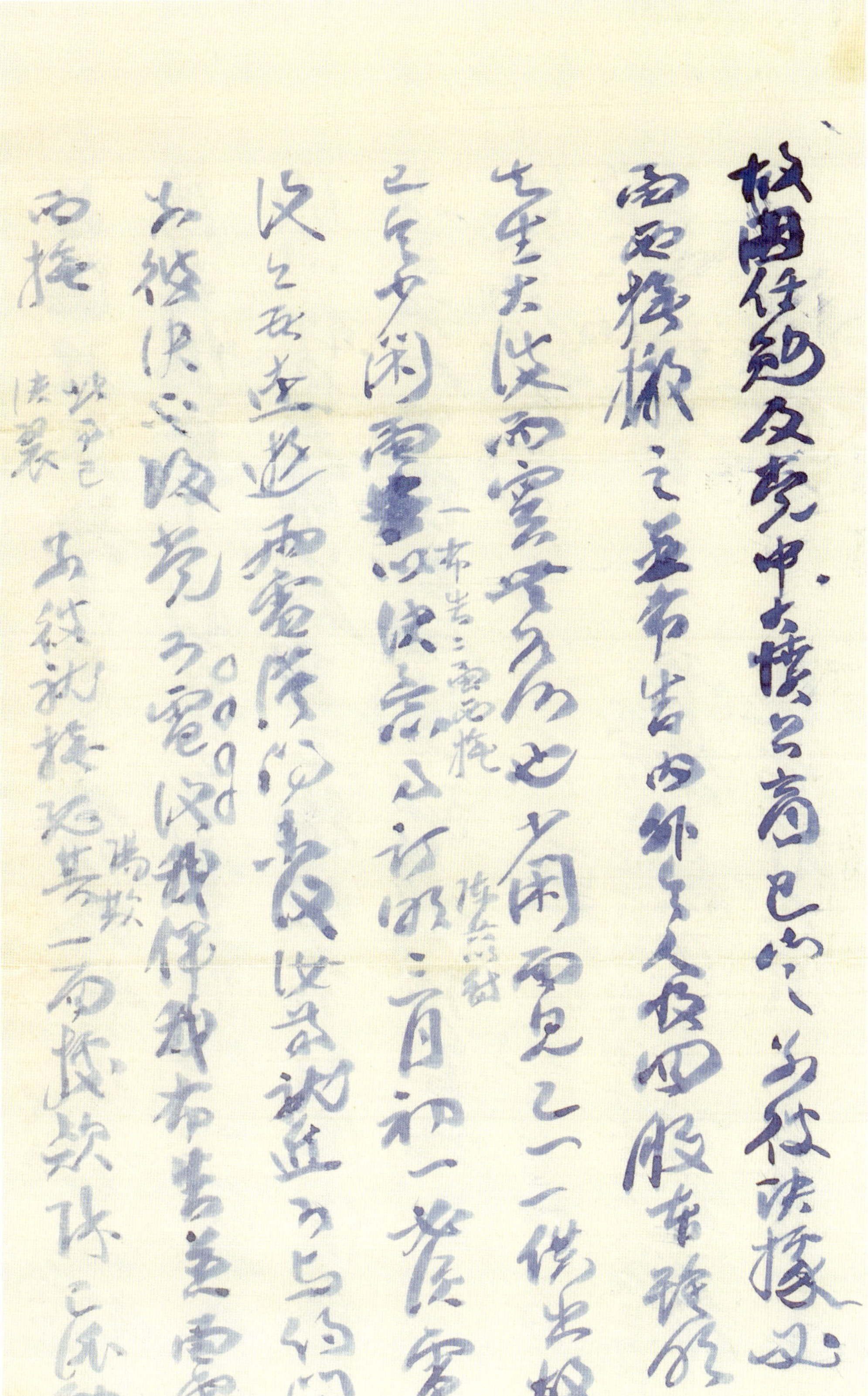

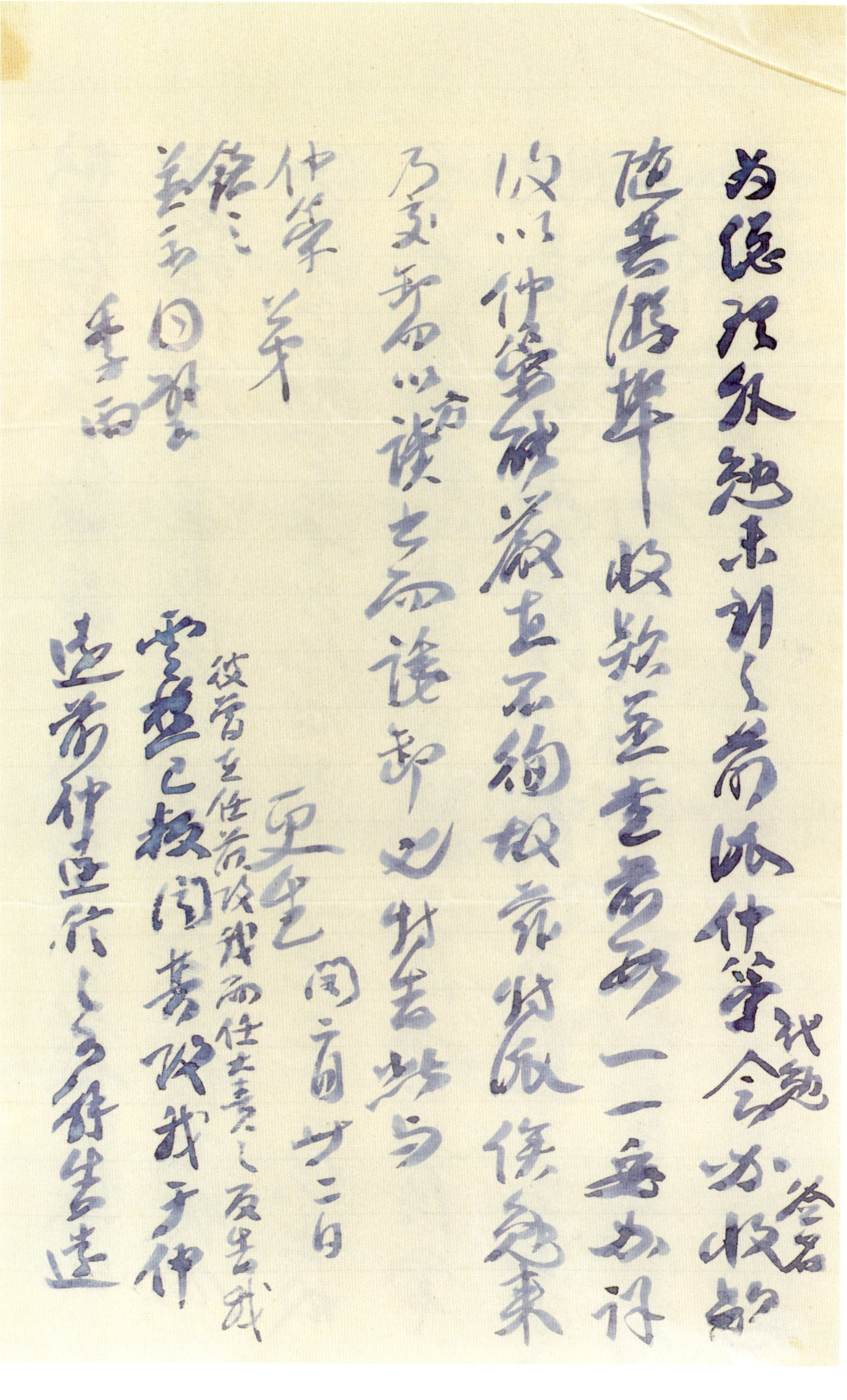

為總理外勉未到之前派仲策代勉簽名收報
隨書將單一收款至壹萬兩一一無不許
收以仲策簽字為憑仍照依據來
乃交所而以謹方告商議即之封書與
仲策 并
餘之 同製
並手 季雨
更望 同月廿二日
彼當立任若何我亦任其責之及告我
雲臺已接閱嘉路我于仲
遠前仲正從之行告達

一三、一九〇八年閏二月三十一日

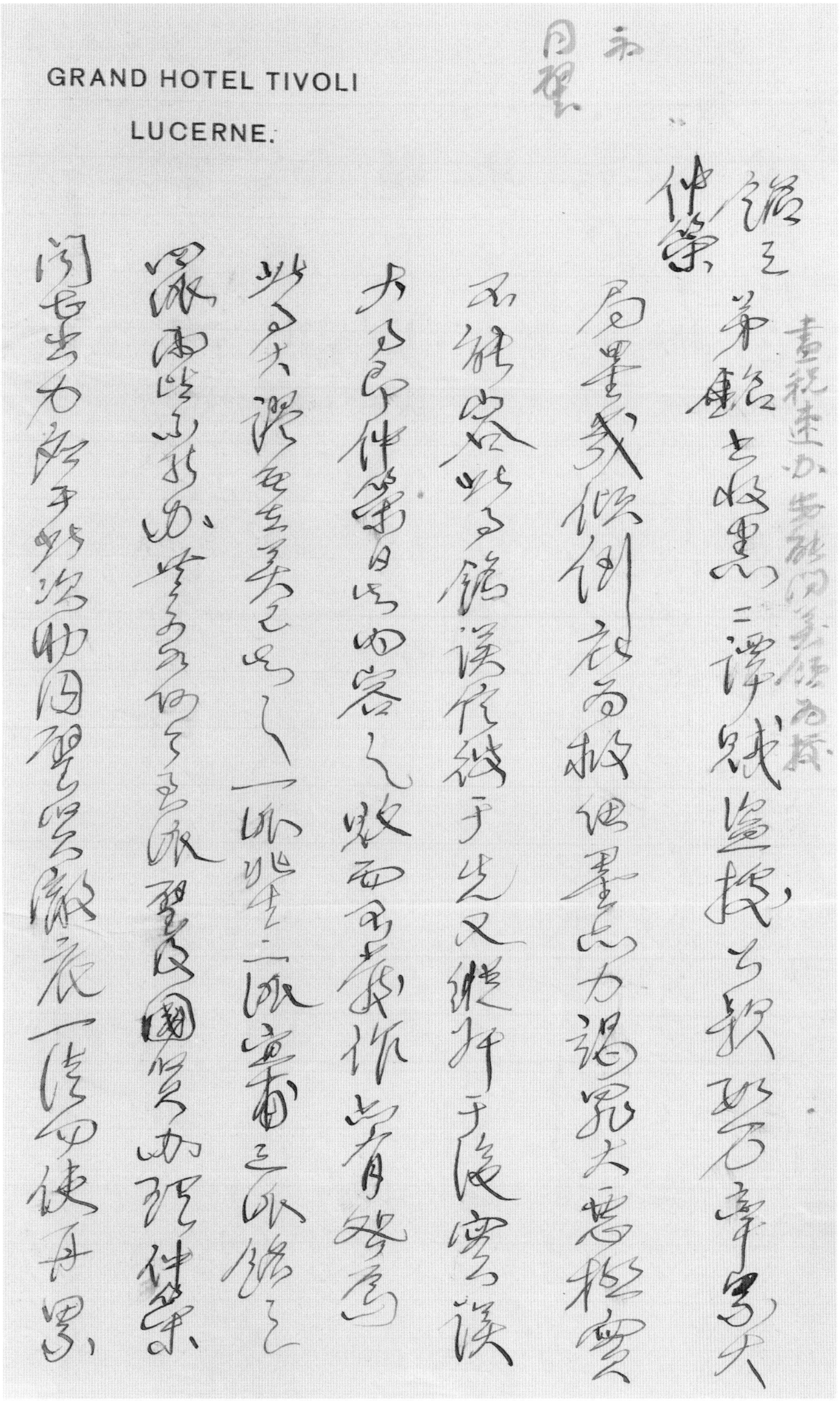

吾生平最爲此等病如月餘費改置之不理安樣此之報乃

擁國忠黨成第既出押點請之迴合宜助同志痛一律

一言義之 黨

諸之詳賊大抨遂不爲之其又在年有錢路爲

處中昌吾皆借之欲

之寫腔與彼寶笠一文之不必通彼雖在代之吹股

今彼

清百清乃不再可望之寫由計同與又國于外股 斡所寧建

於悲容苟

彼輩心實加及以來未之見彼捷出者則不寧全實不令作

然當得他之不覺其作慕點乃彼容其道路也

設之收彼們歸以去之可以出回與打設其産必不容彼其乃

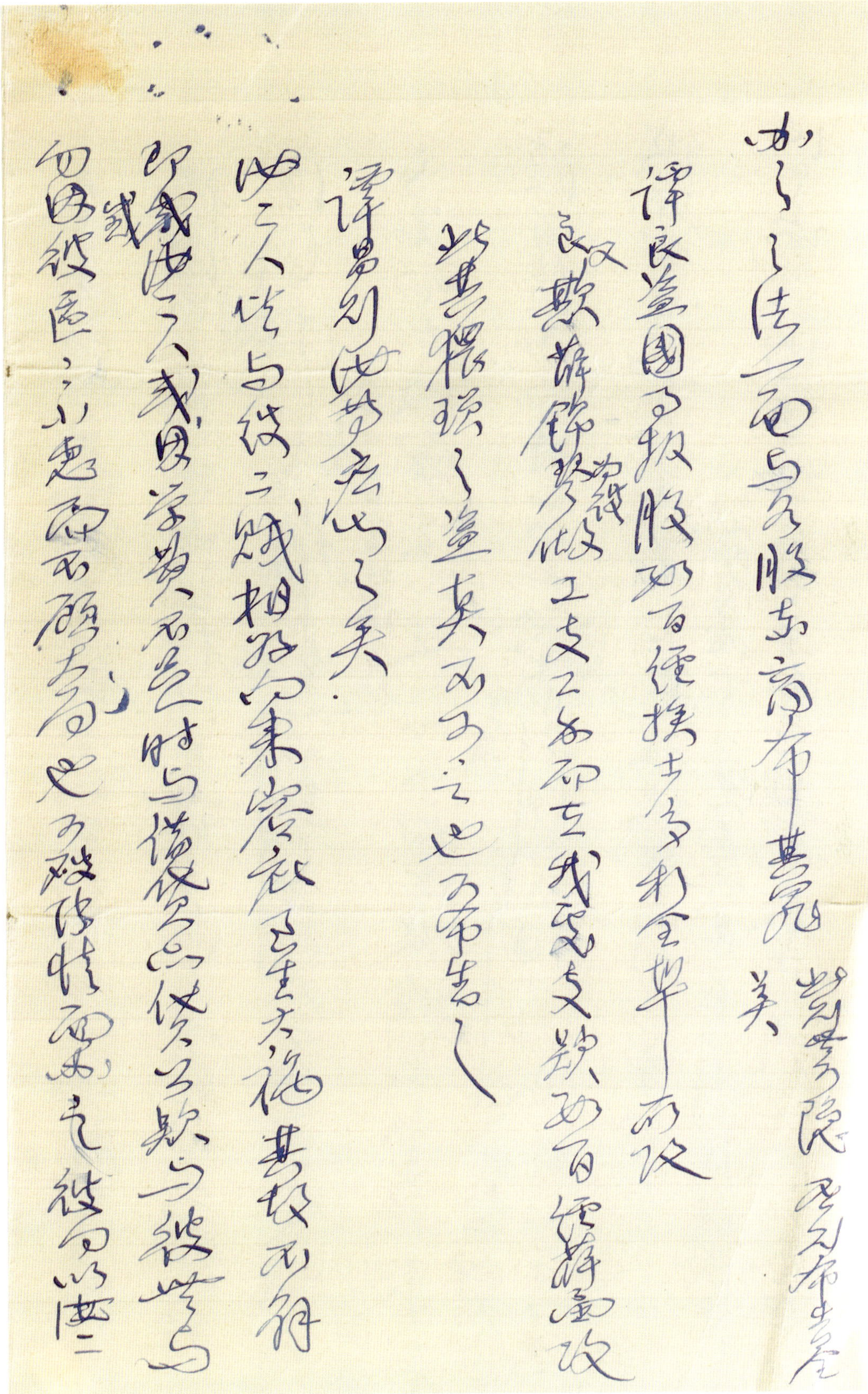

人亦師而彼收甚豐，利之所在，我等破產亦豈為

彼所壹者，必爲不能悔悟耳。譽之者，彼借我之名

於所謂師也。彼以其師二人爲吳而必授其師以中鈞之後　怡蔭蒼

其設感懷，授師之人，故能之惡，以自矢其人反之後人

要之，我是對待大賊者，力求法理，是改不庸之情

於此二人，莫得情的是不能敗，大爲不成，少師則肌封恩不少

及我于助教內科，以與彼等之甚夙，但爲不可也

國思振華之人與彼爭之，必不勞力亦已。此告並問　近好　閏六日

此去
並示
思華

GRAND HOTEL TIVOLI

LUCERNE.

光宇國子：汝其想何往去否？人任即起用，惟是
用度皆絶。　東申學校欠之束費六九百，束費亦皆絶去。
告急，但港校皆絶，惟有共之耳。
在之任，何其取款，可籌美金一千否？　今又更務
若未匯來，我乃分來寬匯往
千來為与任也
已美中文人學費，去臘西理已寄出，想不必美百度
同四月黑洲四支費　四百　四百　四百　四百
幷絶，實欲再居學生之陳仲榮國四人林伯伶律亡主駒倫
後以中尹既去　既去矣
此皆停，及又課已不停，亡有復之去停止
皆去也，日為計之也　已駒已由
以此人成其支收千耳　都照料
以此為之

一其樓之存息未交過一分文　本原議訂於每兩月由信局寄一次充學費

其借去收万三千未交一文之息

孝誠特以所支万餘金捐出去並論初其某樓事而充學

而所支商未年年須息万餘捐出是金以作學費

之之即其息不分而借去之收万三千之息合共万餘

所言之年、此一分息、每三月結算其息除送息外並息

故存万餘即以此捐支去學費不足者則以所餘作之

捐去本而三年万之息一文不交　左誠則智矣其九以疑何若寫

此乃不常之百四所館之某年尺以此了後一字不能不大怪怪之也

之決定義西蒂追息（收萬二年）上加息又息以支學費人
甚股票不分，初次收十萬，（內二十五萬爲西蒂之款）後收十萬，實爲吾等本
後次
榕城擴任之（一）萬股票由蒂由理清
於西西墨之（度注西勝）則此地皆收十萬之本，亦蒂由借款追
甚息也
大端所異乎此者之千萬，能在不能但詢得乎。至如
宜出力。能總持一年，又受吾要利萬千者，誠可怪也
且同能爲總理而出，今各層乎？既則擇易取款，致有借外

款入外股之又館尤不能解矣抑西人之以自殺
累西人之國面目累其甚而已
因之入外股又借外債以為牽制之其詳識
前年號借此18萬之款而陳氏推入外股萬餘為賤
之起見館之破例推良款以填其盈外股外
債之萬不可云爾之祝其喜之皆理一一皆負咎名
今何說諸股撤空之移況從容舞易作弊代
不若發真是吾成大患一一皆此館之由吾輩所為之
將也此責館之
定生
以上活紙二某

一四、一九〇八年三月四日

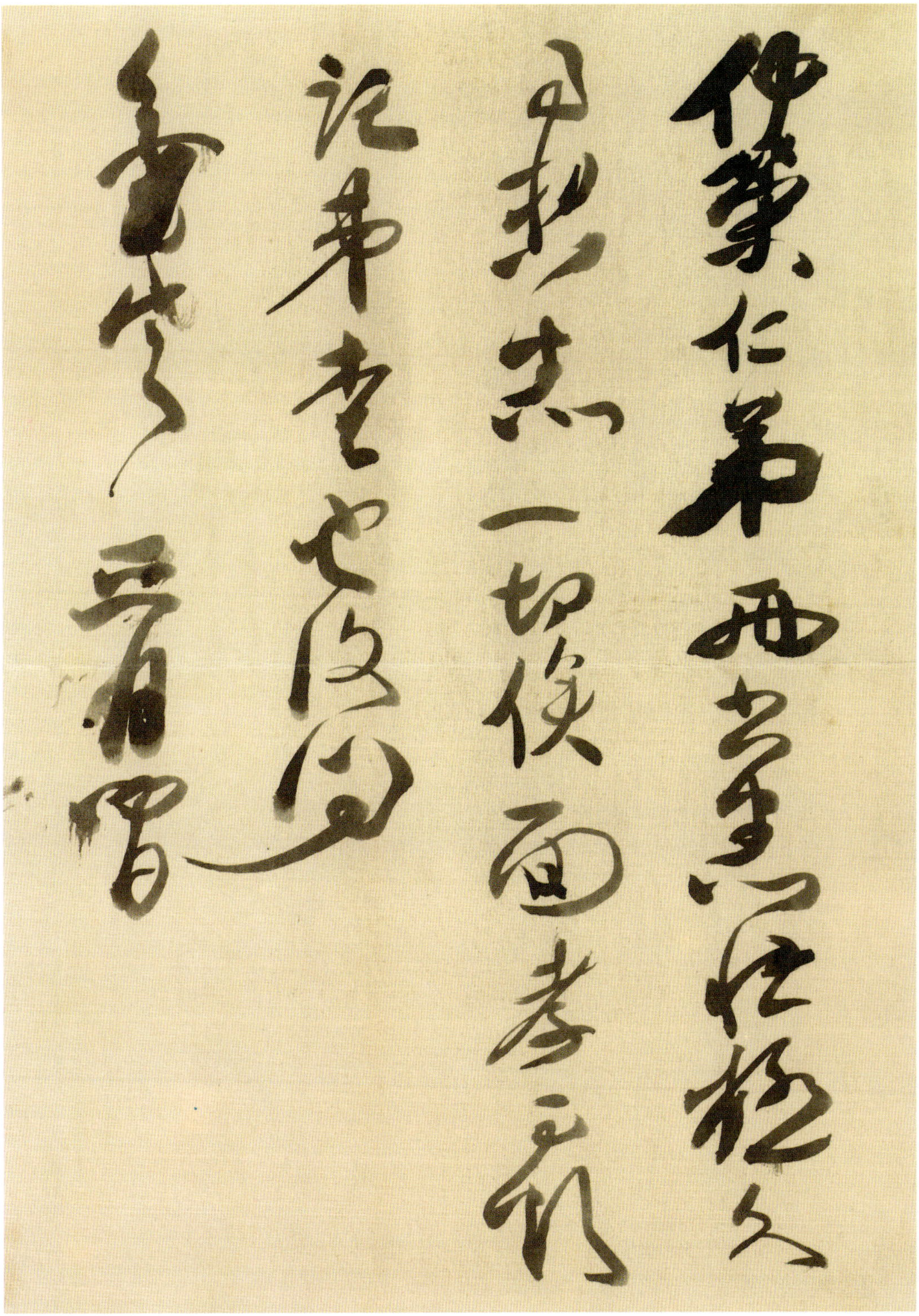

一五、一九〇八年九月十二日

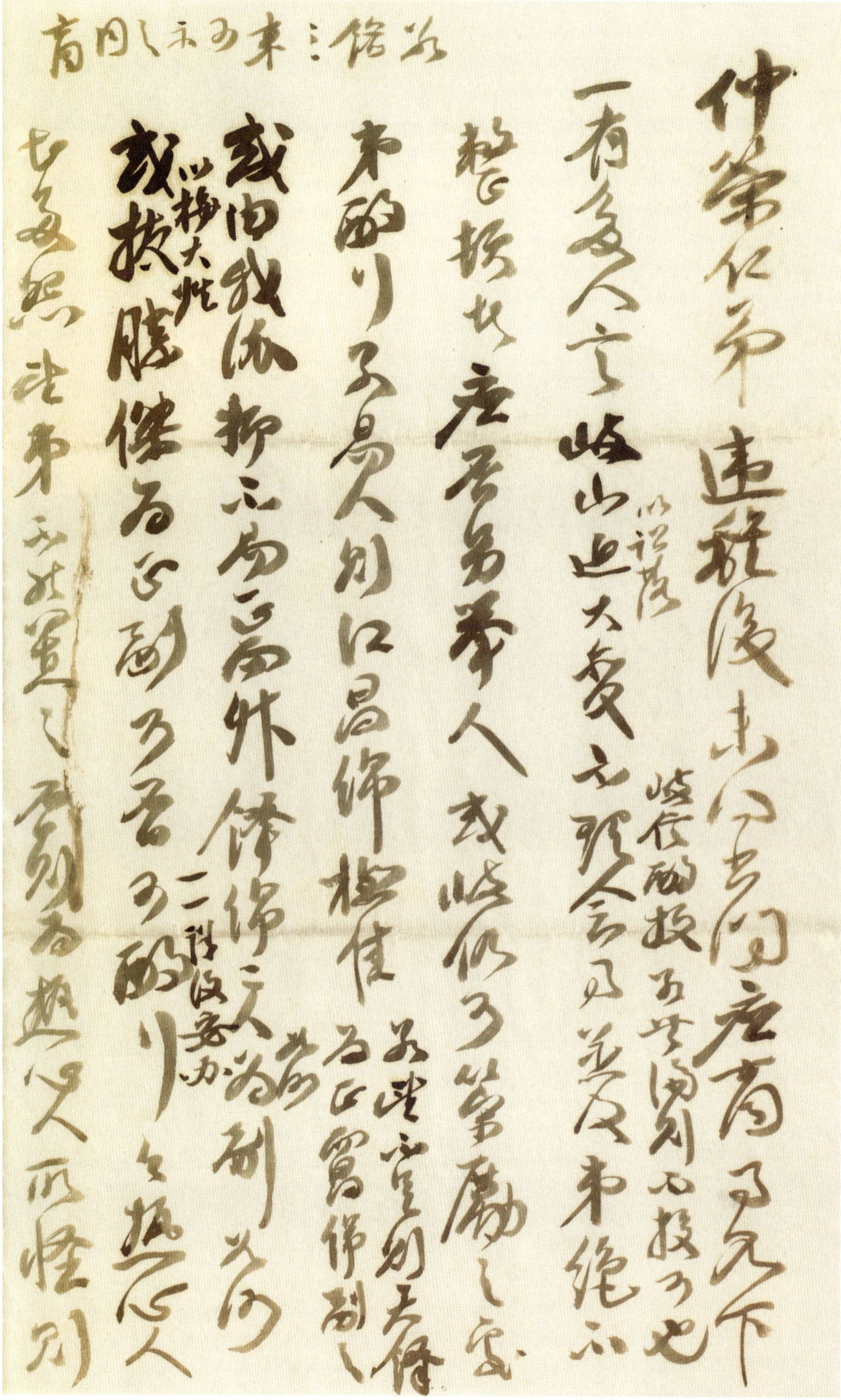

黎大先生：

一、鐵樵思性林錦文弱，宜于文科，爲不且文學尤優宜于工科之證，已入學，似宜仍改歸文學，以備業同而擬入外交之用，乃文乃爲肯定。

錦弟去東京，可以照改級學費未加此費，

并僑弟若爲國學弟。

一、陳煋我許其學費，亦竟張孝不敢收

累之來，擬償其百金，給之七合，乃得之也。再給學費之

庚已先借之，百金亦擬出乃書之。

一要之頃能為僑會籌款（以上墨西哥地收）否則代寫支定款及任支定款之華民去之後以便撥還些款

一陳焜某到入為瑞卜鐵業至要之薦之羅勇西兄一人入學

一電版可覓一人學之以為設報用勞批閱

要查

更生　九月廿七日

一六、一九〇八年十月二十九日

McLEAN & MUDGE.
MANAGERS
THE MENGER
ALAMO PLAZA
SAN ANTONIO, TEXAS.

昨日入墨矣，美得一万美人，拟欲以我所有股之壹报我
英华文学堂未行，其他学不能办，乃筹款之要
之派廿人往日本游学，派十人欲美游学，不能办之大成矣
我把此款分发美人，欲来收发意，广智书局太重要，候有果我为
吾决收还，我拟之股以给汝兄之，把俾汝兄以游学之用（但不必速著股，很不好，抑使之人心思之）
汝此书不收学费，是否可随时告我，果能有书来接此事（有书宜寄黄宽焯转交可也）
开地，我亦有以南洋缅甸一地，若能运转，放心也。此问
仲策弟学安
明夷　廿九日

一七、約一九〇八年十一月四日

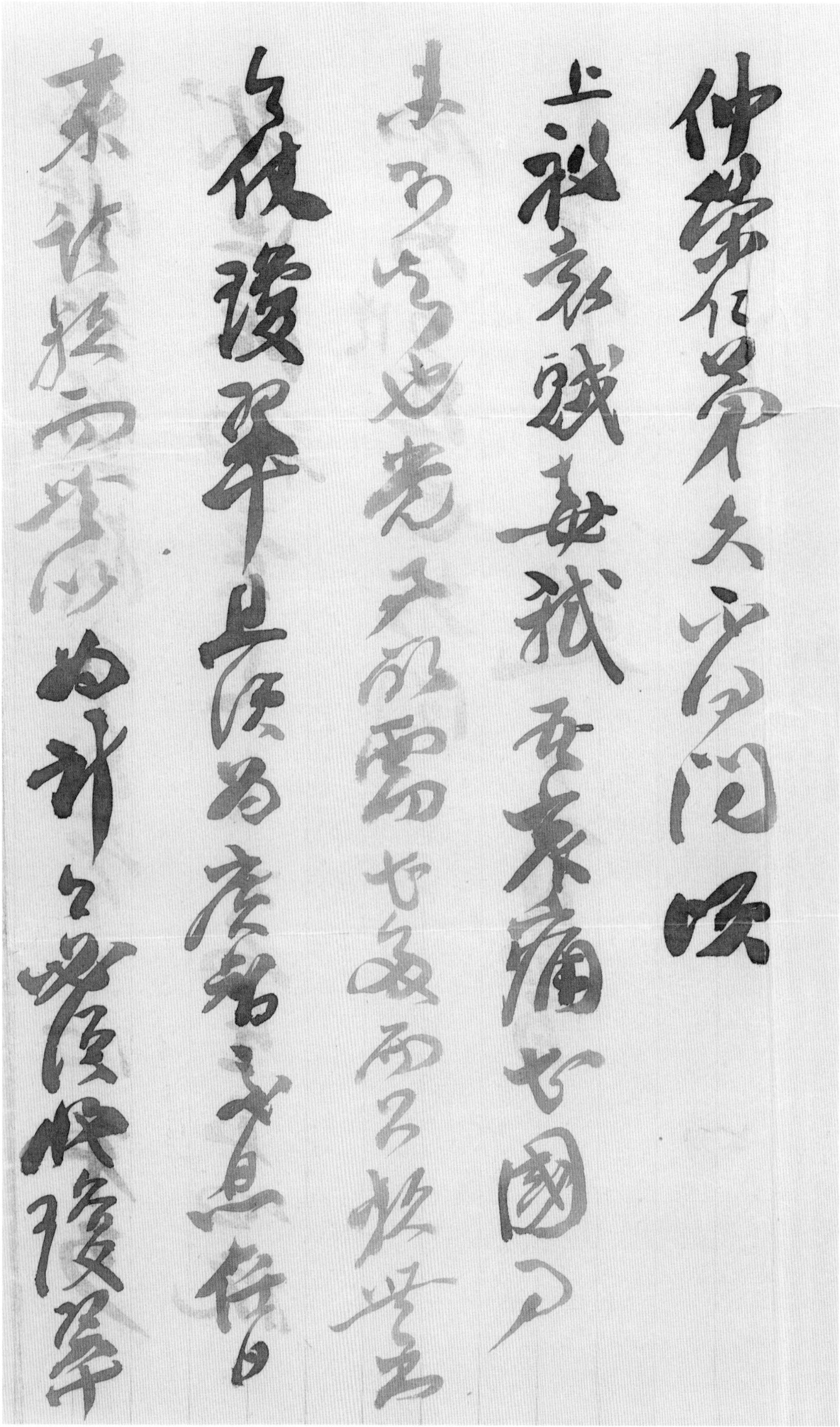

全權乃能辦張本亦無不可其每
投護軍乎許昌言候大略之祁
執至可今之之舉事初月又以賃無一
之之
家書信十万令向忙答寄
擬回居樓匯返美必難另相庫資
等之

啓者一昨四月于安信寄函諒收

遲又去以銀信一百員並西殺及共

修於寶號前楼乜極不決定

並寄去華其會長如再交銀莫關老兒

可也大兄俯聽茅册及送君陸續來

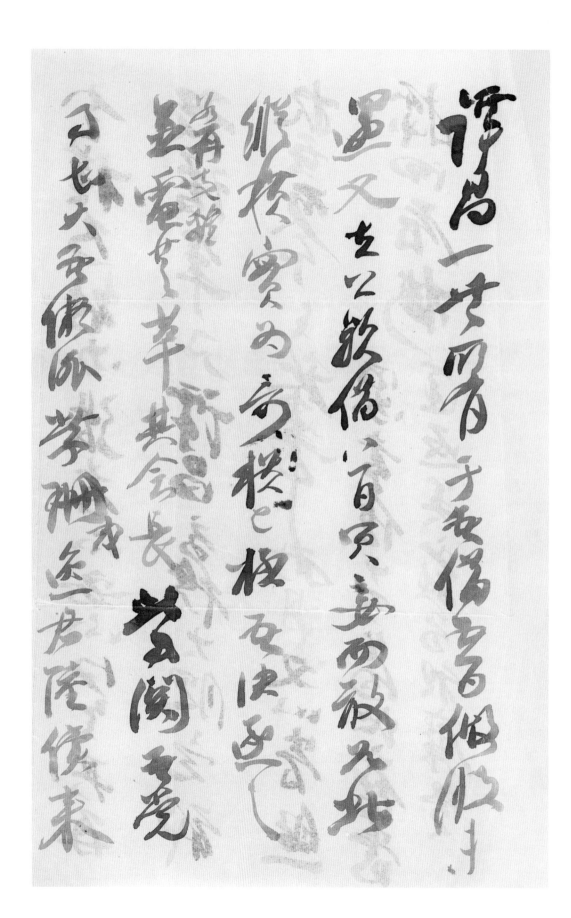

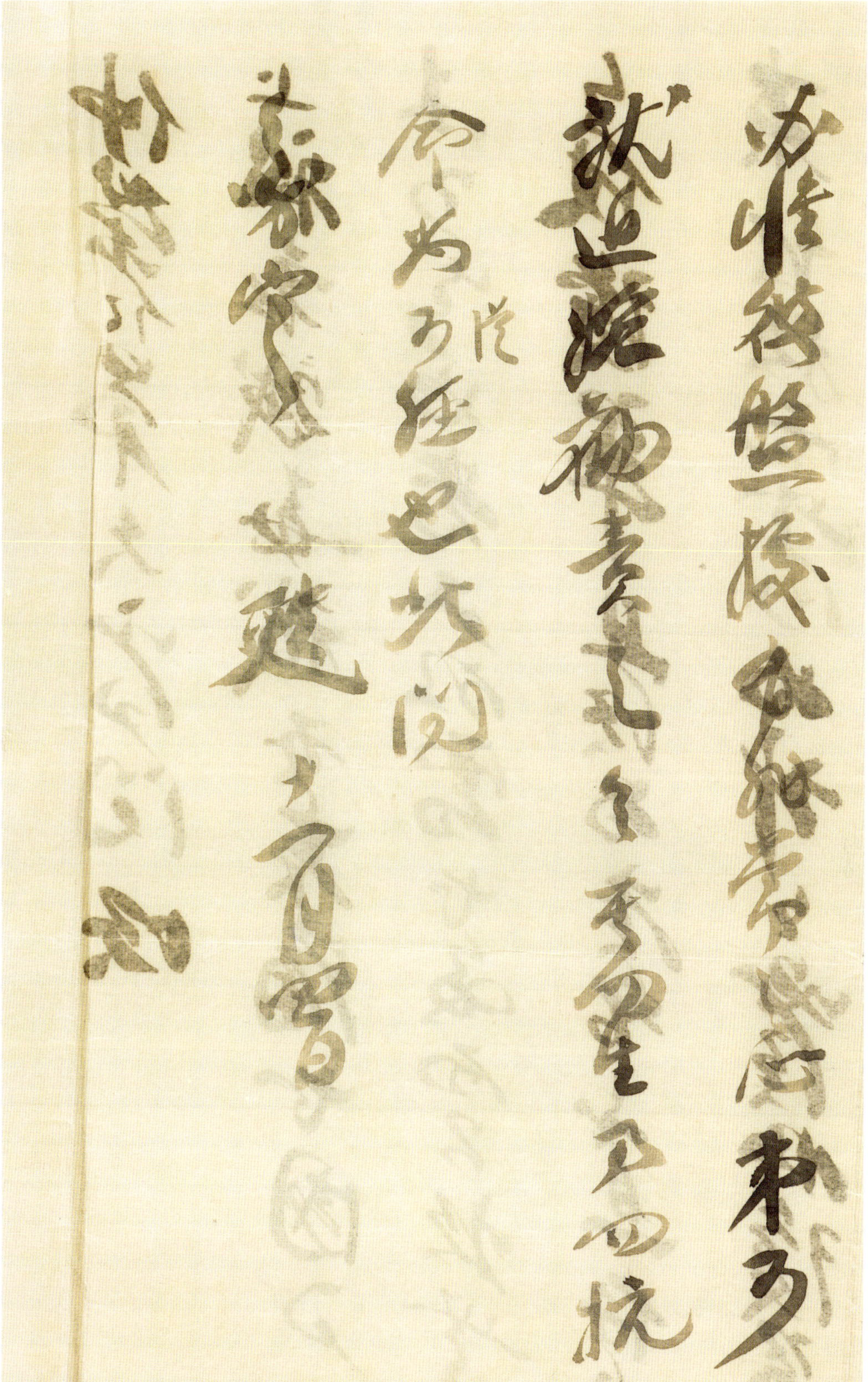

一八、一九〇八年十一月二十七日

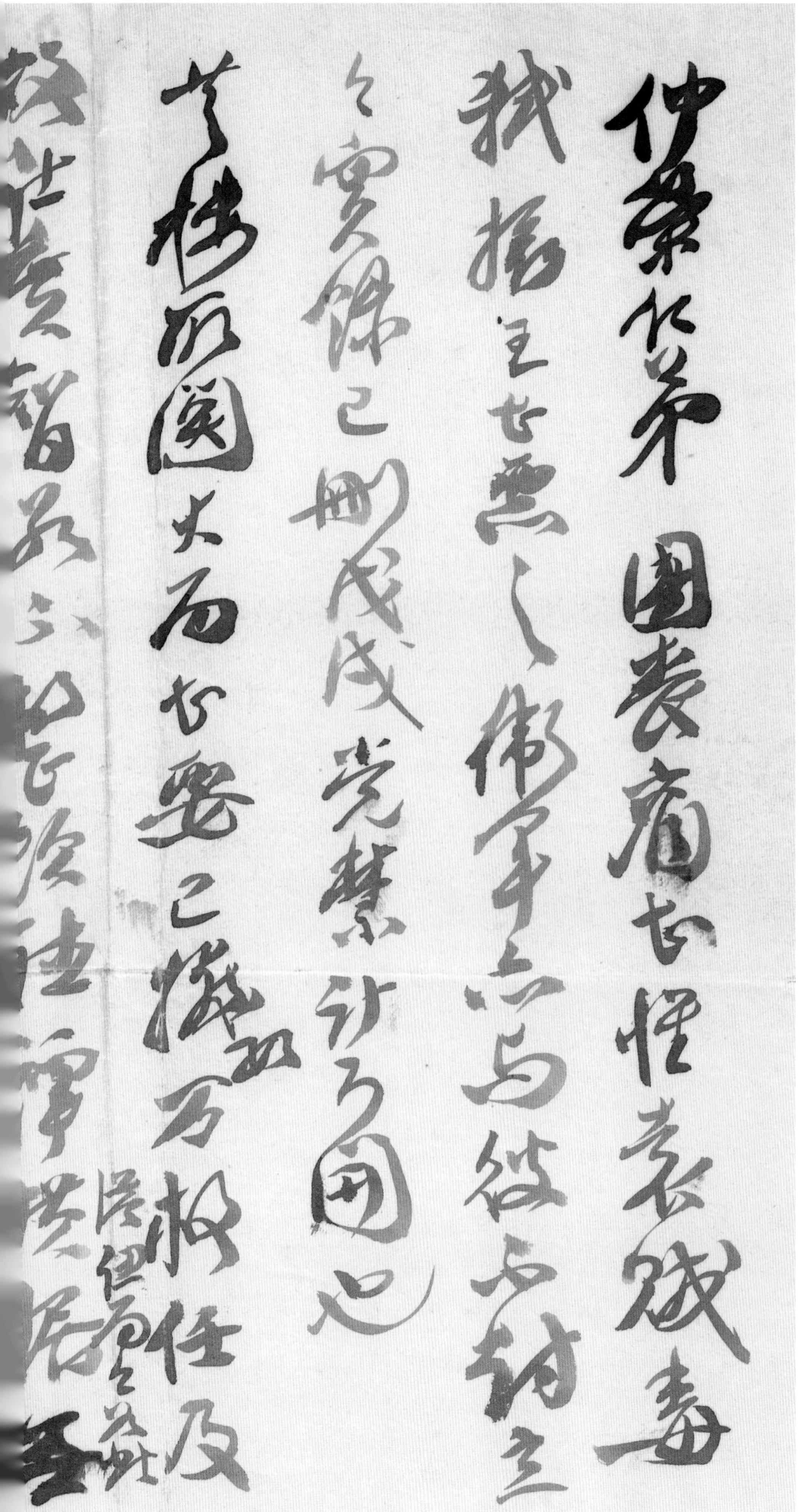

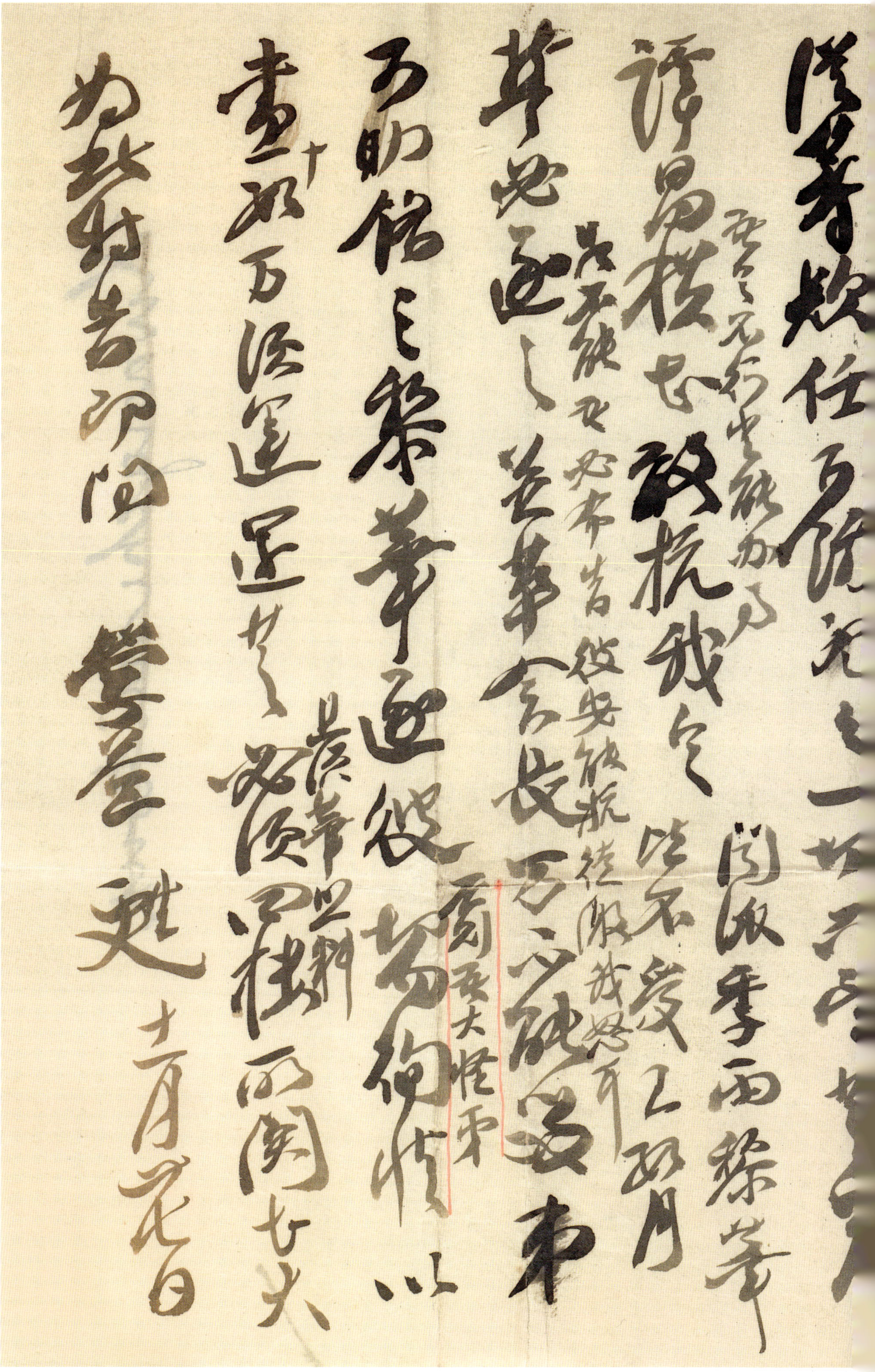

不敢再來行述（不似傘仲）此於試或以（安眉生）報

皆君忽銘三及黃宪岸湘洁晨傑綱

千真萬真曾參殺人貪心貪心不疑（雋）盗金可惱可惱陳平盗嫂炉汝

炉汝王后拖女（叛逆叛逆杖殺明月）不畏刀鑊惟畏讒傷人世多艱真偽翻翻顛倒裳

衣反覆是非指鹿為馬刺血移尸浸潤膚受或信或疑既亂聞

根耳難洗之蛇虎同居欲眠不安磨牙厲爪睒賜駁斑蘁毒蚊

飛而食肉旋入我帳血殺吾之蝟蠍蜿蜒徧緣盤旋几我不敢坐吾

不敢餌嗟吾有身大患是臻嗟吾有名謗毀乃叢嗟吾有家[illegible]煩

施捨有情頭顱其幾，心肝碎靡，閲世無量，歷劫已多，死生何云，痛苦奈何。大地甚廣，諸天莽莽，更德之國，氤氳之岳，天人可親，妙音可聞，樹樂微妙，衆衆芳芬，床楯樓閣，七寶繽紛，神歆瓊漿，飲之好神，玉女華色，明夜鮮新，實吾仙骨，誤謫濁塵，授我仙丸，復生返魂，顏色復少，木石皆春，絕無哀怨，但有懽欣，本無所住，聊復與群，俛視世間，腥臭血薰，坑陷徧地，狼蟒噬人，目駭神傷，是何緣因，掩目難視，裹足不進，不敢再來，謝汝下民。

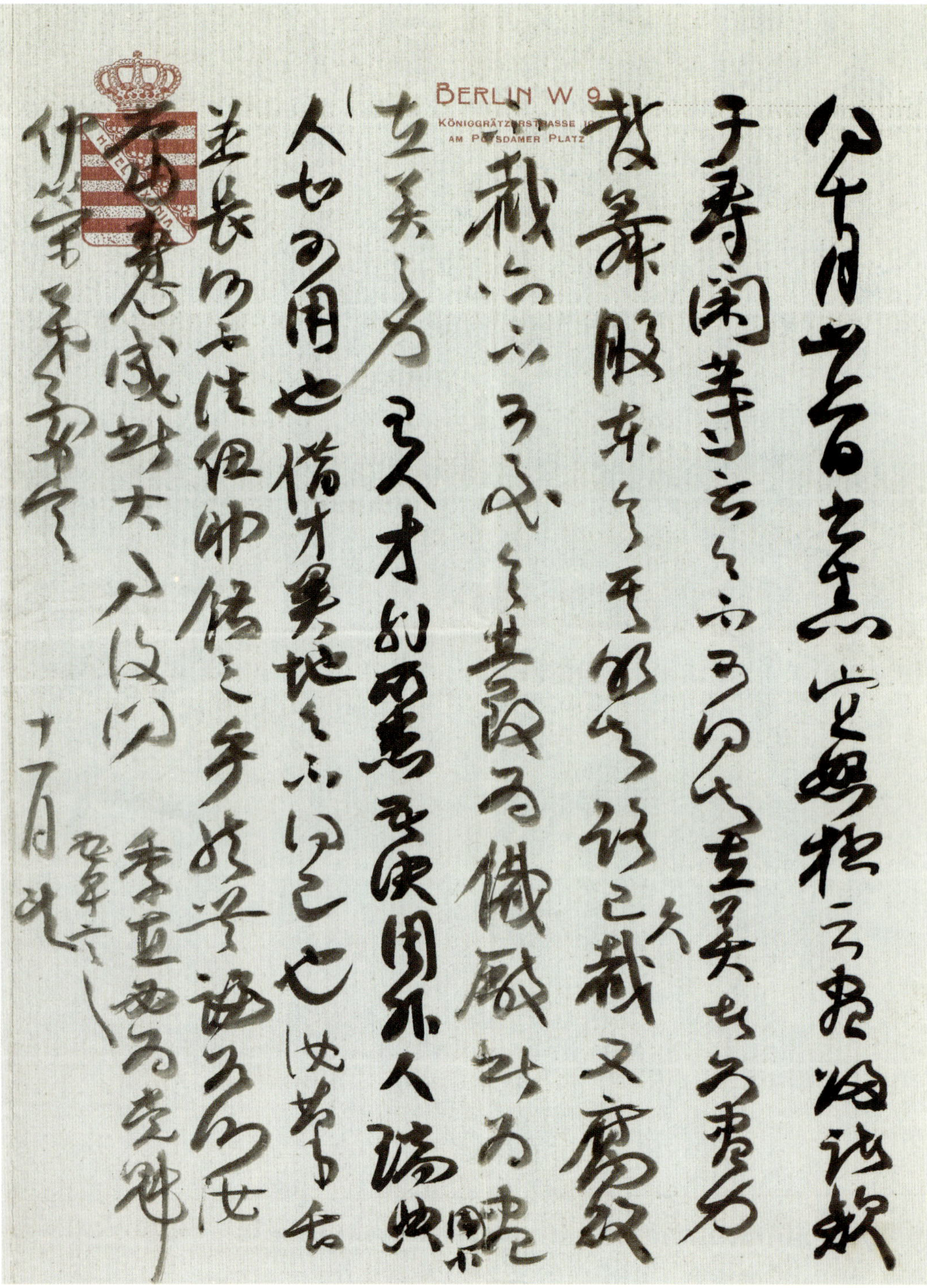
BERLIN W 9
KÖNIGGRÄTZERSTRASSE
AM POTSDAMER PLATZ

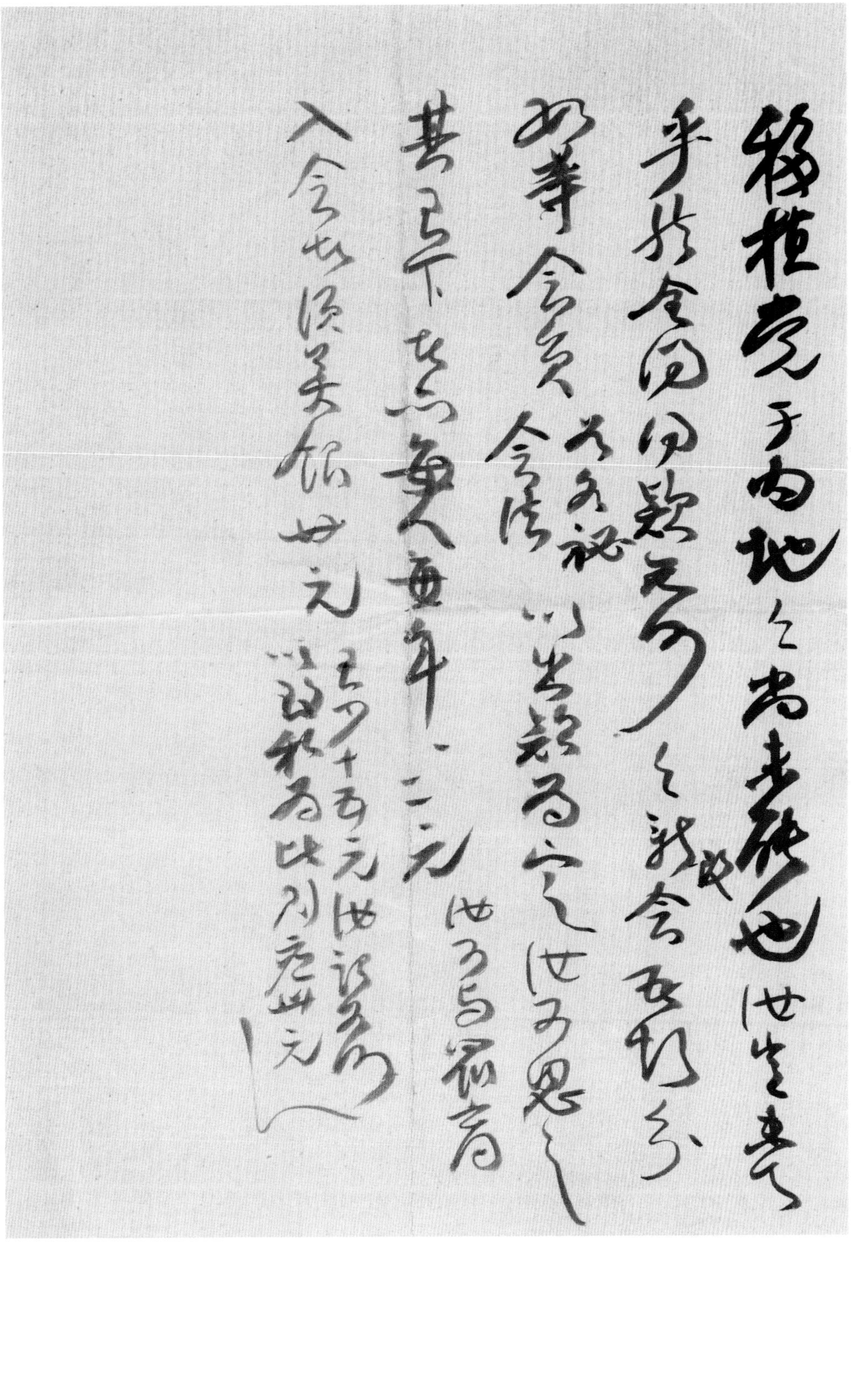
務推充于內地，之爲要緊也。世宜來

手於會內即款充之，之款會亦得分

如等會員 若其秘 會法 以出款爲公之 世子恩之

其已下者亦每人每年一二元 世乃爲最高

入會也須兼繳廿元 又四十五元 世認爲 以前款爲比例廿元

仲策仁弟：來書悉。近聞堯
慧西辭去，以我先生之世兄 並
我先生適用也。頃因張乃辛公、
內外國總東京學生此信詢
張季說遂館之誤發數方款與

之政之學例一切果哉殷思派
維兩黨嚴分彼此相畏黨爭無所用
望者同門同國黨力理護賊之援也
接雲之黨外宜起戰之也今
局哉今敗于此事學黨亦必出于郵
路望嚴分遂路路黨務之評賊勝敗

收回全權乃爲了了張孝本三千日元后
此借自之款彼實只廿一文而借券寫全
為君請我借四萬之款息一文未交
而彼以文函四萬卷寫全萬金卸來以萬為了也
惟問諸之老豈不評賊吏敢做也
名朝事為四帝告命全矣無其攻之

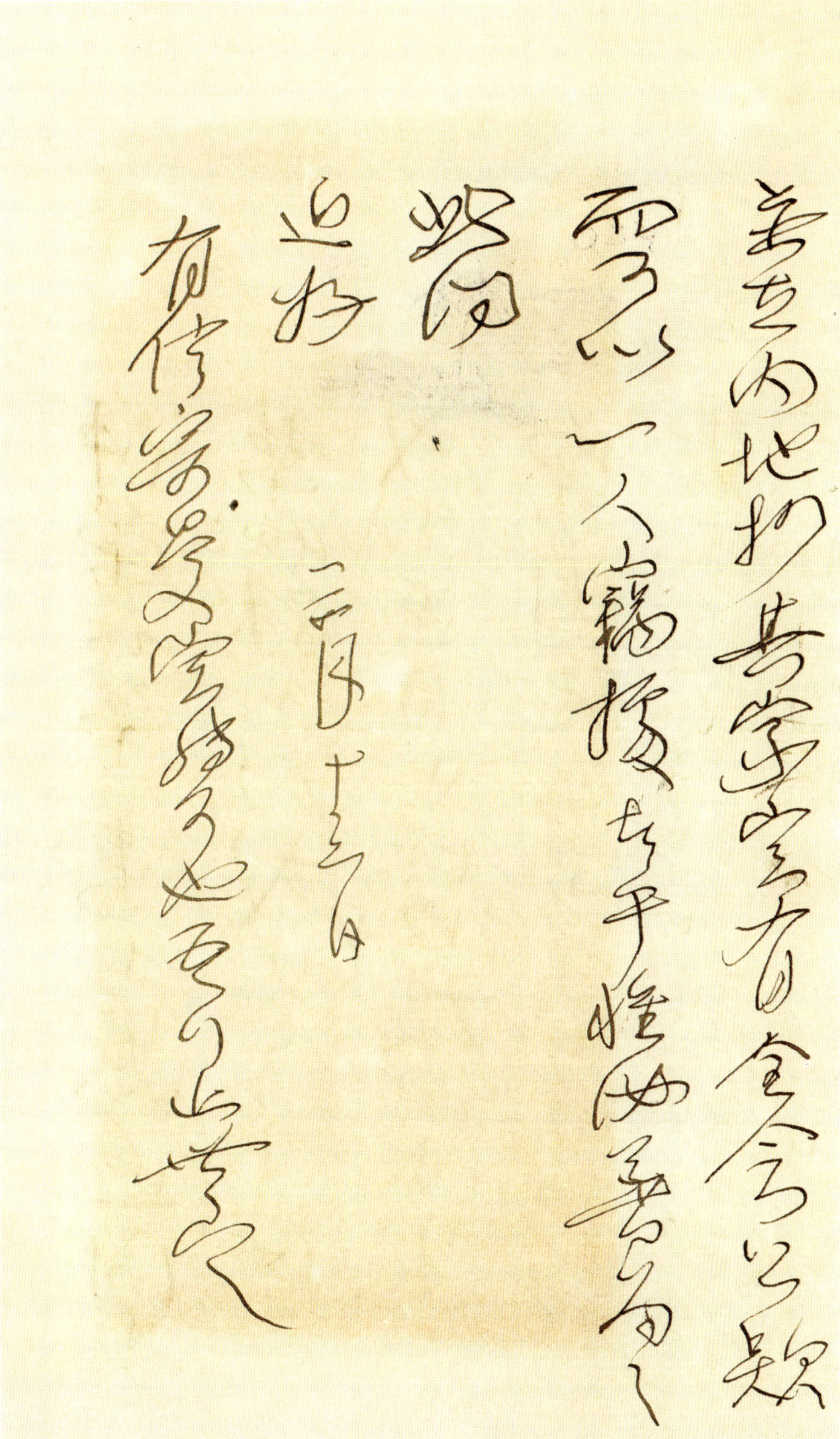
敬問

近好

二月十三日

湯覺頓信札

一、一九一四年一月五日

仲兄大鑒：敬承
動定康福爲慰。頃同時接讀廿夕及新月二日兩示，敬悉。
前去之兩函想已達，此間讀此兩函，各並
來別事，承
教當遵照，至一節，弟
察爲本時事新報，當即定借款撥
再展期六個月，亦告可照本與前途商
之。果以屢次談判，殊抱歉也。鄙俸（如無此兩墊，則具謀去）
十四匯來，云樹初亦料如此，容當擬前去
之託。以同志爲財，來書云義，應令人汗顏

于此間弟已善為之商述，一俟所念總之料理後，或可收律矣。今冬亦也如月之收碍清楚，亦可趙千北平情形如何，望隨付相示為荷。至與前訟，為法國與之一訟，挽未能至於集，若何則尤感激不敘，請弟查法粵關銷鎔銀爐，與造幣廠商所擬洽，大約日內亦收矣。專布，不盡之。敬候

新禧

弟荷安

如夫人新祺

特妻同叩並賀

如君年禧

新月五日夕

永和四年□振造

二、約一九一四年

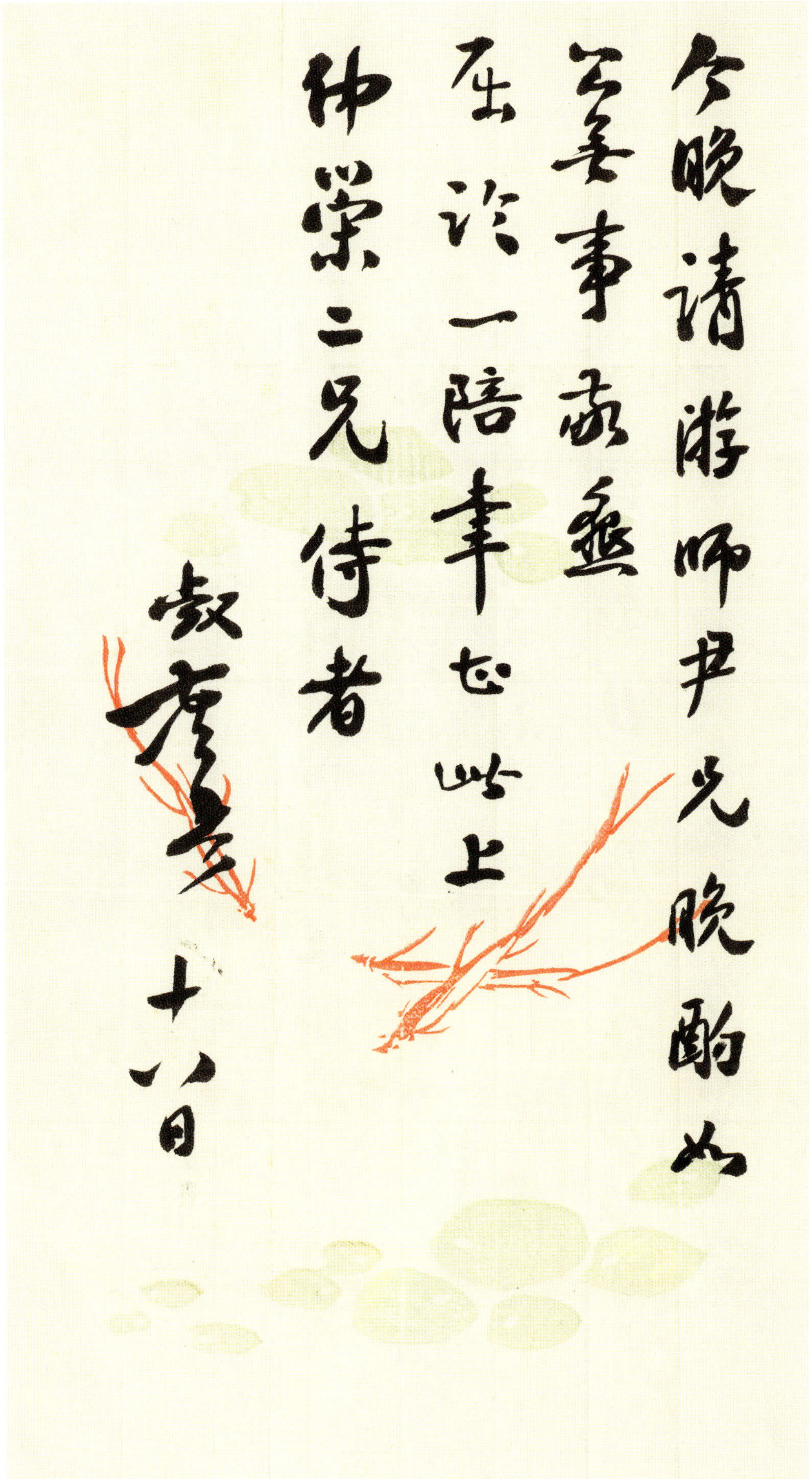

今晚請游師尹兄晚酌，爲善事函邀左右一陪，幸也。此上
仲策二兄侍者
叡虔
十八日

仲策二兄惠鑒：日前奉復一書，想承察及。頃有致汪伯唐函一，支票一紙，計佰肆〔拾元〕，請左　萬雯暫儲拾元，連前〔取現更妥〕支票及函，飭行中僕後送往西斜街紅廟汪宅為荷。此係支房租之款，而僕存行中者僅餘百肆拾元，故不得不向　萬雯暫

文美製

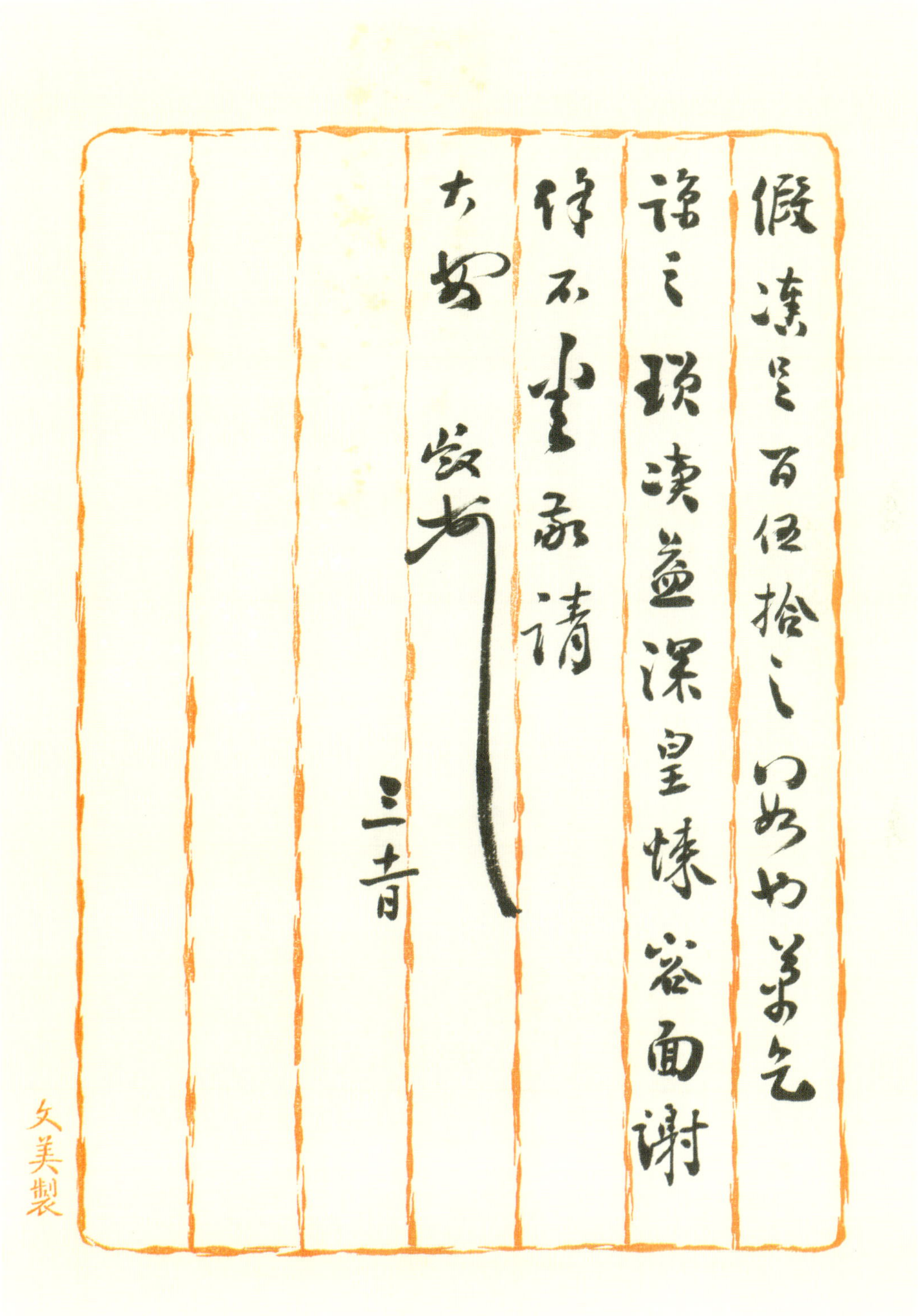
假湊足百伍拾元，即如所等乞
諒之。瑣瀆益深，皇悚容面謝。
餘不盡函請
大安。敬布
三青

孟宗我兄足下前得 癭公
函電乃知蛻庵奄忽令人驚
痛腸欲天道無知於斯為烈
與 任老相業常慨不能為
懷也已命由僕請中國銀行
電匯六百元 任老賻五百僕

文美製

賻百　公志有不逮者表贊成
于教術之同志寥落大勢
亦愁抑鬱以死可嘆〻
公能來此一乘否南北業甚盛
努力合乘也敬復
仲策二兄侍者　覺

廿八日

文美製

五、約一九一五年四月四日

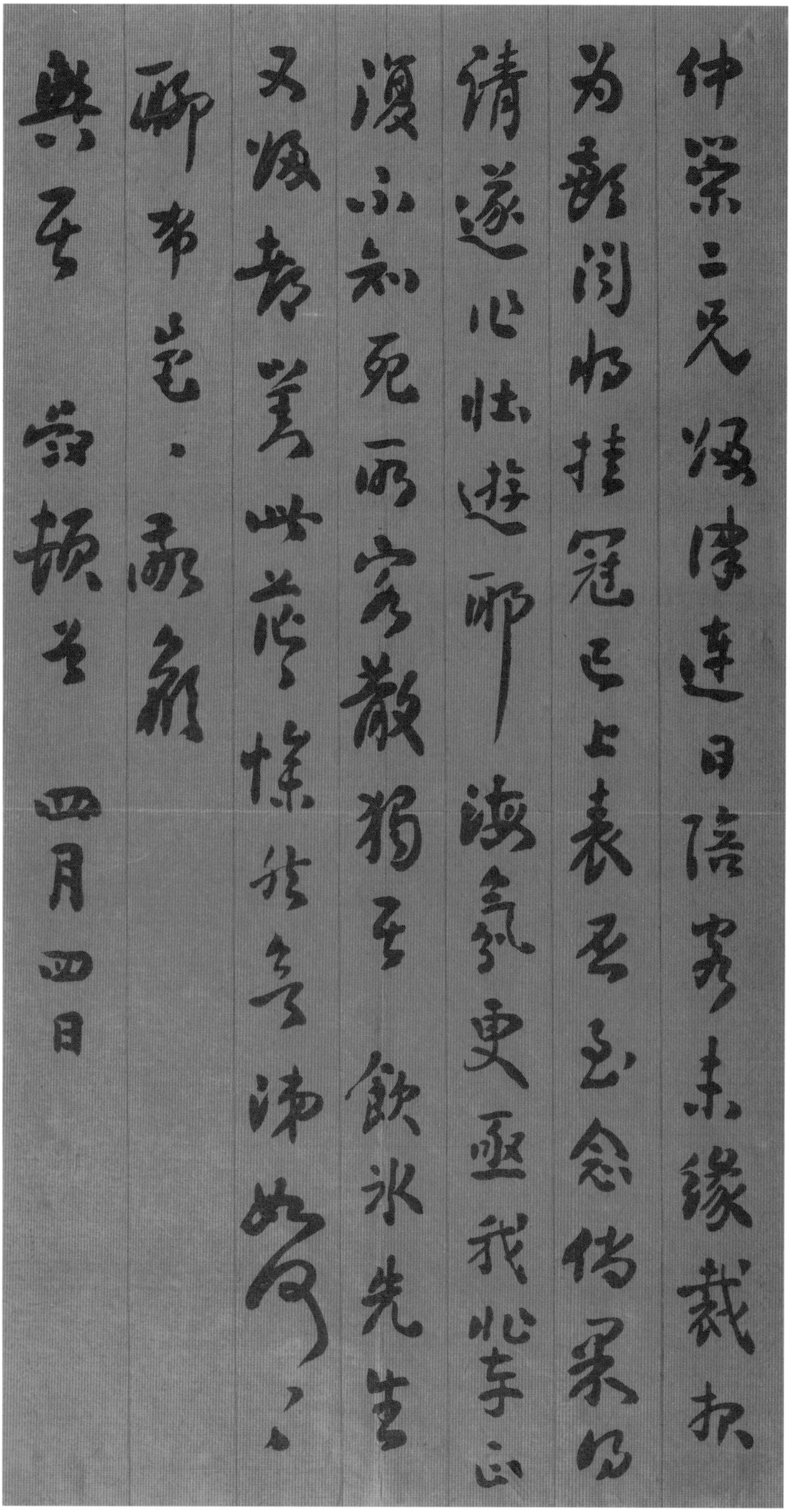
仲策三兄閣下：連日陪客，未緣款接爲歉。聞將挂冠，已上表否？至念。倘果乃請，遂心壯遊耶？海氣更亟，我輩正須示知死所。家散獨居，飲冰先生又將赴美，此旅條能否沛，如何如何？聊布意。敬頌興居。
榮頓首
四月四日

手示二言敬悉公子皆極有趣

獨言陳氏令人惻怛耳何以為

凡此衣服什物費付一妊者此甚

困難雲初有此等預妨之術

邱言嘗　書中此

来頻間此等無耗甚憂為疲

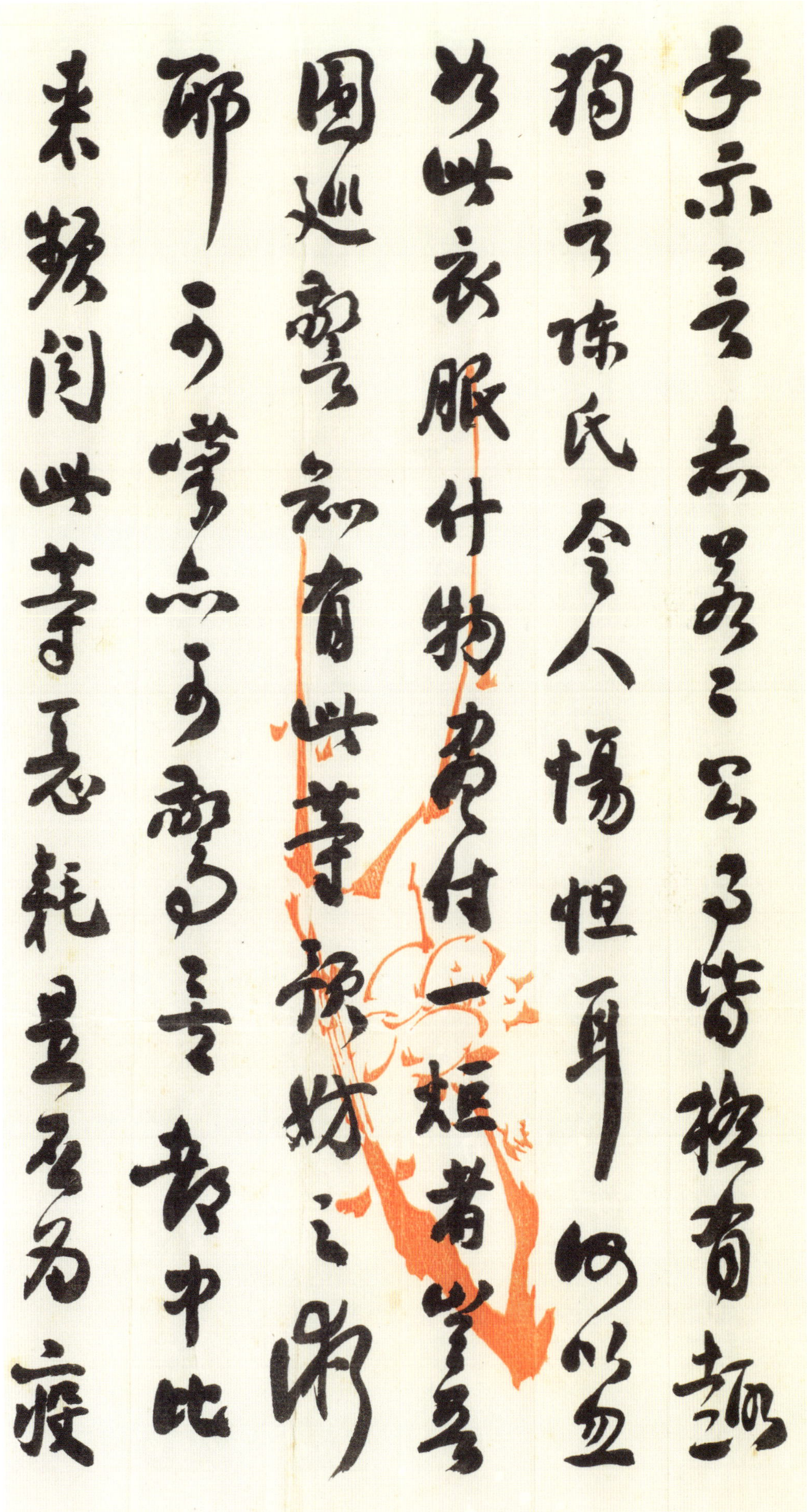

痛之先兆乎虞山　尊兄先生初
二晚登舟初三黎明發孝豐縣
車至已追不及即於是晚乘津浦
通車南下計期今日可抵滬而
尊兄先生寫函在明日也僕因
時日過於匆率未及走行如矣

兄及洪公之學雲如南行之期准
在西來後師已戒裝來
聞秉公亦將俟陳北入浙南山間
益復寥寥矣然有人季常下星
期又替偕同行若君來究竟而不
同行星期後亦必去兄如速來可

撥違以後再未晤見

蒹葭之感無時不以為懷卒

男等之子收所已得不一一為上

仲榮二兄侍者

敬拜

初五夕

仲策二兄鑒：僕以匆匆，未能詣
尊兄先生南行。孝覺今
晚乘通車去，孝先兄乃
滬，若明年　閣係無集承
勇宣康後　叡頓首
十六夕

八、約一九一五年

示悉已燒吉錢老勿念波撒暗晚
入都今日為尊兄先生稱觴因小兒之前
日左腮忽腫日昨更甚且腫至喉際堅
硬異常不得不為延醫診治故不能行
吉禮多矣且於佛公之罵只是別為一
派吾諸亦解佛公教從入都去言
究因甚事也要之佛公之言余或知之

家之言也　佛公絶不告以此等收據，見面附開喉罵一場，莫然明矣。聊奉公一噱，並為佛公一笑，須不告

仲策之兄　侍者

覺

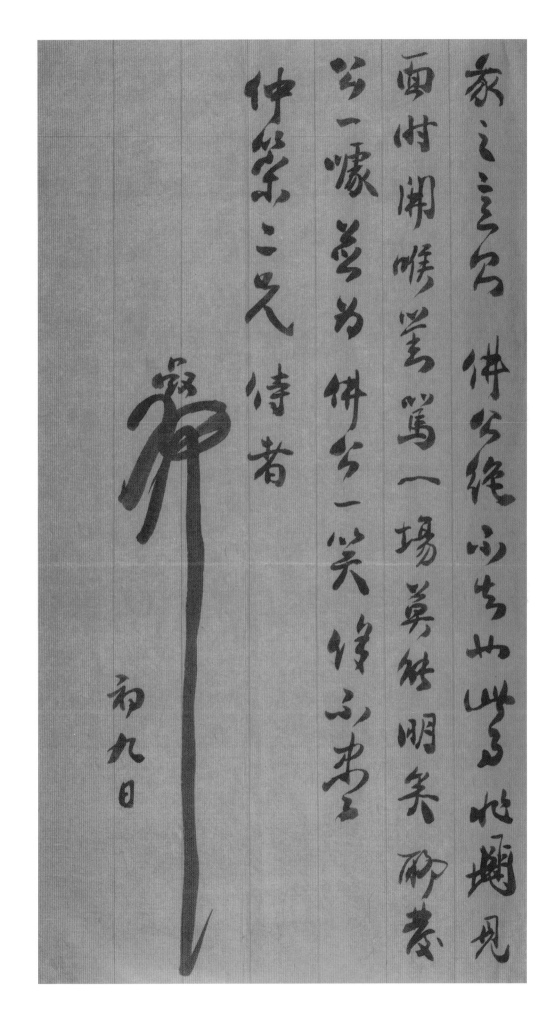

初九日

仲兄大鑒：疊接尊兄先生滬上兩書，本欲寄覽，繼思行李不日到津，一切在此間且有商酌，故罷。好在亦無甚要事也。公能早來一二日謀一清會耶？決在津送行乃入都耳。連日服藥，入都亦便耳。專頌多祜。啟拜

廿二夕

一〇、約一九一五年

仲策二兄惠鑒：舍館想定為謝。何日來此一遊耶？頃有要事奉託：一借款千元，計非久到期，乞預商少垣轉之。兩箇月期不甚可否，累兄再次求人，謝謝。何區一兄所借之款，請不必掛來，並擬向兄借三十元，湊足百五十之數，仍乞飭送汪伯翁，作為十一月至正月之房租。此款俟面繳。頻瀆，無任悚歉。請大安。

覺頓上 十二日

詠白已南歸，俸銀薪水此請必為催領。星白西兄曾來，寓近寓好也。

仲策二兄 前日亦裁牋 想達如

昨晤錢老言有胡宗武者為清史

館纂修家住天津到京寓於中華

飯店一所費甚鉅欲得一合式之友同

住而甚難覓人 錢老因思 公一人

獨住廿餘元之房子且地方甚大

孟約姻君同居于省都一處之租室
如房以此商之於公如以為可則
通知姻君如姻人也佳本要順便
人寓籍貴州僕與之熟並曾
見之于前兩年居此等街時剛甫
高足來同在花園冒雪照像中之一

人也若用吾之議定，明來大食及開廚等事如有分配之法，公可與梅君面商之，並希示復，并即告錢先生為荷。餘不一一。敬請

大安

啟超

廿日夕

昨夕一書想達，頃尚有一事忘告
公者：徐炯近矣急上閩。尊元先生漱川
時交下十元屬購貯蓄票，即於次
日由家人在交通銀行購得
一紙，至號碼列后開上，票即存
漱處，並請將號碼抄存細瓦

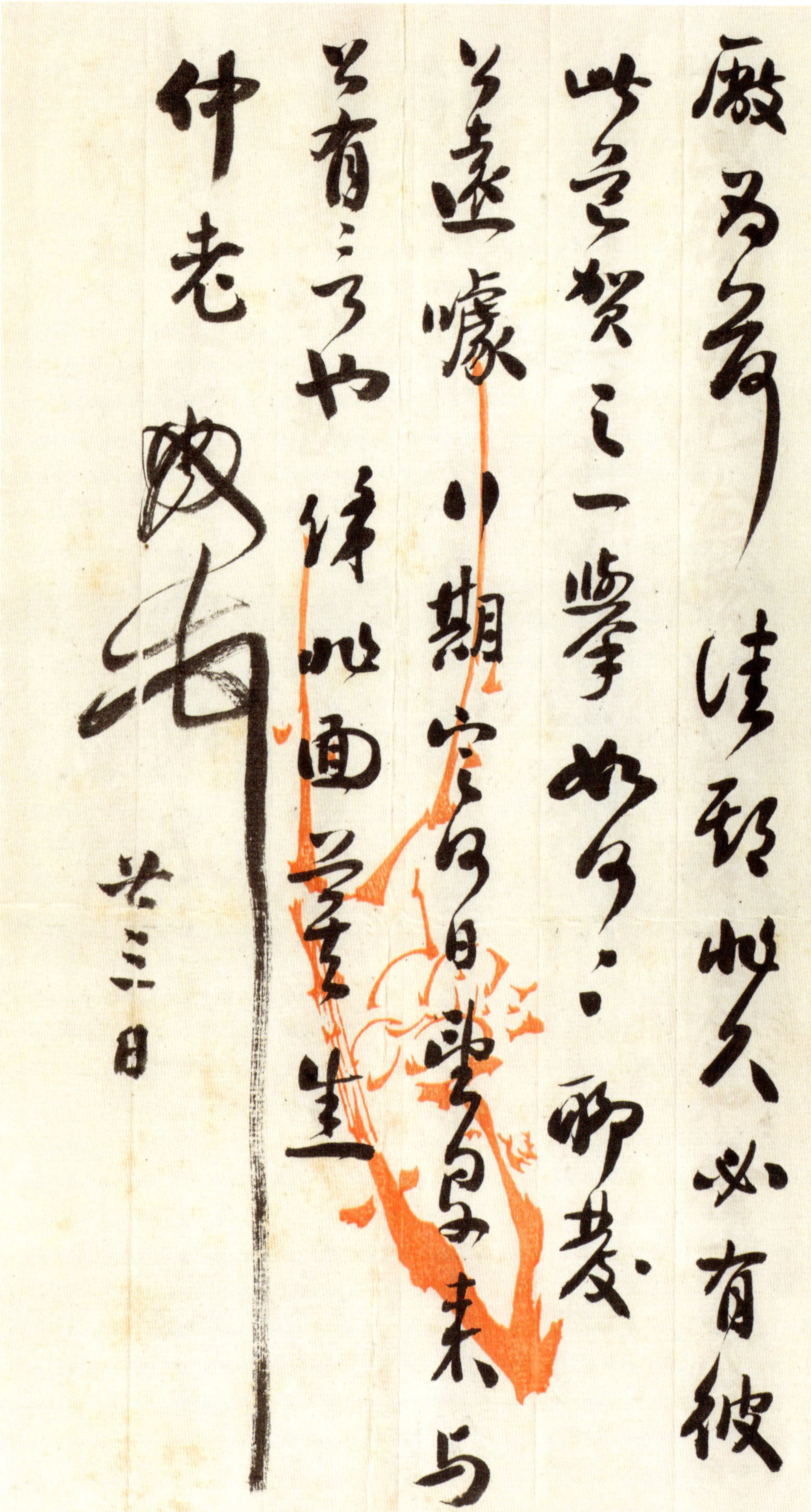
厥爲尊 清頌妙文必有彼
此之賀之一擧妙之耶蔻
之遠懷 小期定於日曾來与
之有之也 請此函晤生
仲老 [illegible]
廿三日

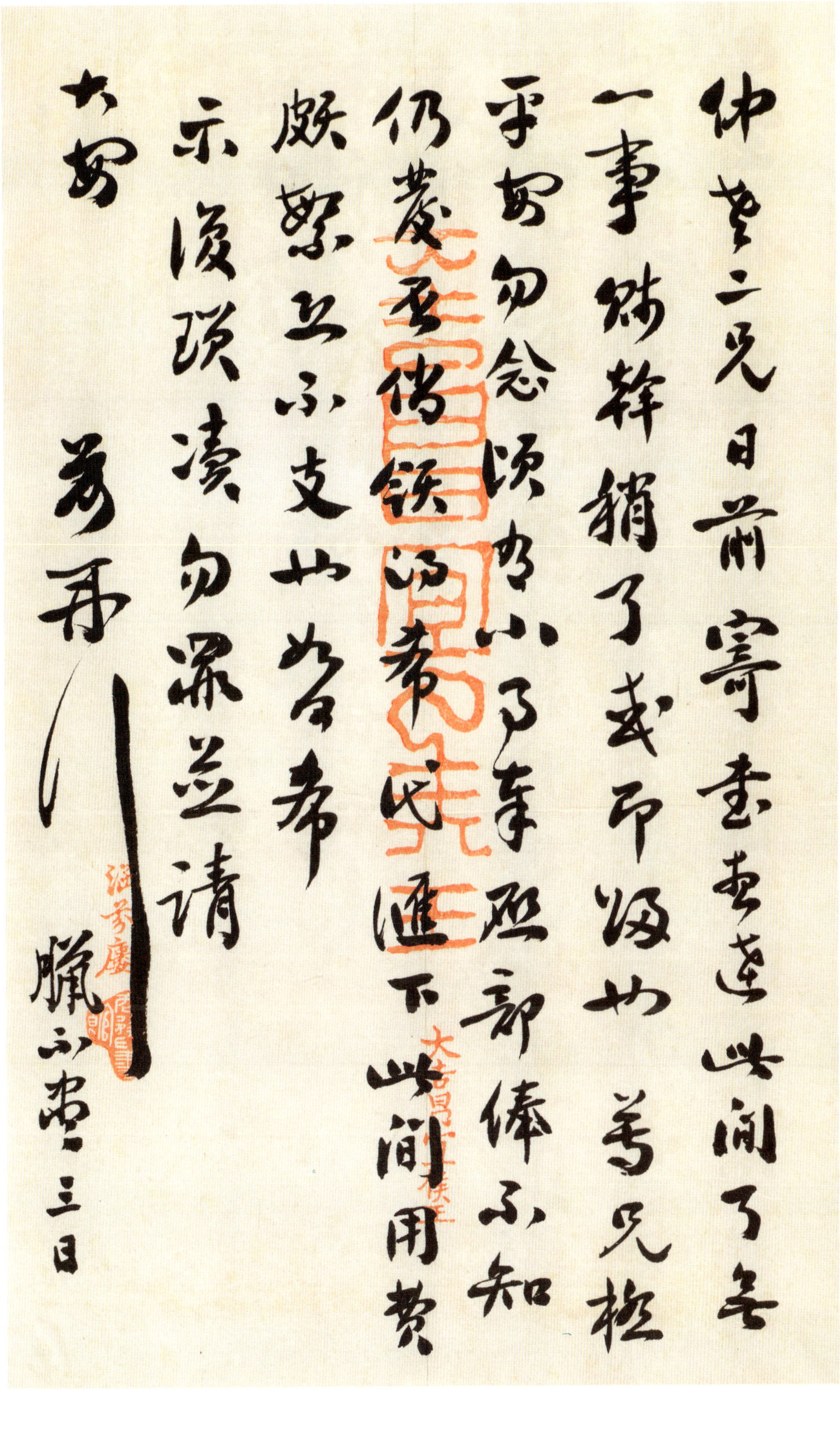
仲策二兄：日前寄書，想達。此間了無一事，紛雜稍了，或即回也。萬兄極平安，勿念。頃得小乃來函，說部俸不知仍發否？倘領得，仍希代匯下，此間用費頗繁，且不支也。務希示復。瑣瀆勿罪，並請大安。弟覺頓再拜 臘[illegible]三日

一四、約一九一五年

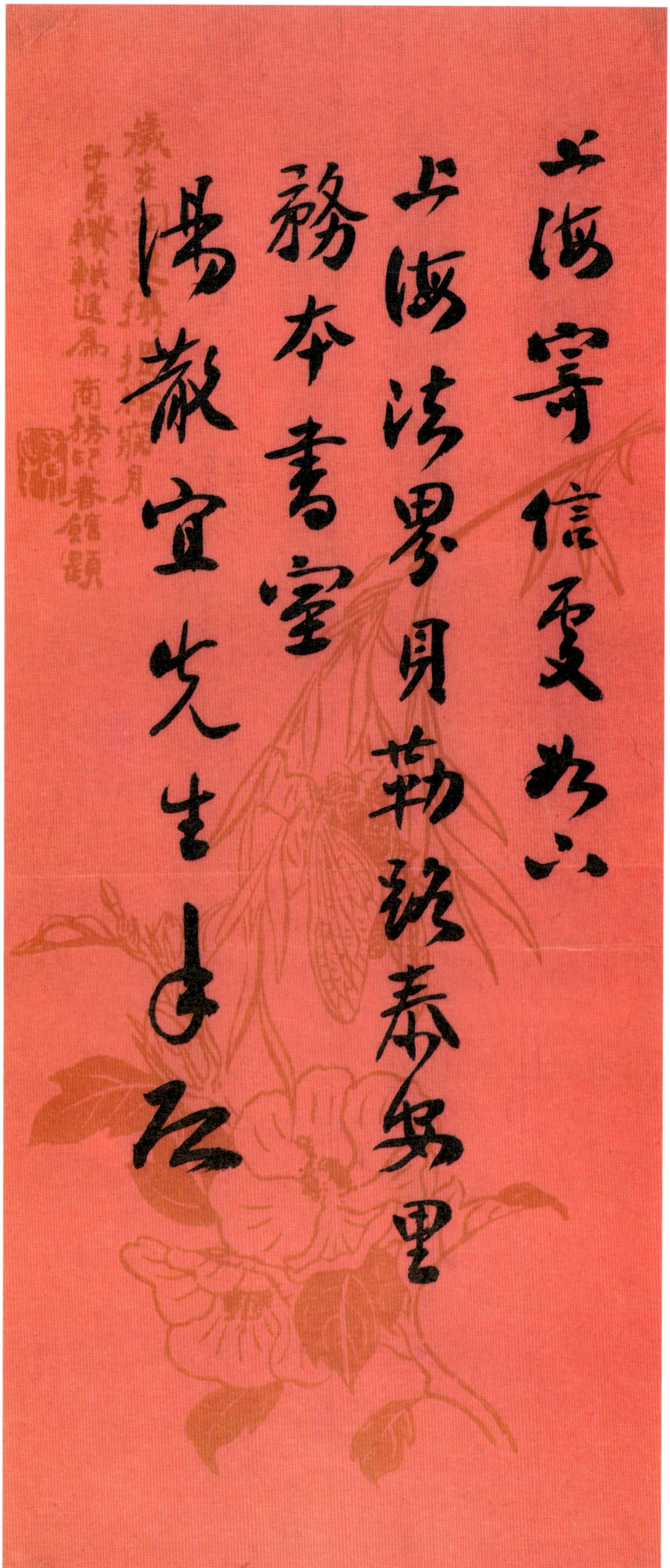

上海寄信發於六

上海法界貝勒路泰安里

務本書室

湯薇宜先生台啟

商務印書館

一五、約一九一五年

仲公大鑒：廿四日
手書承悉。前幾來的裘君名字
章報已深懸悚，沃闌分別紙單
譽爲僕東行之程展轉爲人遂沈滯
至今，即夕京發，暫遠
門闌，惆悵何已。
公可容與蔣兄謀之。尊兄亦不日發，皆

鶴儕摹宋人意

有示得已者，去閒林便告也。愛之如君日
内北旋居吉如其人，暫不煩寄，爲盼。同與
處務者，爲一辭之，以答看墨情深談相思之之之西如何
僕業於此，人如終來，殊忘情也。年
詳告莫仰。。利後必有詳細通
信受事上
書示
所喜之也，匆遽草狀，多泐，務祈復候
大安
散翁頓首　廿九日

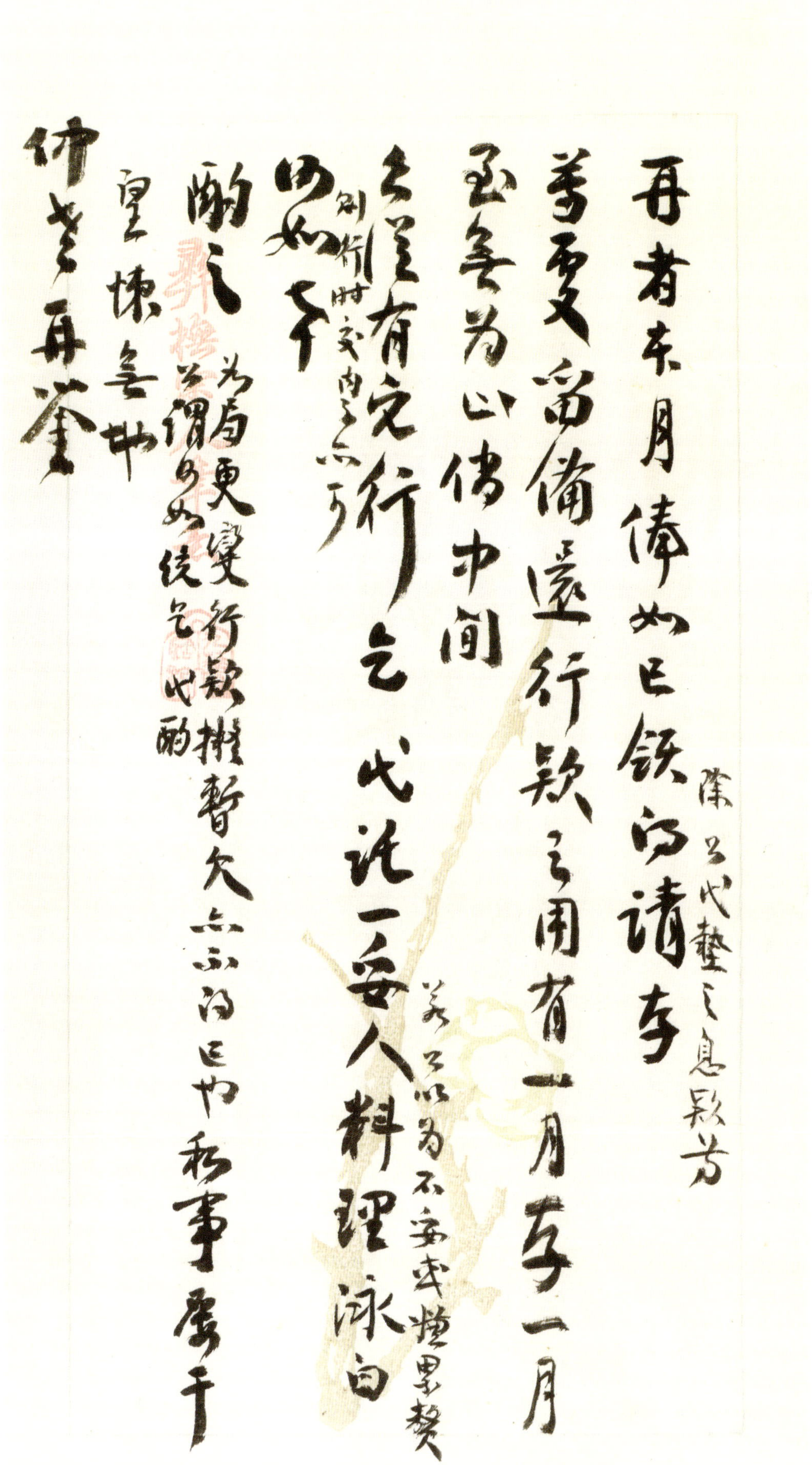

再者來月俸如已領，可請李（滌公代墊之息款若）蕙叟留備還行款之用，有一月李二月（美公以為不妥，或撥畢款）丞無為此借中間之經有定，行之代託一妥人料理，詠白（則行時交內子亦可）問如下酬之（為后更變行款撥暫欠亦須已私事處千，以謂如此統乞代酬）皇懷無地

仲策再筆

一六、約一九一五年

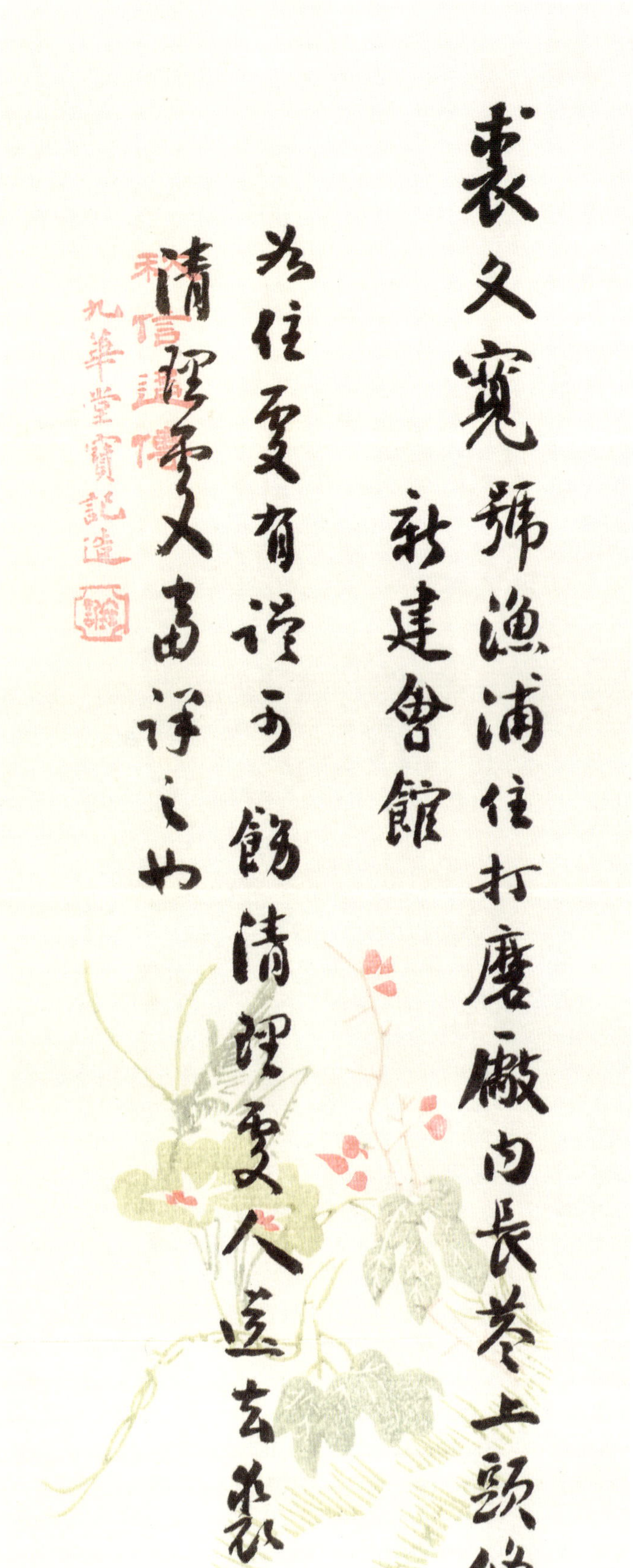
袁文寬
稱漁浦住打磨廠内長巷上頭條
新建會館
為住處有議可飭清理處人送去敬堂左
清理處又當面詳之也

仲公大鑒：奉十一日書並叁百元，承收。費神感謝。日前疊寄兩書，聊表寸忱，不審能蒙俯詧而不呵斥之否？今日赴尊兄處，燮譚言歡。定賀蓮青製筆百枝，屬由公與敝友裘君接洽。惟前（北江及之年）所定造者，尚未交來，未知刻已造成否？請飭人往裘翁處一問（住址別紙寫上），如已造得，屬其交到 舍處，該款若干，乞收賬單寄下為荷。且俟此次交寄清楚，再定第二單

貸也彼時當剝致書介 公与裘翁見面乃安
當也公仍附來注京津間那有何新事希
隨時見示為幸儀茅兄此也切不忘承
興至百福
嚴宜頓首 十三日深宵
裘翁住所如左
打磨廠內長巷上頭條新建會館
係上頭條抑係六頭條記不甚清彼曾在清行
清理處彼中人當可飭先查明也

九華堂記

梁啟超信札

致梁啟勳書

一、一九〇四年三月三日

仲弟鑒：

叠來書悉。兄于正月廿三起程返港（又在船過生日）。到港住二十日（連澳門），各同門皆見。

在澳亦十日，日與大人歡言，甚樂也。三姑、伯姊皆來，達建諸兄、東初姪亦到（族人到見者尚十數）。爲大人預祝壽辰，極一時之樂。貴和姪聰明婉孌，過于其姊，兄甚愛之。最妙者家中小孩，多云不記我面目，惟啟雄、貴和則云認得，殊可笑也。兄日抱彼二人坐東洋車買玩物、食物。兄臨行時二人必要隨我同來，大鬧了一場。兄又與合家人影相，又携和姪同影一幅，現尚未曬好，遲日當寄弟也。大人醉了幾回，醉時甚可驚也。東初娶親，我輩不久便做亞公了，爲此事合家人皆回鄉。兄起行後即往，且過清明也。東初姻畢後亦即來東游學，現謀官費不至得否？此爲「摑」主義起見，不得不多用子弟也。業頑劣猶昔，兄歸家數日，大約亦以罵彼占强半日子，真敗興也！大人醉後則更不得了矣。（我初到之日）彼竟偷我銀二百餘金，此事大人不知，伯姊見其形狀詭異，且買金表，知必爲彼所偷也。然待查出時，彼已遁回家，故亦無從追之，且恐張揚，傷大人心，故聽之而已。此子如此，真是家孽，可嘆也。現竟無法處置之，但欲流之于墨西哥而已。此事較鮑熾之外甥，尤爲難處也。廷璋亦來省視余，此子弱質如此，真可慮。兄此行帶啟森、啟文出來。森在報館傭工，月求數金耳。文則醫病也，文腦筋極鈍極，不知何故，待醫後或有望耳（以上言家事竟）。

兄見長者數日，長者以二月六日行，先往南洋，後至澳洲，將來欲由澳而歐，由歐而美，此亦無可如何也。同行者鮑熾也，長者以全力欲再舉辦此事，然成否殊難料耳。

港局現由君力、季雨、思勉同主持，條理頗改良。商股現收得者，尚不及三十萬。

廣智近由孳一主持，條理秩然，以後可無慮。惟前此借款太巨，今難猝還耳。存書銀得值十萬（原價也，若售價則廿餘萬矣），真可吃驚。其實前此慧、蔭兩人虧空皆不鉅。蔭之虧空，則在臨交代時也（虧五千餘），然蔭數目糊塗極，依其所報告，則第一年尚須虧本，此必無之事矣。彼每月所費總須二三百，不取于局爲何？取則其真虧空者實不少，彼五千不過其表面者耳。但前事即亦不必復問，此後則用三權鼎立法，擎一總理，有潘（先生所薦）某爲管銀，孝高核數，此後必穩矣。現在只賣舊書，並無新印，然正二兩月，每月亦售書二千餘金，每月贏餘六七百元也，更得數種佳書，必恢復矣，可無念。

福生泰不佳，然未告大人。兄現遷至報館三樓居住，每歲亦可省費千數也。羅昌處現已改作廣東官費生，可以稍輕本黨之負擔，甚善甚善！

兄至粵，岑督幕中人皆來見，張鳴岐（岑所最親用者）且以雲階之命來詢治粵方略，然千瘡百孔，從何補救，實無可言也。孝懷在幕極有權，彼等皆來，談了兩日夜也。

覺頓無用之極。時敏學堂現全入本黨勢力範圍。子良爲總教習，重儼所監督其餘各人，皆來拜門，甚可喜。

香港《商報》現已銷二千份，壓過《中國報》，亦意外也。孝實、研詒二人主持之。孝高已搬機器到滬，滬報尚四月乃能出報，必甚佳也。兄到滬已十日，被擎一、楚卿輩監禁，不許出門見人，苦不可言。欲逃遁而又久無船位（因戰事，日本船不行），直至今日猶在滬，尚需待三日乃能行也。百事不如意者須多，可慰者亦不少。弟在彼處既能求學，則亦宜安之，不可思逃遁他處，求適宜之校殊不易，此不可不察也。宜多學話，至要。

任頓首。三月三日由上海。

二、一九〇五年三月二十一日

（弟譯書事可速從事，此次寄上美金一百元，請往收。）

所愛念之仲弟鑒：

清明節來書悉，久不得書，手此甚慰也。條復如下，啟文常使我腦筋暴跳如雷，今亦欲如弟所云置諸度外矣。

羅昌事却全非出自佛意，昌求我，我自爲彼致書於其父耳，佛尚未知也。據昌言雖有成言，然尚未立契約，口話無憑，或可挽救也。弟前日之書久已燒去矣，無從復以寄家中。顧兄之不欲寄者，非懼大人之怒，弟實懼大人之自惱而已。我兄弟遠在萬里，不能一日承歡，則亦已矣。何忍更增堂上之怒耶。此意弟想能鑒之。惟家中諸子弟性質日下，其原因實如弟所云云。兄尚欲作稟幾諫，兄言之勝于弟言之也。惟啟文之頑狀，竟不敢稟大人，仍往往作爲喜慰之詞，真無法也。大人頃來兩書，今以寄上。

啟業前書亦已覓得，一併寄上。彼自寄此書後亦並無第二書來，想惡性終難改耳。化學書實尚未寄，因前日托皇后船之一崽仔帶，而彼竟未來，故至今各書仍存德猷（森）手也。今即補寄上電學書，日間訪購便是。程斗事托程耀父助之最妙，兄加一書想必更有力，但今已忘其住址，故寫一書托耀寄去社，轉托彼可也。《新小說》實不能出版，不關弟之懸望也。《秘史》第二編則竟是德猷之誤耳（德猷在此甚得力）。今想已補寄耶。第三編不日又出版了。

《時報》一日千里最爲快意，現每日總添數十份，現已實銷至七千二百餘份，在上海爲第二把交椅矣（《新聞報》第一）。《中外》前此六千餘，今跌至三千餘。豚子恨我輩入骨髓（治外法權即駁《中外》也），日日謀所以相傾陷者，但求無隙爲彼所持耳。德國領事最可惡，其心殆欲盡封禁我國報紙，而尤切齒于《時報》。江督周馥亦恨《時報》入骨（因罵之）。而《新聞報》亦妒我，《新聞報》者福開森爲東家，一則妒我之進步，二則因鐵路檔案恨我，故《時報》今亦在四面楚歌中，惟步步謹慎而已。《時報》之無龍象告白者，乃大喜事，弟未知耶。前此初開無告白，故不得不以自己的塞紙，今則告白充斥輻輳，私家的反無地可容矣。《商報》亦大起色，在香港已占第一家之位置矣。年來此兩事總算成功也。

近編《國史》，誠大得意，發明許多新境界，常有手舞足蹈之樂，然嘔氣處亦不少，嘔者誰？即前此史家是也，勿論他人，即孔二先生已搵我不少矣。彼將前史許多删去，又任意去取，證以他書，彼造謡説謊之處，不知多少，真乃誤人！然見所編已到戰國時代，自此以後不必和二先生嘔氣，殆又要和閹人嘔氣矣。

兄近日在《叢報》之文多屬史學的，弟觀之自見。《時報》無作新告白，亦一好現象也。前此與各書局訂特别條約，登便宜告白（二三者之間耳），今告白充斥，不能容彼等也。老猷與作新斷絶關係久矣。《叢報》並非受一般冷視，徒因出版太過自由耳。現最暢銷者《政藝通報》、《外交報》，因出版依期也。

公度逝矣，以今之時局，失此人，真可痛哭。秉三方全力運動，得數要人，欲保公度出，當日俄外交之衝，今忽得噩電，嗒然若喪也。弟聞之諒亦悲苦耶。匆匆作復。

即問

學安。

兄頓首。三月廿一。

三、一九〇五年九月十六日

仲弟鑒：

久不寄書，弟當想念甚苦矣。今拉雜書告：

一、譯稿已到，即日發印，此稿大好，弟文學亦長進矣。今擬改名《血史》，添注一行云（原名《世界著名暗殺案》），弟謂好否。

一、今寄上美國銀二百元，其匯單即寫弟名。請弟照每千四元計算，應給北高多少，由弟給之便是。寄弟婦之五十金，日間當寄去。弟處現尚存學費幾何耶？希早告，俾得續匯去。

一、兄及汝嫂見弟能譯（從西文）爾許大部書，喜而不寐，告知大人當更喜也。

一、現在東京開一支店，名曰「中國書林」，生意大好。因現有學生八千餘人矣，爾森哥在該店司事，森近極長進，任事有條理、有耐力，同人無不贊嘆之。彼在《叢報》一年，極稱職，彼湊得資本一百元，兄代彼出一百元，即作爲入「中國書林」之股（共股本二千元）。彼在店中每月薪水十五元，另有花紅，大約年可獲數百金。二伯母聞之，喜可知矣。大人聞其如此勤謹有用，亦深慰，言出意外也。

一、伯姊既將臨蓐，膨脹異常（通身皆腫），據醫者言，殆雙胎也。以此之故，甚苦辛，寸步不能移。姊日夜憂泣，懼將死，然醫生云必無妨。但雙胎之説不敢告彼，恐其驚皇，只得敷衍之。彼自覺其異常，故更憂也。

一、澳門前月大地震，連震十三日，其最甚者自午後九點鐘震至明辰六點鐘，真是前此所未聞（廣東各地皆震，但不如澳門之甚耳）。屋倒塌了甚多，家大驚慌，（全家）回鄉居住。大人鄉居一日餘，捕匪、禁賭，風行雷厲，鄰鄉帖然云。邑城學堂又請大人爲總理，老懷當稍欣洽。

一、思順今年功課頗進，但不能來歐美，則明年須入東京，苦無佳校耳。思成在幼稚園儼然有學長之資格。思永已牙牙學話。今將三人合照之相寄上。

一、伯姊每見弟信，輒問弟何時可卒業歸國，大人亦同此情懷，宜常以書慰之。此次所寄正票也，副票下次寄上。

兄名心叩。九月十六日。

四、一九〇五年九月二十二日

仲弟鑒：

昨日得汝八月二十日來信，嗚呼！仲弟汝猶問伯姊耶？痛哉！痛哉！我等親愛之伯姊竟於一昨夕棄我等隨母大人於地下矣。

初，姊有身，醫者及産婆屢診視，皆決其爲雙胎。我等聞之皆抱憂慮，然不敢以語姊。臨産一兩月間，姊自覺甚苦痛，常懼死，每日夕與諸弟相對輒作不祥語。然屢問醫者，皆曰無傷，亦稍安心。惟姊語氣之間皆甚怪異，近十日來，無論向何人，皆若作遺囑語者。前日早晨（九月二十日），我尚未起，姊與思順語，忽抱之大哭，而囑其常勸我勿太用心，善保身體云云。由今思之，知其噩機已動矣。是晚十二點半（九點作動）産一人，姊望男子甚急，同人皆知其情，已相戒：若非得男，則暫秘勿語之。乃彼性急，必自取視，視之女也，既失望，再閲二十分鐘，復産其一，仍女也。時彼已甚苦痛。再索觀，不與之，彼殆亦知之矣，自作動至雙産。不過歷三點鐘之久，兩胎俱下。闔家皆以手加額矣，不意經半點之久，胎衣不下，而通身出冷汗，汝嫂大驚。急召醫生，醫至，言脉甚微而亂，極危險，遽施醫治，而經兩點鐘之久，胎衣仍不下，至兩點半鐘乃下，以爲無事矣。而呼痛之聲甚劇，醫者堅囑勿喧叫，恐失血更甚，同人苦勸其暫忍，乃不過再歷半點鐘之久，聲息俱絶，一瞑而逝矣。嗚呼！痛哉！痛哉！

昨日下午四點鐘含斂出殯，衣衿棺槨，尚不十分草草，除四女外（翠瓊未隨來），有弟三人、姪三人送殯，朋友送者亦數十人（德猷在東京，不及侍病榻，明晨以電話趕彼出來送殯耳），料此難既終不可免，苟非來此，則姊丈既不在側，我等更無侍疾之理，比較起來，亦差勝於在家耳。嗚呼，痛哉！孰料姊之來乃與我等了此一段姻緣耶？現在阿蓮、阿時兩甥煢煢無依，兩幼女呱呱待哺，真是慘極，趕緊覓乳母養之，今尚未得當也。

姊辛苦一生，未嘗得一日安閑。自來濱後，彼常與汝嫂言：自己命苦，不能享福，今此數月，較之前此，有天堂地獄之别，竊恐非福，恐衣禄遂盡矣。兄常笑嗤之，不意其果應此言也。即彼到此後，因懷妊之故，未嘗一度出游，又醫者言有胃病不許亂吃東西，實亦未嘗得一日享用也。姊念弟甚，至前日見弟譯稿，知弟能從西文譯爾許大書，歡喜無量，惟日望弟歸甚切耳。嗚呼，孰料姊竟不復能見弟一面，而遂瞑耶。計此次病源，本緣前此諸胎産後失調養，血氣已虧，又經數年久瘧（瘧根到此乃斷），身子實已虚弱，在此數月，終日未嘗離藥爐。而此次復係雙胎，當下兩胎時氣力已竭，成强弩之末，以胎衣久不下，故良血下泄，瘀血上升，是以及此，醫者非不盡力，藥治亦非失時，人力已盡，竟不能救，呼天而已。

兄接弟信時，送殯正歸，讀信中問伯姊一語，復不禁一號慟也。姊屢言欲作信與弟，惟病奄奄，打不起精神，常言産後必作書，而今已矣。

弟在萬里外聞此，必當哀痛欲絶，兄欲告不忍，欲不告又不忍，今晨揮泪寫此，嗚呼我弟，汝當知汝孤身遠客，父兄念汝甚至，許汝得書一慟以盡愛情，却切勿久戚戚，以增汝兄一重憂思也。言盡于此，他事續陳。

兄弟啟超。九月二十二日。

前寄匯票一張，美金二百元，今復將副票寄上。

五、一九〇五年十月二十日

今日方發一信，晚間接到弟來交仁猷、芹甫、思順同拆之信，實深駭異，料美洲或有他種謡言，弟又或於魂夢間有何凶徵，是以驚皇若此？而兄久不通信，致弟想念，兄之過也。計一月前寄思順姊妹三人相片，諒弟發此信後一二日内必到。又前報伯姊凶耗之信亦當已達，弟之疑，當可以釋矣。猶恐信或有失，故今晚隨即發一電，文曰「姑仔安」，發此電時，令我又觸悲傷。蓋呼此兩字之人今棄我適盈一月矣。因弟來函所約如此，勉書此以慰弟也。弟當止哀，無令我遠念至。弟何爲憂我？中國待我之事甚多，我何敢死也。弟一味安心，務期成學可耳。以太之感實屬奇異，計弟來信正值此間辦喪事時，料弟必有心驚肉跳等種種異徵耶，不然何爲如是。今日所寄信，乃交賬房寄，後詢彼等，知其乃寫寄芝加高會所者，恐弟不收到，故補寄此。諒尚有他件在會所，弟可往一詢。

班本再寄上一通。

兩渾，十月二十日。

六、一九〇九年五月二十五日

仲弟鑒：

五月二日書收，兄竟百餘日不致弟書耶？似不爾爾，或内有遺失矣。此數月間兄大從事於著述以療饑，且與覺頓、嫻兒同學德文（弟聞之當吃一驚，我已讀第二册讀本矣），每日有一定功課，亦翛然有以自樂也。此間得家書亦至稀，於家事亦不甚了了，惟知業已得子，文已娶婦耳。來者相逐，我輩安得不速老哉。

開禁之議，近復大熾，聞將由常熟、義寧以及六君子，最後乃逮生者云。大約此事終辦到，然痛快之舉恐不可見。周公固賢，然英斷似非先帝比，其視我，當亦尋常一時髦耳。兄年來於政治問題研究愈多，益信中國前途非我歸而執政，莫能振救，然使更遲五年，則雖舉國聽我，亦無能爲矣，何也？中國將亡於半桶水之立憲黨也。顧此事自關四萬萬人之福命，烏可强耶？我亦求其在我者而已。若非有聘莘顧隆之誠，决高卧不漫起也。近爲《財政學》一書，可得百萬言，洵療國之秘方。恐未必見用耳。以作稻梁謀，或可以淩饑于一時邪。

弟曷爲非宣統五年後不能歸？舍學問外尚有它故否？抑何事不堪語兄也？兄誠不期弟以速成，但頗思一合並爾。若僅爲學問計，則不如以此數年之功轉游德國。德之學遠優於美，而費亦省於美，弟有意否耶？

近尚有填詞否？前寄示數闋，意態雄傑，遠過初次所寄，惟琢句尚有疵類，宜稍治夢窗以藥之。兄廢此半年，近兩旬頗復有所棖觸，拉雜成數章（詩多，詞僅二耳），輒録以相娱悦。黨事誠不欲問，風波稍静，亦足慰耳。雪公不能復居港，行將與弟相見也。承復。

即請

學安。

啓超頓首。五月廿五日。

銘三書似尚未作復，荒唐之至，實則此種拂意事不欲語，一執筆則頭涔涔然也。乞以此書並眎之，且爲我致意，更言我與覺頓在此忍饑相對，滋味正復雋永也。

七、一九〇九年七月二十四日

仲弟鑒：

秋後三日一片，並《解連環》詞，悉收。詞中下半闋第三句「亂鴉無限」，「鴉」字失律，此處必當用仄聲也（弟四句之「憶舊遊處處堪傷」，遊字雖可勉强用平，然仍以仄爲是）。弟詞已精進，前次所寄數闋，煞有可誦者，但總不免剽滑之病，句未能煉，意未能刻入。此事誠難，兄雖知之而不免自犯此病，大約此事千秋無我席矣。弟若嗜此，當下一番刻苦工夫，非可率爾圖成，今寄上《夢窗全集》一部，以資模仿，希察收。兄年來頗學爲詩，而詞反不敢問津。前月寄《懷吾弟》之二律，海内二三名家頗傳誦，以爲佳。兄詩近專學動蕩雋遠一派，想弟或不以爲然耶。來片有「孟哥代筆書」一語，可謂奇極，孟哥並不在日本，何從爲兄代筆？且兄致弟之書，亦何至倩人耶？兄三月以來，頗效曾文正，每月必學書二紙，宜弟之不復能認吾墨蹟也。

雪厂想已入美，人如何，尚乞見告。内地事别詳雪函，可視後妥寄去。兄真不欲作出山想，此亦聊徇師友之意而已。前寄上大人手諭，想已達。大人念弟殊切，弟必當即上一長稟，繾綣故人亦不可不嘗置懷抱，須知怨曠之情不以賢愚殺也。

《王荆公》已收到否？弟若欲得中國文學舊籍，希告我，尚當相寄。新涼中人順時自愛，不一一。

專承

大安。

啟超頓首。七月廿四日。

八、一九〇九年九月八日

仲弟鑒：

八月五日書，内附家書一，君勉書一，並收。前屢緘，屬將學校課程寄上，爲圖官費之用，何久不見到耶？弟現在所學者共幾門，兄亦欲知之也。

弟果渴思得國文書否？所欲者爲何類，乞見告，兄尚能以此間所有者擇寄。

頃每日與順兒講文，亦致有興味也。昨日成一詩唱阿莊（幼女名，弟已知之否），寄上以發一噱。

敬承

興居。

兄啟超。重陽前一日。

九、一九〇九年九月二十三日

弟兩月前有一片來云「孺博代筆之書已到」云云，真可發笑。我寄弟一書乃起稿後寄往上海，叫孟哥寫好，再寄來付郵耶。吾近日每日必臨右軍二百字，已非吴下阿蒙矣。弟見我近函又謂何人代筆耶？

《唐多令》二詞，乃大佳。三次所寄，一次佳似一次，不能不令老夫生畏矣。惟嫌習見語尚多，雖佳，而若在何人集中曾見之者。若能更趨奇警刻入（意境求奇警，語句求刻入），期可漸希名家也。惟以秋霜滿面，至可嚴憚之。老二乃日絮絮作兒女子語向人，豈不令人失笑耶。嫻兒昨詰我以阿叔何故作此，我只得嗔之曰：《楚詞》美人、香草，汝叔之寄託深遠矣。嫻兒苦求索解，老夫無奈，只得又將時事一一附會，乃知古今來爲《錦瑟》華采作鄭箋者，大率類是也，一笑。兄近日貧乃徹骨，拂逆之事更亹亹不知所届，然心境之曠怡，乃過於前，不知學道有進耶？抑疲於憂患而不復覺爲憂患也？

比月來因節家費，乃至德文教習亦不得不停，最爲可惜。然方並力以著射利之書（中學國文教科也），無意中反使嫻兒獲大益，彼固甚願乃翁之長食貧矣。吾近年覺詞之趣味又不如詩，弟亦有意學此否耶？拉雜奉復，以當言面。

兩渾。九月廿三。

一〇、一九〇九年

留學美國西北大學第二年級學生△△△謹稟：

爲學費不繼，援例懇請咨給津貼事：

竊生以菲材弱質，幼習國學，徒膠故見，竊念當此交通大開之世，非求新識於寰瀛，不足以效涓埃於祖國。乃以光緒二十九年自備資斧，負笈美洲。經在濟仁市立中學校畢業後，以光緒三十二年，考入美國伊里奈省之芝加高大學爲豫科生，三十四年升爲正科生，專習政治經濟科。宣統元年，轉入同省之西北大學，爲第二年級正科生。惟是生家本寒素，自留學迄今六年，所費太鉅，家中借貸俱窮，勢不能繼續，勢將中止。學屠龍於三年，敢云致用？虧爲山於一簣，良用自傷。伏查學部新章，凡自費生考入外國著名大學，私費不足者，得稟請量給津貼，而日本留學生凡考入官立大學者，且例得補官費，今生所入西北大學爲伊里奈省公立，程度頗高，揆諸部章似尚符合，爲此瀝陳下情，具稟憲鑒，伏乞咨照學部，循例給以津貼。俾得安心就學，免廢半途，實爲德便，爲此郵稟（粘附履歷）欽憲大人台鑒施行。宣統元年　月　日稟。

其紅字紅點乃別抄副本，呈學部時所改也。弟所用但照原文，便令。

梁次蓀，廣東省新會縣人，年三十一歲，光緒三十四年即西歷一千九百零八年考入美國伊里奈省芝加高大學政治經濟科正科生，宣統元年即西歷一千九百零九年轉入同省西北大學同科，第二年級正科生。

一一、一九一〇年四月二十日

仲弟鑒：

今年誠未有一書與弟，無怪弟之觖望。兄誠忙，然不能以忙自解，純是疏嬾之咎而已。弟之壽詞倒果爲因，而兄所許弟者，正不知能復踐諸責，蓋入春以後，實萬難更有餘力及此也。

《國風報》現銷四千內外，然收款甚難，衣食之困仍不減於昔，惟負債四千已還其半，稍蘇息耳。今寄美金百元與弟，有得當續寄也。

家事、黨事、國事無不令人氣盡，啟業又逃走，不知去向。大人緣此生病兩次，未知輕重何如。庇能米復被封，南佛日憂槁餓，北京政局更不可問。一言蔽之，則視牝朝之腐敗更甚數倍而已。大約此數月內，蕭墻之變必作，而各省一切物價騰踴如沸，舉國人民無所得食，殆皆餓死，大亂之起，決不能出兩年以外，恐四萬萬人死去一半，然後新機局乃開耳。將來收拾殘山賸水，責任終在我輩。此時沈幾觀變，強學待用，亦未始非福也，願弟亦勿餒而已。

即請

學安。

兄啟超頓首。四月二十日

錦琹有片來祝吾壽，殊不敢當，希爲我謝之。仙洲尚在德否？極有欲知其消息，望有以告我。

一二、一九一〇年七月十三日

兩月不得吾弟書矣，前曾寄金兩次，距今已七十五日，不審達否？自聞絶糧，自儕傭保，心痛如割。思順念叔尤甚，語輒涕零，豈弟有意報復我半年無書之罪耶？願勿復惡作劇矣。數夕以來相思，輒感噩夢，願弟必以一紙相慰也。因屢徙居，恐書不達，故托銘三轉。一月以後，或兄忽然來與弟握手，亦未可知。第事太渺茫，姑作此幻想耳。

仲弟省覽。

兄啟超。七月十三日。

一三、一九一二年

即付叔問書，可知此怪事所關不小。弟或直見楊尹，或與張公權等商辨之法，吾因此亦暫不出游。

兩渾。七早。

一四、一九一三年

《張還》全通已寫就，惟弟與廷燦竭兩日之力布算，而所打格乃僅敷寫十一條，尚餘六格，可笑之至。虧我臨時胡謅一篇短跋，否則只好曳白一紙矣。順等廿四晚乃到，弟若守候，當急殺矣。三五日内入京，屆時再報（護照事，燦已復耶）。

此上

仲弟。

超。廿七。

一五、一九一四年前

前書言順兒婿事者亦已收閲，苟如是，是亦足矣。吾與汝嫂意已決（吾有兩妙語於此，曰：戴君主只求木偶，擇女婿不要英雄。弟謂然否？若如我輩者，父母萬不可有此子，妻妾萬不可有此夫也。弟又謂何如），亦曾稟命堂上，經以全權付吾夫婦。此子於數月前歸南洋省親，吾今方有事中原，須彼驅策，已電召之，不日將至，便欲行文定禮也。知念並告。（別函寄君勉，或令布各埠亦可也。彼極好學，能受我教，事事能助我。一日離我側，則我不安。吾於群兒中偏愛順兒獨至，十年前已然，今乃益甚。此子寔未甚足爲耦，然度其可令順兒終身無苦也，弟謂何如。）

一六、一九一五年三月四日

來書今日乃由荷庵交至，自聞蜕公之喪，悒悒若有所失。自伯姊物故後，刺激之劇，此其最矣。昨有挽詩八章寄孝覺、瘦公，弟已見否？未見可索觀之。此間聞變，即向中國銀行借五百電去，今弟手復電二百治喪，綽有餘裕矣。思順來書言電去一百，不知即弟書所指否？抑又别電耶？意欲集一二千金，除治喪外，更撫其孤。秉三函來言送二百，兄已屬交，弟收之後，即存之可也。伯唐、松坡皆當有贈，後事非俟公立書來不能確定也。吾擬歸家過生日。並聞。

此致

仲弟。

啟超。四日。

一七、約一九一五年

昨書悉，蹇、湯力言請裁缺之不可，實斷無此辦法也。弟呈宜勿上，若欲南游，得間辭職可耳（俟吾到京一商）。

仲弟。

超。頓首。

一八、約一九一五年

《庸言》舊定單已告阿林檢出否？中華頻相促也。擎一事已函伯初及松坡，想得一當耶。

仲弟。

啟超。

一九、約一九一五年

書悉，今日此間例戰之期，群客在坐，未能屬筆。但吾以爲茲事殊可不汲汲，今日誰能免於賞飯吃耶？彼若有意裁則待其裁，何爲不可。俟更詢蹇、湯意見，乃復。

仲弟。

啟超。

二〇、約一九一五年

來書所言，覺頓、季常皆大不謂然，謂斷無此辦法。自請辭職則可，請裁缺則不可，人將謂借此出風頭，否則亦謂借以探口氣也。此等地位不能久居，誠在意中，只有聽彼擺布而已。此論兄甚同意，弟前議可置之。此致

仲弟。

啟超。

二一、約一九一五年

兩書悉。桂電吾能解，蓋言戰必勝，桂電合銷萬部也。擎

一事，已函伯初，更當函松坡。此復

仲弟。

啟超。

二二、約一九一五年

今日擎一行後，旋得秉均書，若得當則不必他求矣。伯唐書已悉，日内當更與仲仙接洽。今日黃霧又四塞，使人憯惕，心緒殊惡也。交涉事所聞如何？吾乃極悲觀，不自知何故。

仲弟。

啟超。

二三、約一九一五年

前後得三書，未報爲歉。荷至悉一切，吾之踔厲，宜弟深慮，當力自節制耳。北山處（僅見兩面）殆同告絶近，想恨入骨矣，只得聽之。大人已四書勸游港，且匯五百往。惟迄未得復示，甚懸懸也。

仲弟。

知名。廿一日。

二四、約一九一六年四月二十九日

典虞廿九日開喪，宜送一幛一聯，幛出吾兩人名，聯則專出吾名。托夷盦代撰代書，請即辦。秉三處要求必送禮，當並列弟名耳。

仲弟左右。

冰。

二五、一九一六年五月八日

仲弟鑒：

兄以粵局關係重要，袁逆方以全力相圖，不宜更生内訌，且四鄉秩序，亦須速謀規復。故孑身來城，小住數日，明晨即返肇慶。數日後更經港往滬，初時本欲極求秘密，但外間既已周知，恐大人不免憂慮，特此馳告。餘事詢棠村便悉。

兄超。五月八日。

二六、一九一六年五月十六日

海珠之慘，百身何贖。粵事自此，益無著手處。大軍頃進據三水，開嚴重談判，終欲以口舌屈之，免此塗炭耳。吾今在肇，東下期未定，總須俟談判結果如何，來否蓋未可知耳。哀痛之極，便欲逃世，或非久遂在滬相見也。

仲弟。

冰。十六。

吾一切自重，望稟老人千萬安心。

二七、一九一六年五月

吾十八日內（但日期務請極秘）即往滬，欲覓舊厨子老吳帶往，又並帶廷燦去可，而令在港預備相候。

仲弟。　冰。

二八、約一九一六年

嬌客十六晚車由滬動身，計十八下午或三點或六點必到，弟（最遲）宜以其日早車來，或並約觀察作陪尤佳。並告夢芸。

此上

仲弟。　超。十六。

二九、一九一六年十月二十日

昨晨抵港，即日叩謁殯宮。去春音容夢寐如見，今惟撫棺永慟，悠悠蒼天，曷其有極。前用廣東漆極粗率，今擬刮去，改用閩漆，墊以瓷灰（明日動工），大約三個月乃能竣工。擬監督漆三次乃行，惜山莊太遠，祇能間日一詣耳。建猷兄已來，細婆明後日亦當至。家人之意，咸不以合葬爲然。卜地既甚難，且堪輿術又非所習，吾意欲在小東門外（息鞭亭附近）購一爽塏之小丘，就造墳園，略仿西式，以塞門德土建塚。祖父現尚權厝，未永奉安，即移奠一園中，使魂魄永相依，或亦先人遺志，弟謂何如？此議棠村最贊成，現已託往相地矣。吾日內當不免往省一行（擬俟瓷灰上後，加第一次漆時偷空上省數日）。但朱、陸異同，日益劇烈，吾實視此爲畏途也。來僅二日，客已沓至，大率什九皆求事者。天生吾輩，似以替人謀飯碗爲唯一義務，冤哉，冤哉！非爲大事在躬，此地殆不能一日居也。德猷事已了，無甚問題，而彼有餘款存公安者，又生波折，人情譸張，真可畏也。吾於中國客之外，尚不能不充外國官場。明日須往拜港督，又須拜日領，可厭之至。朱、陸又各來訴冤苦，責我調停裁判，直是毫無辦法。欲耳根清淨，除非去國耳。心緒萬劣，輒報一二，餘續陳。

此問

仲弟。兒曹同讀。　飲冰。十月二十日。

三〇、一九一六年

前函八紙可登報，俾親朋及國人得知我在外情狀，題目即標「△△△先生家書」，由弟自加小序數語可也。新得子擬命名思均，何如？

仲弟再鑒。　啟超。

三一、一九一六年

今日大權來，乃知德猷虧空銀行六七萬（東初恐亦有染），真死有餘辜（大人積累千餘，盡被花去，此不用說了）。現在直是無辦法，只得聽之。然牽累恐無已也。弟在行，亦復無顏面，可恨可恨！自今以往，真不敢妄引鄉下一人矣。吾本擬日間北行，因兩造決鬥，風雲正急，只得罷議。或往港一視靈柩耳。

兩渾。

三二、一九一六年

仲弟鑒：

在粵月餘，竟未一見吾弟，殊可憐也。頃已抵滬，時局鋭變，非久當成一段落。吾儕亦可藉此卸肩，不復作此煩惱艱險之生活矣。頃住所尚未定，或尚須一詣他處，然總暫以滬爲營窟也。弟能一來亦大佳（欲覓二三人專司守夜者，鄉間能得其人否？樸愿而有膂力者即合格）。老人心境近如何？希見告。

此問

侍祺。

名心叩。廿三。

三三、約一九一六年

書悉。百里處已函松坡，若果賢惠，吾竭誠爲弟禱其必成也。達詮所言云何，能詳述一二否？唐家姻事，吾頗屬意，若見孝覺，可再細問一切，取進止。

兩渾。十六夕。

三四、一九一七年

書悉。弟前交來之紙有聯三副，皆無款識。日來臨閣帖即以用去，究竟誰氏之紙，希即查告，當別補耳。此外尚有它紙未寫者耶？乞並查。代支款待帖裝成再算還。比寫閣帖如有所得，弟視此箋何如？

仲弟左右。

制。超。

三五、一九一七年

得順兒書，稱弟病頗劇，乃至兩日水米不進。憂駭何極！比復何如？醫不可緩，切勿自恃，弟體素非壯實也。棠村寄來紙，迄未見，當再查。

仲弟鑒。

制。超，初七日。

三六、一九一七年

制中斷不能預慶事，屆時別以函述意可也。

仲弟。

超。

三七、一九一七年

先人生忌在邇，宜修祭，屆時可挈思順歸來。吾日來沉醉閣帖耳，他無所事。

仲弟。

超。

三八、一九一七年

書悉。支票（若須簽名蓋印等等不便，則寄來亦可）可在京往取。尚有應還公立買碑帖款約二百餘，請即付，數目已忘却，可先交二百，即屬公立函詢曼宣可也。日來除寫字、鬥葉外更無所事，時事只可傍觀，亦不必太着急也。

兩渾。

三九、一九一七年

晤仲恕時，請詢其與公府收支處人有交否？能屬其將前月津貼交弟處最妙，若不便，則置之可耳。翰文齋碑帖請將有點者代購。

兩渾。

四〇、一九一七年

公立來書告急，吾於孺博猶未盡情，宜常周之，可致二百元。剛父想甚困，亦致二百元。尚有應佽助者否？請弟酌之。深念擎一也。致仍珠書可往取，所餘即存弟處。

敬上

仲弟。

冰，三十日。

四一、約一九一七年

松壽事飭司查後，所言如是，可屬其子具呈。

此致

仲弟。

四二、約一九一七年

支票二紙奉呈，望告少垣，即匯津。又，公府收支處前月津貼曾否送弟處？乞復。

仲弟鑒。

冰。七日。

中銀股份收條望向公權索取。

四三、一九一八年七八月間

得棠村書，叔華未歸，由美寄家書請延期，然則無復問題矣。吾爲群童講演已月餘，頗有對牛彈琴之感。尚餘一來復，學術源流（吾所講却與南海有不同）卒業矣。來復二將講「前清一代學術」，弟盍來一聽，當有趣味也。

兩渾。來復六夕。

四四、約一九一八年八月十二日

日醫今日來診，興會飆舉，謂病全由此六日内鋭退，前此與病苦鬥，勉强支持而已。其所謂肋膜中積水，六日前實未嘗少退也，言外極自詡其治效之神。此公將終身以此爲得意之作，而不復自知矣。天下事之可笑，毋乃多類此。寫博吾弟一噱耳。

思衡日佳，此後總以不許食雜物爲第一義。

兩渾。十二日。

四五、約一九一八年八月二十六日

示悉，十金一斤之舊墨，不買何待？請爲我致五十斤内外可耳。本月津貼當尚有發，届時留弟處備支用。二馬遠征，已聞之，他無顧慮，惟改歲後火神廟之游，恐不能遂，奈何。日來校碑，沉湎已極，可笑。

仲弟安善。

超。廿六日。

四六、約一九一八年九月三日

思順十三日首塗，雙十節清華群童歸來送行，弟届時亦能來否？

仲弟鑒。

超。三日。

四七、約一九一八年九月十五日

叔通、希陶兩書呈閲，弟宜覆之。病可謂已全愈，但山行却未可，現仍未下樓也。每日讀書頗多，心境殊暢適，勿念。

敬上

仲弟。

啟超。十五日。

四八、約一九一八年九月二十三日

天如昨復來相視，更服兩劑，便可止藥，自由完全起復矣。日來上午讀《莊》、《列》（《列子》已批注一過），下午讀香山詩，殊與病軀相適，詩興漸發，或遂有所造也。

兩渾。廿三。

四九、約一九一八年九月二十四日

書悉。廷燦秋節假歸。陳述各情，思別爲安頓。乃函周髯設法，髯復書言彼中苦寒，可勿往，畀以名譽文牘職，月餽三十元（本以此數予之），擬以十二元畀燦，以十八元畀偉，燦仍留塘沽學藝，似甚妥。韵珂奩儀既不能却，可用三妹名義存入銀行（存一年半定期）。天如前日復來診視，今日便止藥，除著書、飲酒兩事外，一切皆復我自由。午間將出門與季常同飯也。敬復

仲弟。

超。廿四日。

五〇、約一九一八年九月二十五日

書悉。款收。譚廣識何忽奄逝？何病致此？甚可悼惜也。今日《津報》載志先被逮，説然耶？否耶？

敬問

仲弟。

超。廿五。

五一、約一九一八年九月三十日

書悉。不樓居已三日，似已告弟，竟未耶。頃決意仍暫輟著述，一月後乃圖賡續。每日常課，晨七時起，負曝於思順書房中，即以其時誦《楞嚴》、《圓覺》兩經（欲使成誦），九時寫經（《圓覺》），十一時讀《孟子》（加眉批），一時半午睡，三時讀《唯識論述記》，五時静坐，六時讀蘇詩，晚游竹林，游訖，静坐中間，常散步庭中，習深呼吸，所謂體操者，即此耳。下樓以前，嘗批《列子》一部，圈點白香山詩一部，此外仍常有筆記，似此事業亦不爲尠矣。弟何時能一來耶？

兩渾。三十日。

五二、約一九一八年十月八日

昨有一書托胡石青帶上，乃由弟面交吴世緗，領取國務院藏書者，其情節已面告擎一，現在進行何如？若交涉辦妥後，可由弟與擎一親往點收。收得後即運天津，待由此間再一檢點，乃寄滬也。弟久有志譯占士心理學，何不即着手預備，作終身一大業耶（有人讀與否不必問）。

兩渾。八日。

五三、約一九一八年十月十三日

書悉。銘三事當即致書陸閏生。頃欲帶廷偉往法，令其且工且學，弟又謂如何？有人從隴上寄來唐人寫經四卷，以一卷贈弟，由藻玉堂老王帶上，已收否？

仲弟鑒。

超。十三日。

五四、約一九一八年十月十八日

思静居然復生（其病全有日醫耽擱，大前晚來診，言無傷。前晨仍言無傷，午後自察其甚重，再急召診，則云甚重，恐難救），是大奇事。昨午已爲備一切後事矣。醫法乃割斷其氣管（割氣管時，已失知覺，並未用麻藥，而不感苦痛），以機械接氣，而滌其肺胃，殊足咋舌也。頃大致可必無礙，惟元氣當益傷矣。家人除老夫外，無一不傳染（啟雄、廷偉、王姨亦無恙）。樓上病人魚貫眠也。吾道力堅定，决不爲群魔所擾，惟欲求耳根清浄，終以避地爲宜。一來復後擬必行，但所適尚未定耳。《圓覺》已寫成，明日託溥泉帶往裝潢。《列子》批本乞速向君勱索還。款已收。

敬復

仲弟。

啟超。十八日。

五五、約一九一八年十月二十三日

書悉。平和會吾決不加入，已別作一文，明日當見《國民公報》。此事謝絶後，或不復避地也。季常明晨當到。並聞。

仲弟鑒。

超。廿三。

五六、約一九一八年十二月十二日

觀察帶來各物及昨寄支票均已收，頃欲得《南海游記》全份備參攷，請詢澄一、公立諸君代爲搜集。弟何日來耶？

仲弟鑒。

啟超。十二日。

五七、一九一八年底

書悉。羅安既如此，依弟書作罷便了。昨函振飛交弟八百元，可以五百還公權，餘三百留支雜項（如聞光閣各項）。又前交鼎甫五百，本爲二人治裝分用，羅既不行，則以三百予鼎甫，餘二百請交公立，爲我贈孺博遺孤今年家費。又尊處存有《海關通志》兩册，請即郵來。

兩渾。

五八、一九一八年

□泉來，知所苦已大損，想遂復元耶。剛父貧甚，聞幾不能舉火，可取百元並書送去。

敬上

仲弟。

啟超。廿八。

五九、一九一八年

由銘三托楊千里刻石印，潤筆四十六元，請代交去。又印昆代買金石拓本一百六十二元，請並交。

仲弟鑒。

胡信寫去，又有鄧慕魯來求作書，可並交之，餘不盡。

飲冰。

六〇、一九一八年

欲得銀硃數方，請屬溥泉覓購佳者。如有五色墨，亦不妨更購一份。又請定制五紫五羊、三紫七羊筆各五枝。

仲弟鑒。

啟超。三十日。

六一、一九一八年

書悉。可爲好營宮室者戒，乃兄一年後或亦爾爾。伯荃來譚甚久，諸事略有結束，待彼南歸後何如耳？吾頗勸其將新房設在我家，純爲彼家節省起見。彼行後細思，此或非彼家所欲。弟與言時，可勿堅持此説，實則屆時在客寓中（如大同公寓之類）租一院落（京中客寓多有別院），所費亦有限，增置家具亦不過百數十金耳。吾再入都，實欲住吾弟之大厦（北京飯店極可厭）。且家人全來無住所，亦大不便（新人入京時須別住，實亦不便），不如將新房作爲辦事房也。弟見彼時，可逕以此意告之，免謂吾家强人入贅也。

仲弟。

潛夫頗醉。不記何事何日。

六二、一九一八年

弟前夕之言字字有味也，吾盛怒不省，昨已釋然。即令順兒相聞，想已達。今日復屬稿十一葉（得意之極，恨弟不即讀），弟可知其泰適矣。

溥泉諸拓，細審數過，「仙妃」最佳，「房元齡」次之，餘亦不惡。內八種已有者，且較傳本爲優，不復留。其餘交上發裱（「仙妃」精裱，餘可稍粗），若可裱册頁，總以册頁爲適，其不能者乃裱單張，乞與溥商。「房玄齡」無須復裱，便留此耳。

兩日來果來客纍至，不能謝絶，費我黄金時刻不少，然吾道力至堅，魔亦弗能擾也（外國魔亦不少）。粤中兩書來，述李家意欲在港辦喜事，吾總望遲兩年，若實不能，則亦決在港，此間現時局面自不宜也。惟果爾，則弟須送親耳。裱成諸件即交來，五色墨需之甚急（碑額交來一閲，當爲弟題之）。

仲弟鑒。

潛夫，廿六。

六三、一九一八年

玉衡在印刷局供職，地似甚遠，恐不能在弟處同居，若稍可者，弟宜留之，亦親親之道也。三妹喜事決在粤辦，弟謂何如？今日自勞，固宜大醉，大醉後補寫此，弟得此書後宜一醉賀我。

三日十一時，又泐。

六四、一九一八年

棠村、仲麟書寄上。吾廿一日本擬來，因含沙射影且多，只得在家致心敬而已。一月來爲兒曹講「學術流别」，思順所記講義已裒然成巨帙（《史稿》僅續成八十餘葉耳），惜能領解者少耳。疾已愈，勿念。

兩渾，十八日。

六五、一九一八年

書悉，前日因自勞而過醉，翌日乃病酒，自此且思節飲矣。

兩日來未屬稿，緣搜集資料而整齊之，非數日之功不可，大抵每卷皆如是也。而《戰國》尤艱，《國策》之顛倒紕繆不可究詰（《秦策》開卷蘇秦、張儀兩篇，所言皆儀、秦以後事，他可推）。《史記》亦矛盾漏略百出，每讀使人疾首，恐此卷非旬日可就也。稿在都鈔殊不便，因隨時校改者甚多，且須觸得即改，稍縱逝矣（第一卷應改者甚多，或須全篇别構也）。今仍令思順、廷偉任此，或鈔成一通後更在京録副耳。

魔已不侵，勿更念。公府款不至，聽之可耳，賣魚人尚何足挂齒。

兩渾，六日。

六六、一九一八年

吾欲購兩書而羞出諸口，其書維何？曰《策學備纂》、《策府統宗》也，雖兔園之册，然省日力多矣。弟試爲我求之，恐政不易得耳。

書悉。孝覺凶問，昨晨瘦公書來已報，世法無常，我佛不我欺也。死者解脱，生者難爲懷耳。不審其家景況如何，妻子可免凍餒否？瘦當略知耶？可詢之。旅葬若有需，我當任也。

爲群兒講「學術流别」，三日後當了，更擬爲講《孟子》

（非隨文解釋，講義略同學案也）。彼輩如何能解，不過予以一模糊之印象，數年以後，或緣心理再顯之作用，稍有會耳。吾每日既分一半光陰與彼輩，亦致可惜，弟能來聽極善，但講《孟子》亦總須兩旬乃了，弟安能久住耶？（曼宣有書畫等托孝覺帶來，若滬上有人來，能了此，亦佳。請告瓔。）

兩渾。二日。

六七、一九一八年

聞有多人欲來壽我，皇恐無似，方在憂中，萬萬不能宴客，且昨今忽病，已禁食兩日矣。憊殊甚（因連夜失眠，宿食積胃，覓消化藥服之，轉似更劇，小飲啖即欲嘔，作此書未滿五行，嘔已二次）。望普告諸君，切勿枉過，若必來者，吾惟有入醫院相避耳。頃已命閽者廿五、廿六兩日不爲客通（知有誰欲來者，必懇告之）。望速徧達，毋使開罪也。

仲弟鑒。

潛夫（新以此自號）。

服日人藥，大不妙，可怪，已止藥矣。

六八、一九一八年

溥泉兩次所購之碑，今分別付裱（內退還三種，皆已複者）。所謂册裱者，即前與溥泉面言之式様也，所謂襯紙摺裱者，整張襯一厚折摺叠之，叠成後，加一簽備標題也，挂軸裱者備懸挂也。別有舊藏諸品，一併付裱，其應特別裱法者皆批明，未批者則皆册裱也。若內有不便册裱者，改摺裱便是。可告溥泉將紙數細點一過，乃交裱匠，免失落也。

此致

仲弟。

潛夫。廿八日。

六九、一九一八年

書悉。叔問詞稿請付精裝，所需兩事，得便當帶去。吾今日已開始作《志略》，弟再來時，眼福更當逾前也。

兩渾。九日。

屏甫事，頃翊雲復書，云即當辦，翊方辭職，彼在職中當了此也。鈞衡所在地爲吉爲黑已不記，若吉當爲一言，黑則不願聞矣。伯荃托寫字已成數幅，日內當清此債。

冰又言。

七〇、一九一八年

示悉。爲吾別贈一聯，托旉广完全捉刀可也。

仲弟。

冰。

無名氏已有名，曰「思聰」，仲麟兄所命也。小舅舅擬命名曰「思賢」。

七一、一九一八年

得書歡躍，當告先靈，專復相賀。

此上

仲弟。

超。即刻。

七二、一九一八年

《策學備纂》（《統宗》亦勿買），頃在故書堆中竟得一部，可勿再購。購《韞山集》於名譽無傷，此則太可耻矣。

兩渾。

七三、一九一八年

書悉。松華齋來，可付以百元。五月六日，母親忌日，弟來否？歸後所成至少，入京數日，心遂放（亦因季常在此），可畏也。頃已斂矣。

敬復

仲弟。

伯荃處有復音否？

超。

七四、一九一八年

李禄帶返各件點收，不誤。溥泉代購墨及拓片皆可留，雙鈎三册，宜用精裱，且製綢套，乞告溥。

兩渾。廿一日。

七五、一九一八年

玉衡來，可在弟處暫住，再作道理。

仲弟鑒。

潛。

七六、一九一八年

溥泉不必客氣，公估其值，否則吾甚難處也。調印泥之簪記代致。本月公府津貼收到後暫留弟處，應支各款，暫現支之（《左傳》想已開卷耶）。

潛夫。

七七、一九一八年

昨函，言溥泉諸碑者有誤，另包言退還八種，實七種耳。內「房彥謙」一種（厚册者是）既溥所代購，無退理，但加兩夾板乃可。又，已留此間無須重裱者，除「房玄齡」外，尚有「張遷」也。諸碑請（中缺）兩書悉，前因姚一鄂慫恿以拼命忍痛四字相聒，忽有此豪舉，今不復爾矣。日來仍每晨六時必起，前兩日能日成三千餘言，近因所著之篇（《春秋》）頭緒太複，昨今所成殊少也。五色墨望速致，頗需此也。

兩渾。十七日。

七八、一九一八年

瘻來書，言文叔問手寫詞册交至弟處，望即交鑑古爲絶精之裝潢（襯紙數頁備題跋）。瘻並未携艷而來，亦匪我思存也。

《戰國紀政》三部，今日當可畢業，弟又當浮白也。

兩渾。八日。

七九、一九一八年

吾昨書似云購（墨）四五十斤，是否？即爲子孫計，亦無須爾爾。「十」字乃衍文耳。默庵寔無他作用，然亦别有所謂，晤時再言也。思順比何如，豈懷中乃老聃耶。

敬上

仲弟。

超。

今日發憤檢理藏書，稍肅清矣。

八〇、一九一八年

前夕醉後，尚病酒一日，殊狼狽。默庵忽復來，且刻苦學官話，亦一段奇事。兩日來校碑益勤，昨夜竟幾達旦也。

仲弟。

超。廿五。

思順久未免身，何耶？

八一、一九一八年

書悉。千元久收，殆偶忘作復耳。董、王書已寄公立處。蒪庵處必作佳札，惟非俟覩此尤物後不能著筆也。

仲弟鑒。

超。

八二、一九一八年

得觀翁書，知彼已到京，稍慰。頃已爲彼别謀位置，惟須半月後方能確定。財部咨文可緩辦，不争此數日也。吾意欲彼來津同居，爲我點檢書籍，鈔寫文件，吾設法爲彼謀百元内外之乾脩，當必可得，爲彼計，省得自行開囊，亦較得也。回法部亦太無味矣。吾前屢促彼返，謂可爲設法者實在此，惜彼久蹉跎不來，故今聞其確來之信，始爲謀耳，望即將此意轉達。

兩渾。九日。

八三、一九一八年

有壽詩一首，裱成送與梁衆異者，望於明晚必送去。擎一書請代交。久不得弟書，頃何作爲耶。

兩渾。

敷广見贈《蘭亭》可交書賈（鑒古舊伴）帶來，當別函彼來取也。

又頓首。

八四、一九一八年

殿書，可屬其下午（四點後）到部，當一見之。彼來時並非拒絶，奈皆值不在家，則無如何耳。保險公司總董不便擔任，憲广現在公府尚有津貼，可請少安。海關調亦不易，督軍老爺們紛紛薦人，紛紛擋駕也。

此復

仲弟。

冰。

八五、一九一八年

書悉。《廣雅叢書》鑑古堂所有者，開一目録來，似甚備，索值八十元（大約照其價單八折便得），弟所見者，若種數多於此而廉於此，則請告鑑古勿送來，別購彼本，若略相當，則乃留鑑古者可耳。溥泉書之有言，何君代覓三段碑，得葛姓者一本，是葛德三否？吾曾見彼家一本拓，不甚佳也，頃方托在粤覓，覓不得當再商耳。曾見葛家有千字未損本，《禮器》拓極精，惟索直昂，不敢問津。何君若與葛有舊，不妨一問之，勿言我求也。棠村處當電曼宣代製祭幛。《船山遺書》可購之，家中無有也。

兩渾。

八六、一九一八年

欲得馬氏《繹史》、《讀史方輿紀要》、《漢魏叢書》三書，請代購。遲日汝嫂歸時，交僕人帶還。又溥泉代裝諸碑，若裝就，以其時帶還最善。

兩渾。廿一日。

八七、一九一八年

欲購《玉函山房輯佚書》一部，請代致。

冰言。

八八、一九一八年

因包房曲折，遂不來，實則行意本不堅耳。製碱公司章程再寄上數本，可約李伯荃來一譚，請其寄彼尊甫商之。

此致

仲策。

冰。六日。

八九、一九一八年

示悉。墨單圈出，以意爲之而已。悦古髮戕隨意購數張可也，不知大小，無從懸斷。溥泉來必見，尚有事託彼也。

仲弟鑒。

冰。廿九。

九〇、一九一八年

溥泉代購碑數張，除《大興國寺》、《李琮》兩種已有，今退還外（遲日由李福帶上），餘悉留下，請代付值。

此致

仲弟。

冰。二十日。

九一、一九一八年

望告溥泉，有舊宣紙及高麗紙，乞隨時物色代致，日來耆欲程度愈趨愈高，恐非以此蕩産焉而不止也。

敬上

仲弟。

冰。十四日。

九二、約一九一八年

醱粥三日，所患已去，勿念。弟何日來耶？

仲弟。

潛夫。三日。

九三、一九一九年二月二十一日

海行恰一月有半，舟今在倫敦港外三十里，頃刻登陸矣。中間惟大西洋遇風三日，吾健飯如故也。舟中百無覩聞，覺飄飄有出塵想，登陸後無復此樂矣。岱杉曾言，在鹽署爲籌萬金，可託秉三促之，收到後即存弟處，待我有電乃匯來，別有厚生應交大達公司紅利，亦託交弟處，收到後即寄往津，充家費可也。舟中得詩十數章，別紙録呈，可以見行人情緒，各報如欲登者，可抄給之。

仲弟鑒。

啟超。二月十一日横濱丸舟中。

九四、約一九一九年十二月六日

本擬半年後乃歸，因振飛事忽變計，一切詢子楷便悉。頃計行程或可在津度（可遣僕來滬相迎）正月廿六也，頗盼。弟將新居爲我布置周洽，俾一歸便得享用，兩月來生活完全恢復須磨舊狀，讀書著述固多，然晝夜又已易位矣。相見不遠，不復縷縷。此書到後，弟尚可得我一二十郵片也。

仲弟。

任公。十二月六日。

九五、一九二〇年六月十五日

匯上講學社款二千，請察收。尚有尚志學會一千，可催翊雲交來。嬌客計程明後日必到，弟盍以明日來耶。

兩渾。十五。

九六、約一九二〇年六月十六日

昨寄（展覽券弟來時可帶返，俾別設法）社款二千，想達。今日復收到商務印書館五千，請先發下收條，俾轉寄，此款殆可暫不動用，欲以生息，請商季常、百里應投諸何處（元年公債似不妥，其他須商）。曜東書可親往索取。

兩渾。

九七、一九二一年三月二十九日

頃啟雄來，言五月二十日正各人考試之期（啟雄於十九日考完），三妹亦正考試未畢，四妹亦然，計思成等亦都在考試中，最好請改遲一星期云云。可即向伯荃商，速發一電往問，若能改最善，否則各孩子皆不能參與盛典，殊掃興也。各帖請俟電復後乃發。又海軍聯歡社各司令不知已出京否？可再打聽。若實不能借，則江西館亦可也。

兩渾。廿九。

九八、一九二一年五月二十六日

想已從湯山返耶，比所患何似？能全愈不？可告伯荃，能催叔華早日來爲妙，因我家亦要送彼禮服也，並可問彼要西服抑要國服，我家禮服即由我做，開單（或不送禮服，改送常服數套亦可）交彼便是。並問伯荃彼家預備此次喜事，約共費若干，俾可從各方面通盤籌畫。彼云欲送餅單等物，殊可不必，徒費而無用也。伴娘除鏡芙女公子外，思和、阿時皆可。棠邨似不能來，若爾，則請孝高何如（平甫當然居其一）？慕韓證婚已面請，得其允許。日内可發一全帖往請，由兩家主婚出名可也。同鄉熟人中有欲送禮者，可微示意，最好若干人合送些新房陳設品之類，萬不可多費，但求見意足矣。又最好各家送禮互相知照，免重複無用。此可告藻孫、魯庵等通知各方面。

兩渾。廿六。

九九、一九二一年

書悉。各事（證婚人請帖想已發耶）一切照辦，餘由觀察面述及啟雄函詳，現存弟處之款即撥出五百元爲在京辦各事之用（現時如受禮敬使之用，如零星添買各物用，先撥若干交彼等手，隨支隨記賬），可委解俊或鴻材等，常川一人在宅料理，吾家應備酒席，每日按排者略如下：

一、送粧日兩席：請證婚人及大媒，可在水榭等地方。

一、結婚之前晚一席：爲姑小姐踐行。

一、結婚日一席：新郎親迎時請之，此席不過儀式上，實在不吃也，菜照例便得。

一、回門兼會親，三席或四席。

以上酒席或先定妥尤妙。汝嫂約廿二三來，我約廿五親送姑小姐來。

兩渾。

李家十一嫂喪禮請送一幛，另送奠敬廿元（似是陰曆廿一，請電問藻孫）。

一〇〇、約一九二一年

請帖已印就否？三妹因中途退學，恐該校有麻煩，擬爲彼命一字（琬宜）何如？帖中即以其字行。若未印，請照辦。日期已近，發帖似不容遲矣。送新郎禮物有筆墨各兩匣，請在琉璃廠辦，須有匣裝潢也。又叔華有庶母幾人？彼係嫡出抑庶出？可詢伯荃，俾得預備贄禮。棠郇來電，改期七日乃行，想明後日可到也。

一〇一、約一九二一年

李家又延婚期，此固甚佳，但衣服等皆已置備，兩年後恐不復今日耳。弟心緒似不甚佳，然耶？文卿書乞飭送去，因不審其居址也。

仲弟鑒。

超。廿三。

一〇二、約一九二一年

書悉。思衡何故如此，頃服何人藥耶？棠郇已有書來，言喜事決在北辦。李家長親不來，獨棠挈叔華來耳。廿一日爲循若周忌祭，是日所費可由我擔任，望告季常（季經辦也），即由弟處支取可也。吾頃感冒發熱，頗狼狽。

此上

仲弟。

超。十四。

一〇三、約一九二一年

思衡病已愈否？闔家皆甚念也。檢所藏書畫三事，用賀弟新居。若尚需者，弟自來檢可耳。畫一軸不審佳否，請詢諸鑒藏家，若果佳，仍思索回，以他爲易，此間畫蓋至希也。

敬上

仲弟。

潛夫。六日。

一〇四、約一九二一年

墨床、筆架二事已覓得未？能得稍大者尤佳，筆洗尤思得一極精者。昨有票託公權轉售現款，售得即交弟處，數目如干再報來。

仲弟鑒。

超。廿三。

一〇五、約一九二一年

棠邨書今午由思順寄上，想達。既爾爾，則只得聽其蜜月後高唱新婚別。惟仍欲在此辦理，今更致伯荃一書，請與商（弟謂無謂否）。若不能，則弟預備送親旅行可耳。本月公府費若到，請還公權（此次所借者）京鈔二百元，餘暫存，不購公債矣。頗聞公債非甚有利也。

兩渾。廿九日。

一〇六、約一九二一年

所存款請交曹五帶回四百元，餘存弟處，隨時支零用。前月所購公債似無甚利益，擬託公權仍售出，易取現款，請酌辦。

兩渾。

一〇七、約一九二一年

賣字議可即作罷，此間老段發起，即席得十萬以上，究竟軍閥闊也。叔華印刷局公事已到否？同時得兩事可稱意外之獲，雖未必能久，亦慰情聊勝無。一昨曾在此之叔華言，若交通有所得，請其分出若干畀玉衡及廷燦，因此三人同爲我所應負之責任，我不便以三人之名分頭覓事，隨便用一人名耳。計印局、交部兩處所得應在四百以上，則分出百元，衡、燦各半，最爲平允。若將來有變動，則停止可耳。此意請告三妹夫婦。

敬復

仲弟。

超。七日。

岱杉復書，於房事一字不提，聽之可耳。

一〇八、一九二二年二月十五日

兩日來所聞燕孫舉動，煞是可人，想弟亦有聞耶。惟大變恐亦在即，天津將爲大活動場，吾非避地不可（昨今兩日來客已不斷），否則又卷入漩渦矣。觀察事已有一處回信，月七十元，尚有一處，數亦略同，必可得當也。

兩渾。十五。

一〇九、一九二三年七月二十五日

公府庶務司來書及復書寄上，請即往收，並繼續辦理。收得後請送天如百元，餘四百匯來備南行旅費，以下收到即暫存弟處。

此上

仲弟。

超。廿五夕。

莊大略已愈，一星期内可出院，惟達達體極弱，尚屢病。

一一〇、一九二三年十一月二十五日

得弟一書後，迄未有續報，想大事已竣，無他故障耶。家事處分何如？弟何日北歸？弟行後次日，我嬰疾數日，頃已全愈。陽曆正月半必歸津，知念，特聞。

此上。

二弟。

超。廿五日。

一一一、一九二四年三月十四日

屬曹武帶上百元，爲隨時代支之用，希哲調加拿大，想已知。思順來電云，月杪歸省，非久當至也。昨周養庵（彼言扇面未收）在卧佛寺附近看得墳地五處，請弟與彼約一時日先往一看。認爲可用者，或逕下些定錢。將來我一自看乃購可耳。近來拚命寫隸書，成績盈篚。弟若不要，被人劫盡矣（阿時、思和已拐得不少，廷燦更不用説）。

此上

仲弟。

啟超。十四日。

一一二、一九二四年四月十九日

收條一紙，請蓋社章後寄與振飛轉交前途。其款請弟與百里、志摩算賬，振飛函附閱。

此上

仲弟。

超。十九。

廿二日，我帶許多孩子來吃麵，獨有阿莊莊要求你遲兩天出世，你問思順便悉。

一一三、一九二四年十二月三日

釀資刻瓔公遺詩，吾任百元，款由幼偉匯存，希即交去。

此上

仲弟。

超。十二月三日。

汪莘叔耕《方壺詞》，佳絶！不可不讀。詞在《彊邨叢書》中。

超又頓首。

一一四、約一九二四年十二月十三日

祭文撰成，請屬敷堪寫一通（用四幅行書便得）並裱好張挂之（備來祭者觀覽）。弟別寫一通，備祭時宣誦何如？

此致

仲弟。

兄。十三日夜分。

一一五、約一九二四年底

閣帖景本一套，請飭送伯唐。弟亦有一本，但未題。將來到津自携可耳。篆隸各一小幅寄上，近頗感非用力於篆，則隸不能工。三日來日必課篆矣。思順大約燈節前後可到。現京津車如此擠擁，弟新年可勿來，待順到時作一團聚可耳。字不患搶盡，日有新製，數日便復盈篋矣。孩子們不惟不出潤筆，反要替他們代裱，一月來裱工已去十餘金，可笑之至。

此復

仲弟。

單已收，筆未送到，明日當飭往李家索取。

超。

一一六、約一九二四年底

上海船車兩絶（船無艙位），思順輩久困彼間，昨始來電，十七日搭福建丸經青島來，大約陰曆二十九乃能到。謹聞。

此上

仲策。

超。十四。

一一七、約一九二四年底

此次新定造之筆，內有大屏筆，僅造一枝者（大而短，極笨者）。頃試用佳極，欲再照造四枝，請告戴月軒。

敬上

仲弟。

超。廿九。

一一八、一九二四年底

書悉。吾隸乃得此於朋友，受寵反驚矣。人情孰不好諛，諸君所索，當踴躍輸將耳。日來寫張表，專取其與楷書接近，一月之後，請弟拭目觀我楷書之突飛也。年假期內，督課群童（自老七以下至阿莊），每晚輒聚講，讀書聲出金石，群童樂不可支（彼等日日讀史，頌詩詞，寫隸楷，阿時且作了許多打油詩。阿時、阿忠終日摇頭擺尾，高唱入雲，可稱水底笙歌蛙兩部），但曠我著作常課亦不少矣。澄一諸君欲來，仍希力沮之。來兩三日，合計所費足可敷合家一個月窩窩頭之費，今何時耶，尚堪如此浪費耶！但若必不能阻，則頗盼曼宣、孝高、觀察等能來供綁票耳。

敬復

仲弟。

任。五日。

順等今日應當上海，但尚未有電來。彼輩在家小住約一月，已定三月廿三日俄國皇后船放洋，莊莊同行。

一一九、約一九二四年

書悉。廷燦（昨已行）已携去五百元。本來從前年年底起，汝嫂已説定，每月給彼廿元，另摺爲彼存下，彼堅不願領，謂只作爲借款。此孩子有點獃氣，只得隨他，將來再説可耳。近兩文如何？明知無益，盡心寫已耳。兩日來頗爲小詞，暇當寫寄（今日作題畫四首，頗有趣）。

此復

仲弟。

兄。端午。

一二〇、一九二五年七月十九日

書悉。葬期總在（陰曆）九月内，請告伯修任擇一日可耳。四妹獨行誠可憐，交通梗隔，尤不放心。老七輩尚無書來，可想行路之難耳。

此復

仲弟。

兄。十九日。

此間房子已萬元買過來，可謂豪舉（但其房子已值萬元，家具亦值三千，地價約值一萬外），因此地太可愛。頃擬與思順平分，若彼不能，則以保險單押借耳。

一二一、一九二五年八月一日

兩書悉。工程一切如弟所計畫最好，汽車告窆等事已命藻孫趕辦。五日決入京，一切俟面譚。

此致

仲弟。

兄。一日。

一二二、一九二五年八月二日

十八書悉。新圖布置極善，請即照辦。一昨扶箕亦不主遷古冢也。開工後弟可不須常住彼間耶，抑借此山居或亦不惡也。擬自作一小墓志銘，有便乞詢購不刻石等事。季常極窘，擬贈與二百元，入城時望交去。

此復

仲弟。

超。廿日。

一二三、一九二五年八月二日

書悉。工程單及圖樣已細閱一過，僅兩石門而費加一倍以上，殊可不必，請從省可耳。雖非必從墨氏之教，但似此亦聊厚不爲薄矣。此間僅放晴三日，比復大雨，兹行真可不必。但數日海浴已覺加健矣。

手此敬復

仲弟。

兄。二日。

一二四、一九二五年八月七日

書悉。已即函博淵，並函謝許修直矣。此間數日來，天氣極佳，日日下海，各人皮膚已黑若古銅矣。

敬復

仲弟。

超。七日。

一二五、一九二五年八月七日

六日書悉。價廉物美乃至如此，真出意外。博淵處已去函矣，星期日擬來山一省視。弟想一時不進城耶。

此上

仲弟。

兄。七日。

志先亦住見心齋，曾見否？此公神經極錯亂，頗不易操。

一二六、一九二五年八月八日

七日書悉。再致博淵一函，請弟親持往交涉，能特許最善，否則只好改期開工。因紅契非王姨親去不能取出，去則全眷俱去矣。頃擬廿一二間便全家歸去也。

此復

仲弟。

兄。八日。

或並託翊雲向博淵一言。

一二七、一九二五年八月十四日

（任志清嫁侄女，請代我送去添粧品約值十元至十五元，可並列弟名同送。）

書悉。生年開上點穴時，想已預備雙冢耶。穴定後（一面築墻）望即經營造冢，擬全部用士敏土，惟貼地處留數孔通地氣。請詢伯修兄謂何如。支票仍暫存弟處，俟秋間入京時交我。

此復

仲弟。

弟須往香山否？若須當即致書秉三。

兄。十四日。

一二八、一九二五年九月二十二日

前言星期六來山，但監工外行，來亦無益。若弟謂不須者，擬不復來。但遣車相迓，來此午飯後，弟自入城何如？銀行事曾託人與（託季常言便可，詠白若在京，則託其與羹侯言，不在，則我直接言之）仍珠、公權言否？宜早辦。弟入城往一晚即了此事，何如。

此與

仲弟。

兄。廿二。

一二九、約一九二五年

忠忠今日已有復禀，看其情形大約不至上當，可釋念。數日來詩興大發，做了兩首長古，頗自喜。

敬上

仲策。

超。十一日。

一三〇、約一九二五年

北戴房已借得，昨遣曹武往布置，如無故障，明晚便往，到彼後看情形如何，再函約弟也。扇三把交季常處，秉三函寄上。

此致

仲弟。

兄。十九。

一三一、約一九二五年

書悉。諸館復函請飭送去，已別函知會博生矣。北戴借屋又生問題，往否尚未定也。再看風色如何亦好。《樵歌》四印齋有不完本，其完本則在朱古微之《彊邨叢書》，此叢書爲古微所裒刻，宋元詞凡數十種，洋洋大觀。弟有意詞學，不可不置一部也。近忽發詞興，昨寄之思莊手卷外，更有數首，別紙寫呈。

此復

仲弟。

兄。七日。

一三二、約一九二五年

頃電想達。銘三之喪，請代送賻敬五十元，並傳我語告其家人（請面告其婦），謂物力艱難，此後彼家中生活可危實甚，喪事萬不可鋪張糜費。天如、厚生、在君若來游，弟能同行否（並約季常）？來此一周只得一日晴，數日後想有以相償耳。此間已爲弟騰出一房，但再有兩三人來床鋪亦尚敷用，惟須各帶氊褥一份耳。在君函附呈。

此上

仲弟。

超。廿八。

一三三、一九二六年三月二十日

今日連接加拿大來四五封信，思順也是三月十六日受手術（子宮因前年一跌歪了，又有痔瘡），可謂咄咄怪事。據思莊續來信，他也極平安，兩禮拜就可出院，想此問安電到彼時，彼尚在院中也。吾此兩日内禁止散步，覺極好，殆同常人矣。郊外民房悉被軍隊侵占（清華成了西郊避難所），百物擄掠殆盡。恐數日後校中便絶糧，或須全家就食城中，或須返津，皆未可定也。

兩渾。廿日。

一三四、一九二六年四月十九日

日來尚好，小便偶一兩次微紅耳，其原因似由走動所致（有兩次皆因散步過久），卧床便極好，久坐偶走亦尚可。大抵仍是微絲血管破也。頗欲再請桃三制丸，弟謂如何（稍遲亦可）？愛吾廬聯語，解釋真妙絶。北京經此驚擾，以後殆可永安枕矣。

兩渾。十九日。

一三五、一九二六年上半年

京書悉。剛父處送二百元，已函託叔通代墊，並有信往候。弟可持往親致問訊，日來政客星散，心境乃大清静。讀書作字，終日不輟，惟比趨奢侈，所作率皆宣紙方格，竟不多，稍積得後當寄三子者。

仲弟鑒。

制超。廿二。

一三六、一九二六年六月三十日

書悉。尿色轉深，全由勞頓失眠所致。歸津後燕息兩日，即復趨淡矣。天如僕僕蓁勞，似不必再來診脉（因在北戴河服湯藥亦不便），即請處方制丸藥寄來可耳。日内奇熱，已決七月二日赴海濱矣。永年債項餘六千，歷年（最近所付在三月間）利息都已付過，大約息錢不過數十元耳。今開上二千元支票一紙，希送去。

此復

仲弟。

啟超。六月三十日。

一三七、一九二六年七月六日

到此四日，早睡早起，呼納清空，神志爲暢。但舊恙迄未稍減，不審何故。仍請告天如早制丸藥寄來爲佳，來時將用款交中國銀行。迄今該行尚無人至，在此不名一錢，狼狽可嘆。

此上

仲弟。

啟超。七月六日。

一三八、一九二六年七月十一日

兩書悉。近子華依舊，餘皆無恙。天如來時，弟偕行否？來時可向戴月軒購松禪遺製及仿乾隆紫毫各兩枝帶來。

仲弟。

超。十一日。

保險款殆不誤，望告亦俟即代辦，餘款日內寄支票來補足。

一三九、一九二六年七月二十六日

腹疾後發熱，狼狽經旬，昨日始起床，今日無事矣。惟赤禍因牽動復劇作，極可厭。天如藥膏今日製成，當虔服，希收效耳。

此上

仲策。

超。廿六。

一四〇、一九二六年八月十三日

仲弟：

書悉。病狀詳天如函，一進一退，真可厭也。弟齒痛何似？四妹頗劇，已入醫院，想聞之耶。

啟超。十三日。

一四一、一九二六年八月十六日

歸津後乃大佳，想是海濱有某種不適，令藥力無從發揮耶（歸後服彼第一次藥方，即無丹皮者），乞告天如釋念。四妹病不甚劇，醫言半月可出院，細婆以看護爲樂，只得由他。

此上

仲弟、七弟。

兄。十六日。

一四二、一九二六年八月十七日

二弟、七弟鑒：

病諒來可算徹底澄清了，真足慶幸。天如日内想入京耶，當深謝之。阿時事自然極好，但吾恐其不勝任（人以學問淵博目之，能無悚懼），將貽笑柄。擬令彼切實預備一年，此一年中指定若干部書，若干篇文，令彼研究。明年就職或可不坍臺耳！已以此意復喻廛澗，《記》曰「陳力就列」，初出茅廬之信用，不可不謹也。

十七日。兄。

一四三、一九二六年八月十七日

返津服藥狀况大佳，赤焰净盡，其清若鏡，味甘如醴矣。現仍賡續服之。若清華開學前不再發，天下將自此大定耶。四妹熱度仍未達降退時，想尚須歷三四日也。

兩渾。十七日。

一四四、一九二六年八月十八日

頃薦林棟如往南開中學，大約薪水亦不過六十元内外，問彼願就否？即復。阿時决意令其預備一年，俾將來可以長久。弟等謂何如？觀翁到極窘時，衹好將貯蓄款之利息給之，隨時更略爲設法可耳。近兩日便色愈佳，簡直是無病人矣。天如真神醫也。日來强細婆享用，所謂物資文明者，坐汽車喫大餐之類，頗甚歡也。

此致

兩弟。

兄。十八。

一四五、一九二六年八月二十一日

十九書悉。愈特愈，豪無疑義。日來更以種種試驗，疇昔每爲增病源因者，今悉無害。前日曾飲麥酒一大瓶，昨晨與黄溯初劇譚三小時，昨夕在俄公園步行一小時，而清瑩如故，比已停藥兩日，自兹竟可勿藥矣。最奇者當服藥前兩日，正最劇之時，一舉而赤賊全殲，似特以此彰神醫功用也。司鐸説無所聞，日人多反對。想當局不致貿然也。

兩渾。廿一日。

一四六、一九二六年八月二十二日

四妹熱度已降，據醫言，兩禮拜决可出院，請勿念。七嬸並無大病，彼日日跑醫院是其孝心，不過王姨恐其感時行症（孩子未斷乳，大人病則孩子立病），屬彼注意耳。亦勿念。棟如來信似不滿意於南開，還夢想什麽教育部秘書上辦事，殊不知孝高以實缺秘書，方且極力求近。在今日得六十元現款，包膳宿費，從那裏可得（彼若就，可速將應聘書直寄去，還如約於九月四日前到校，且在校用心盡職求進益，將來尚是可靠的職業，若專想吃便宜飯，非餓死不可也）。此子不受抬舉如此！此後勿再向我求事也。

此上

兩弟。

兄。廿二。

一四七、一九二六年八月二十四日

書悉。偉款請照給。吾病確全愈，數日來絕無再發痕迹，痛快之至！四妹病已入轉機，趙氏子常到醫院，兩情似深相印也。

此復

仲弟。

超。廿四。

一四八、一九二六年八月二十七日

四妹病忽劇變，（大便）血不止，蓋由不守醫戒，胡亂翻身，致腸一部分破裂也。現醫亦無甚把握，且看能否將血止住再説耳。本欲以電話相告，但吾輩既非醫生，乾著急亦無用耳。下午看情形如何（頃已專雇一看護婦，又雇一老媽替細婆回來，因細婆害怕也）。若有急，或電老七一來，以慰細婆耳。吾因昨日君勸來譚太久，今日又有點焦急，便色復見微紅，已再服藥，諒可平復。

此上

二弟、七弟。

兄。廿七。

一四九、一九二六年八月二十八日

四妹今晨四點鐘去了，想腸潰已非一日。昨日始決裂，不可救。吾昨下午四時往，彼神氣已昏，但見我猶能呼大哥也。痛哉！痛哉！吾病自昨日復發，已服藥兩劑，無甚效。想非待此刺激過去後，藥不能有力也。老七想已來耶。

此上

仲弟。

超。廿八日。

一五〇、一九二六年十月二日

藻孫來書，言家裏着實餓飯，乞借百五十元，無法只得許之。請託鼎甫交其妹名「滿滿」者收可也。吾病自昨日起漸見轉，今日色極淡矣。今日仍服頭一次藥方，似是彼方最適也。吾決六號早車來。

此致

仲弟。

超。二日。

一五一、一九二六年十月三日

天如、鈞任兩書請閲後交去，天如處即匯百元，若今日銀行不辦事，則請先將原信寄去，另由弟附一紙説明理由，言改日即匯可也。鈞任書連改定之章程原稿一齊送去最好。弟親自一往，問彼國史館事款項作何着落也。

此致

二弟。

兄。十月三日。

一五二、一九二六年十月二十四日

前書因懶未復，希白所言，在得信前早已謝絶矣，勿念。日來精神益旺，而小相如故。想信如舒東所謂不可治，可不治耳。此間本國游客極少，到此後僅晤一人耳。天如能一來固甚佳，否則俟一月後亦無妨。弟能來小聚最盼。

此致

仲弟。

兄。廿四。

一五三、一九二六年十一月二十三日

書悉。茲事決無效，鈞在税處，尚且不援引一人，况此貧瘠之機關耶。曾勉爲曼宣致一書，亦未得復（殆必不復，彼前曾面言也）。明知無效，何必喋喋取厭，請以此意直告利民可耳。黑二爺亦來書，同一請求，未復之。渠若來見，並以此告之。

此復

仲弟。

超。十一月廿三日。

一五四、一九二六年

與細婆譚家事，多足喜慰。趙家二舅已見，自是佳子弟，所言當無不可。但嫌齒稍穉耳。今日未服藥（天如令隔天一服），便色視昨較濁。但視一月來則天淵矣。

七日下午。

思成所要東西，尚有洋孩子要的中國圖章，請託敷广代辦。

一五五、一九二六年

二嬸、七弟來各書悉。服天如藥，其應如響，僅服一劑，數點鐘後，赤帝子已成黄帝苗裔矣。天如謂三劑（隔天一服）當全愈，想信然耶。此上

仲弟。

兄。六日晚。

一五六、一九二六年

今晨快信收。仍思明日返北戴，蓋天如本言服湯藥三劑後再作理會，且言病絶不要緊也。現誠大有效，今日晚間之便其清異常，僅一劑已如此，三劑或竟收功矣。到時若仍未清楚，或即來京一行也。到京總不免人事紛擾，起居不節。吾不欲來以此，非愎諫也。

此復

仲弟。

超。七日晚十時。

一五七、約一九二六年

書悉。可即以八百元還尚志，餘存通易可也。

此復

仲弟。

超。九日。

一五八、約一九二六年

燕孫壽聯可裱一紅綫圍之，綾用米色（裱好即送去，時日已迫）。

此致

仲弟。

超。六日。

一五九、約一九二六年

書悉。孝高股勉應之，亦甚拮據矣。廿六日望堅謝同人自來，不獨勞民傷財，且恐增病也。

此致

仲弟。

超。十二日。

一六〇、一九二七年初

頃擬一公電，諒弟志必贊成，請持示宰平、越園一商（能並示博生尤妙，但以速發爲佳）。若無甚反對（請兩公對於文字代爲斟酌），即送鈞任代發之。仍先行録一副稿，即送博生處交通新社發各報，又録一副稿寄上海各報紙登之。

兩渾。八日。

一六一、約一九二七年初

昨天晤鈞任及亮儔，亮言款待。安格聯將統計表編好後便來通知，不必催他。但決定不會變動云云，既如此，只好等一等，籌備處需小款支用。即請墊一下（在前次千元内）。若弟處無款用，電話來，當寫支票寄上。

此上

仲策。

哭孺博詩以寫就。

超。二十晚。

一六二、一九二七年三月五日

玉衡事，胡霖生有復書寄上。惟彼舊事尚留，而南局亦非大可靠者，何去何從，請彼自決。以彼平日運氣言之，吾恐其一去傾人國耳。黑二爺必須爲位置，或先在松館拓一席，何如？否則當令其來津作庖人耳。

此上

仲弟。

超。五日。

一六三、一九二七年四月十五日

書悉。姑遣詢秉三得覆再告，但以吾所聞，昭廟早爲教職員住滿，恐未必得當也。三軍乃吴舊部，紀律尚不惡，似亦不必驚慌。全家挈避費不貲，亦譚何容易耶。日來間有微紅，睡足時則清如水，想静養實唯一良藥矣。

此復

仲弟。

超。十五日。

一六四、一九二七年五月二十一日

舊師大來索照片，請將儲才館所曾懸者送去。

此上

仲弟。

啟超。廿一日。

一六五、一九二七年六月十五日

乞促玉衡即來（行李俱帶來，不必再入京矣）。

（六體千文佳絶，頃已發奮學章草矣。）

秉均書寄閲，儲才館紛更章程，削減預算（姚頃有書來），事前並未商略，禮意如此，不可復留矣。頃已將原件交越園看，下午當晤面再決行期也。

此致

仲弟。

超。十五。

一六六、約一九二七年六月二十二日

頃續有書致越園，決計引退，且屬倒填日子。想弟亦謂然耶。圖書館挪撥款事亦與越商及，請弟更當面細與推敲，若謂恐惹葛藤犯不著，則置之。若謂可行，則試託人與朱有濟一言，何如？

兩渾。廿二晚。

一六七、約一九二七年六月二十三日

一昨兩書寄越園，想達。頃得本日快信悉。望是越兄如此表示，固甚好。但今所當研究者，其一，據現在形勢，不惟不能辦至畢業，即再辦足一學期，恐亦不易。若暑期開學後，不一兩月便須停止，倒不如趁此告一段落時，即行擺脱，反不顯狼狽痕迹。其二，都中若有他故，越兄能否不避地，若能，則精神尚不致涣散，否則人雖禮留，我輩先無以對學員。因兄於最近期間不能入都，殆爲既定之事實。若並越兄亦到不能安居的境遇，恐彼時欲交代且無從交代也。以此之故，故我弟二書有辭職公函倒填日子之議，但此舉頃亦已成過去，因新長已到署，實情固彼所知也。此公世故甚深。越兄與戟所言，度彼必無甚異議。今所當速決者，若彼禮貌不衰，我輩是否仍可留，請與越兄熟商見示（既不能倒填日子，則從容數日，固自無妨）。昨書言圖書館墊款事不過一時感想，細思終犯不着惹此轇轕，請告越兄，不必置議矣。

此復

仲弟。

超。廿三晚。

一六八、一九二七年七月一日

病情思永有信報告結束，想已收。算是受了兩天多的罪，但現在已完全好清楚了。病源是着凉，那天晚上和思永在院子談到夜深（倒不是因打牌，永回家後没有打過一次牌），覺得有點發寒噤，明天遂便秘起來云云。秘了五十多個鐘頭，比前次還厲害。第三天到底請東亞醫生用管一通，便立刻好了。其初有點不放心（怕不乾净或手術拙劣）東亞，總想勉强捱過去或到協和，其實東亞甚好，早知如此，總可以少受兩天罪。去協和原是萬不得已之所爲，所以寧受罪而沉吟兩天不去者，亦正如來信所述。季常之言現在當然不成問題了，至於病的遠因，恐怕總是因爲一個腰子，分泌力到底差些，所以易出毛病。大半年來小心謹慎，凡弟前所屬付的話，無論何方面都兢兢謹守，所以養得十二分好。偶然間一點注意不到，便出岔子。經過這兩次以後，又知道特别該注意之點了。好在體子本來極强，暴風疾雨一過，立刻光風霽月。請你們放下十二個心，尤其是細婆處詳細報告，免得老人家驚恐。季常及諸親友相念者，都一一告慰。

思成有覆電，決就東北大學聘了，已經兩電催他務於陽曆七月底到家，大抵八月初五六間便行廟見禮，雖年頭不佳，但一家家男家婦的大禮不能不莊嚴舉行。現在打算外客是不請的（有三兩位親交送禮辭不掉的，臨時再説）。但行禮那天，一位細婆、兩位叔叔、兩位嬸嬸、兩位舅舅、一位姑丈、一位大姑這些老輩子非一齊來受賀不可，京裏一群孩子，連阿時、藻孫、孝同也要來助助興。現在大家窮得見骨，届時打算問準來的人數，買火車票送去（但只能都買三等），這邊住所也由家裏預備。總之，這群長親必須到，但不致因來一次而發生經濟上問題才好。新娘子初進門，娘家没有預備，當然不會有禮物孝敬尊長們，但尊長們的利是却免不了，我打算替祖宗大大的包他一封。我自己呢，給些書畫（手卷之類）做見面禮。叔叔嬸嬸們只要四塊或兩塊錢的一封利是便好極了。你當二叔公的，若能挑得件把文房器給他們做永遠紀念最好。若一時找不出來，乾折也是一樣。觀察那裏請你和他申明約束，姑丈姑母兩塊錢利是是要定了，却是兩塊一毛錢以上，斷斷乎不要。因爲他老人家太愛花冤錢，我們不能不預先干涉他。細婆却希望有些特别，我狠想他老人家給他們的見面禮是一對鍍金的小銀如意或小元寶（不盈寸的），令他們兩小取個吉祥（佩帶在身上），託上一輩的福蔭。請你趕緊在我存款項下替細婆預備罷。朋友們是絶對不驚動的，但至好如季常、宰平、印昆等總會知到，或者免不了有些點綴。這裏布置新房，正缺幾幅字畫，極想得湯定之、姚茫父們一兩幅喜麗的小條幅（不要四屏），請示意季常，若必要送禮，由他斟酌，約幾位至好，分贈三幾張懸挂洞房的精致小品便感激不盡了（但希望七月底以前送到）。同鄉至好們能免掉最好，若實不能，則此間禮堂正需用一幅喜幛，我可以在天津代辦，但希望湊份子，每人從兩角錢起到五角錢止，過此以往是斷斷不能受的。份子收齊交到你那裏了，我便照帖子上名字代辦一個喜幛便是。新愈後有點疲倦，暫寫到此爲止。

仲弟。

超。七月一日。

一六九、一九二七年七月二日

一日書悉。方記款應如下計算：

直接支出九千五百十元，加孝高三百元（六月份仍請照付）（作爲預支）又加四五六三個月，我名下薪水九百元之二成，共一百八十元，都共九千九百九十元，即墊款，共萬元（請多交館中十元，湊足成數，少十元耳）。即以萬元計（八釐）息。從去年十月起至本年六月，九個月共七百六十元，是爲以前墊出之總數（是否十月起息，若十一月起，則息當爲六百四十元）。以後還款方法董事會已有專條規定，每月提五百元。自七月起，每月扣去五百元之息。八月份實欠本九千五百元，及此九千五百元之八釐息。九月則爲九千元及其息。依此制成一表，到來年某月本息清還，可以預算每月即以報告於董事會（試將此表制出來寄我看），絲毫不含混矣。過去墊款細賬現在除報告董事會外，無向館員宣布之必要（其實除孝高之三百元外，其餘皆無所用其秘密）。惟弟與孝高知之可耳。但將來總須報教部，轉咨財部。得款即還永年，自是正辦。惟據思順來信，彼代我經營投資，可得利一分以上至二分。故頗欲將所得之款，每月匯去，永年來年即滿。届時任其將本息扣還可耳。弟謂何如？弟就館中會計，想同意，已告孝高發表矣。月薪擬百元，將燦等三人停職，預算原額並不加增也。編書目事亦已得款，燦即可在彼領津貼若干，前墊八百元亦可陸續扣還。北京館事因李仲揆辭職，既無副館長，而館長又不在京，無此辦法。已向董事會辭職，令準給假，派静生代理。自七月起，當辭彼館薪矣。

此復

仲弟。

兄。七月二日。

一七〇、一九二七年七月二日

希白來書。復以法權討論會事爲言，吾復書謂若改用聘任，不見命令，則未始不可，弟謂何如？並請一商季常。

此上

仲弟。

超。七月二日。

老七到署後何如？此間關於細婆到津後一切事已分付老吴，届時老七更指揮之可耳。今日夜車赴北戴河。

一七一、一九二七年七月七日

清册閲畢，寄還。越園已到津。商定於廿一、二間（若時局不劇變或更遲三數）再提辭函。彼若於下月乃來受代，則現館員皆發八月份薪，亦稍資接濟。届時越當來京辦交代也。大抵弟必須辭玉衡等，若彼暫不更動，則捱下去再作道理。法部裁員，觀翁如何？明知是鷄肋，亦頗爲彼懸念也。又我欲將館員全體發去年十二月份薪一月（或專發在十二月已奉令到館者），但尚未與越商，弟謂可行否？請先見告。

此致

仲弟。

兄。七月七日。

一七二、一九二七年七月十一日

十日書悉。表早已收閲。（希白言）鈞任與新人甚熟，希白已函彼示意。明日當約静生一談，但彼前言欲往北戴河，不審已去否耳（若去約住一月）？思永由滬乘船，十九日到，已有電來矣。

此復

仲弟。

兄。十一日。

一七三、一九二七年七月十二日

秉均書今日始發，吾以爲弟已親託之矣。其實熟人如秉鈞者，盡不妨自言也。静生往北戴河，董事會無從接洽，前希白函告，鈞任措辭尚不失身分，聽之可耳。

此致

仲弟。

啟超。十二日。

頃有致枚如書一函，可索閲（關係儲才館事者）。

一七四、一九二七年七月十四日

前有書屬，開清單兩份，一致教部，一致董會。今教部函可不致，但致董會屬其每月（開清單）匯交南長街我名收可矣（弟代簽名收）。

此上

仲弟。

超。十四日。

一七五、一九二七年七月十九日

十六書悉。即約越園來商加發（一兩月）薪事，頗不謂然。職員半年後加薪，未嘗不可。但我輩若行，彼中必大易人，又何苦爲不相干之後人作計。故不如其已也。茶役稍加潤，自可行耳。越頃來一信，並寄閱。鈞任屢書勸勿辭，惟仍當視新章之公布與否。在新章下決無辦法也。思永明日上午九時當到。渠到後或挈往北戴河小住。連日酷暑，不可復耐。百事俱廢矣。

此致

仲弟。

啟超。十九。

請告枚如，新章未布以前，辭函緩送未始不可。但新章（倒填日子）布後之辭函，上款不必用「□□仁兄」字樣，純作公函式，起首用「逕啟者」，結銜用「此致司法總長」可耳。

此致

仲弟。

超又頓首。十九。

一七六、一九二七年七月二十日

利民呈批，寄回，越園已同意。思永昨晚已到家，日内當入京一謁諸尊長。

此致

仲弟。

兄。二十日。

一七七、一九二七年七月二十一日

今日快信悉。手摺批寄，想收。辭函決還延到月底乃發出，不過欲爲窮苦館員多支一月薪耳。蓋交代若在月初，則館員不留者，不能不給一月薪也。思永已到，戴河擬不去矣。

此致

仲弟。

超。廿一晚。

一七八、一九二七年七月三十日

兩書悉。化子眼孔手勢只堪捧腹，不足介意。弟所以應付者，正甚益也。原書當留示枚如。思永明日入京，此間近狀當能面陳。

此復

仲弟。

超。三十日。

一七九、約一九二七年七月

老七來得極不巧，正值越園、枚如在座商館事。旋被在君拉去中飯並作戲。惟渠事細思，竟無從請託，弟試就近覓秉均一商（與熟人如秉均者言，不必我直接效力亦均也），看有辦法否？展轉間接恐不易耳。

一八〇、一九二七年八月前

廿三廿四兩書悉，復堪書真意外飛來之怪聞已，即復一函，言成、永早有婚約，忠以下年齡不相當，剛父生前未談及此，我向來亦不干涉兒女結婚之自由云云，弟亦可以此意復之。扇面兩把寄上，一贈弟，一贈黃秋岳。因彼兩年前以伯唐已畫一面之扇乞書，竟失去，故賠償之，仍請別具一扇，乞其寫近詩。弟前書所言中銀事，不便就此一信中言之（嫌近於以扇爲交易）。下次復彼書時當可一言，或弟送扇往時，自言之亦無不可也。許守白（其書佳極）及擎一書請交去。思永仍返國，已在舟中矣，回來亦有事可做，故不止之（止之亦無及）。儲才館事如此步驟甚好，且看下回分解可耳。

此致

仲弟。

超。廿五晨。

一八一、一九二七年八月三日

連書具悉。月來正思盡擺脱百事，獨於清華不能無眷眷，董事會之設，實多年來校中師生所奔走呼號而未得者，且其章程殆與我三年前所主張全部相合，見之不能不心動。已復函柳隅應允矣。不審弟及季常謂何如（思永意何如）？吾意除校長決不擔任外（照章，校長由董事會在中國董事中互選），董事一職以歷史上關係，總不能恝然也。儲才館學員名片已收（已轉至越園）。尚有代表二人親來京謁見，情辭懇切可憐，只有好辭慰勉而已。留此去思，亦未始非佳事耳。思永欲謁歷史博物館館長，弟似與熟識，可切實介紹之。並告彼云：「馬叔平現不在京，陳寅恪南下，待歸來再爲介紹。」

此致

仲弟。

啟超。三日。

一八二、約一九二七年八月二十一日

方記款尚存幾許，欲再匯美金千元與思順，不審，乞示。

此上

仲弟。

啟超頓首。廿一日。

一八三、一九二七年八月二十九日

示悉。玉衡見擯，亦意中事。久潦中涸鱗争食，死命相搏，情狀固應如此，况小人得志，寧可與校耶。弟事亦不敢保能有幾日，然忽之無益，倒是要未雨綢繆，早作自立之計耳。玉衡現實無法可想，除是林紫垣處，但彼邀吾輩入股，至今未能如約，艱於啟齒耳，空再圖之。日前郭同伯來見，已切屬爲孝高、澄一留職，惟未及弟，只得隨彼耳。越園爲玉衡作一畫，極自得意（其實真佳）。（又觀翁一幀）日内有便人當帶上。（病已全愈，服天如藥膏頗見效。）

此致

仲弟

超。廿九。

思順近信寄閲，渠所經營如此得手，頗可喜也。通易所存永年餘款，不知尚足五千否（計並中銀利息七百元，當滿此數）。請決意代我匯去。雖此邊認些利息，似尚合算也。又七長之七千餘元，請限價五十元賣出，日來狂漲，終是投機心理所致，不足持久，似以早脱手爲妙。弟謂何如？

超又頓首。廿九。

一八四、約一九二七年九月二日

書悉。請先代匯美金二千元與思順，餘當續寄。它事由廷燦復。吾九月十五後當入京數日。

此上

仲弟。

啟超。二日。

一八五、一九二七年十月十五日

請交憲子五百元，並告彼能於君勉未行前來津一會談，尤妙。

此致

仲策足下。

啟超頓首。十月十五日。

一八六、約一九二七年十月三十一日

書悉。君勱處尚未送禮，請即用二人名合送一幛去，又請向戴月軒定製蒙氏鸜鵒筆大小各一（寫聯及屏用）。其仿造内府製之（不刻字而頭尾鑲骨者）小紫毫亦買兩枝，有便人一並帶下。

仲弟。

此上

啟超。十月三十一日。

一八七、一九二七年十一月二日

保險費到期，請由通易撥付並借款一年，利息交去，想所存尚副此數耶？龍家可不必應酬，子幹書件日内當寫寄。

仲弟。

此上

啟超頓首。十一月二日。

一八八、約一九二七年十一月六日

書悉。支票寄上，方記尚存幾何，能副納息用否？解俊問振飛借錢，屬轉我帳，已告振勿理會。但未罵之。前裱件均收到，本星期思永或返津，筆（亮才扇）可交彼帶來。

仲弟。

此復

啟超頓首。十一月六日。

一八九、一九二七年十一月九日

昨書計達。君庸想已晤耶，彼來書寄閲，林家既請彼爲大媒，則書庚公請李釋堪（請大媒宴當然並請釋堪坐第三把交椅）最好，請柬可送李處。金如意省去不辦，已復書君庸，一切如所擬議矣。

仲弟。

此致

超。九日。

一九〇、一九二七年十一月十日

書悉。昨晚一書意見正同也。納采拜帖簡單誠然，但婚禮既不在國内舉行，則用拜帖僅此一次，故欲彼此遍拜長親，以示鄭重耳。如何之處請弟與同人商榷主持便是。雙方聘儀擬寄往美國，備結婚時佩帶。若林家同意最好，交由我處匯寄。因擬寄至阿圖和總領事館則可以免税（婚禮大約在阿圖和舉行）。否則此重税決非彼兩小所能任也。又庚帖寫就後，擬照一照片寄去原帖，則兩家家長保存。俟歸來乃交兩小收藏，如何之處一切請商君庸。

仲弟。

此復

兄。十日。

請交五十元與思永。

一九一、一九二七年十一月十一日

書悉。思成庚如下（前因託君庸寫，已交彼，今再補寫上）：光緒辛丑年三月初二卯時。三代係由思成計，寅齋（祖妣余氏、葉氏，庶祖妣李氏）公可不書拜帖（但徽音生母似不能不由王姨一拜），只拜主婚亦得，較省事也。雙福帖如復堪寫法便是。

此復

仲弟。

超頓首。十一日。

一九二、一九二七年十一月十四日

書悉。兩印當再搜索，先出脱二萬，其餘少待可耳。保險公司押款存通易者尚有幾何（除六月仍給二成外）？擬匯往思順處（頃晤静生及孟禄，京師館事或有相當辦法）。乞查數目示知，俾湊足成數也。宰平謝函已發，彼已復函言爲我轉謝前途矣。棟如來書求補鄭茀庭弟之缺。但茀弟辭職時，茀别薦親戚一人，越園來商謂擬却之，只能給以一録事耳。我既同意越之閉關主義，實不便自破其例，弟謂如何？范季美往意領署切實接洽一次，意領謂意界可保絶對安全，若臨時添人守門亦未始不可。但彼認爲不必云云，我意亦如是。頃實行閉門二字，來往皆走後門。安心蟄居，謹慎防衛，當可無事也。

兩渾。十四日。

一九三、一九二七年十一月十四日

書悉。細婆所記不誤（我們真都該打），葉者高祖妣之氏也。曾祖妣氏趙氏余。庚帖格式原有兩種：一以結婚者爲本位，二以主婚者爲本位。我家向來皆用第一種，實亦較合理，請商釋堪，仍采用之如何？日來舊恙微發，大抵因連作兩文（一《王静安紀念號》序，二張子武《墨經通解》序）之故，但甚輕，勿念。

此復

仲弟。

啟超頓首。十四日。

一九四、一九二七年十一月二十日

前後數書並悉。據現在形勢，儲才館欲辦完兩學期亦不可得，不如乘弟一學期終了時即行擺脱，反得所以自處之道。已函商越園，不審弟意云何？天如書所言，雖不能盡絶，要亦極稀少，以後益當注意，絶之亦非難耳。日來此間並不寂寞，子衛、搏沙在此，偶加一人，輒復成局。又間與群孩作詩條之戲，亦頗有趣。

此復

仲弟。

兄。廿二日。

用集詞句聯寫扇子，極有趣，頃爲弟寫得一柄，將引起弟玩扇子的興味。

一九五、一九二七年十一月二十日

廷燦可惡已極，我日日等着圖書辭典計劃書應用，他自己又不來，又不交謝剛主帶來，耽擱時日誤事不少（累日費一日工夫另撰許多條文）。得此書望即電話告燦。將計劃書印本二三册及吴其昌交來之稿本帶來，送交文化基金董事會（該會所已遷南長街）范静生收。因該會準二十三日開預備會，必須於開會前送到，備審查也。

此致

仲弟。

超。二十日。

一九六、一九二七年十一月二十一日

玉衡來禮早已收，思永及廷燦無他事可不必來矣。永母生忌，達達等在家致祭便得，生以來日，死以往日，古人不重生忌也。卓家嫁女當應酬，惟女家賀禮以添粧爲宜，送四元乃至六元之禮券可耳。

此致

仲弟。

啟超。廿一日。

此箋結體，頗近東塾，亦一奇也。

一九七、一九二七年十一月三十日

書悉。燦所帶去之數不誤，吾本未知原數幾何，但約略記憶，誤以爲萬元耳（信筆寫去）。收條乃寄還待用（已再查帳，又不是我記憶之誤，因尚有一部分，七長押在興業備透支，我以爲全交燦帶去）。方記事已解決，董事會每月墊款二千五百元（以我在職爲條件），保險公司款可以每月攤還若干，不至無着了。惟以後會計益復雜，非弟直接爲我擔任不可（前此事實上乃弟司會計，但不居其名，終有不便）。儲才館早晚總須擺脱，即不擺脱，弟亦每月到方家一二次便得，蓋庶務别有人管。弟但嚴密的管此一盤帳耳。擬即函告孝高，諒弟必無異議耶。

此復

仲弟。

超。三十日。

一九八、一九二七年十二月二日、三日

前屬撥五百元與憲广，想未交去。聞渠將行，即交爲希。得燦書知大嫂險象已去，想醫藥費亦不貲耳。旬日後當入京爲思成行文定禮。頃静養大大有效，赤焰全熄者殆兩旬矣。

此告

仲弟。

超。十二月二日。

書未發，適得二日來書。仲恕所代物色之件，極善。所需即請代付並深謝之。前日因卓君庸來言，有玉印一雙，擬男女家各購其一。曾函仲恕，謂珮若未購，請停止，今既購定，更無問題。更惟託人辦事，而中間忽有異議，生波折，甚覺不安。希爲我多多謝過。

超又頓首。三日。

一九九、一九二七年十二月七日

書悉。我亦感覺易地養病之不宜，王姨頗主張入京便借寓協和也。弟既力勸勿來，當即從弟議便是。文定禮本不必張皇，特因思成已決定在美結婚（我及思順如此主張，彼兩小未完全同意），婚儀太簡率，所以想在文定禮上稍微鄭重莊嚴一點，我既不來京，一切由弟代理便是。今將各事到後，其中有許多須與卓君庸接洽者（徽音之姑丈即印《草訣歌》者），請弟往拜彼一次（地址問宰平便知），隨時商洽可也。

一、庚帖已面請君庸書寫（宰平主張者，因君庸堂上具慶、夫婦齊眉、兒女成行），可下一「全紅夾單帖」正式奉請。所謂全紅夾單者，用一五開之紅全帖寫「愚弟梁啟超頓首再拜」字樣（可寫姻愚弟，因卓家與林家至親）。另夾一單帖寫「恭請書庚」四字（「恭請」二字低格寫在右方，「書庚」二字頂格寫在中行）。用一紅封套封上送去。

一、大媒已請定林宰平，可用一「全紅夾單」專請，單帖上寫「夏歷△月△△日爲小兒思成行文定禮恭請大賓」字樣。

一、林家拜帖，其拜主婚帖（即拜宗孟之弟及其弟婦者）例用雙福（五開全紅）寫「忝姻愚弟梁△△偕簉室王氏頓首斂衽拜」，封套寫「林親家二老爺、二太太」。另一帖（都是五開全紅）用王姨名拜徽音生母帖寫「歸安定簉室王氏斂衽拜」，封套寫「林親家姨太太」（其二姨太太似宜別下一帖）。此外，林家尚有長親幾人應下帖者，請詳詢君庸。我家應受之帖，除彼方主婚用雙福帖（但此雙福帖封套上對於王姨應寫姨太太，不可用太太字樣，請告君庸）來拜外，應給你及老七各一份（當用雙福），細婆一份（封套寫「姨老太太」字樣），可詳告君庸。日期以雙方聘物預備齊全之時爲定，此須問仲恕及君庸者。王姨請人擇日擇得舊歷廿五日（陽曆十八日，恰是星期日），若能趕上彼日最好，若趕不上則稍遲亦無妨（惟須早定，俾得下帖子、請大賓）。聘物林家用一玉印，據君庸言該印本是一對，故當仲恕未購定玉佩以前，曾與君庸言兩家各購其一，印文互刻新郎新婦名。今我家既已購定，本來最好是林家並購雙印送我，但不便作此要求，仍由我家購其一便是。但我家所購者印文擬不刻徽音名，但刻「長宜子孫」（告君庸，言預備彼夫婦可通用，故刻一吉祥語）四字陰文，請託君庸代購代刻。該印據君庸説雙印共索金三百餘元，今我購其一，須一百五十元内外。另刻資恐須二三十元，又託君庸代購庚帖（雖所費極微），可先撥百八十元交君庸爲代購印刻印及各雜費之用。前曾告君庸欲雙方各用一「寸許之小金如意」，但恐定製費時趕不上，免去可耳（若有現成者則不妨購，一並託君庸便是）。行禮之日，家中大門易挂一紅緑綢彩（簡單兩段綢子便是），向祖宗神位前行告聘禮，將聘物陳在祭桌上，祭畢乃交大賓將去。另有告辭一篇别紙抄上，可用紅帖寫好，届時弟代我行禮。啟雄或思永讀告辭。行禮最好是在上午，禮畢即在家裏請大賓宴（午餐），可詢君庸林家所請大賓爲誰，一並先下請帖。請帖用我兄弟三人名義（用紅柬），不必書明爲何事，但用「潔尊候教」字樣便得。坐位是林家大媒首席，我家大媒次之，汝代表主人須親自送酒定席，陪客請仲恕、君庸、周養庵、江翊雲、羅敷庵等，主人則汝與老七並令思永侍末座。我不便到京之理由，請向兩大賓及君庸前道歉。

此致

仲弟。

兄。十二月七日。

（託周養庵代購奉天箋十枚，價十五元請即送去。）

（告聘辭）　用全紅柬書寫，祭畢焚化。

維中華民國十六年歲次丁卯仲冬之十一月辛酉朔越廿五日丙戌（填甲子），孫男啟超謹以香花清酌昭告（不設饌，但用稍大之紅燭）於顯祖考鏡泉府君、顯祖妣黎太夫人、顯考蓮澗府君、顯妣趙太夫人暨先室李夫人之神位前，曰：長子思成學已得師，壯宜有室，締擇名門，聘於林氏，卜以今日，禮請媒妁，肅將信幣，文定厥祥。伏惟府君、太夫人、夫人德裕後昆，愛鍾冢嗣，尚祈慈蔭，俾永良緣，啟超不勝欣悦祝禱之誠。謹告。

二〇〇、一九二七年十二月十七日

書悉。期不改甚佳，此書到時或已禮成矣。爲我謝諸賓，當弗以慢見罪也。白青樹詩明日當試爲之。一昨又小小發燒，静眠廿餘小時乃愈，老態漸露，動輒有小病，殊可厭也。

此上

仲弟。

啟超頓首。十七日。

二〇一、一九二七年十二月十九日

昨日事想都辦，衆賓歡耶。廷燦日内若來津，則聘物可交彼帶來，雙方庚譜一並帶出亦可。挂號寄去，不會失也。白青樹詩尚未成（我作詩本甚艱），不及趕撥所行期，但旬日内終當踐約耳。希告君庸。

此致

仲弟足下。

啟超。十九日。

二〇二、一九二七年十二月二十八日

庚帖照片收，當即寄美，如此清晰甚難得也。玉衡返京想已見，所如輒阻，可謂數奇以後尚不知作何安頓也。請交二十元與細婆爲新年包利是之用，日來因節制飲食，鬧得像五臺山上魯智深饞涎常滴。欲索孝高送我年禮數事之芋頭糕、馬蹄糕及其他，請電話預索，俟思永返津時帶來（渠陰曆二十二、三當來）。二嬸、七嬸、大姑處，皆有所索也。

松館鬻字本年總賬請告孝同一查，吾欲分總額三分之一聊助歲暮之費，原例分半。往年津滬有所入，今年殆僅恃都中耳。近日舊恙又有竊發之勢（近來動筆雖不多，然常打腹稿，想總不相宜也），看來非加一級靜養不可。頗欲寒假後將清華堅決辭去，俾精神上得徹底安帖。惟無論我辭與否，老七必須先辭，免人説閑話，此意可先告老七，令作預備。總之，不勞作的收入斷不可久，亦不可貪，只有節衣縮食是亂世自全之道耳。葉姨病如何？王姨甚憂念之，來書可一提。

此上

仲弟。

啟超頓首。廿八日。

二〇三、一九二七年十二月三十日

思順來稟寄上，他們自己雖極清苦，替我營業却大好。除已實收到三千六百餘美金在手外，所未賣出之股份，照發信後時市價約值美金二萬八千餘，比原買價一倍以上矣。此稍足相慰者。月來公債頻漲，不審弟前所損失已恢復否？頗念。吾數日來舊恙又劇發，真是「無理由」，可厭也，又欲置之不理矣。

此上

仲弟。

超。十二月三十日。

二〇四、一九二七年

書悉。中原公司每一專店之主任，薪工（即內部所分各店共百數十）只有五十元（最高者），其副主任則三十元內外。蓋薪極薄，而花紅頗豐，先施等組織均如是也。不然，三五十元之工金，何從能羈縻爾許伙伴耶？尚有一例，伙伴有股份者，花紅亦愈豐。玉衡來，我可將五百元作爲彼股，是亦一法也。清華決非長局，且彼處之四十元，實際上等於我自挖荷包耳，更非可久。彼仍速來津，與紫垣一會晤，稿定爲佳。再遲恐爲人所奪，蓋該公司開辦在即，缺難久懸也。

此復

仲弟。

啟超頓首。十七日。

二〇五、約一九二七年

尚志學會款已還去若干，請告知其未還之部分可暫緩也。

吾日來眠食一切皆勝常，毅安所言，自察情狀，萬無驗理耳。

此致

仲弟。

超。洋端節。

書未發，適得五四書，悉一切，他且不管，都中親舊飯碗（弟恐亦不免）俱破，最可憂耳。

二〇六、約一九二七年

仲弟：

十五書悉。昨一函寄弟與枚如，想達。新章姚已寄到，荒唐已極，其要點略如下：

一、削除獎學金；

二、收學費；

三、增加許多科目（亦有削減）；

四、學長由部延聘；

五、館長聘教員及任用事務員皆須經司法總長同意等等。

要之，此章如行，則館長除吃飯、睡覺外，無復自由權，而學生必至不復有一人也。得姚書後，招越園來商，謂不能一日留，越本擬星期一入都，亦即不往，故立發書，請公等告君濟辦辭稿，催交代。今日閱報，知姚逢彼之怒，條例不蓋印，似此不妨又觀望數日。好在去志久決，遲早不成問題也。枚如星六想必來，一切當面商定。卓軒處仍請平甫代書，用擘一所製聯最好。

手此復請

大安。

超。十六日。

二〇七、約一九二七年

季常一來狂頑數日，今日復狂睡。頃方起耳。應告事列下：

一、儲才館既辦過弟一步，其弟二步，不妨小待，大約在暑假開學前須解決耳。俟越來當面決。

一、中行餘股仍擬出脫之，圖章已大索不得。請如前議，登報易章，再作處分。但仍以速爲貴。

一、玉衡事已發一書，重託胡霖生，因彼已成南交通部要人也。但聞南部欠薪無異于此，恐得差亦是枉然耳。

一、燦來時屬帶各物如下：一、越園所贈大畫一軸，裱碑帖若干件，在南長街吾卧房中；一、佛學、日文書籍若干種在清華。

一、請代印思順信封五十張（大號洋紙，其長度可裝本函（即此函，不消疊折者）。其新住寄上。

一、燦帶去扇面想已收，卓君庸所贈《草訣》已收，當函謝之。

此上

仲策。

超。廿八。

二〇八、約一九二七年

書悉。收據寄上，弟病全愈否？太平湖有朱九江、黎二樵遺墨各一册，有便請檢還。

仲弟鑒。

冰。

二〇九、約一九二七年

師範大學有應領款百六十餘元，請飭人憑收條及原信往收。

此致

仲弟。

超。十二日。

二一〇、約一九二七年

請交五十元與玉衡，保險費已收回，請告亦侯。方記摺存款尚有若干，便中查告，以後擬常存五百元内外在弟處，備都中支用。其餘請撥通易我名下存折中，備此間隨時調取。

此致

仲弟。

超。十二日。

二一一、一九二八年三月六日

强制早睡早起已三日，病狀乃大佳，中藥仍隔日或兩日一服，或藥亦與有力，不可誣也。思成婚期尚未接電，前電但渾言三月耳。張、葉兩信附呈。

此致

仲策。

超。三月六日。

二一二、一九二八年三月十四日

亦侯嫁侄女有帖來，請代送禮券四元（送通易或並列弟名）。另一信請交去。股息共收得多少，請以數日見告。思成廿一在加拿大結婚，已有電來。吾十日來早睡早起，甚好。中藥仍間日一服。

此告

仲弟。

啟超。十四。

二一三、一九二八年三月二十三日

伯唐來書寄閲，所言譚君，即前此曾診汝大嫂病者，吾只能致賻廿元耳。請日内即交與仲恕。吾病日見起色，惟稍覺乾燥，昨今將當歸抽出，或較可耶。

此上

仲弟。

超。廿三日。

二一四、一九二八年三月二十六日

周養庵送來思成之古物陳列所諮議之公事，請留家中，不必寄來。借此爲取外交護照之一工具耳。手續如何尚需與鈞任（新外長）函商也。

此上

仲弟。

超。廿六日。

淳菁清秘之箋紙請交藻玉堂帶來。

二一五、一九二八年四月四日

玉衡南下宜早來，自查船期並預備一切，彼處雖未必是活路，然株守北京總是死路也。吾病自永入京後，日益見好，勿念。

仲弟鑒。

超。初四。

二一六、一九二八年四月十八日

（玉衡兩次失南中機會，正可惜，現已無能爲力。）

觀察、玉衡、老七此間飯碗皆無復希望，宜速摒擋返粵，自圖開展。勿復倚賴觀望以自誤，一切屬燦面詳。

此致

仲弟。

超。十八日。

二一七、一九二八年四月二十三日

老七來，悉一切，鄉事只好如此應付，已屬老七寫較詳之信矣。近來作書非硬毫不歡，望即代向戴月軒定做紫豪中楷五枝，小楷十枝。告以須選佳料，若合用，當續製不少也。

此致

仲弟。

超。廿三日。

二一八、一九二八年六月前

代印信封，應寫「北京清華學校梁緘」，勿漏「北京」二字。

二一九、一九二八年五月二十三日

書悉。昨日已發振飛一長電，今日又致公權一電，看結果如何再説。現在仍以設法維持原位置爲最好。改行員恐甚難，即辦到恐薪俸不能及今之半也。

思成已就東北大學聘，有電促其七月底到津。

此復

仲弟。

超。廿三日。

四行恐更不易，若各路走不通後再議之。屆時尚需季常加一書，或可有效耳。汽車請留意碰機會售去，新貴盈城，或有過問者也。

二二〇、一九二八年六月三十一日

南中交部有無欠薪，請就近問。季常或能知之，住所斷不會有六十元，除去食宿即不欠，亦最多得三十耳。玉衡去否可自決，然北京（現職絶不可恃，必不能久，且非所宜。實際上不過我每月給予此數耳）定是死路，不知廣東尚有路否耳？吾數日前患腸胃病，今已全愈（近數日甚好），但漏卮不塞，身體日弱，雜病易乘，極可厭。廿六日弟可勿來，並告各親友皆勿來，静養期間飲食游戲皆當節，多人來，一時興動，或增病也。

仲弟鑒。

超。三十一日。

二二一、一九二八年九月十五日

倫哲如來書，稱藺甫先生後人以先生手稿求售，且有《老子注》繕本（此書從未見），至可寶。比雖窘，仍必欲得之，已告彼兩書，共還價二百元，若前途應允，則送弟處。若送來時請弟先墊付此數，得回信後便當寄上支票也。

此上

仲弟。

超。十五日。

二二二、一九二八年十月八日

支票三百元寄上，除開支外，請留待雜用。瘡愈什九，但仍艱於坐。昨又感冒小發熱，極討厭。有一事累次要説，輒忘却，請即代辦之，通易股票存在公司，擬取出來向興業作爲抵押品，定透支五千元之契約，此事溯初在滬（吾初欲在通易押借，但用本公司股票抵押爲行例所不許），已與揆初、振飛談過云，可照辦。請托季常與汪卜桑兄一交涉，交涉妥後，契約能由弟代簽字（否則寄津簽可也）最省事。

此上

仲弟。

啟超。十月八日。

二二三、一九二八年

仲麟兄來電寄閱，渠太着急，昨晨方有電來，言黄、粱未接電催，即去電。那電錢真枉費矣。去電未及善後辦法，昨宰平過此，曾與面譚，大要在如何方能消弭械鬥。渠云當與諸公懇陳熟商。但兹事了後，如何訓督子弟，真須用力。請弟致書仲麟及諸父兄詳言之。弟本月薪水領得否？若未領，當與公權商如何領法，雖短局亦慰情勝無也。弟以後生活問題非抖擻精神，自謀打開一條血路不可。我前存在北海之西藏佛像畫可即取歸，有便人來津時帶來。思成聘禮玉印之玻璨盒，若猶存，亦檢來。

仲弟。

超。三十日。

宰平述季常病勢不輕，爲我專問，並將近狀略告我。

二二四、約一九二八年

圖章託枚如帶上，内「滄江」一枚，覓不着，又「藝蘅館主」一枚，似非原物（原物已無覓處，任用其一），請與行交涉，改用他章，想手續雖稍啰嗦，亦易辦也。

兩渾。

二二五、一九二八年十月二十五日

昨書不以爲忤耶？通易支票一紙寄上，惟不審通易存款尚有此數否？若不能照付，則當别發也。昨夜痔瘡大發，頃側身而坐，希尚不影響及小便耳。此上

仲弟。

超。廿五日。

二二六、時間不詳

仲弟鑒：

書悉。《京報》近日論調太離奇，據此間所聞，確已受府中五萬。且友仁就顧問職月八百元云，雖未敢具信，然其態度實不能不予人以可議。即使僅爲一群流氓所利用，則亦危險已甚。薦柳隅未嘗不可，但柳隅安能支配友仁之意思。若僅爲彼作寫字機器，則又何必。且前此國内外共指《京報》爲我機關，而我之意見實不能支配彼，從前受累已不少，柳隅與我關係之深，天下共聞，若就此席，機關報紙之説愈徵實，則代人受過無已時，不如其已也。此意已屬泖初面告，弟謂何如？友仁處或令希哲稍忠告之，若彼誠乾净，則勸其勿爲人利用也。（吾輩初非袒徐樹錚，然流氓之可厭更甚。友仁若受欺，則宜以友誼忠告之，彼若悟，尚可議携手耳。）吾决十五返港小住。並聞。

兩渾。十一日。

二二七、一九一六年三月十八日

父親大人膝下，敬禀者：

兒在海防，明日便入廣西，應陸將軍之招也。初八日，過香港，因行踪須密，故不登岸。又慮大人驚憂，故不先禀告，今兒不久到廣東矣，侍奉之日在即，謹先以數語報平安，藉紓慈念。

肅此，敬請

福安。

兒宏叩禀。陽曆三月十八日。

二二八、一九一六年四月十五日

父親大人膝下：

兒現在梧州行營，約明後日便下肇慶。粵中各界，雖竭誠歡迎。然人心難測。惟有節節進取，必須俟前隊兵力鞏固，始行前進。自聞海珠之變，此間益加慎重，必不至立於險地。請紓慈注。

肅此，敬請

福安。

兒啟超叩禀。四月十五日。

二二九、一九一六年五月十八日

父親大人膝下，敬禀者：

兒在軍中一切安善，請紓慈念。粵事糾紛頗難解決，日内或遂旋軍返桂，不復來粵矣。兒無論在何處，皆知謹慎，在桂軍中，萬無一失，務乞安心。

此請

福安。

兒宏叩禀。十八號。

二三〇、一九一六年五月二十三日

父親大人膝下：

兒十八日由港起行，廿一晨到滬，途間甚安，現住處尚未定，仍暫借寓友人家耳。日内須一游日本，或往浙江。現事勢日順，大局或便可解決，兒一切起居飲食，皆格外慎重，望紓慈念。

此請

福安。

兒啟超叩禀。五月廿三日。

信封一：捨弟仲策親啟

信封二：香港永樂街同德安寶號梁仲策先生啟

梁啟勳跋：右八紙並兩信封，乃在護國軍中發，時未聞喪，故所上先君子之四紙亦入余手，時余則奔喪在港也。蔣百里題攢泪帖所謂每見伯兄落筆寫「父親大人膝下」數字，輒不忍覩而亟避去者，即此四紙矣！壬申十月廿三日發篋得之，彙存於此。啟勳記。

致孩子書

二三一、一九一五年六月十九日

往杭住三日，十七日返滬，時局既希望斷絶，家事復變故百出，心緒之惡，不可言喻，幸吾尚能自寬解耳。一時不能北歸，汝當安心持家。家中存款（湯家匯桂林款，當時即發函電，想中途浮沉，可即還之），尚足支幾時？可告我。別紙，即寄二叔。

冰。十九日。

二三二、約一九二六年

吾病不輕，但決無礙。頃入協和，欲汝歸侍，領館費無著，久賠累，亦非計，調部何如？覆若歸，莊宜入美，電千金分給莊等。

致袁世凱書

二三三、一九一五年九月一日

大總統鈞鑒，敬肅者：

啟超偶攖秋暑，卧病兼旬，久闕覲瞻，空勞孺戀。近頃變更國體之論，沸騰中外，啟超愚戇之見，以爲兹事本已極危疑，時機尤最宜審擇，今之謬倡異論者，徒見其利，未計其害，輕於發難，實恐摇及大局。竊不敢有所瞻忌，輒爲一文，擬登各報相與商榷匡救，謹先録寫，敬呈鈞覽。啟超當此文屬稿之時，痛楚不能自制，廢然思輟者屢矣。獨念受我大總統知遇之深，若心所謂危而不以告，殊乖古人以道事上之義，孟子曰：「齊人莫如我敬王」，啟超此文，竊附斯義而已。伏希我大總統宵旰之餘，俯垂披覽，若其間有一二可采，乞憑睿慮，以定群疑。則啟超雖糜頂及軀，豈云報稱！扶病掬悃，言與泪俱。

敬請

鈞安。伏惟

矜鑒。

啟超拜肅。九月一日。

附文稿一篇呈鑒。

致岑春煊書

二三四、一九一六年五月二十四日

樂齋先生鑒：

別後惘惘。廿一抵滬，小野同行，本擬小住三日即東渡。既至，乃審此間人所相視者何如。蓋不問派別，萬喙一聲，同尼其行，因此旅滬。日人亦生疑沮。僕非敢負公諾責，然事勢既不許，耿耿而已。要之，僕千萬死罪，在既鑽營作都參謀，又鑽營作政務委員長，猶不知足，復鑽營辦外交，怙權貪位如此，罪浮於袁世凱宜也。僕之志事，數月來不肯語人。前在廣州鴻門宴席上，發憤之極，無意流露謂我氏名三字苟利用焉而可以有益於國家者，隨在可供人利用，無所顧惜。若慮吾操奪某人某處之實權、實力，請千萬放心，吾非惟志願不及此，即才力亦不逮此也，此言印泉在席間親聞之。吾在肇慶鑽營此兩美缺之醜態，肇慶諸賢亦共見之，今袁逆已確成冢中枯骨，滅亡在旦夕，胸中孤憤亦已略洩。擔當國事自有人在，僕可以從此辭矣。蓄志辦一中學校，久而未成，今當着手。惟袁逆一日未去國，則我氏名三字仍一日甘供利用，決不肯愛惜毛羽而授敵以瑕，此所以報國亦所以酬公也。公爲萬流所宗，行矣自愛，翹首南望，繾綣何極。

諸賢同候。

啟超叩頭。五月廿四日。

致馮國璋書

二三五、一九一六年十二月

華帥惠鑒：

王君叔魯由寧返滬，具述我公憂國之誠，慮事之周，欽遲無既。今日國命若涉大川而遇暴風，且觸處皆礁石，惟賴我公與段芝老，一持針盤，一把船柁，精心定力，不搖不懈，庶或有濟。兩公誠肯任此巨艱，貫徹初終，則啟超所能助者，決當惟力是視也。本當即趨寧承教，但守制百日，屢向人宣言，忽有他行，反滋疑議，仍須一月後始克奉詣，遺憾何如。徐君佛蘇、陳君國祥，皆生平摯友，而於政黨情形最熟，能代表穩健派之勢力。佛蘇尤爲東海所器重，今特託偕叔魯來謁，商榷大計，望推誠接洽。兩君所言皆啟超所欲言也。

手此奉白，即請

蓋安。不宣。

制。梁啟超手啟。

致外國某人書

二三六、一九一六年

廿四書悉。文卿來此已見，似尚無他，惟氣味則誠如來書云云也。智若電奇極，吾絶未知，頃智覺皆已行（吾派覺往幹卿處）。無從聞訊，然似此舉動，實太不爲我地。甚矣，人之難相與也！吾避世之想益濃矣。松明日到，聞病甚不輕，到後當悉實情。以貴國氣運推之，此子不應久於人世也。

兩渾。廿七。

致湯覺頓書

二三七、約一九一六年

昨午得佛蘇電報公歸矣，初不之信，入夜仲策繼報，乃審不謬，且承趨時示疾，夫子其毋乃有蓬之心也耶。旦來體力何似？所苦已大損不？極當遂造維摩丈室，懼增勞頓，輒手啟取消息，若任宴坐譚笑者，晡後更當瞻奉耳。未間惟倍倍慎攝。不一一。

荷广足下。

啟超。

致汪大燮林長民書

二三八、一九一九年七月一日

汪、林總長請轉南北當局諸公：

和約拒署表示國民義憤，差强人意。然外交方益艱巨，全國一致對外，猶懼不濟。若更擾攘分崩，不亡何待。啟超在歐數月，每遇彼都人士，以內亂情形相質，則若芒在背，不知所對。外交失敗以來，相愛者感冀我因此刺激，速弭內訌，以圖外競，庶助我者得以張目。今滬議杳無續耗，大局愈趨混沌，循此以往，豈惟今兹所失，規復無期，竊恐有人藉口保安，稱兵相壓，愛我者亦無能爲助。中國今日如重洋遇颶，遠援無補，出死入生，純恃自力。若更操戈舟中，只有同歸於盡。當此存亡俄頃，有何嫌怨之不可捐，有何權利之後可戀，諸公之明，寧見不及此？伏望本熱誠交讓之精神，快刀斷麻，迅謀統一，合全國智力，謀對外善後，則失馬禍福，蓋未可知。若長此爲意氣之争，結果只同歸於自殺，國家固已矣，諸公亦何樂焉？萬里驚魂，垂涕而道，伏惟矜察，以惠我民。

梁啟超叩。七月一日自倫敦。

致孫傳芳書

二三九、時間不詳

（代教。特急。電已發奉□□□。）

九江孫聯帥勛鑒：

久仰威名，尚虚良覿，望風懷想，與日俱長。頃閲報載有南昌心遠大學校長熊君育錫因嫌被逮事，不審確否？啟超與熊君交僅一面，然夙知其學問道德迥出時流，在贛盡力教育垂三十年，成就人才不少。生平專以講學爲事，從無任何黨派關係，似此耆宿，禮當式其廬以示觀感，若以嫌疑得罪，則爲善者其懼矣。伏望我公念老成典型，迅電營救，不勝大幸。事關國家元氣，不避唐突。冒昧馳聞，諸惟
鑒察。
梁啟超叩，勘黷。

致梁思永書

二四〇、一九二四年後

思永：

你娘娘或須用手術，用後情形如何，來信詳報。手術後萬不可忙着出院，必須静養到完全復原乃可。老白鼻甚乖，今晨比我起得還早，我精神亦日旺。

二十日。爹爹。

致羅文榦書

二四一、約一九二八年前

鈞任兄鑒：

返清華後憂心如擣，有不能已於言者。今擬一電稿，請兄一閱，若謂可發，請即飭代發之，明知無效，姑放此一砲喚起輿論，當亦無傷耶。

手此，即請
大安。不一一。

啟超。八日晚。

能一商少川代爲斟酌措詞尤盼，但發出愈速愈妙耳。

康有爲信札

致梁啟勳書

一、一九〇四年十一月十一日

仲策仁弟：

來書悉。久不見，想勉學所□如何？近人媚外太甚，乃盡全中國之所有而失自立之性。吾遍遊歐十一國，深得其故，所過我者但物質耳，故今但師西之工藝物質足矣。如道德之本，中國自足，弟其思之，陶性情而勉道德爲貴。杜威吾已知之，快入美相見。

此問

動定。

十一月十一日。

二、一九〇五年二月十七日

得書悉。我久病數月，人事多，愈之甚難，故各處來書如山積，多不暇復，汝所言本甚是，何有所嫌耶？已在羅生，但願管病，候愈後乃能游也；率草此數字，答汝。

此問

仲策弟動定。

二月十七日。

三、一九〇五年六月十五日

累書悉。此人本知其多術，不料其若是也。但不知有言我等避其教不耳？若然，則須駁之。今午已見總統（梁誠力阻三日），總統言禁約事不忍刻酷，必竭力挽回，上等人、遊客、學生、商人必寬待云云。今再擬再見，與談鎊價事，欲我黨領之，未知得否耳？

芝埠情已悉，國賢謂以支馬車費耳。我到會所數次，聞彼等何言，皆無言語。我問偉南，偉謂不須，後有數信請見，不過攻偉南、岐山，余叟南等各埠多有此。然吾實無術遍接，大罪也。今已面問之，紐埠尤散尤難。然吾實無權，奈何奈何！

章程仍望汝撰，因張孝等不如汝之深也。功課畢後，爲之亦可，須數日後乃能往紐約也。横濱兩電皆問款，已寄千元矣。一公電稱「津從滬、港，皆開拒約令，請匯款濟」云云。

此復問。

四、一九〇五年六月三十日

得書甚喜，汝言是也（我事多，一時誤徇儀侃，書而立發，未詳思也）。我此次見汝，非常之喜，不獨學問，乃辦事見識、耐苦，無一不大進，再勉之（聞有速成學，三年可入大學）。汝欲往何學，我必籌與汝。頃議院畢所籌頗有得，各處銀行股甚踴躍（未知將來能實行否）。拒約事尤同年《時報》已公議，撥善金萬扶之，順此告。羅昌忽來見，甚可喜。

此問

動定。

仲策弟。

六月卅日。

五、一九〇五年八月十七日

一、我遺下象牙嘴鞭竿一枝，未知遺下會所抑客棧。望即查獲，代我存好。

一、我是又責芝埠十人甚重，彼等怒各如何？可查告（各埠皆我演説後立題名，至少亦得百餘。惟芝埠□我，乃竟三個月。芝人入聯衛）。

一、芝埠不獨令牌不發，聯衛不一做，乃至拒約款亦不一文，遍各埠無如其之奇者，因何故，我欲再三函責之，可不可。

復

仲策弟。

八月十七日。

一、再者，我今欲令梅□杰爲演説專員，兼收款，如梁文暢一樣，汝謂如何？爲商定。其人熱心矣，操守如何？今發來文憑，若以爲可，可給予之，若操守不足，則收回，派鏡泉如何？可復。

梅勝傑愛國熱誠，辨才動衆，派充辦理聯衛部專員並保皇會演説員，所有催收公款，會同該埠董事簽名辦理。光緒卅一年八月。

更生。

（鈐：南海康有爲印）

六、一九〇五年十一月十九日

書悉。經年游美所籌得，聯衛内外部計歲必得二三萬圓。此外尚有公款、清舊款、繳票款，一切累積之以爲雜費。今定以美金一萬，養歐美學者，華金一萬，養日本學者（恐不支，擬作商業支持之），以三萬爲度，真既竭吾力矣。派人除今林鐸、國賢數人外，已令濱、滬、港公舉同學有志者。

岳崧之事，我知之。其伙已有數書來，攻之甚至（湯甚横悍，甚至謂我召之，而欲登報攻我，可告人勿信之）。然此事我知根由，其湯某定不足信也。其人實無他，惟少不可則掉頭而去，及不識人情耳（今其未接我書而去，想又有他支離）。汝有何他聞，可告我。今者湯言概不足信。

此問

學益。

仲策弟。

十一月十九。

七、一九〇五年十二月二十一日

陳煦者，昔波士頓創會者。今欲返國創電事，請我借二百美銀。此人若何，應如何覆之？若能婉却，弟就近代復。倘其人確有舊，宜照料，弟查明復我。陳文惠在芝埠與人若何。彼言余叟南相攻，是否，可查復。

此問

仲策弟動定。

十二月廿一日。

八、一九〇六年二月十四日

仲策弟：

久不得書，甚念。頃欲招粵漢鐵路股，望查美國各鐵路公司獲利實數。速交來以便作文，即派儀侃爲招辦人也。《血書》刻出無謂，前已令汝勿刻之，吾國人豈愚，猶不能知此乎？此等過去已舊之方，服之何爲？

此問

學益。

二月十四日。

汝若難查，可囑陳煜並作我問之。新住址可付來。

九、一九〇六年三月十日

九月後斷學費，可向張孝支取。代辦總爲收美中款，設於紐約，支離甚多。吾與張孝共事久，見其縝密，精細周到，甚欲以財權托付之。惟其輩小而僻，匯兑還港及各處未便，汝謂如何？

汝兄決欲游學，吾甚以爲然。昔苦無款，惟汝兄手尾須四萬金，乃能掉臂游行，而學費、家費尚在外。此事極重大艱難，然欲汝兄成此，學不可以已。吾已拚力任之，已復汝兄矣。

今所最要者，銀行一事各人皆不知，真可惜。今朱萱以五十萬得江南全省，豈不大便宜？汝今歇學，可爲我多作書，一鼓舞各埠（書當極詳），一解明於濱、滬、港諸人，免人只知鐵路而不知銀行也（惟汝知之至詳，又可爲我作一詳書寄加拿大君勉收，彼來招路股也）。

桂林撫藩皆佳，藩張鳴岐有書與汝兄，邀博往，吾欲博就袁。惟桂未有銀行，我欲博領出。國立銀行若領出後招股自易，此大機也，不可失。可詳告汝兄及博商之。鐵路粵中已得五百萬，不患不成，只爲公益則成矣。無須吾會之助，而鐵還爲吾銀行之累矣。今當力挽之。

此復問
仲策弟動定。

三月十日。

此間無船往巴西，將再返美，不日行。此地華墨銀行日間開，已電君力還司理。此間天地事，誠可人。在美中有送我款者，吾買地收千，一日而售，得七萬三千。又買一地一萬二千，今又有還一萬三千者矣。吾今以保會合於商會，做此銀行（已買地四萬元），或美保會得所贏以還舊，而養學者也。

一〇、一九〇六年五月八日

（陳煜書收，可以此復之，不另。電車全未開，一二月亦難定。囑其勿候，惟我或帶彼往歐也。決。）

仲策仁弟：

學生會事已布告，將來擬撥此會費供筆墨。在墨已改百萬大公司矣（去年舊公司，每股分五元）。岐山、天鐸等欲以其埠鐵路股改銀行，可從促議定，以便登報。在此久候，公司簽注册名，竟費廿日（事畢入墨東見總統，數日乃入美）。不自由莫甚。今尚須再候數日，乃能了。追思吾國二千年之自由（商務與官無關，亦不須律，而能泰能安），中國道之以德之極至，誠大地無有也！

此問
動定。

五月八日。

一一、一九〇七年

（汝兄近困甚。未知汝學費接續否？吾籌得當以濟汝。）

離索久矣，不知弟意識德性若何？得與張孝書，乃見弟之至性及才識，爲之大喜。其厚者薄，而薄者厚，一語可爲詠人之圭臬，亦爲人之根柢。汝兄之好處，全在德性厚，不然，今之聰明者多矣，何所用耶。

吾一生作事任國，皆從不忍人之心出，非有所徇于外也。汝能若此，它日可成大才。吾喜極無似，不意能進德若是也！望終身以汝之言爲依歸焉。所論某人精當萬分。勉學自□，下月當來。病無術可愈，非離美絶應酬不能望也。籌款無術，四面交迫。與汝兄皆苦甚，安得若汝之從容爲學乎？

此問
動定。

兩渾。

一二、一九〇八年閏二月二十二日

振華大叛，明言不黨，初則日言黨黨，今則言不黨不黨，敢于明叛，似挾官勢，大奇大奇。蓋銘伯大奸人賣吾黨者也。誘得叛徒，又得二巨商，有功者以售其奸爲奔走，于是深入吾阻，而刮數百萬矣，益奸人之雄也，全黨皆爲所賣矣。今雖能容之，後起者紛起，是引人人作叛，則誅之不可勝誅。且誠如儀侃言，何以對織布一事也。故因任勉及黨中大憤，公商已定。若彼決據，必函西撫撤之，並布告内外，令人收回股本，雖明知生大波而實無如何也。少閑面見，已一一供出。故已令少閑函告（一布告二函西撫），以決意事，訂明三月初一必須電復（陳兵以待），今吾遠游，兩電港問未復，汝等就近可與約問之，若彼決不歸黨，可電復我，俾我布告並函電西撫（此事已決裂）。若彼就撫，恐其陽欺，一面據款。除已派勉爲總理外，勉未到之前派仲策代勉會辦，簽名收款，隨其游埠收款，並查前數，一一妥辦詳復。以仲策能嚴直不徇，故兹特派。俟勉來乃交卸，勿以方讀書而諉卸也。特告。

此與

仲策、銘三弟。

並示同璧、季雨。

更生。閏二月廿二日。

彼曾在任前攻我，而任大責之，反告我。

雲樵已叛，聞其攻我于仲遠前，仲遠信之，可解告遠。

一三、一九〇八年閏二月三十一日

（盡税速辦，安能問美領爲據。）

銘三、仲策弟（示同璧）：

銘書收悉。

悉譚賊盗據公款數萬，牽累大局。墨幾傾倒，庇爲救紐墨亦力竭，罪大惡極，實不能容。此事銘誤信彼于先，又縱奸于後，實誤大事。即仲策自知内容之敗而不發作，亦有咎焉。此事大謬，吾在美已知之，一派兆生、二派宜甫、三派銘三，四派雨，皆不能辦，其可如何？今至派璧及國賢辦理，仲策聞甚出力，應于此次助同璧、賢，徹底一清，勿使再累。

吾去春爲此事病數月，銘尚復置之不理。安禄山之叛，乃楊國忠養成，虎兕出柙，是誰之過？今宜助同大衆一律清之，一言發之，譚賊大奸，吾黨必不與之共事。吾身有幾，難爲之累嘔血。彼實無一文之本（良四千，昌五百，皆借公款），必逐彼離店，代之頂股，一清百清乃可。再不得已，亦當令彼不得與事，同于外股（然此亦多萌孽，恐又生他患），彼奸心實辦事以來未之見，彼挾出名，則可率全美各會作證，令攻彼僞，醫以去之，否則在粤抄没其産，必不容彼共事（勉尚有他言，可覽其信，蓋公款萬難容其盗據也）。

辦之之法，一面與各股東商布其罪（此則無可隱，否則布告全美）。譚良盗國事報股數百，經換士多利全埠所改良，又欺薛錦琴爲彼做工支工卒，而在我處支款數百，經薛函改，此其猥瑣之盗，真不可言也。可布告之。譚昌則汝等應知之矣。

汝二人皆與彼二賊相好，向來容庇，至生大禍。其故不解，即或汝二人或因學費不足，時與借貸，亦貸公款，與彼無與，勿惑彼區區小惠而不顧大局也。可破除情面辦之。彼向以汝二人爲餌，而彼收其實利，今銘三幾身破名裂，實爲彼所賣，豈尚不知悔悟耶？譬在羅生，彼供養我甚好，然所謂餌也，彼以吾與汝二人爲魚而少投其餌，今出鈎之後（恨應徹骨），豈可復感激投餌之人。故銘三愚亦至甚矣，及今改之。

要之，今者是對待大賊盡力盡法辦理，無復分毫之情。若汝二人尚存情，則是不顧敗大局而感小餌，則非特愚不可及，幾于助叛同科，則與彼並分其罪，非吾所知也。

（此書或並示賢、華）國賢、振華二人與彼無交，可盡力辦之。

此告。

並問

近好。

閏二月廿二日。

黨內及國事，汝等想得任書，應知之。任即起用，惟苦用度皆絶（東中學者久支半費，今乃至半費亦無，頻書告急。紐、港、庇皆竭，今惟有芝耳）。吾令任向芝取款，可籌美金一千應之，多更好（吾囑電二千來，爲分與任也。若未全匯來，我可分半電匯任）。至美中各人學費去臘函壁，已轉告，想知照矣。百度盡絶（同照可惡，絶勿支費），實無力再養學生。今除仲策四百、國賢四百、林鐸四百，徐良、王駒四百。另尹限三百，璧五百，此外皆停。今夏課已將停，至六月後各應停者，皆告知，自爲計可也（良、駒已由庇照料）。以上數人歳共支四萬二千耳，以此爲定。

一、芝樓之老本息，未分過一分（文。孝原議章訂每兩月收溢利分一次，充學費）。其借去四十二萬三年未交一文之息。孝賊欲以所支萬餘金扣本，無論初辦芝樓，專爲養學，而所交商本，年年須息，萬難扣此巨金以作學費。今即無老本，息可分而借去之四十二萬，三年之息亦應萬餘。所言之單，皆一分息，每三月轉單，本息清還，息上加息，必應萬餘。即以此扣支去學費可也。若欲以所賺得之分扣老本，而三年數萬之息一文不交，在賊則智矣，其如公款何？吾寫此事不啻百回，而銘三兩年不以此事復一字，不能不大怪恨之也。

今決定，義必當追息上加息之息，以支學費（四十二萬三年）。其股票本分初次五四一萬（内二千五百不屬公款）。後五七二萬，實爲老本。惟彼後次擅作六十一萬股票。必當理清，若必不得已（度訟不勝），則此五一一萬之本，亦當作借款追其息也。

大端略具于此。言之千萬，銘應了然，但徇情耳。今必宜照辦。銘徇情一年，又不知去實利萬千數，誠可怪也。且聞銘爲總理，而先簽名于銀。則聽昌取款，致有借外款入外股之事，銘尤不能辭咎。此面面皆圓，必致累，面面不圓，而自累其面而已。

聞今已入外股，又借外債，以爲牽制之具。譚賊昔年强借五七二萬之款，爲陳氏擅入外股萬餘，而贖之起見。銘三破例擅與巨款以贖此，並以外股外債之萬不可云爾。今親在芝督理，一一皆須簽名。奈何親蹈覆轍，實不可解，既縱容譚作弊，復不告變，真是養成大患。大患皆汝銘三之由，吾無以爲汝解也。此責銘之。

更生（以上諸紙言芝）。

一四、一九〇八年三月四日

仲策仁弟：

兩書悉，忙極。久事想悉，一切俟面，孝事欲託弟查也。

復問

動定。

三月四日。

一五、一九〇八年九月十二日

仲策仁弟：

違離後，未得書問。應商事如下：

一、有多人言，岐山以訟落，近大變，不理會事（岐信酌投，若無濟，則不可投也）並及弟絶不整頓者。應否另舉人，或岐仍可策勵之處，弟酌行。不易人則江昌綿極佳（若望不足則天鐸爲正，而昌綿副之，如何）。或由我派，抑不易正，而升鐸、綿二人爲副如何？或以梅大姓拔勝杰爲正、副可否？可酌行（一一詳復妥辦）。今熱心人甚多怨望，弟不能置之，否則爲熱心人所怪，則大失望。

一、製鐵極要。惟林鐸文弱（且文學正優），宜于文科，而不宜于工科。今雖已入學，似宜仍改歸文學。以備將來開西報及外交之用可也。可與商定。鐸弟書來，悉，即以此復，故學費未加，此剪示鐸弟，並候國賢弟。

一、陳煜，我許養其學費，不意張孝不理，致累之。弟提瓊翠百金給之甚合，可源源照應。已告銘三（再給學費時）此百金即扣出，可告之。

一、吾今頗能爲保會籌款（以墨地故），吾欲汝家支定款。及任支定款，久無復書，可復，以便此後照發。

一、陳煜若欲入必珠卜鐵學，吾可薦之。必當覓一人入學。

一、電版可覓一人學之，以爲諸報用。

切囑。

此問

學益。

更生。九月十二日。

一六、一九〇八年十月二十九日

明日入墨矣。美約一事，美人似頗知我所爲。若知，可查報我。芝埠各事皆未舉行，其它尚可。若聯衛乃籌款之要，今派卅人日本游學，派十人歐美游學，若聯衛不大成，則我擔此款，甚難矣。

望弟留意廣智，本太重，實難，有累我大局。吾決歸還（但不知連舊股清交好，抑聽之人，汝思之）新招之股，以松汝兄之擔，俾汝兄得游學也。今匯汝卅金，可收，學費足否？可隨時告我（有書寄黃寬焯轉交可也）。墨總統有書來接，此行于闢地或少有得。南洋購得一地卅餘哩，稍放心也。

此問

仲策弟學益。

明夷。十月廿九日。

一七、約一九〇八年十一月四日

仲策仁弟：

久不得問。頃上被袁賊毒弑，吾哀痛甚，國事未可知也。黨事所需甚多，而公款無出，今仗瓊翠，且須爲廣智交息，任日來請款而無以爲計。今必須收瓊翠全權乃能辦。張孝不妥，不得令其再預瓊翠事。譚昌奇横大膽，竟敢抗吾所命之黎華兩月，又以眷盤據四層樓（所辦盡值十萬，今内地不銷當運返美，不能易租糜費）。譚昌一無所有，于吾借五百做股未還，又在公款借八百買妾，而敢如此縱横，實爲奇横已極。吾決逐之，如再支離，並電芝，革其會長，此又關吾黨事甚大。吾擬派紫珊或逸君陸續來辦。唯彼盤據有非常之心，弟可就近婉勸責之，令其勿生事、勿抗命，尚可從輕也。

此問

動定。

甦。十一月四日。

一八、一九〇八年十一月二十七日

仲策仁弟：

國喪痛甚，惟袁賊毒弑，攝王甚惡之。衛軍亦與彼不對立。今實録已删戊戌，黨禁計可開也。芝樓所關，大而甚要，已撥數萬救任及政社。廣智若不整頓，聽譚横據（紐、港今若此），無從籌款，任□餓虎，今一切只望芝聞，譚昌横甚，敢抗我言（吾令不行，豈能辦事），聞派季雨、黎華皆不受，至數月。誓必逐之，並革會長，萬不能留（是不能，吾必布告，彼安能抗，徒激我怒耳）。弟可助銘三、黎華逐彼，切勿徇情（否則吾大怪弟），以查十數萬須運還芝，必須（且須華照料）。四樓所關甚大。爲此，特告。

即問

學益。

甦。十一月廿七日。

一九、一九〇八年

不敢再來行（示仲策、仲遠。此詩或登報。寄□生。寄君勉、銘三及黄寛卓、潮清昂傑巨綱）：

千真萬真，曾參殺人。貪心貪心，（隽）不疑盜金。可惱可惱，陳平盜嫂。妒汝妒汝，王后扼女。叛逆叛逆，杖殺明月。不畏刀槍，惟畏讒傷。人世多艱，真僞翩翻。顛倒裳衣，反覆是非。指鹿爲馬，刺血移尸。浸潤膚受，或信或疑。既亂聞根，耳難洗之。蛇虎同居，欲眠不安。磨牙厲爪，睒睗駁斑。薨薨毒蚊，飛而食肉。夜入我帳，血殷吾足。蝟蠍蜿蜒，偏緣盤几。我不敢坐，吾不敢餌。嗟吾有身，大患是臻。嗟吾有名，詆毀交縈。嗟吾有家，煩惱如枷。嗟吾有國，憂難並作。我心不忍，自救自憧。明知獄苦，自囚力忍。捨身救民，竭忠盡懇。益人何所，徒自殺我。飼虎飼鷹，施捨有情。頭顱其幾，心肝碎靡。閲世無量，歷劫已多。死生何云，痛苦奈何。大地甚廣，諸天莽莽。建德之國，甑瓿之岳。天人可親，妙音可聞。樹樂微妙，衆香芳芬。床榻樓閣，七寶繽紛。神瀵瓊漿，飲之如神。玉女華色，羽衣鮮新。賞吾仙骨，誤謫濁塵。授我仙丸，復生返魂。顔色復少，木石皆春。絶無哀怒，但有歡欣。本無所住，聊復與群。俛視世間，腥臭血薰。坑陷遍地，狼蟒啖人。自駭神傷，是何緣因。掩目難視，裹足不巡。不敢再來，謝汝下民。

二〇、一九〇八年

得十月廿六日書悉。宜怒極，云盡歸諸款于壽閑等云，今不可得知，在美者久，盡力鼓舞股東，今其明知路已久截，又腐敗，不截，亦不可交。今其改爲鐵廠，此爲盡在美之力有人才，非所悉。吾決用外人，瑞典（國小）人甚可用也，借才異地之不得已也。汝筆舌並長，何不往紐助佐之乎。然無論如何，汝當專心成此大事。

復問

仲策弟動定（季直必爲黨魁，吾早言之）。

十一月望。

移植黨于內地，今尚未能也，汝豈未知乎？然全□得款，如何。今新改會，吾欲分數等會員（如各祕會法），以出款爲定，汝可思之。其至下者，亦每人每年一二元。汝可與衆商。入會者須美銀廿元。至少十五元。汝謂如何？以致私爲此，則應卅元。

二一、一九〇八年

仲策仁弟：

來書悉。近閲黨禁將解，書到或先知之，汝兄或先還用也。頃因芝瓊事牽動，內外困絶，東京學者皆停餉。張孝詭盜，銘三誤發數萬款與之，致令牽倒一切，墨事幾敗，累派銘、雨等嚴辦，彼皆徇畏，無可如何。派同璧督同閣、國賢辦理。譚賊之據此樓，實出夢外，宜勉欲殺之也。今全局幾全敗于此，弟學費亦無出，可幫阿璧嚴辦，逐阿昌，務令譚賊脱股，收回全權乃爲了事。張孝本三千，昌伯皆借自公款，彼實無一文，而借養學生爲名，誘我借數萬之款，息一分未交，而欲以支迤汝等（養學生），萬金扣本，此萬不可行也。餘問銘三盡悉，若譚賊真敢恃出名相争，必將布告，合全美各埠攻之。並在內地抄其家，定有全會公款而可以一人竊據者乎。惟汝善爲之。

此問

近好。

三月十三日。

有信寄曼宣轉可也，吾行近無定。

湯覺頓信札

致梁啟勳書

一、一九一四年一月五日

仲兄大鑒：

獻歲承動定康福爲頌。頃同時接除夕及新月二日兩示，敬悉。惟二日書言「兩書想得達」，此間除此兩書外，並未別奉手教，豈遺失其一耶？希察爲希。《時事新報》當即代定。借款擬再展期六個月，不知可否？希與前途商之。累公屢次談判，殊抱歉也。部俸十四匯來（將此次所墊利息除去），甚慰。初不料如此窮窘，故有前書之托。公用去亦何妨。來書言荒唐令人汗顏耳！此間平平無事可述。一俟將舍姪事料理後或即歸津矣。令兄亦甚安，日日臨碑消遣，亦有趣耳。此中情亦何如？希隨時相示，若有興時，能爲往同興一視把弟，觀其情狀若何，則尤感激，不敢請耳。孟往粵，圖銷鎔銀爐，與造幣廠有所接洽，大約日內亦歸矣。率希不盡！

敬候

新安！

弟荷頓首。

如夫人新祺！

賤妾同叩。

並候

如君年安。

新月五日夕。

二、約一九一四年

今晚請游師尹兄晚酌，如公無事，敬懇屈臨一陪，幸甚。

此上

仲策二兄侍者。

叡頓首。十八日。

三、約一九一四年

仲策二兄惠鑒：

日前奉復一書，想承察及。頃有致汪伯唐函一支票一紙

（計佰肆拾元），請在尊處暫假拾元，連前支票（取現更好）及函，飭行中僕役送往西斜街紅廟汪宅爲荷，此是交房租之款，而僕存行中者僅餘百四十元，故不得不向尊處暫假，湊足百五拾之數也，萬乞諒之。瑣瀆，益深皇悚，容面謝。餘不悉。

敬請

大安。

叡頓首。三十一日。

四、一九一五年二月二十八日。

手示敬悉。此間前日得癭公函電，乃知蜕庵奄忽，令人驚痛腸斷。天道無知，於斯爲烈！與任老相對唏噓，不知所以爲懷也。已即由僕往中國銀行電去六百元，任老賻五百，僕賻百，公亦有百金去，喪費或可敷衍矣。同志寥落，大都窮愁抑鬱以死，可嘆可嘆！公能來此一聚否？我輩真當努力會聚也。

敬復

仲策二兄侍者。

叡。頓首。廿八日。

五、約一九一五年四月四日

仲策二兄：

歸津連日陪客，未緣裁報爲歉。聞將挂冠，已上表否？至念。倘果得請，遂作壯游耶。海氛更亟，我輩正復不知死所。客散獨居，飲冰先生又歸都，對此茫茫，慘然欲涕，如何如何。聊布邑邑。

敬候

興居。

叡頓首。四月四日。

六、一九一五年十二月五日。

手示言志，若二公事皆極有趣，獨言陳氏令人愓怛耳。何以忽如此？衣服什物盡付一炬者，豈吾國巡警知有此等預妨之術耶？可嘆亦可驚矣。都中比來頻聞此等噩耗，是否爲疫症之先兆，可慮也。尊兄先生初二晚登舟，初三黎明發。孝覺早車至，已追不及。即于是晚乘津浦通車南下，計期今日可抵滬，而尊兄先生則當在明日也。僕因時日過于匆卒，未及隨行，甚負兄及諸公之厚望也。南行之期準在兩來復後耶？已戒裝未？聞秉公亦將歸湘，北人漸南，此間益復索寞，如何如何？季常下星期入都，僕同行否亦未定，即不同行，早晚亦必去。公如速來，則擬送公行後再去耳。兔葵燕麥之感，益復不可爲懷，希公等之早歸而已。餘不一一。

敬上

仲策二兄侍者。

叡再拜。初五夕。

七、一九一五年十二月十六日

仲策二兄鑒：

僕以匆匆未能隨尊兄先生南行，孝覺今晚乘通車去，當可先到滬。並以奉聞，餘不悉。

承

動定康勝。

叡再拜。十六夕。

八、約一九一五年

示悉。已婉告鐵老，勿念。滿擬昨晚入都，今日爲尊兄先生稱觴，因小兒前日左腮忽腫，日昨更甚，且腫至喉際，堅硬異常，不得不爲延醫診治，故不能行，失禮多矣。至于佛公之罵，恐是別爲一派，吾誠不解。佛公敦促入都，其意究何在也。要之，佛公之意，我或知之，我之意則佛公絶不知也。此事非見面時開喉對罵一場莫能明矣。聊發公一噱，並爲佛公一笑。餘不盡。

仲策二兄侍者。

叡頓首。初九日。

九、約一九一五年

仲兄大鑒：

疊接尊兄先生滬上兩書，本欲寄覽，繼思行李不日過津，可在此同閲，且有商酌，故罷，好在亦無甚要事也。公能來，早來一二日，謀一清會耶。決在津送公行乃入都耳（連日服藥入都，亦不便耳）。

興居多祐。

叡再拜。廿二夕。

一〇、約一九一五年

仲策二兄惠鑒：

舍館想定爲慰，何日來此一游耶？頃有兩事奉託：

一、借款千元，計非久到期，乞預商少垣轉六個月期，不審可否？累兄兩次求人，踧踖何已。

一、兄所假之款，請不必帶來，並擬向兄假三十元，湊足百五十之數，仍乞飭汪伯翁，作爲十一月至正月之房租假款，俟面謝。

瑣瀆，無任皇悚。

敬請

大安。

叡頓首。十二日。

詠白已南，部俸晤藻孫時請必爲代領，□由兄寄來，窘困實甚也。

一一、約一九一五年

仲策二兄：

旬日不裁候，起居何如？頃晤鐵老，言有胡宗武者，爲清史館纂修，家住天津。到京獨寓於中華飯店，所費甚鉅，欲得一合式之友同居，而甚難其人。鐵老因思公一人獨住廿餘元之房子，且地方甚大，盍約胡君同居，可省却一半之租金也。囑以此事商之於公，如以爲可，則通知胡君也。胡人甚佳，本粵順德人，寄籍貴州，僕亦與之熟。公亦曾見之，即前兩年居榮街時，剛甫適來，同在花園，冒雪照像中之一人也。若同居之議定，將來火食及用厨等事如何分配之法，公可與胡君面商之。並希示復。俾得告鐵老爲荷。餘不一一。

敬請

大安。

叡。頓首。八月夕。

一二、約一九一五年

昨夕一書想達。頃尚有一事忘告公者，餘期近矣，急上聞，尊兄先生瀕行時交下十元，屬購貯蓄票，即於次日由家人在交通銀行購得一紙，其號碼别紙開上，票即存敝處。並請將號碼鈔存細瓦廠爲荷。佳期非久，必有彼此道賀之一舉，如何如何，聊發公遠噱。行期定何日？望早來，與公有言也。餘非面莫悉。

仲老。

叡頓首。廿三日。

一三、約一九一五年

仲老二兄：

日前寄書想達。此間了無一事，賤幹稍了，或即歸也。尊兄極平安，勿念。頃有小事奉啟，部俸不知仍發否？倘領得，希代匯下，此間用費頗繁，恐不支也。如何？希示復。瑣瀆勿罪。

並請

大安。

荷再拜。臘不盡三日。

一四、約一九一五年

上海寄信處如下：

上海法界貝勒路泰安里務本書室，湯散宜先生手啟。

一五、約一九一五年

仲公大鑒：

廿四日手書敬悉。前箋未將裘君名字奉報，至深慚悚。頃開具別紙，希察焉。僕本行矣，然輾轉候人，遂沉滯至今。即夕真發，暫遠門欄，惆悵何已。公事容與尊兄謀之，尊兄亦不日發，皆有不得已者在，問叔便知也。覓之如君，日內北旋，屬告如夫人，暫不歸寧爲盼。同興處務求爲一候之，並察看其情形如何（深致相思之意）。僕對於此人始終未能忘情也。希詳告，萬叩萬叩（到後必有詳細通信處奉上），想不呵責之也。匆遽，萬狀無緣多陳。

復候

大安。

散翁頓首。廿九日。

再者，本月俸如已領得，請存尊處（除公代墊之息款等），留備遠行款之用。有一月存一月，至無爲止。倘中間公從有它行，乞代託一妥人料理（若公以爲不妥，或嫌累贅，則行時交內子亦可），泳白何如？希酌之（各局更變，行款擬暫欠，亦不得已也。公謂何如？統乞代酌）。私事屢干，皇悚無地，仲老再鑒。

一六、約一九一五年

裘文寬號漁浦，住打磨廠內長巷上頭條新建會館。如住處有誤，可飭清理處人送去。裘曾在清理處，當詳之也。

一七、約一九一五年

仲公大鑒：

奉十一日書並三百元敬收，費神，感謝。日前疊寄兩書，聊盡愚忱。不審能蒙俯察而不呵斥之否？今日赴尊兄處[illegible]譚，言欲定賀蓮青製筆百枝，屬函公與敝友裘君接晤，惟前所定造者（北江及公者）尚未交來，未知刻已造成否？請飭人往裘翁處一問（住址別紙寫上），如已造得，屬其交到尊處，該款若干，乞將帳本寄下爲荷，且俟此次交割清楚，再定第二單貨也。彼時當別致書介公與裘翁見面乃妥當也。公仍時來往京津間耶？有何新事，希隨時見示爲希。僕等居此甚安，不念。

敬承

興居百福。

散宜頓首。十三日深宵。

裘翁住所如左：打磨廠內長巷上頭條新建會館（係上頭條抑係下頭條記不甚清，彼曾在清行清理處，彼中人當悉，可飭先查明也）。